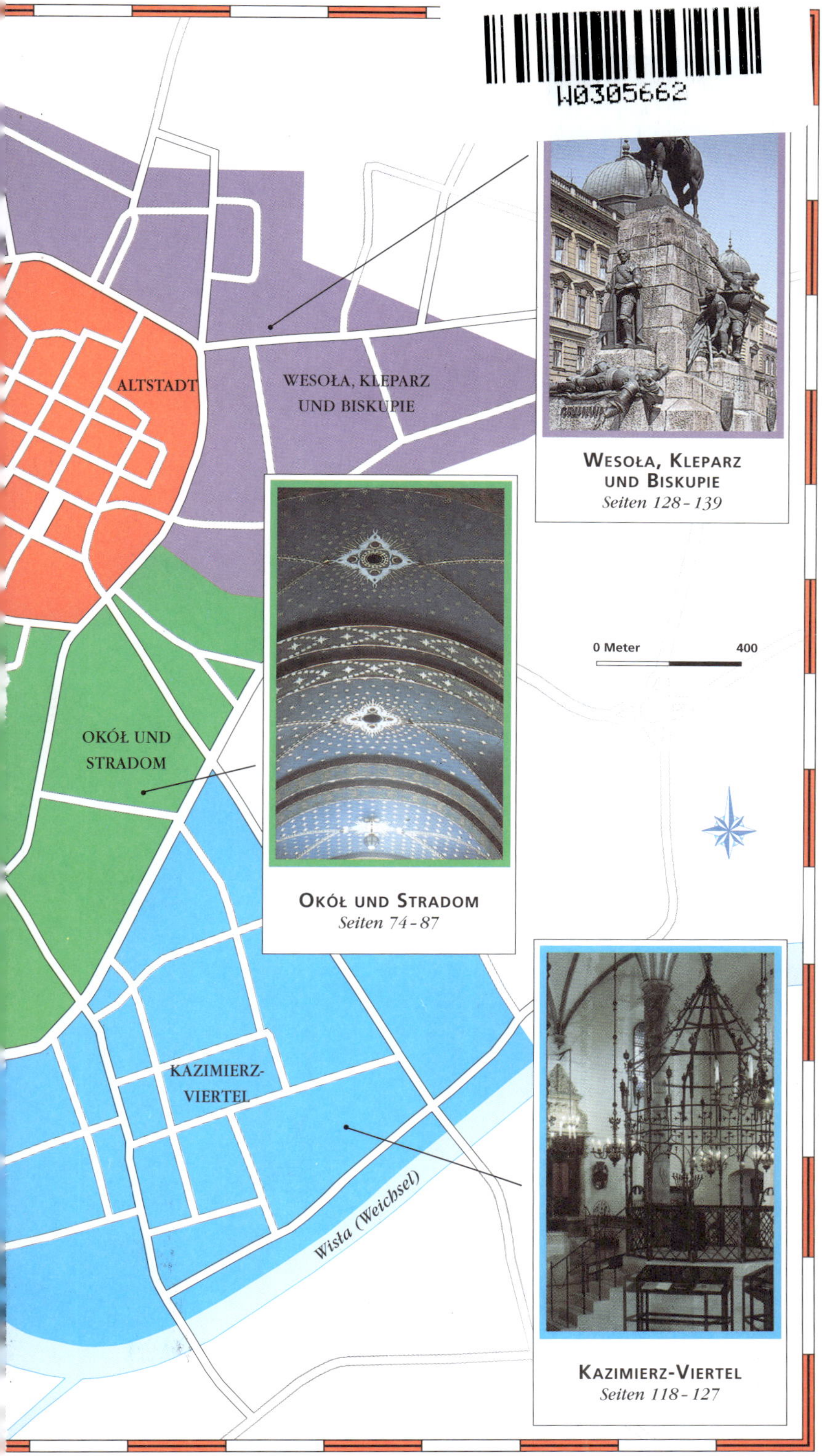
ALTSTADT
WESOŁA, KLEPARZ UND BISKUPIE
OKÓŁ UND STRADOM
KAZIMIERZ-VIERTEL
Wisła (Weichsel)
0 Meter
400
WESOŁA, KLEPARZ UND BISKUPIE
Seiten 128 - 139
OKÓŁ UND STRADOM
Seiten 74 - 87
KAZIMIERZ-VIERTEL
Seiten 118 - 127

VIS à VIS

KRAKAU

ANTYKI
Grolsch

VIS-À-VIS

KRAKAU

Hauptautor: Teresa Czerniewicz-Umer

DK

DORLING KINDERSLEY
LONDON • NEW YORK • MÜNCHEN
MELBOURNE • DELHI
www.dk.com

EIN DORLING KINDERSLEY BUCH

www.traveldk.com

PRODUKTION Hachette Livre Polska,
Wydawnictwo Wiedza i Życie, Warschau
LEITUNG Ewa Szwagrzyk

TEXTE Teresa Czerniewicz-Umer, Andrzej Betlej, Piotr Krasny,
Robert Makłowicz

FOTOGRAFIEN Andrzej Chęć, Wojciech Czerniewicz, Piotr Jamski,
Dorota und Mariusz Jarymowicz

ILLUSTRATIONEN Andrzej Wielgosz, Piotr Zybrzycki,
Paweł Mistewicz

KARTOGRAFIE Maria Wojciechowska, Dariusz Osuch

REDAKTION UND GESTALTUNG
Hachette Livre Polska: Ewa Szwagrzyk, Johanna Egert, Paweł
Pasternak, Jan Ostrowksi, Anna Kożurno-Królikowska
Dorling Kindersley London: Helen Townsend, Kate Poole,
Louise Bostock Lang, Gillian Allen, Douglas Amrine

•

Titel der englischen Originalausgabe:
Eyewitness Travel Guide *Cracow*
Zuerst erschienen 2000 in Großbritannien
bei Dorling Kindersley Ltd., London
A Penguin Company

•

Für die deutsche Ausgabe:

Aktualisierte Neuauflage 2011 / 2012

PROGRAMMLEITUNG Dr. Jörg Theilacker, Dorling Kindersley Verlag
PROJEKTLEITUNG Stefanie Franz, Dorling Kindersley Verlag
ÜBERSETZUNG Brigitte Maier, Konzept & Text, München
Barbara Sobeck, Lindau
REDAKTION Bernhard Lück, Augsburg
SCHLUSSREDAKTION Philip Anton, Köln
SATZ UND PRODUKTION Dorling Kindersley Verlag
LITHOGRAFIE Colourscan, Singapur
DRUCK South China Printing Co Ltd., China

ISBN 978-3-8310-1749-2
6 7 8 9 10 13 12 11 10

Dieser Reiseführer wird regelmäßig aktualisiert. Angaben wie Telefonnummern, Öffnungszeiten, Adressen, Preise und Fahrpläne können sich jedoch ändern. Der Verlag kann für fehlerhafte oder veraltete Angaben nicht haftbar gemacht werden. Für Hinweise, Verbesserungsvorschläge und Korrekturen ist der Verlag dankbar. Bitte richten Sie Ihr Schreiben an:

Dorling Kindersley Verlag GmbH
Redaktion Reiseführer
Arnulfstraße 124 • 80636 München
travel@dk-germany.de

◁ **Marktplatz von Krakau *(siehe S. 98–101)***
◁◁ **Umschlag: Kathedrale auf dem Wawel *(siehe S. 64–69)***

INHALT

Tuchhallenarkaden *(siehe S. 102f)*

KRAKAU STELLT SICH VOR

Rosenkranzmadonna in der Dominikanerkirche *(siehe S. 116f)*

Tuchhallen (Sukiennice) bei Nacht *(siehe S. 102f)*

Die Stadtteile Krakaus

Musiker in alten Krakauer Trachten *(siehe S. 202)*

Zu Gast in Krakau

Kathedrale auf dem Wawel *(siehe S. 64–69)*

Grundinformationen

Eingelegte Heringe, eine Krakauer Spezialität

Benutzerhinweise

Dieser Reiseführer hilft Ihnen, Ihren Besuch in Krakau zu einem besonderen Erlebnis zu machen. Das Buch enthält detaillierte praktische Informationen und Tipps von Experten und einheimischen Autoren. Das Kapitel *Krakau stellt sich vor* geht auf die geografische Lage ein, beschreibt Geschichte und Kultur der Stadt und vermittelt einen Überblick über die Kulturveranstaltungen im ganzen Jahr. Das Hauptkapitel *Die Stadtteile Krakaus* enthält genaue Informationen zu allen wichtigen Sehenswürdigkeiten mit Fotos, Illustrationen und Karten. Es empfiehlt kurze Ausflüge von Krakau aus und schlägt drei Spaziergänge durch die Stadt vor. Informationen über Hotels, Restaurants und Cafés sowie Unterhaltungs-, Shopping- und Sportangebote finden Sie im Kapitel *Zu Gast in Krakau*. Schließlich liefern die *Grundinformationen* praktische Hinweise – von Verkehrsmitteln bis hin zur medizinischen Versorgung.

Orientierung in Krakau

Jeder der sechs Stadtteile hat eine eigene Farbcodierung, damit Sie sich gut zurechtfinden. Geschichte und Besonderheiten des Stadtteils werden jeweils kurz vorgestellt. Eine *Detailkarte* zeigt Ihnen die interessantesten Gegenden der Viertel. Zur besseren Orientierung werden die nummerierten Sehenswürdigkeiten im nachfolgenden Teil in derselben Reihenfolge beschrieben.

Jeder Stadtteil hat eine eigene Farbcodierung.

1 Stadtteilkarte
Zur leichteren Orientierung sind die Sehenswürdigkeiten nummeriert auf einer Karte zu finden. Sie sind nach folgenden Kategorien gegliedert: Kirchen, Museen und Sammlungen, Straßen und Plätze, historische Gebäude sowie Monumente und Denkmäler.

Orientierungskarte

Die Orientierungskarte zeigt auf einen Blick, wo in der Stadt Sie sich befinden.

Die Routenempfehlung führt Sie durch die interessantesten Straßen des Viertels.

2 Detailkarte
Die interessantesten Teile des Viertels mit allen wichtigen Sehenswürdigkeiten werden aus der Vogelperspektive gezeigt. Eine ausführliche Beschreibung finden Sie dann auf den folgenden Seiten.

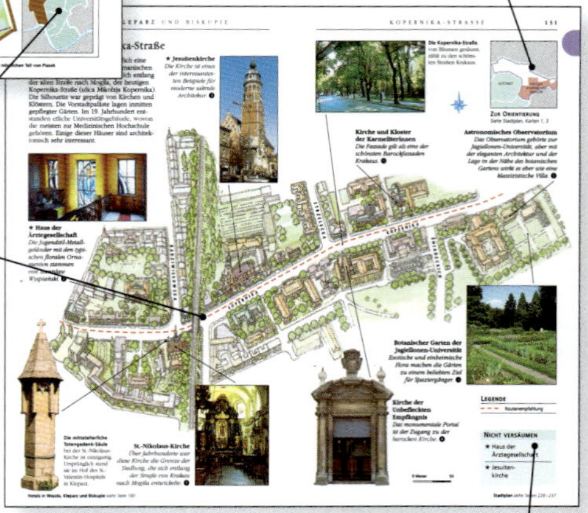

Sterne markieren Sehenswürdigkeiten, die Sie nicht versäumen sollten.

DIE STADTTEILE KRAKAUS

Die farbcodierte Übersichtskarte *(siehe S. 16f)* zeigt die sechs Stadtteile, in denen die wichtigsten Sehenswürdigkeiten liegen. Jedes Viertel wird im Kapitel *Die Stadtteile Krakaus (siehe S. 56–151)* ausführlich beschrieben. *Krakau im Überblick* weist dieselbe Farbcodierung auf wie die Detailkarten und die vorgeschlagenen Spaziergänge *(siehe S. 164–171)*, damit Sie die wichtigen Sehenswürdigkeiten immer leicht lokalisieren können.

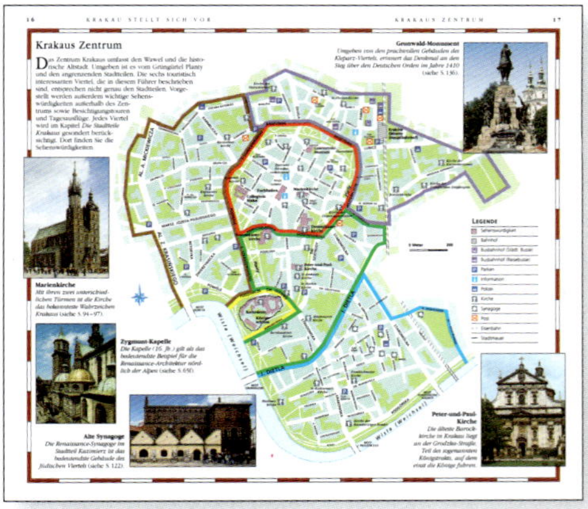

Zahlen bezeichnen die Sehenswürdigkeiten in den Stadtteilkarten und den detaillierten Beschreibungen.

Praktische Informationen sind jeder Sehenswürdigkeit vorangestellt. Kartenverweise beziehen sich auf den *Stadtplan (siehe S. 228–237)*. Die Legende der Symbole finden Sie auf der hinteren Umschlagklappe.

3 Detaillierte Informationen

Jede wichtige Sehenswürdigkeit wird im Detail beschrieben. Die Reihenfolge bezieht sich auf die Nummerierung in der Stadtteilkarte zu Beginn des Kapitels. Am Anfang jedes Abschnitts finden Sie u. a. die Adresse, die Öffnungszeiten und die Telefonnummer.

Kästen liefern Ihnen Wissenswertes zu einzelnen Aspekten und Zusammenhängen.

Die Infobox versorgt Sie mit vielen praktischen Informationen.

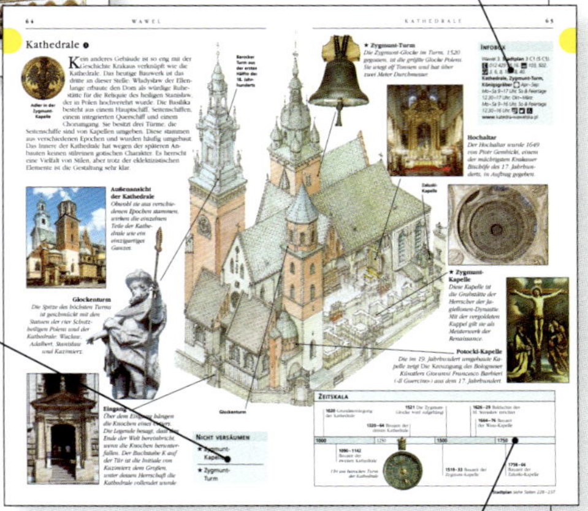

Sterne kennzeichnen die Hauptsehenswürdigkeiten architektonischer oder künstlerischer Art.

4 Hauptsehenswürdigkeiten

Die Highlights von Krakau werden auf Doppelseiten beschrieben, u. a. mit Schnittzeichnungen von historischen Gebäuden und farbigen Grundrissen von Museen und Sammlungen.

Eine Zeitskala vermittelt relevante Daten und Fakten aus der Geschichte.

Krakau stellt sich vor

Vier Tage in Krakau

Es sind im Wesentlichen drei Gründe, die Krakau zur meistbesuchten Stadt in Polen machen: ihre Vergangenheit als königliche Residenz, ihre bedeutende Rolle als europäisches Zentrum des Judentums und ihre eindrucksvolle Kultur. Viele Hauptsehenswürdigkeiten befinden sich auf dem Weg zum Königsschloss auf dem Wawel und im Kazimierz-Viertel, dem Zentrum jüdischer Kultur. Polens Kulturmetropole Krakau besitzt prachtvolle Museen. Die vielen Parks und Höhlen sind beliebte Tummelplätze für Kinder. In dem vorgestellten Programm für vier Tage in Krakau können Sie eine große Anzahl von Highlights der Stadt erleben. Die Preisangaben pro Tag schließen die Kosten für Fahrten, Essen und Eintritte ein.

Großes Siegel von Krakau

Auf den Spuren der Könige

- **Streifzug durch die Altstadt**
- **Panoramablick vom Rathausturm**
- **Polnische Küche**
- **Kirchen und Kathedralen**

Zwei Erwachsene etwa 75 €

Vormittags

Starten Sie früh, um großem Gedränge zu entgehen. Die Altstadt betritt man am besten durch das 700 Jahre alte **Florianstor** *(siehe S. 111)*, einen der wenigen erhaltenen Teile der alten Befestigung. Bummeln Sie die **Floriańska-Straße** *(siehe S. 114f)* entlang. An der einst wichtigsten Geschäftsstraße Krakaus können Sie sich mit Souvenirs eindecken: Berühmt sind die wunderschönen Aquarelle mit Szenen des alten Krakau. Der **Marktplatz** *(siehe S. 98–101)* ist geografisches Zentrum und die gute Stube Krakaus. Architektonische Juwele umrahmen ihn an allen vier Seiten. Werfen Sie einen Blick in die **Marienkirche** *(siehe S. 94–97)* und die **St.-Adalbert-Kirche** *(siehe S. 93)*, und genießen Sie die Aussicht vom **Rathausturm** *(siehe S. 93)*. Die **Tuchhallen** *(siehe S. 102f)* zählen zu den Wahrzeichen der Stadt. Der ideale Ort für ein Mittagessen ist **Wierzynek** *(siehe S. 192)*. Das älteste Restaurant von Krakau ist bekannt für seine polnischen Spezialitäten.

Florianstor *(siehe S. 111)*

Nachmittags

Die kopfsteingepflasterte **Grodzka-Straße** *(siehe S. 78)*, eine der ältesten in der Stadt, wird von schönen Bauwerken verschiedener Stilrichtungen flankiert. Besonders auffällig sind das **Königliche Zeughaus** *(siehe S. 79)* und die **St.-Ägidius-Kirche** *(siehe S. 79)* gegenüber. Auch die **St.-Martin-Kirche** *(siehe S. 79)* und die **St.-Andreas-Kirche** *(siehe S. 78f)*, ein Paradebeispiel für romanische Architektur, sind einen Besuch wert. Gleiches gilt für die **Peter-und-Paul-Kirche** *(siehe S. 80f)*, ein Meisterwerk des frühen Barock. Die Route endet am **Wawel** *(siehe S. 60f)*. Spätnachmittags, wenn die meisten Besucher schon weg sind, können Sie den Hügel in aller Ruhe hinaufschlendern. Versäumen Sie nicht die prachtvolle **Kathedrale** *(siehe S. 64–69)*. Auch das geradezu Ehrfurcht gebietende **Königsschloss** *(siehe S. 70f)* ist ein absolutes Muss für Besucher von Polens Kulturmetropole.

Alte Synagoge *(siehe S. 122)*

Jüdisches Krakau

- **Geschichte der Juden in Krakau**
- **Koscheres Essen**
- **Geschichte des Gettos**
- **Schindlers berühmte Fabrik**

Zwei Erwachsene etwa 75 €

Vormittags

Beginnen Sie den Tag mit einem Besuch der **Alten Synagoge** *(siehe S. 122)*. Nach den Schäden aus dem Zweiten Weltkrieg wurde sie wieder im originalen Stil (16. Jh.) aufgebaut. Eine Ausstellung gibt einen Überblick über die Geschichte der Juden in Krakau. In der Nähe sind zwei Friedhöfe: der **Neue Jüdische Friedhof** *(siehe S. 123)* und der **Friedhof Remuh** *(siehe S. 122f)*. Eine sehr gute Wahl für ein koscheres Mittagessen ist das Restaurant **Klezmer Hois** *(siehe S. 192)*.

◁ *Die Preußische Huldigung* (1882) von Jan Matejko (1838–1893)

Nachmittags
Hinter der Powstańców-Śląskich-Brücke gelangen Sie in das Podgórze-Viertel. Hierher siedelten die deutschen Besatzungstruppen 1941 die jüdische Bevölkerung von Kazimierz um. Das Krakauer Getto erstreckte sich um die Plätze Bohaterów Getta und Rynek Podgórski. Der Pole Tadeusz Pankiewicz, Inhaber der Apotheke »Zum Adler« (Pod Orłem) am Bohaterów Getta 18, half den Juden selbstlos. Eine Ausstellung in der Apotheke dokumentiert das Leben im Getto. In Lipowa 4 befand sich die Fabrik des Großindustriellen Oskar Schindler, die auch in dem Spielfilm *Schindlers Liste* gezeigt wird.

KULTURMETROPOLE

- **Meisterwerke der Kunst**
- **Wohnhaus des späteren Papstes Johannes Paul II.**
- **Führung im Collegium Maius**
- **Prachtvolle Jugendstil-Architektur**

ZWEI ERWACHSENE etwa 65 €

Vormittags
Zum Einstieg geht es in das **Czartoryski-Museum** *(siehe S. 112f)*. Das wichigste Werk dort ist *Dame mit Hermelin*, das einzige Gemälde Leonardo da Vincis in Polen. Die Sammlung umfasst auch Werke von Rembrandt und anderen Alten Meistern. Nehmen Sie sich für die Besichtigung mindestens eine Stunde Zeit. Im **Wyspiański-Museum** *(siehe S. 110)* wird die Klasse von Stanislav Wyspiański, dem führenden Jugendstil-Vertreter in Polen, deutlich. Der Bus 124 bringt Sie zum **Erzdiözesanmuseum** *(siehe S. 82)*, in dem Wechselausstellungen sakraler Kunst präsentiert werden. Das Gebäude ist auch Ziel vieler Pilger, denn hier lebte in den 1950er Jahren der spätere Papst Johannes Paul II. Steht Ihnen der Sinn nach ukrainischem Essen? Dann sind Sie im **Smak Ukraiński** *(siehe S. 189)* genau richtig.

Collegium Maius *(siehe S. 106f)*

Farbenfrohe Blütenpracht in den Planty-Anlagen *(siehe S. 166f)*

Nachmittags
Nach dem Essen locken die **Planty-Anlagen** *(siehe S. 166f)* zu einem Spaziergang. Vorbei an der Kopernikusstatue geht es zur Jagiellonen-Universität und zum Museum im **Collegium Maius** *(siehe S. 106f)*. Nehmen Sie an einer 30-minütigen Führung durch das Anwesen Teil, und werfen Sie anschließend einen Blick in die **St.-Annen-Kirche** *(siehe S. 108f)*. Interessante Ausstellungen zeitgenössischer Kunst sind im »**Kunstbunker**« *(siehe S. 105)* zu sehen. Das **Słowacki-Theater** *(siehe S. 115)* ist offiziell nur zu Vorstellungen geöffnet. Vielleicht ermöglicht Ihnen aber der Pförtner einen Blick auf das glanzvolle Jugendstil-Interieur. Den perfekten Abschluss Ihres Kulturtages bildet ein Essen im **Jazz Club U Muniaka** *(siehe S. 205)*, dem besten Jazz-Café in der Stadt.

FAMILIENTAG

- **Geheimnisvolle Drachenhöhle**
- **Picknick im Park**
- **Shopping in den Tuchhallen**
- **Radtour durch die Innenstadt**

FAMILIE (4 PERSONEN) etwa 65 €

Vormittags
Die **Drachenhöhle** *(siehe S. 63)* auf dem Wawel – ein wahres Tunnellabyrinth – begeistert die meisten Kinder. Ein Tipp für Naschkatzen ist die Confiserie **Wawel** *(siehe S. 199)*, nebenan gibt es u. a. Brot, Wurst und Käse für ein Picknick. Eine besondere Attraktion der **Tuchhallen** *(siehe S. 102f)* ist die große Auswahl an Holzspielzeug.

Eulenskulpturen, Planty-Anlagen

Nachmittags
Die Trambahnen 15 und 18 fahren zum Jordan-Park. Nach einem gemütlichen Picknick, einer Ruderpartie auf dem See und ein paar Stunden Entspannung im Grünen können Sie im **Sioux Steakhouse** *(siehe S. 191)* ein Essen in Wildwestambiente zu sich nehmen. Wenn Sie noch Energie haben, können Sie die abendliche Radtour zu den Sehenswürdigkeiten im Zentrum mitmachen. Start ist um 19 Uhr am Südende der Kanonicza-Straße.

Krakau auf der Karte

Das alte Krakau ist mit seinem Königsschloss auf dem Wawel, seinen geschichtsträchtigen Bauwerken und seiner Kulturtradition eine faszinierende Stadt. Aber die historischen Viertel machen nur einen kleinen Teil des heutigen Krakau (Kraków) aus, das sich mit 750 000 Einwohnern zur Metropole in Kleinpolen (Małopolska) entwickelt hat. Die Lage macht Krakau zum idealen Ausgangspunkt für Ausflüge in die Berge oder ins malerische Krakau-Tschenstochau-Tal. Krakau ist auch für Reisen nach Prag (Praha), Brünn (Brno), Pressburg (Bratislava), Wien, Košice und Lemberg (L'viv) ein guter Startort.

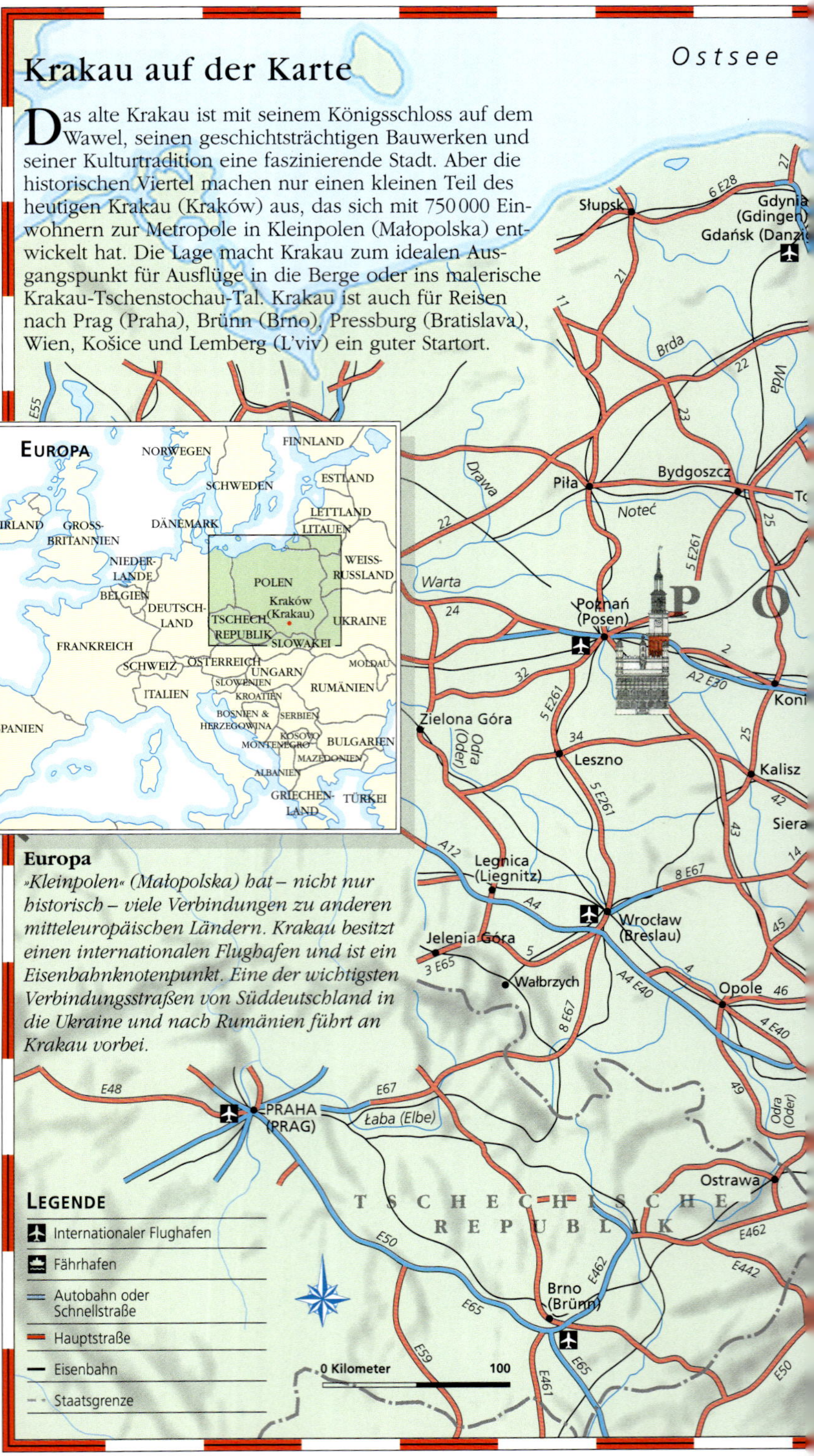

Europa

»Kleinpolen« (Małopolska) hat – nicht nur historisch – viele Verbindungen zu anderen mitteleuropäischen Ländern. Krakau besitzt einen internationalen Flughafen und ist ein Eisenbahnknotenpunkt. Eine der wichtigsten Verbindungsstraßen von Süddeutschland in die Ukraine und nach Rumänien führt an Krakau vorbei.

Zeichenerklärungen *siehe hintere Umschlagklappe*

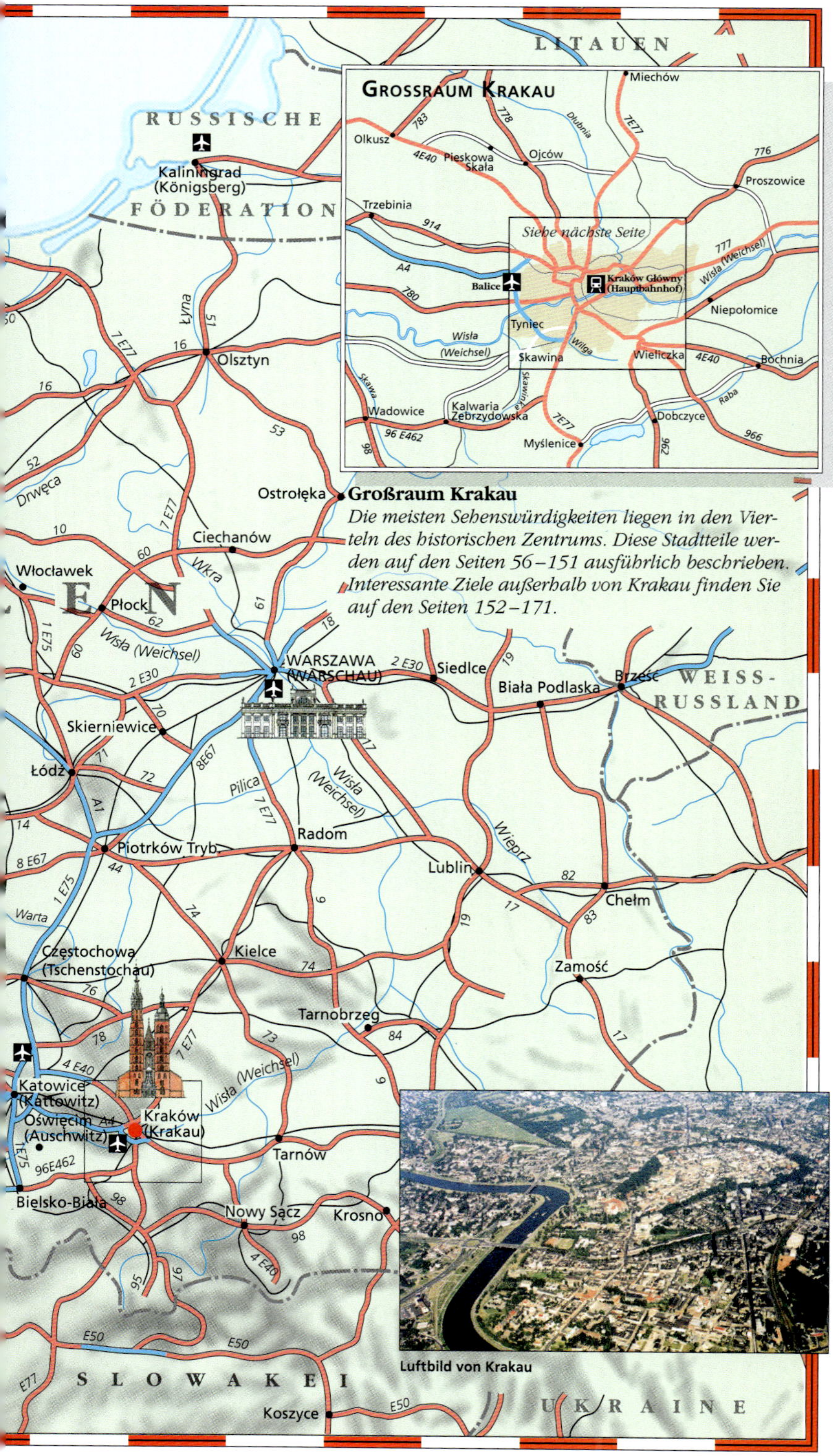

Großraum Krakau

Die meisten Sehenswürdigkeiten liegen in den Vierteln des historischen Zentrums. Diese Stadtteile werden auf den Seiten 56–151 ausführlich beschrieben. Interessante Ziele außerhalb von Krakau finden Sie auf den Seiten 152–171.

Luftbild von Krakau

Großraum Krakau

Bis ins frühe 20. Jahrhundert beschränkte sich der Ballungsraum Krakau auf eine relativ kleine Fläche an den Ufern der Weichsel (Wisła). Krakau bestand damals aus mehreren kleinen Ortschaften (Kleparz, Kazimierz, Garbary und Podgórze). Das heutige, viel größere Krakau existiert seit 1910, nachdem die Gebiete von Rakowice, Prądnik, Czarna Wieś, Krowodrza, Bielany, Dębnik, Płaszów und Prokocim eingemeindet wurden. Nach dem Zweiten Weltkrieg entstand östlich von Krakau das neue Industriegebiet Nowa Huta. Bis heute hat jedes historische Stadtviertel seinen eigenen Charakter bewahrt.

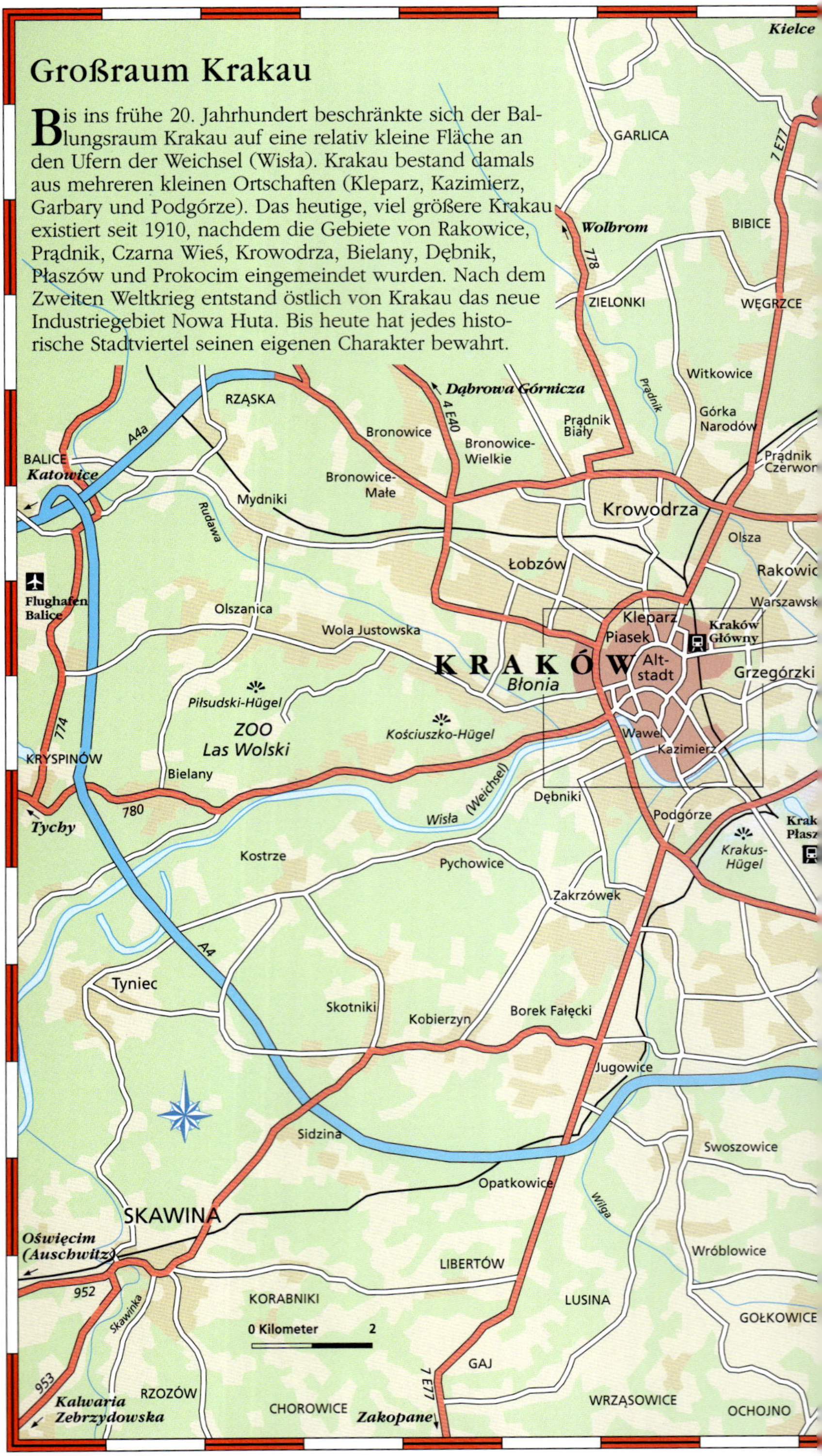

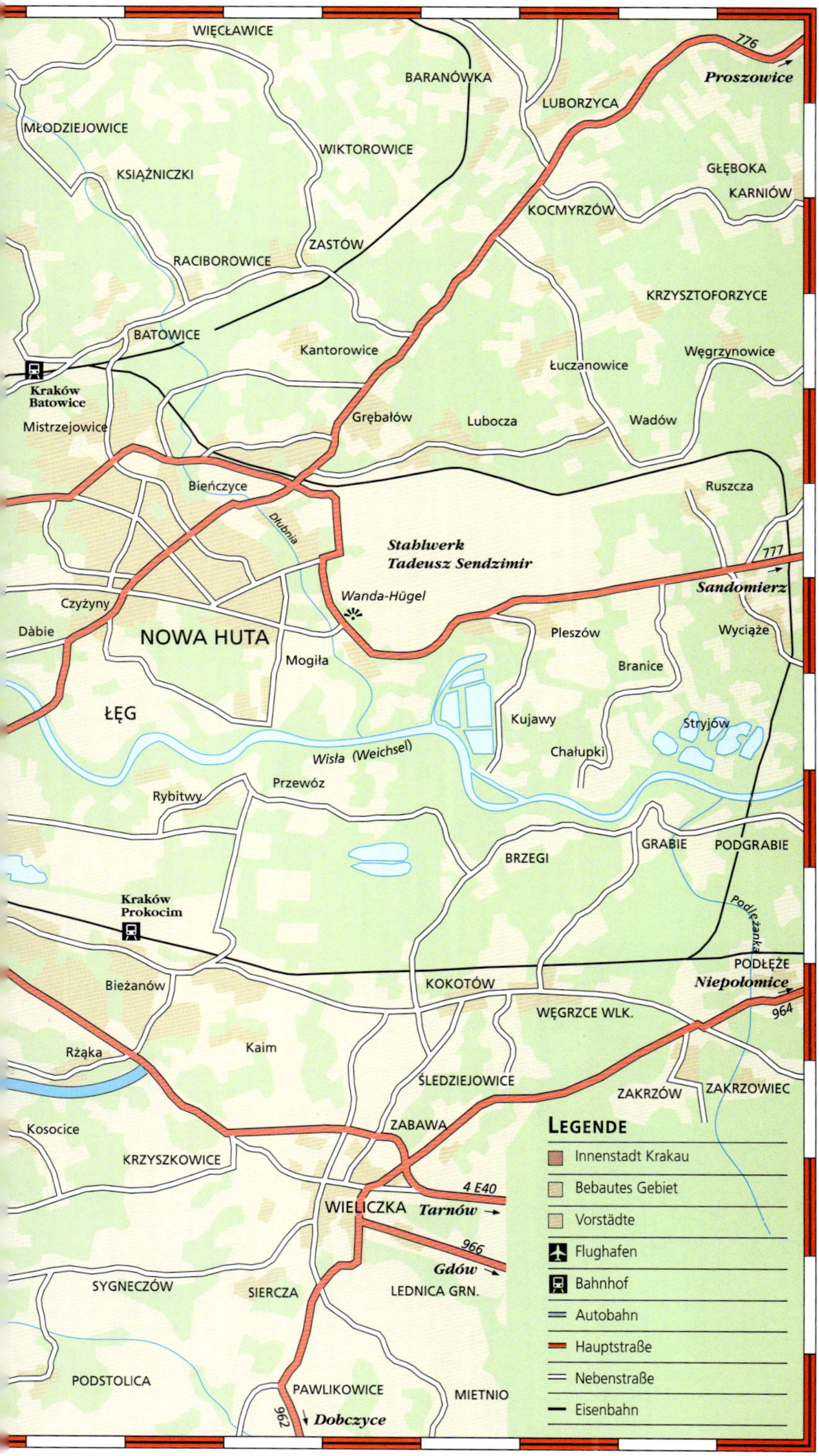
WIĘCŁAWICE
BARANÓWKA
776
Proszowice
LUBORZYCA
MŁODZIEJOWICE
WIKTOROWICE
KSIĄŻNICZKI
GŁĘBOKA
KARNIÓW
KOCMYRZÓW
ZASTÓW
RACIBOROWICE
KRZYSZTOFORZYCE
BATOWICE
Kantorowice
Węgrzynowice
Łuczanowice
Kraków Batowice
Mistrzejowice
Grębałów
Lubocza
Wadów
Bieńczyce
Ruszcza
Dłubnia
Stahlwerk Tadeusz Sendzimir
777
Sandomierz
Wanda-Hügel
Czyżyny
Dàbie
NOWA HUTA
Pleszów
Wyciąże
Mogiła
Branice
ŁĘG
Kujawy
Stryjów
Wisła (Weichsel)
Chałupki
Przewóz
Rybitwy
GRABIE
PODGRABIE
BRZEGI
Podłężanka
Kraków Prokocim
PODŁĘŻE
Niepołomice
Bieżanów
KOKOTÓW
964
WĘGRZCE WLK.
Rżąka
Kaim
ŚLEDZIEJOWICE
ZAKRZÓW
ZAKRZOWIEC
Kosocice
ZABAWA
KRZYSZKOWICE
4 E40
WIELICZKA
Tarnów
966
Gdów
SYGNECZÓW
SIERCZA
LEDNICA GRN.
PODSTOLICA
PAWLIKOWICE
MIETNIO
962
Dobczyce
LEGENDE
Innenstadt Krakau
Bebautes Gebiet
Vorstädte
Flughafen
Bahnhof
Autobahn
Hauptstraße
Nebenstraße
Eisenbahn

Krakaus Zentrum

Das Zentrum Krakaus umfasst den Wawel und die historische Altstadt. Umgeben ist es vom Grüngürtel Planty und den angrenzenden Stadtteilen. Die sechs touristisch interessanten Viertel, die in diesem Führer beschrieben sind, entsprechen nicht genau den Stadtteilen. Vorgestellt werden außerdem wichtige Sehenswürdigkeiten außerhalb des Zentrums sowie Besichtigungstouren und Tagesausflüge. Jedes Viertel wird im Kapitel *Die Stadtteile Krakaus* gesondert berücksichtigt. Dort finden Sie die Sehenswürdigkeiten.

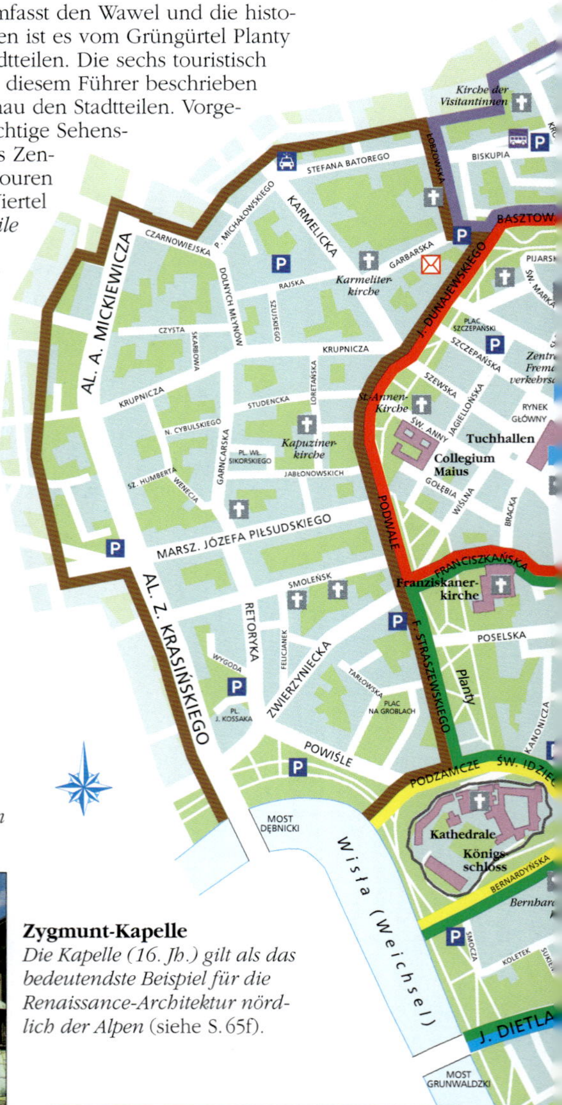

Marienkirche
Mit ihren zwei unterschiedlichen Türmen ist die Kirche das bekannteste Wahrzeichen Krakaus (siehe S. 94–97).

Zygmunt-Kapelle
Die Kapelle (16. Jh.) gilt als das bedeutendste Beispiel für die Renaissance-Architektur nördlich der Alpen (siehe S. 65f).

Alte Synagoge
Die Renaissance-Synagoge im Stadtteil Kazimierz ist das bedeutendste Gebäude des Jüdischen Viertels (siehe S. 122).

Grunwald-Monument

Umgeben von den prachtvollen Gebäuden des Kleparz-Viertels, erinnert das Denkmal an den Sieg über den Deutschen Orden im Jahre 1410 (siehe S. 136).

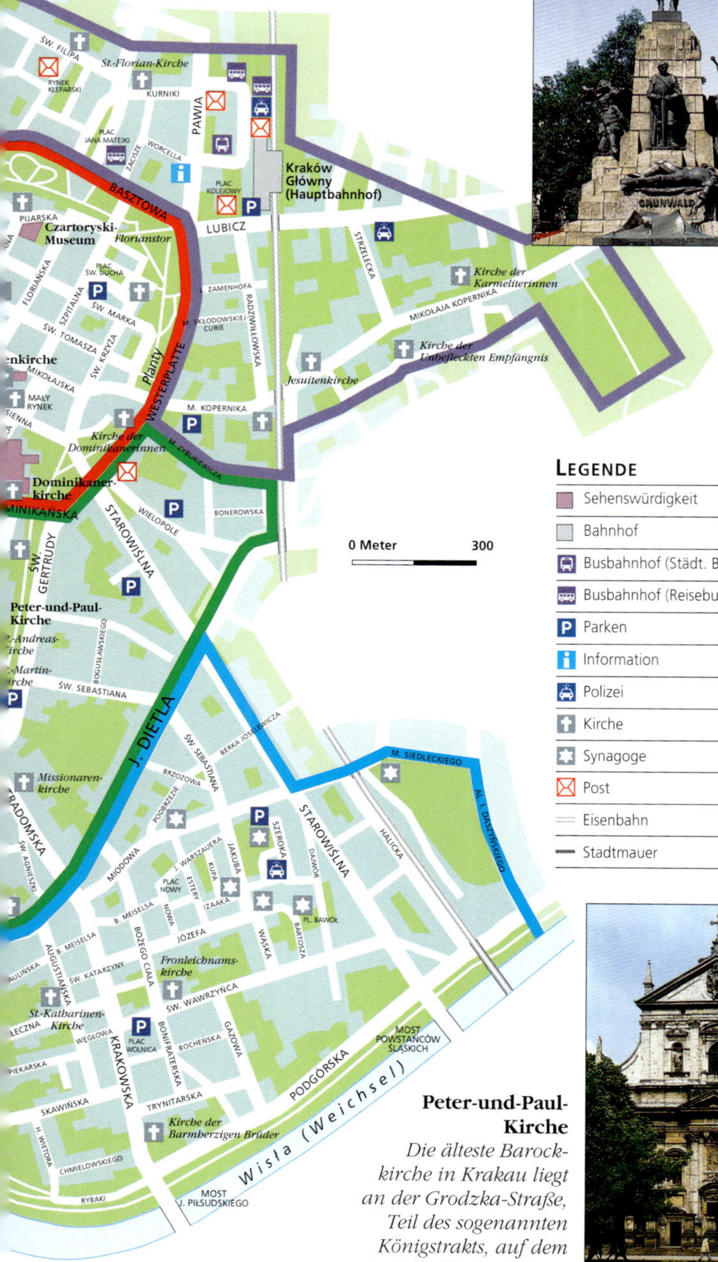

Peter-und-Paul-Kirche

Die älteste Barockkirche in Krakau liegt an der Grodzka-Straße, Teil des sogenannten Königstrakts, auf dem einst die Könige fuhren.

DIE GESCHICHTE DER STADT

Krakau war jahrhundertelang Hauptstadt und zugleich die größte Stadt Polens. Die polnischen Herrscher residierten auf dem Wawel-Schloss. Der königliche Hof übersiedelte 1609 nach Warschau, nachdem die Parlamentssitzungen und die Königswahl bereits dort stattfanden. Danach, im 18. und 19. Jahrhundert, stürzte die entthronte Hauptstadt in eine tiefe Krise.

Wappen von Krakau

Trotz aller Umwälzungen, die sich in dieser Zeit vollzogen, hat Krakau seine Pracht nie verloren. Mehr als 400 Jahre sind vergangen, seit Krakau Regierungssitz war. Trotzdem ist es die Stadt geblieben, mit der sich die Polen am meisten identifizieren. Das Wawel-Schloss als Stammsitz der polnischen Könige, die Kathedrale als Zeugin der Krönungen und Hüterin der königlichen Gräber sowie die Paulinerkirche »Auf dem Felsen«, in deren Krypta berühmte polnische Persönlichkeiten ihre letzte Ruhestätte fanden, sind geliebte Kulturgüter. Die 600 Jahre alte Jagiellonen-Universität, die frühere Krakauer Akademie, ist die älteste und gleichzeitig eine der bedeutendsten Universitäten des ganzen Landes.

Obwohl Krakau eine mit rund 750 000 Einwohnern vergleichsweise kleine Bevölkerung aufweist, bietet die Stadt eine Fülle von Theatern, Kabaretts, Konzertsälen und Kunstgalerien, die von zahlreichen Menschen regelmäßig besucht werden.

Im Gegensatz zu vielen anderen alten polnischen Städten, die im Zweiten Weltkrieg zerstört wurden, musste Krakau nur geringfügige Schäden beklagen. Daher ist die Stadt mit ihrem reichen kulturellen Erbe nach wie vor das Reiseziel Nummer eins für alle, die sich für polnische Kultur interessieren. Im Jahr 1978 wurde Krakau von der UNESCO zur Welterbestätte erklärt.

Lange Jahre wurden Krakaus architektonische Schätze sträflich vernachlässigt. Sie waren unter bröckelndem Putz, abblätternder Farbe oder Schmutzablagerungen verborgen. Viele Gebäude sind restauriert worden. Krakau unterscheidet sich von anderen europäischen Großstädten, deren historische Innenstädte zu Freilichtmuseen gemacht wurden. Der mittelalterliche Marktplatz ist nach wie vor Treffpunkt und pulsierendes Herz der Stadt.

Krakau mit dem Kościuszko-Hügel (im Vordergrund), Lithografie, Museum der Stadt Krakau *(siehe S. 92)*

◁ *Vereidigung von Tadeusz Kościuszko am Marktplatz* von Michał Stachowicz, Museum der Stadt Krakau *(siehe S. 92)*

Krakaus Ursprünge

Krakau ist eine der ältesten Städte Polens. Archäologische Funde belegen Siedlungen im Paläolithikum, später im Neolithikum und in der Bronze- und Eisenzeit. Kelten und Eindringlinge aus dem Osten, speziell Skythen und Hunnen, hinterließen bedeutende Kunstwerke. In den ersten vier Jahrhunderten nach Christi Geburt betrieben Krakau und Kleinpolen regen Handel mit dem angrenzenden Römischen Reich. Geschriebene Rechnungen datieren aus dem 9. Jahrhundert und gehen auf die Weichsel-Siedler zurück, die damals unter die Herrschaft des großen Mährischen Reiches gezwungen wurden. Polnische Herrscher aus dem Haus der Piasten kamen erst wieder mit Mieszko I. (um 960) an die Macht.

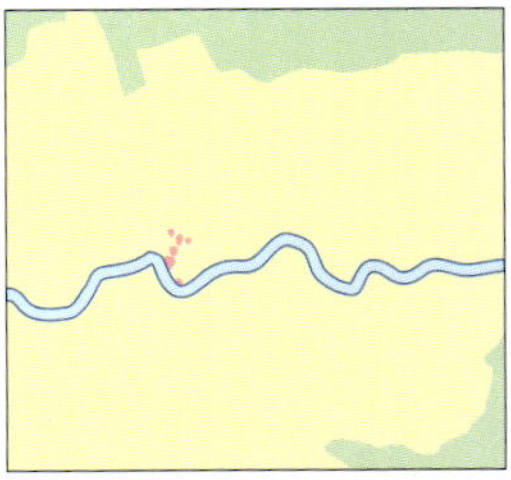

Ausdehnung der Stadt

1000 Heute

Księgi Pierwsze. 29.

CRAKVS ábo KROK, Monárchá Polski.

König Krakus
Der legendäre Gründer von Krakau soll im frühen 8. Jahrhundert gelebt haben.

Der Drache vom Wawel
Dieser Holzschnitt stammt aus Sebastian Münsters *Cosmographia universalis* von 1544 und zeigt den legendären Drachen und seinen Bezwinger, den Schuster Skuba, unterhalb des Wawel-Schlosses.

Steingut mit Schnurornamenten
Diese Behälter aus Steingut aus dem 1. Jahrhundert wurden bei den Bauarbeiten zum neuen Stadtteil Nowa Huta ausgegraben.

Zeitskala

um 200 000 v. Chr. Früheste Siedlungen in der Gegend von Krakau

um 1300 v. Chr. Lausitzer Kultur in Kleinpolen

Paläolithisches Steinwerkzeug

200 000 v. Chr. | 2000 v. Chr. | 0 | 200 n. Chr.

um 50 000 v. Chr. Erste Siedlungen auf dem Wawel

1.–4. Jh. n. Chr. Krakauer Siedler treiben Handel mit dem Römischen Reich

Die Heiligen Kyrill und Methodius
Methodius und sein Bruder Kyrill sind zwei der drei Schutzheiligen Europas. Der eine scheiterte mit dem Versuch, den heidnischen Weichsel-Prinzen zum Christentum zu bekehren.

Prähistorische Relikte in Krakau

Aus prähistorischen Zeiten ist in Krakau nur sehr wenig erhalten. Es gibt zwei Erdwälle, die einen Besuch lohnen: den Krakus-Hügel, der die südlichen Viertel überragt, und den Wanda-Hügel nahe dem Dorf Mogiła. Das Archäologische Museum *(siehe S. 83)* beherbergt viele bemerkenswerte Funde aus Südpolen, speziell auch aus der Region Krakau. Besonders interessant ist hier die viergesichtige Götterstatue Światowid.

Der Krakus-Hügel *birgt laut Legende das Grab des alten Krakauer Königs Krakus. Es ist jedoch viel wahrscheinlicher, dass der Hügel den Kelten als Kultstätte diente.*

Wawel wurde ein Hügel genannt, der von Sümpfen umgeben war

Światowid
Die Statue zeigt eine viergesichtige Gottheit mit einem Füllhorn. Beispiele alter heidnischer Kulte wurden auf dem Wawel und an anderen Stellen gefunden.

Eisengeld
Auf dem Wawel gefundene Eisenstücke in Form von länglichen Beilen wurden im 11. Jahrhundert wahrscheinlich als Zahlungsmittel verwendet.

600–1000 Siedler an der Weichsel gründen ihren eigenen Staat mit Krakau als Hauptstadt

965 Ibrahim Ibn Yaqub, ein arabischer Reisender, erwähnt Krakau als tschechische Stadt

400 | 600 | 800 | 1000

Steingutvase aus dem frühen Mittelalter

vor 885 Der Staat der Weichsel-Siedler verliert seine Unabhängigkeit. Krakau wird Teil des großen Mährischen Reichs

vor 992 Mieszko I. integriert den früheren Weichsel-Staat in sein Reich

Krakau im frühen Mittelalter

Romanisches Kapitell

Durch die Gründung des Bistums im Jahr 1000 und den Bau der Kathedrale wurde Krakau eines der bedeutendsten Zentren Polens. Nachdem andere Städte in Großpolen (Wielkopolska) in der ersten Hälfte des 11. Jahrhunderts von Tschechen zerstört wurden, machten Kazimierz der Erneuerer und seine Nachfolger Krakau zu ihrem Hauptsitz. Nach dem Tod von Bolesław dem Schiefmündigen unterteilte man Polen in Herzogtümer, der Herzog von Krakau wurde oberster Lehnsherr. Von 1138 bis 1320 gelang es den Herzögen, die verbleibenden Provinzen zu vereinigen. Trotz des Tatareneinfalls im Jahr 1241 erlebte Krakau eine Blütezeit.

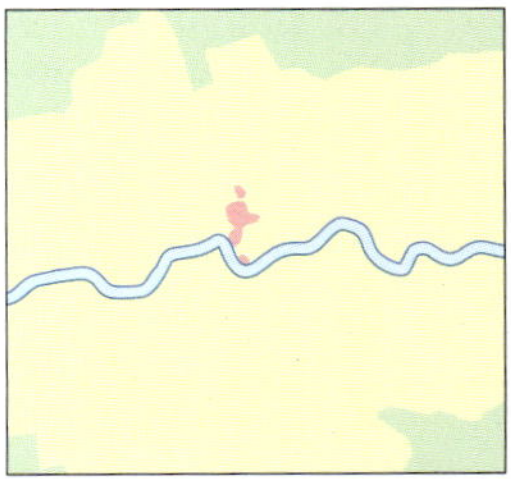

Ausdehnung der Stadt

1253 | Heute

Bischof Stanisław beim Gebet

Szczerbiec
Laut Legende ist dies das Schwert von Bolesław dem Tapferen. Er soll damit auf der Goldenen Brücke von Kiew, das er 1018 einnahm, gekämpft haben. Tatsächlich stammt das Schwert aus dem 13. Jahrhundert. Heute liegt es mit dem Kronschatz in der Schatzkammer.

Münze von Bolesław dem Kühnen
Nach der Gründung des Bistums im Jahr 1000 machte Bolesław Krakau zu einem seiner Stammsitze.

Zeitskala

1000 Gründung des Bistums Krakau

1020 Baubeginn der ersten Kathedrale in Krakau

um 1038 Kazimierz der Erneuerer macht Krakau zur Hauptstadt Polens

um 1044 Die Benediktinerabtei in Tyniec wird geweiht

1079–1098 Bau der St.-Andreas-Kirche

1079 Märtyrertod des hl. Stanisław

1090–1142 Bau der zweiten Kathedrale auf dem Wawel

1000 | 1025 | 1050 | 1075 | 1100

Wappen des Domkapitels Krakau

Mitra des hl. Stanisław
Die mit Perlen, Saphiren und Rubinen reich verzierte Mitra (13. Jh.) zeugt vom Reichtum der Metropole Krakau, eines der bedeutendsten Bistümer im mittelalterlichen Polen.

Kazimierz der Erneuerer nach Jan Matejko
Krakau verdankt seinen Status als Hauptstadt diesem Herrscher, der sich um 1038 hier niederließ und eine zentrale Verwaltung ins Leben rief.

Tod des Bischofs Stanisław

Die Auseinandersetzung zwischen dem später heiliggesprochenen Bischof Stanisław von Szczepanów und Bolesław dem Kühnen endete 1079 mit der Ermordung des Bischofs und dem Exil des Königs. Beide Vorfälle trugen zur Schwächung Polens bei. Der Kult um den hl. Stanisław begann im 15. Jahrhundert. Diese Szene zeigt ein Messgewand aus dem 16. Jahrhundert.

Romanisches Krakau

Krakau ist überaus reich an Zeugnissen der romanischen Architektur. Die meisten Gebäude sind in ihrer ursprünglichen Struktur erhalten, auch wenn sie oft vergrößert, umgebaut oder neu ausgestattet wurden. Aus romanischer Zeit stammen neben vielen weiteren Bauwerken die Kirchen St. Andreas *(siehe S. 78f)* und St. Adalbert *(siehe S. 93)* sowie die Überreste der frühesten Gebäude auf dem Wawel, die Rotunde der Jungfrau Maria *(siehe S. 63)* und die kleine Erlöserkirche in Zwierzyniec *(siehe S. 168)*.

Die St.-Adalbert-Kirche *wurde der Legende nach von Adalbert geweiht, bevor er 997 zu seiner Missionsreise nach Norden aufbrach.*

Die Krypta des hl. Leonhard *ist ein Überbleibsel der zweiten Kathedrale von Krakau. Sie wurde zwischen 1090 und 1142 von Władysław Herman erbaut.*

1138 Bolesław der Schiefmündige garantiert Krakau den Status als Hauptstadt aller Lehensprovinzen

1173 Bolesław der Lockige wird als erster Piast am Wawel beerdigt

Kreuzgang der Dominikanerkirche

1241 Tataren unter Batuhan zerstören Krakau

1150 | 1175 | 1200 | 1225 | 1250

1141–1320 Polnische Herzöge kämpfen um Krakau

Benediktinerabtei in Tyniec

1250 Weihe der Dominikanerkirche

Krakau in der Gotik

Detail des Hochaltars der Marienkirche

Im Jahr 1257 bekam Krakau volle Stadtrechte, was die städtische Entwicklung förderte und zu einer neuen, strukturierten Stadtplanung führte. Gotische Wehrmauern umgaben die Stadt, sie erlebte nach der Krönung von Władysław dem Ellenlangen im Jahr 1320 eine neue Blüte. Auch die neuen Siedlungen Kazimierz und Kleparz bekamen Stadtrechte. Das Stadtbild Krakaus veränderte sich rasant durch den Bau neuer Kirchen und der Kathedrale im 14. und 15. Jahrhundert. Die Gründung der Krakauer Akademie trug zur Entwicklung vieler kultureller und intellektueller Aktivitäten bei. Die Ideen des italienischen Humanismus waren in Krakau schon sehr früh verbreitet.

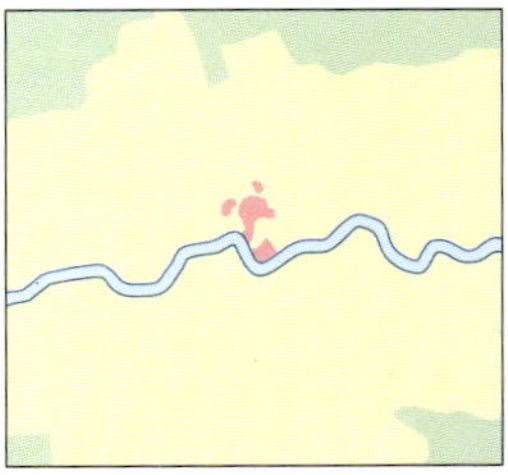

Ausdehnung der Stadt

1370 | Heute

Zweiflügeliger gotischer Reliquienschrein
Der Schrein enthält die Reliquien von Heiligen und ist mit den Bildnissen der Jungfrau Maria und Christi geschmückt.

Wappen der Piasten

Die Heiligen Stanisław und Wacław, die auf der Wehrmauer stehen, sind die Schutzheiligen des Krakauer Doms und des Königreichs Polen.

Ansicht des spätgotischen Krakau, 1493
Der Stich stammt aus der Weltchronik *von Hartmann Schedel und ist die älteste Ansicht Krakaus.*

Zeitskala

Wappen von Kazimierz

1257 Herzog Bolesław der Keusche gibt Krakau das volle Stadtrecht

1285 Stadtmauern Krakaus werden errichtet

1312 Aufstand der deutschen Bürger unter Albert

1335 Kazimierz der Große verleiht Kazimierz Stadtrechte

1340 Baubeginn der Fronleichnamskirche

1364 Krakauer Akademie von Kazimierz dem Großen gegründet

1366 Kleparz (Florencja) erhält Stadtrecht

1250 | 1275 | 1300 | 1325 | 1350

Krone von Kazimierz dem Großen (Nachbildung)

Krakaus Gründungsurkunde
Krakaus Stadtstatus orientierte sich am Magdeburger Stadtrecht und diente dazu, die städtische Entwicklung zu vereinheitlichen.

Die beiden Wappen rechts und links am Tor sind von Bolesław dem Keuschen, der Krakau die Stadtrechte verlieh.

Krużlowa-Madonna
Die Madonna mit Kind ist ein interessantes Beispiel für den Einfluss des gotischen Stils auf die Holzschnitzerei im Kleinpolen des 15. Jahrhunderts.

Siegel der Königlichen Stadt Krakau

Das große Siegel Krakaus aus dem 14. Jahrhundert (hier die Ansicht der Rückseite) zeigt das Wahrzeichen von Polen, was die Rolle Krakaus als Hauptstadt betont.

Gotisches Krakau

Die gotischen Bauwerke gehören zu Krakaus größten Attraktionen: die Barbakane *(siehe S. 114)*, das Florianstor *(siehe S. 111)*, das Collegium Maius *(siehe S. 106f)* sowie große Kirchen wie die Marienkirche *(siehe S. 94–97)*, die Dominikanerkirche *(siehe S. 116f)*, die St.-Katharinen-Kirche *(siehe S. 126)* und die Fronleichnamskirche *(siehe S. 123)*. Auch kleinere Kirchen wie die Heilig-Kreuz-Kirche *(siehe S. 115)* sind interessant. Die Werke von Veit Stoß sind Höhepunkte gotischer Kunst.

Die Kathedrale (siehe S. 64–69) *ist Grabstätte von Königen und Sitz des Erzbischofs.*

In der Heilig-Kreuz-Kirche *ist die Decke des Schiffs einem Palmbaum nachempfunden.*

1386 Großfürst Jogaila von Litauen wird König Władysław II. Jagiełło von Polen

Amtsstab des Rektors der Akademie von Krakau

1473 Die erste polnische Druckerei von Łukasz Straube gibt einen Kalender heraus

1400	1425	1450	1475	1500

1400 Das ollegium aius wird egründet

1400 Władysław Jagiełło erneuert die Krakauer Akademie

Wappen der Jagiellonen

1477–89 Veit Stoß arbeitet am Hochaltar der Jungfrau Maria

1492 Kazimierz Jagiellończyk stirbt

Krakau in der Renaissance

Adler auf dem Gebetbuch von Anna Jagiellonka

Krakau nahm als Hauptstadt schnellen wirtschaftlichen Aufschwung und veränderte sein Erscheinungsbild. Die Tuchhallen, ein Wahrzeichen der Stadt, wurden im Stil der Renaissance umgestaltet, und die reichen Kaufleute der Stadt begannen, ihre Häuser nach diesem Vorbild umzubauen. Kunst und Kultur der italienischen Renaissance hielten Einzug an den Höfen von König Aleksander und König Zygmunt dem Alten und seiner zweiten Gemahlin Bona Sforza. Bartolomeo Berecci, Giovanni Maria Padovano und andere berühmte italienische Meister ließen sich während dieser Zeit in Krakau nieder.

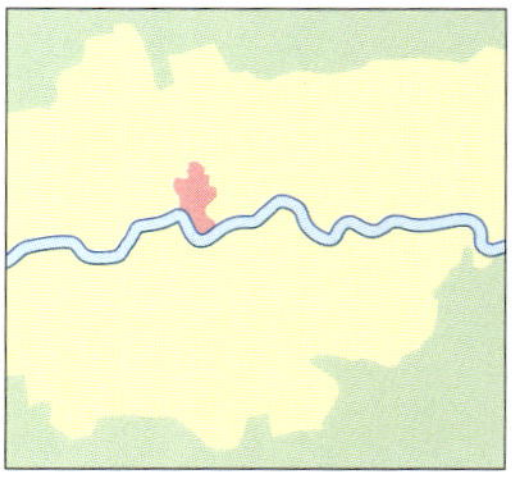

Ausdehnung der Stadt

1572 · Heute

»Schwertschmiede« aus dem Baltazar-Behem-Kodex
Der Kodex aus dem Jahr 1505 beinhaltet Rechte und Pflichten der städtischen Zünfte. In 27 Abbildungen werden Handwerker bei der Arbeit gezeigt.

Wandteppich mit Satyrn
Dies ist einer der 160 Bildteppiche, die Zygmunt August im 16. Jahrhundert für die Wawel-Sammlung in Auftrag gab.

Zeitskala

1502–05 Das Denkmal von König Jan Olbracht, die erste Renaissance-Arbeit in Polen, wird errichtet

1504 Beginn der Umbauarbeiten im Wawel-Schloss

1505 Baltazar-Behem-Kodex

1513 Das erste polnische Buch wird im Ungler-Haus gedruckt

Kopf im Gesandtensaal

1519 Bartolomeo Berecci beginnt die Arbeiten an der Zygmunt-Kapelle in der Kathedrale

1521 Die Zygmunt-Glocke wird aufgehängt

1525 Preußische Reverenz an den polnischen König auf dem Marktplatz am 10. April

1543 Kopernikus' Abhandlung *De revolutionibus* wird veröffentlicht

1500 | 1510 | 1520 | 1530 | 1540

NICOLAI CO
PERNICI TORINENSIS
DE REVOLVTIONIBVS ORBIU
um cœlestium, Libri VI.

Ausschnitt aus dem Titelblatt der Kopernikus-Schrift

Renaissance-Portal
Die erste Poststelle im Polen des 16. Jahrhunderts, zuständig für die Verbindung Krakau–Venedig, war im Hause des Prospero Provana untergebracht. Heute befindet sich das Hotel Pod Różą in dem Gebäude.

Silberner Hahn der Schützengilde
Das Meisterstück von 1565 gehörte der Schützengilde, deren Aufgabe es war, die Soldaten bei der Verteidigung der Stadt zu unterstützen.

Zygmunt-August-Denkmal

König Zygmunt August war Kunstliebhaber. Sein Verdienst war es, dass das königliche Schloss auf dem Wawel mit einer außerordentlichen Sammlung von Bildteppichen ausgestattet wurde. Santi Gucci schuf das Denkmal in den Jahren 1574/75 aus rotem ungarischem Marmor.

Krakau in der Renaissance

Renaissance-Architektur wurde während des Umbaus des Königsschlosses im frühen 16. Jahrhundert von italienischen Meistern nach Krakau gebracht. Die Zygmunt-Kapelle *(siehe S. 64–69)*, das Montelupis-Grabmal in der Marienkirche *(siehe S. 94–97)* sowie mehrere Häuser in der Kanonicza-Straße *(siehe S. 79)* sind Paradebeispiele für die städtische Renaissance-Kunst und -Architektur.

Der Innenhof mit Arkaden *im Wawel-Schloss gehört zu den schönsten in ganz Europa* (siehe S. 70f)

Die Renaissance-Tuchhallen (siehe S. 102f) *mit der charakteristischen Brüstung verdeutlichen den Reichtum des jagiellonischen Krakau.*

nach 1550 Santi Gucci lässt sich in Polen nieder

Grab von Stefan Batory

1595 Santi Gucci vollendet das Grab von König Stefan Batory

1550 | 1560 | 1570 | 1580 | 1590

1556–59 Giovanni Maria Padovano baut die Tuchhallen um

1569 Polnisch-litauische Allianz

1574 Krönung des ersten gewählten Königs, Henri de Valois

1586 Die erste höhere Schule wird eröffnet

1596 Der königliche Hof zieht von Krakau nach Warschau um

Krakau im Barock

Wappen des Hauses Wasa

Im 17. und 18. Jahrhundert erlebte Krakau eine Phase des Abstiegs: Nachdem der König nach Warschau übergesiedelt war, folgten ihm die Minister. Raubzüge und Besetzungen durch ausländische Truppen, Kriege sowie die erste Teilung Polens von 1772 führten zum Niedergang Krakaus. Obwohl Stanisław August Poniatowski gegen Ende seiner Herrschaft versuchte, die Situation zu verbessern, und obwohl die königlichen Krönungen und Begräbnisse nach wie vor hier stattfanden, verkam Krakau zur provinziellen Frontstadt. Der fehlgeschlagene Kościuszko-Aufstand von 1794 und die nachfolgende dritte Teilung Polens von 1795 ließen Krakau in die Bedeutungslosigkeit sinken.

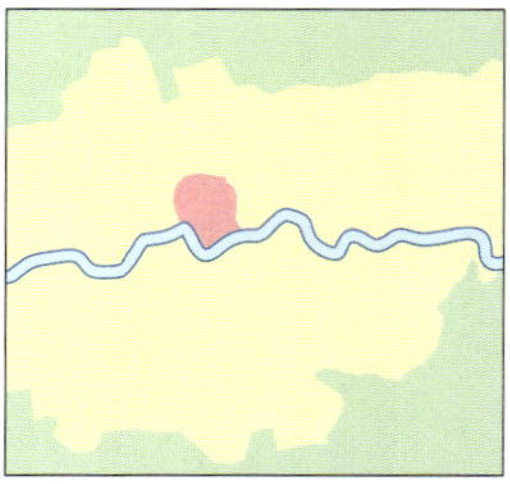

Ausdehnung der Stadt

1700 | Heute

Kapuze des Krönungsmantels (1669)
Der Adler (das Emblem des Staates) auf der cappa magna *des Bischofs Tomicki, die für die Krönung Michał Wiśniowieckis angefertigt wurde, war mit Perlen und Saphiren besetzt.*

Epitaph von König Władysław IV.
Der monumentale, düstere Innenraum der Wasa-Kapelle im Dom schimmert in schwarzem Marmor, von dem sich die glänzenden Gedenktafeln der Wasa-Dynastie abheben.

Die Evangelisten mit ihren Symbolen Adler, Engel, Löwe und Ochse.

Figuren der heiligen Doktoren der Kirche

König David
Die spätbarocke Tanzfigur (zweite Hälfte 18. Jh.) in der Fronleichnamskirche stammt von Anton Gegenbaur.

Zeitskala

1600 | 1620 | 1640 | 1660 | 1680

1609 Zygmunt III. Wasa verlegt seine Residenz am 25. Mai von Krakau nach Warschau

1619 Peter-und-Paul-Kirche vollendet

1626–29 Baldachin des hl. Stanisław in der Kathedrale errichtet

Zygmunt III. Wasa

1655–57 Schwedische und transsylvanische Truppen besetzen Krakau

1661 Die erste polnische Zeitung »Merkuriusz Polski« wird von Jan Alexander Gorczyn herausgegeben

Titelseite des Merkuriusz Polski

1664–76 Wasa-Kapelle in der Kathedrale vollendet

1676 Die Akademie übernimmt die Piotrowczyks-Druckerei und gründet die Universitätsdruckerei

Gedenktafel für Bischof Denhoff
Die Gedenktafeln für die Bischöfe im Kreuzgang neben der Franziskanerkirche stammen aus verschiedenen Epochen. Diese Tafel wurde im frühen 18. Jahrhundert hergestellt.

Der silberne Sarkophag mit Bischofsmütze und -stab ist der Reliquienschrein des hl. Stanisław.

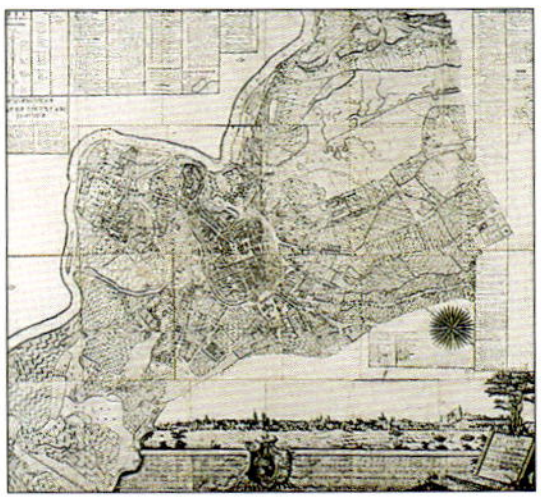

Kołłątajs Krakauer Panoramakarte
Hugo Kołłątaj reformierte die Universität. Außerdem entwarf er im Jahr 1785 einen präzisen Stadtplan Krakaus mit allen dazugehörigen Stadtgebieten.

Baldachin des hl. Stanisław

Dieser Baldachin im Wawel-Dom basiert auf mehreren nicht ausgeführten Entwürfen für den großen Baldachin im römischen Petersdom.

Barockes Krakau

Die früheste Barockkirche, die den Heiligen Peter und Paul geweiht ist *(siehe S. 80f)*, die später erbaute St.-Annen-Kirche *(siehe S. 108f)* sowie die Kirche der Barmherzigen Brüder *(siehe S. 126)* gelten als die schönsten Beispiele der Barockarchitektur in Krakau. Errichtet wurden sie von den großen Baumeistern wie Tylman van Gameren und Kacper Bażanka.

Die Peter-und-Paul-Kirche *ist eines der schönsten Bauwerke des Frühbarock in ganz Mitteleuropa.*

Die Fassade der Missionarenkirche *wurde nach dem Vorbild römischer Barockarchitektur gestaltet* (siehe S. 85).

1734 Krönung von August III. Wettin – die letzte in Krakau

Orden Virtuti Militari

1791 Kazimierz und Kleparz werden eingemeindet

1768–72 Adelskonföderation kämpft für Krakau

1794 Tadeusz Kościuszko wird am 24. März auf dem Marktplatz vereidigt

) | 1720 | 1740 | 1760 | 1780 | 1800

1705 Die St.-Annen-Kirche wird geweiht

02–05 Krakau wird ederholt von den hweden besetzt

Hugo Kołłątaj

1777/78 Hugo Kołłątaj reformiert die Krakauer Akademie

1788 Astronomisches Observatorium eröffnet

1798 Erstes festes Theatergebäude in Krakau

Galizisches Krakau

Im Jahr 1772 besetzte Österreich den südlichen Teil Polens, das sogenannte Galizien. Nach Ende der österreichischen Besatzungszeit wurde Krakau dem Herzogtum Warschau eingegliedert. Dann folgte eine russische Besatzungszeit. Im Jahr 1815 hatte sich zwar die Republik Krakau etabliert, aber bereits 1846 befand sich Krakau wieder unter österreichischer Herrschaft. Erst nach 1860 erreichte Galizien umfassende Autonomie. Im 19. Jahrhundert war Krakau das einzige polnische Gebiet, das relative Freiheit genoss. Es besann sich seiner Traditionen und seiner Geschichte und wurde erneut zur geistigen Hauptstadt Polens.

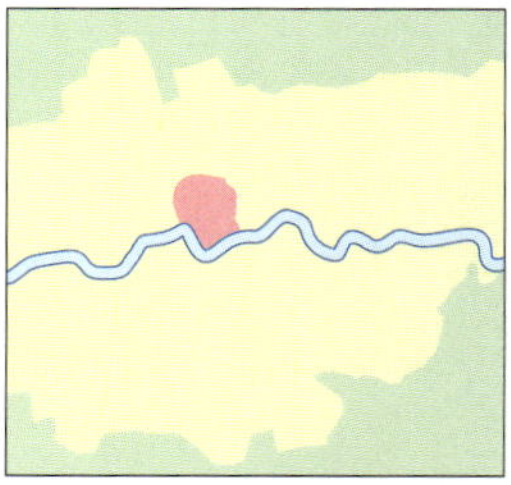

Ausdehnung der Stadt

1818 Heute

Sarkophag von Prinz Józef Poniatowski
Von allen berühmten Polen, die in der Fremde starben, war Józef Poniatowski der erste, dessen Leichnam nach Hause zurückgebracht und feierlich beigesetzt wurde. Die Beisetzung wuchs sich zu einer patriotischen Demonstration aus.

Einzug des Kaisers Franz Joseph im Jahr 1880
Franz Joseph war bei der Krakauer Bevölkerung beliebt. Man schätzte ihn, da er die Entwicklung der Stadt und ihre Unabhängigkeit förderte. Eine Serie von Aquarellen von Juliusz Kossak (1824–1899) zeigt seinen Aufenthalt in Krakau.

***Die Öffnung des Sarkophags Kazimierz' des Großen* von Jan Matejko**
Der zufällige Fund der Gebeine des Königs führte 1869 zu einer zweiten Beerdigung, die eingedenk der ruhmreichen Vergangenheit als nationales Ereignis begangen wurde.

Zeitskala

1800 Das Wawel-Schloss wird zu Militärbaracken umfunktioniert

1813–15 Krakau von Österreich besetzt

Ruinen der abgebrannten Dominikanerkirche

1846 Krakau Aufstand. Kraka wird Teil Österreic

1800 | 1810 | 1820 | 1830 | 1840

1809 Krakau wird dem Herzogtum Warschau zugeteilt

1810–14 Zerstörung der Stadtmauern

1815 Die »Freie, unabhängige und neutrale Stadt Krakau« und ihr Umland werden zur Republik Krakau

1820–23 Der Kościuszko-Hügel entsteht

Wappen von Galizien

Wohnhaus Jan Matejkos
Jan Matejko, dessen Historienmalerei in der Bevölkerung ein Bewusstsein für die eigene Vergangenheit schuf, lebte in diesem Haus (siehe S. 114).

Einwohner von Krakau grüßen den Kaiser

Entwurf für das Mickiewicz-Denkmal
Dieses Modell von Antoni Kurzawa wurde nie ausgeführt und steht im Nationalmuseum.

Krakauer Aufstand
Der Aufstand von 1846 sollte in allen Teilen Polens eine Revolte auslösen, wurde aber von Österreich niedergeschlagen.

Krakau im 19. Jahrhundert

Die Architekten im Krakau des 19. Jahrhunderts bedienten sich vieler verschiedener Stilrichtungen. Es dominierte der Klassizismus (z. B. die Akademie der Schönen Künste, *siehe S. 138f*). Oft spürte man den Einfluss der Monumentalarchitektur Wiens, wo viele Krakauer Architekten studierten. Die Krakauer Universitätsgebäude wiederum sind ein gutes Beispiel für die Neugotik, die den historischen Stil mit einheimischen Besonderheiten mischt.

Die Kirche der Felizianerinnen *ist eines der wenigen neuromanischen Bauwerke in Krakau* (siehe S. 144).

Das Collegium Novum, *ein eindrucksvolles neugotisches Backsteingebäude, wurde von Feliks Księżarski entworfen* (siehe S. 104).

1866 Eigene Regierung in Krakau mit Józef Dietl als Bürgermeister

1854 Gesellschaft der Kunstfreunde gegründet

1872 Akademie der Wissenschaften gegründet

1876 Die Sammlung Czartoryski wird öffentlich zugänglich

1883–87 Collegium Novum erbaut

1850 | **1860** | **1870** | **1880** | **1890**

1850 Großer Brand von Krakau

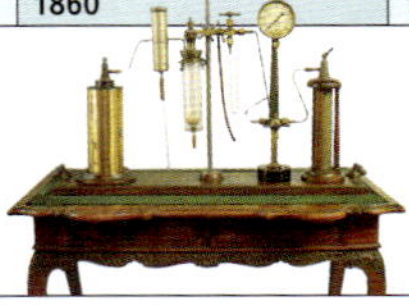

Apparat zur Kondensierung von Sauerstoff

1883 Die Krakauer Z. Wróblewski und K. Olszewski kondensieren Sauerstoff

1893 Słowacki-Theater eröffnet

Krakau um 1900

Stanisław Wyspiańskis Büste am Kunstpalast

Gegen Ende des 19. und zu Beginn des 20. Jahrhunderts hatte Krakau wieder den Rang einer Metropole erworben, in die Menschen aus allen Teilen des besetzten Polen strömten. Sie wollten die neue Universität und den Wawel sehen, der damals restauriert wurde. Es war die Zeit des »L'art pour l'art«, Krakau wurde zum Mekka für die polnischen Künstler. Das Leben konzentrierte sich in Künstlercafés wie dem Paon und dem Jama Michalika, in denen sich die Szene traf und z. B. das Kabarett Zielony Balonik auftrat. Es herrschte eine melancholische Untergangsstimmung, gepaart mit romantischem Patriotismus, was sich in der Kunst als neuromantischer Symbolismus niederschlug. Der Erste Weltkrieg setzte dieser Bohemienzeit ein Ende.

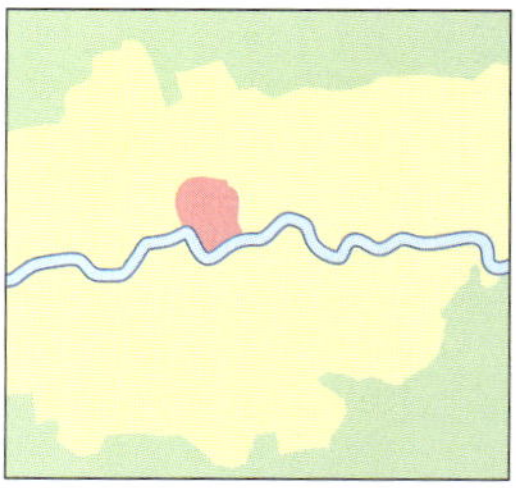

Ausdehnung der Stadt

1900 | Heute

Stańczyk

Das Gemälde von Leon Wyczółkowski zeigt den Hofnarren Stańczyk in nachdenklicher Pose. Er spielt mit Marionetten, die historische Figuren darstellen.

Kathedrale

Abgeordnetenhaus des neuen Parlaments

Akademie und Museen

Modell eines Amphitheaters an der Barbakane in Krakau

»Życie«

Das ist die Vignette der Zeitschrift des »Jungen Polen«, an der die führenden Autoren dieser Zeit mitarbeiteten.

Zeitskala

1895 | 1897 | 1899 | 1901 | 1903

- **1895** Die Adam-Mickiewicz-Statue wird enthüllt
- **1897** Die Zeitschrift *Życie* erscheint wöchentlich
- **1898** Stanisław Przybyszewski kommt in Krakau an
- **1898–1900** Stanisław Wyspiański gestaltet die Franziskanerkirche mit Wandmalereien und Buntglas
- **1901** Der Kunstpalast, Sitz der Gesellschaft der Freunde der Schönen Künste, wird erbaut
- **1901** Premiere der *Hochzeit* von Stanisław Wyspiański
- **1903–05** Das Stary Teatr (Altes Theater) wird im Jugendstil umgestaltet

Wyspiańskis Jugendstil-Wandgemälde in der Franziskanerkirche

Plakat von Stanisław Wyspiański
Das Plakat kündigt eine Lesung von S. Przybyszewski und ein Stück von M. Maeterlinck an.

Puppentheater des Kabaretts Zielony Balonik
Die kabarettistisch-satirische Neujahrsschau von Karol Frycz nahm die Engstirnigkeit der Gesellschaft auf die Schippe.

Polnische Akropolis von Stanisław Wyspiański

Hinter dem Entwurf für die Neugestaltung des gesamten Wawel stand die Idee, das königliche Schloss zum politischen, sozialen, wissenschaftlichen und kulturellen Zentrum Polens zu machen. Die Architektur sollte die gesamte polnische Geschichte widerspiegeln.

Modernistisches Krakau

Die Zeit um 1900 war eine Hochzeit der Literatur und Malerei. Architektonische Belege dieser Zeit sind spärlich. Trotzdem gibt es signifikante Gebäude, z. B. das Spinnenhaus »Pod Pająkiem« *(siehe S. 151)* und den Kunstpalast *(siehe S. 105)*. Herausragende Jugendstil-Interieurs haben die Franziskanerkirche mit Wandbildern und Bleiglasfenstern von Wyspiański *(siehe S. 86f)*, das Haus der Ärztegesellschaft *(siehe S. 132)* sowie die prächtige Industrie- und Handelskammer *(siehe S. 139)*.

Bei der Neugestaltung des Stary Teatr (Altes Theater) *im Jugendstil erhielt die Fassade die typischen Stuckverzierungen* (siehe S. 105).

Die Fassade der Kirche der Karmeliterinnen *mit den verspielten Verzierungen steht in deutlichem Kontrast zum strengen Innenraum.*

1906 Krakaus Sportvereine Wisła und Cracovia werden gegründet

1906 Gebäude der Industrie- und Handelskammer wird vollendet

1907 Stanisław Wyspiański stirbt

Erdkugel auf dem Gebäude der Industrie- und Handelskammer

1910 Józef Piłsudski stellt bewaffnete Verbände auf

1910 Das Grunwald-Denkmal wird enthüllt

1912 Das erste Kino eröffnet in Krakau

Sessel (spätes 19. Jh.)

1914 Die ersten polnischen Truppenverbände marschieren am 6. August aus Krakau an die Front

1907 | 1909 | 1911 | 1913 | 1915

Krakau zwischen 1918 und 1945

Nach dem Ersten Weltkrieg wurde Polen nach 123 Jahren Besatzung wieder unabhängig. In der Zeit zwischen den beiden Weltkriegen entwickelte sich Krakau zum wichtigen Verwaltungszentrum. Darüber hinaus war die Stadt kultureller und wissenschaftlicher Mittelpunkt. Anfangs herrschte in der Kunst die modernistische Tradition, aber bald wurde sie durch eine neue Künstlergeneration abgelöst, zu der die Formisten, Kapisten (polnische Variante des Postimpressionismus), die avantgardistische »Grupa Krakowska« und das Cricot-Theater zählten. Im Zweiten Weltkrieg hatte das deutsche Generalgouvernement seinen Sitz in Krakau, daher entging die Stadt der Zerstörung.

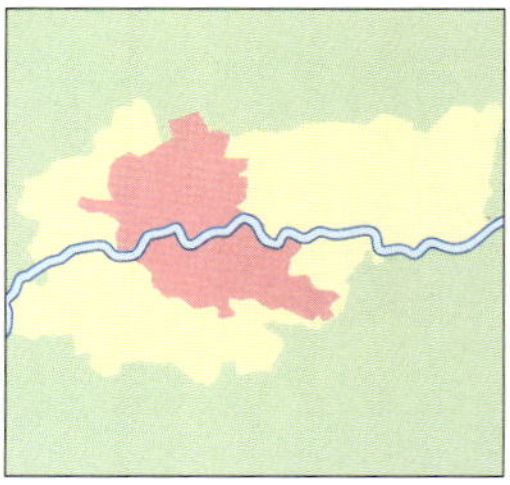

Ausdehnung der Stadt

1938 · Heute

Józef Piłsudski
Der Kommandant *von Konrad Krzyżanowski zeigt die Persönlichkeit des kompromisslosen polnischen Militärs und Politikers.*

Kościuszko-Hügel

Marschall Józef Piłsudski

Porträt Nena Stachurskas
Das Porträt stammt von S. I. Witkiewicz, einem der unkonventionellsten Künstler des 20. Jahrhunderts. Er forderte das utopische Ideal einer »reinen Kunst«.

Figuren an der Akademie für Bergbau- und Hüttenwesen
Die erste Schule dieser Art wurde im befreiten Polen für die Ausbildung von Spezialkräften für die Industrie in Schlesien eingerichtet.

Zeitskala

1918 Die österreichischen Truppen werden in Krakau entwaffnet. Am 11. November wird die Republik Polen ausgerufen

1925 Grab des Unbekannten Soldaten

1923 Arbeiteraufstand in Krakau

Jagiellonen-Bibliothek

1918 | 1921 | 1924 | 1927 | 1930

1919 Akademie für Bergbau und Hüttenwesen gegründet

1921 Jesuitenkirche in Wesoła geweiht

Flagge des befreiten Krakau

1927 Juliusz Słowackis Leichnam wird nach Krakau gebracht und am Wawel beigesetzt

1930–39 Jagiellonen-Bibliothek fertiggestellt

Begräbnis von Marschall Piłsudski
Das Begräbnis des Kommandanten, der 1935 auf dem Wawel beigesetzt wurde, war die größte Staatsfeierlichkeit zwischen den Kriegen.

Zerstörung der Mickiewicz-Statue
Während der deutschen Besetzung wurden alle wichtigen Denkmäler zerstört, u.a. die von Mickiewicz, Kościuszko und Grunwald.

Die Militärkapelle galoppiert am Kopf der Truppen.

Kavallerie-Parade

Die Parade der Kavallerie der neuen Republik fand am 6. Oktober 1933 auf der Błonia statt. Wojciech Kossak, Mitglied einer berühmten Krakauer Künstlerfamilie, malte dieses Großereignis.

Oświęcim (Auschwitz)

Unter dem Namen »Oświęcim« können sich nur wenige etwas vorstellen. Der deutsche Name »Auschwitz« beschwört dagegen Tod und Vernichtung herauf. Während des Zweiten Weltkriegs richteten die Nationalsozialisten in Auschwitz *(siehe S. 160f)* und im nahe gelegenen Birkenau (Brzezinka, *siehe S. 162f*) Konzentrationslager ein. Etwa 1,5 Millionen Menschen fanden in diesen beiden Lagern den Tod.

Das Lager von Auschwitz wurde 1940 auf Befehl von Heinrich Himmler angelegt und diente zunächst als Arbeitslager. Schon vorher hatten die Nationalsozialisten Menschen, vor allem Juden, aus ganz Europa deportiert. Ab 1942 waren Auschwitz und Birkenau Massenvernichtungslager. Die zynische Torinschrift des Lagers Auschwitz lautet: »Arbeit macht frei«.

Im Todesblock des Konzentrationslagers Auschwitz gab der später heiliggesprochene Franziskanerpriester Maximilian Kolbe 1941 sein Leben für einen Mithäftling hin. Kolbe wurde zum Tod in der Gaskammer verurteilt. In den erhalten verbliebenen Blocks von Auschwitz lassen sich die Zeugnisse der NS-Verbrechen besichtigen *(siehe S. 160f)*. In dem drei Kilometer entfernten Birkenau existieren nur noch wenige der ursprünglich 300 Baracken. Die Laderampe ist ein Ort des Grauens. Hier wurden die gerade mit dem Zug angekommenen Gefangenen ausgesondert.

1933 Das Künstlertheater Cricot wird gegründet

1935 Piłsudski bekommt ein Staatsbegräbnis am Wawel

1938 Dietl-Statue errichtet

1939 Ausbruch des Zweiten Weltkriegs am 1. September

1943 Jüdisches Getto ausgelöscht

1945 Sowjetische Truppen marschieren am 18. Januar in Krakau ein

1933 | 1936 | 1939 | 1942 | 1945

Józef-Dietl-Statue

1937 Die Akademie für Bergbau und Hüttenwesen nimmt die Lehre auf

1939 Krakau wird am 6. September von deutschen Truppen besetzt

1941 Jüdisches Getto eingerichtet

Krakau von 1945 bis heute

Statue des Kardinal Adam Sapieha

Nach dem Zweiten Weltkrieg akzeptierte Krakau nur gezwungenermaßen die von der Sowjetunion eingesetzte neue Regierung. 1946 führten die Feierlichkeiten anlässlich der Verfassung vom 3. Mai zu Konflikten. Kurz darauf wurde das kommunistische Referendum abgelehnt. Als »Strafe« für Krakau wurde die neue Industrievorstadt Nowa Huta *(siehe S. 154)* aufgebaut. Man wollte den »reaktionären Klassen« des alten Krakau eine Arbeiterstadt gegenüberstellen. Der Baustil entsprach dem Sozialistischen Realismus. Während die Krakauer Behörden um die Erhaltung der historischen Bauten kämpften, wurden viele Gebäude durch Luftverschmutzung zerstört.

Stahlwerk Tadeusz Sendzimir
Das frühere Lenin-Stahlwerk sollte zu einer Hochburg des kommunistischen Proletariats werden. Paradoxerweise wurde es stattdessen zu einer Hochburg der Opposition.

Fahne des Vatikan

Päpstlicher Hochaltar

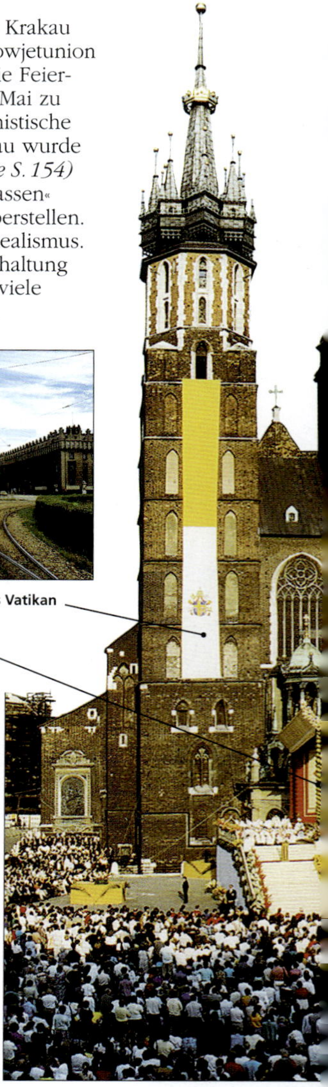

Heilige Messe während des Papstbesuchs

Die politische Umgestaltung Polens nach 1989 war Krakau sehr willkommen. Die Messe, die Papst Johannes Paul II. auf dem Marktplatz zelebrierte, zog eine unglaublich große Menge von Gläubigen an.

Mistrzejowice-Kirche
Die Kirche wurde zwischen 1976 und 1983 erbaut und enthält viele Skulpturen von Gustaw Zemła.

Zeitskala

1946 Blutige Unterdrückung der Feiern zum 3. Mai

Bauarbeiterbrigade *von H. Krajewska*

1956 Das Kabarett »Piwnica Pod Baranami« wird gegründet

1967 Baubeginn der Kirche »Arche Gottes« in Nowa Huta

1945 | 1950 | 1955 | 1960 | 1965 | 1970 | 1975

1949 Baubeginn von Nowa Huta

1950 Nowa Huta wird Teil von Krakau

1956 Theater Cricot 2 gegründet

1957 Feierlichkeiten zum 700. Geburtstag der Stadt Krakau

1964 600. Geburtstag der Krakauer Akademie

Johannes Paul II.

Demonstrationen in Nowa Huta
In der Zeit des Kriegsrechts endeten die Demonstrationen in der Arbeitervorstadt Nowa Huta oft mit Krawallen.

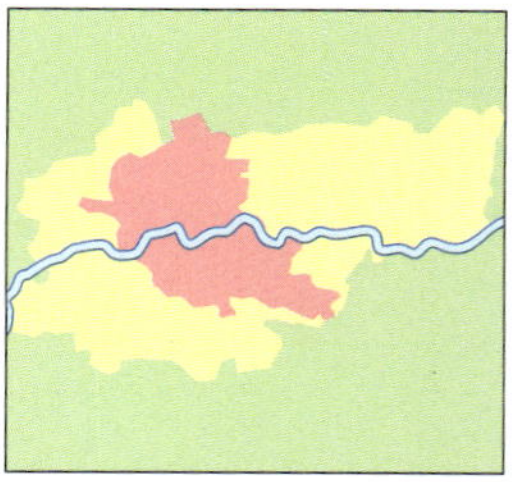

AUSDEHNUNG DER STADT
1945 | Heute

Nobelpreis für Wisława Szymborska
Die Krakauer Schriftstellerin erhielt 1996 den Nobelpreis für Literatur.

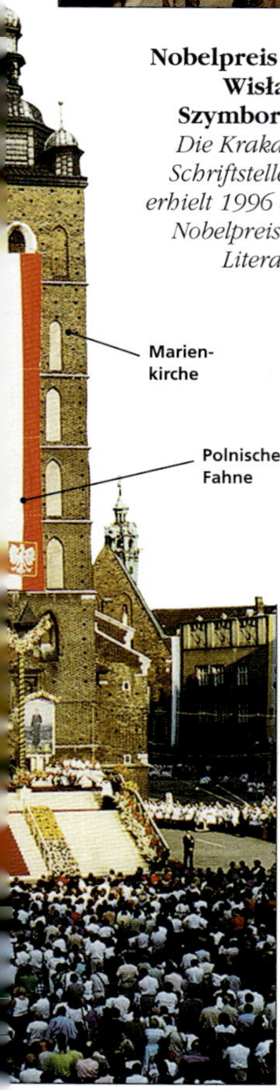

Skulptur am Grab von Tadeusz Kantor
Die Theaterarbeit von Tadeusz Kantor (1915–1990) fand in Europa starke Beachtung. Die Skulptur auf seinem Grab wurde ursprünglich für sein Stück Wiepole, Wiepole *entworfen.*

KRAKAU HEUTE

Nur wenige Gebäude der Nachkriegszeit verdienen in Krakau Beachtung. In der sakralen Architektur gibt es jedoch bemerkenswerte Bauten, darunter die Abtei der »Väter der Auferstehung«, entworfen von Dariusz Kozłowski, und zwei Kirchen in Nowa Huta: die »Arche Gottes« und die Mistrzejowice-Kirche. Ein umfassendes Programm zur Gebäuderenovierung in der Altstadt ermöglichte auch viele neue Projekte, z. B. das Manggha (Japanisches Zentrum für Kunst und Technologie).

Die »Arche Gottes« in Nowa Huta (siehe S. 154) *ist mit ihrer eindrucksvollen Form und symbolischen Aussage ein herausragendes Beispiel moderner Kirchenarchitektur.*

978 Krakau wird von der UNESCO
um Welterbe erklärt

1980 Solidarnosć gegründet

1981 Kriegsrecht in Polen ab 13. Dezember (bis 22. Juli 1983)

1991 Internationales Kulturzentrum gegründet

1992 Feierlichkeiten zum Europäischen Kulturmonat

1996 Wisława Szymborska erhält Nobelpreis für Literatur

2005 Papst Johannes Paul II. stirbt

2012 Fußball-EM in Polen und der Ukraine

2007 Wegfall der Grenzkontrollen zu »Schengen-Staaten«

1980	1985	1990	1995	2000	2005	2010

1981 Bürgerkomitee zur Rettung Krakaus gegründet

978 Karol Wojtyła wird
apst Johannes Paul II.

1990 Tadeusz Kantor stirbt

1993 Czesław Miłosz, Nobelpreisträger für Literatur, wird Ehrenbürger von Krakau

Buch von Czesław Miłosz

2010 Präsident Lech Kaczyński stirbt bei Flugzeugunglück *(siehe S. 66)*

2004 Polen wird EU-Mitglied

Krakau im Überblick

Krakau gehört zu den wenigen polnischen Städten, die während der Kriege von größeren Zerstörungen verschont blieben. Nicht nur die Denkmäler haben die Zeit überstanden, auch die spezifische »altertümliche« Atmosphäre der Stadt ist noch vorhanden. Schon im 19. Jahrhundert war Krakau Ziel ausländischer und polnischer Reisender. Krakau und Wieliczka wurden von der UNESCO in die erste Liste des Welterbes aufgenommen. Das Kapitel *Die Stadtteile Krakaus* beschreibt die Sehenswürdigkeiten der Stadt detailliert, zum besseren Überblick sind auf den folgenden zwölf Seiten die Highlights Krakaus aufgeführt. Dabei wird jeweils auf den Haupteintrag verwiesen. Auf dieser Seite finden Sie die zehn wichtigsten Attraktionen Krakaus im Überblick.

Zehn Hauptattraktionen Krakaus

Königsschloss auf dem Wawel
Siehe S. 70f

Kathedrale
Siehe S. 64–69

Kościuszko-Hügel
Siehe S. 168f

Marienkirche
Siehe S. 94–97

Marktplatz
Siehe S. 98–101

St.-Annen-Kirche
Siehe S. 108f

Grünanlage Planty
Siehe S. 166f

Collegium Maius
Siehe S. 106f

Friedhof Remuh
Siehe S. 122f

Tuchhallen
Siehe S. 102f

◁ Zygmunt-Kapelle auf dem Wawel *(siehe S. 65)*

Highlights: Museen und Sammlungen

Die zahlreichen Museen Krakaus behandeln vielfältige Themen. Am bekanntesten ist das Königsschloss auf dem Wawel. Es präsentiert die Sammlungen in den königlichen Gemächern aus der Zeit, in der die polnischen Könige hier residierten. Das Czartoryski-Museum widmet sich überwiegend der westlichen Kunst, das Nationalmuseum mit verschiedenen Niederlassungen im Stadtzentrum stellt hauptsächlich polnische Kunst aus.

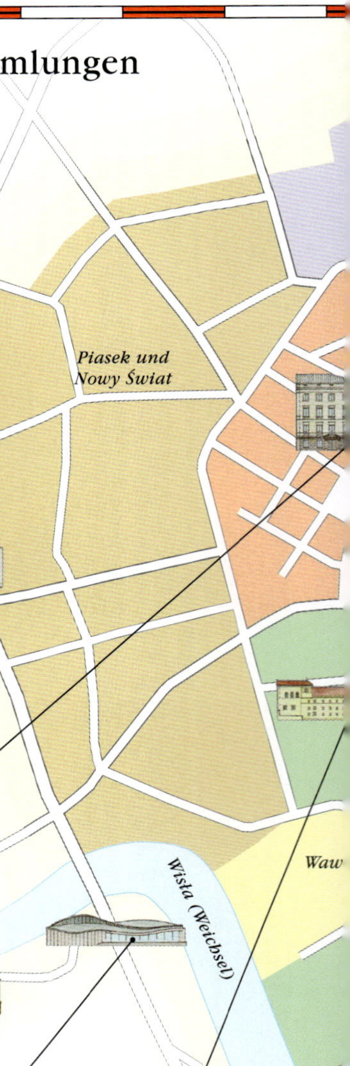

Hauptgebäude des Nationalmuseums
Hier ist eine der besten Sammlungen moderner polnischer Kunst zu finden. Besonders sehenswert ist die Sammlung modernistischer Kunst, zu der auch die Skulpturen des Bildhauers Konstanty Laszczka gehören.

Museum der Stadt Krakau
Das Museum ist der Stadtgeschichte gewidmet. Krakau ist berühmt für seine Weihnachtskrippen, von denen besonders schöne hier ausgestellt sind.

Manggha (Japanisches Zentrum für Kunst und Technologie)
Das moderne Gebäude beherbergt Arbeiten aus dem Fernen Osten. Viele davon wurden von Feliks Manggha Jasieński gestiftet. Abgebildet ist eine netsuke*, eine Art Knopf in Tigerform.*

Archäologisches Museum
Neben vielen archäologischen Funden aus Kleinpolen sind hier auch ägyptische Mumien zu sehen.

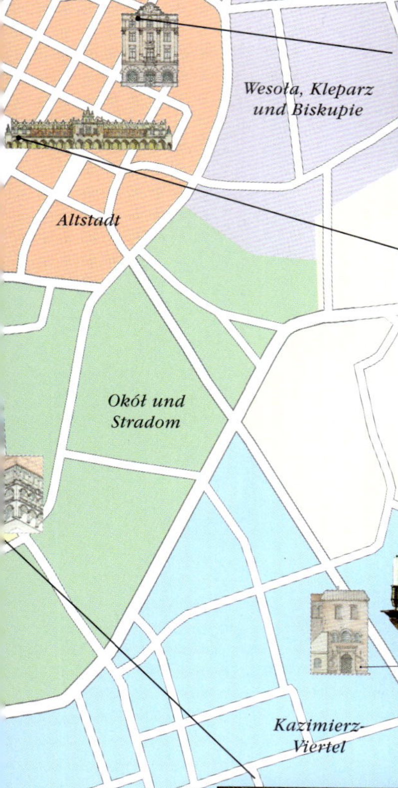

Czartoryski-Museum
Diesen Harnisch trug Stanisław Jabłonowski, ein Anführer in der Schlacht von Wien (1683). Er ist eines der Ausstellungsstücke, die an Polens glorreiche Vergangenheit erinnern.

Matejko-Haus
Im Wohnhaus von Jan Matejko sind einige seiner Werke ausgestellt, so diese Studie zu Johanna von Orléans. *Die außerordentliche Sammlung Matejkos von Antiquitäten und Kuriositäten hat ebenfalls hier ihren Platz.*

Tuchhallen-Sammlung: Kunst des 19. Jahrhunderts
Im Jahr 1879 vermachte Henryk Siemiradzki dem künftigen Nationalmuseum das erste Geschenk: Neros Fackeln.

Jüdisches Museum
In der Renaissance-Synagoge findet man eine der besten mitteleuropäischen Judaika-Sammlungen.

Königsschloss auf dem Wawel
Die königliche Residenz beherbergt eine hervorragende Kunstsammlung: Gemälde, Skulpturen, Goldschmiedearbeiten, Waffen, orientalische Kunst und Bildteppiche.

Überblick: Museen und Sammlungen

Adler auf Flagge (1918), Museum der Stadt Krakau

Krakaus vielfältige Museenlandschaft vermittelt viele Einblicke in die Geschichte der Stadt und die polnische Kultur. Zwar würde der Besuch aller Museen einige Wochen in Anspruch nehmen, doch auch wenn man sich nur auf die bedeutendsten Sammlungen konzentriert, lernt man die Stadt sehr gut kennen. Viele Galerien, darunter auch die Starmach- und die Mleczko-Galerie, stellen auch zeitgenössische polnische Kunst aus.

Reliquienschrein des hl. Stanisław, Kathedralmuseum

Geschichte Polens und Krakaus

Die ehemalige Residenz der polnischen Herrscher, das **Königsschloss**, ist das bekannteste Krakauer Museum. Unter den Ausstellungsstücken befinden sich u. a. Bildteppiche und Gemälde. Auch die Waffenkammer und die Schatzkammer, in der das Krönungsschwert *Szczerbiec* aufbewahrt wird, sind für Besucher geöffnet. Überaus interessant ist die archäologische Ausstellung »Der verschollene Wawel«, in der neben anderen Objekten auch eine frühromanische, der Jungfrau Maria geweihte Rotunde gezeigt wird. Eine spannende Computersimulation präsentiert die Bauphase im 10. Jahrhundert. Gregorianische Choräle – gesungen von Dominikanermönchen – begleiten das Programm.

Das **Museum der Stadt Krakau** widmet sich der Geschichte der ehemaligen polnischen Hauptstadt. Die Sammlungen zeigen Insignien der städtischen Herrscher und Zünfte, u. a. Siegelringe mit den Wappen Krakaus. Die alten Stadtansichten vermitteln ein Bild von der Vergangenheit der Stadt.

Das Museum der Jagiellonen-Universität ist im ältesten Universitätsgebäude, dem **Collegium Maius**, untergebracht. Das Museum zeigt teilweise einzigartige wissenschaftliche Gerätschaften sowie Erinnerungsstücke ehemaliger Professoren. In vielen Räume stehen noch die erhaltenen Originalmöbel.

Gesandtensaal im Königsschloss auf dem Wawel

Der Stadtteil Kazimierz wurde früher vorwiegend von Juden bewohnt. Das Viertel entwickelte sich zum Zentrum jüdischer Kultur. Das **Jüdische Museum** beherbergt eine reichhaltige Sammlung von Judaika. Die Wahl des Krakauer Erzbischofs Karol Wojtyła zum Papst Johannes Paul II. im Jahr 1978 war ein wichtiges Ereignis. Im **Erzdiözesanmuseum** erinnert ein nachgebildeter Raum an Karol Wojtyłas Jahre in Krakau.

Der Altar von Jerzy Nowosielski in der Stiftung St. Władimir ist der orthodoxen Kirche geweiht

Polnische Kunst

Im Jahr 1879 übereignete Henryk Siemiradzki der Stadt Krakau sein Gemälde *Neros Fackeln*. Damit initiierte er die Gründung des **Nationalmuseums**. Polen war zu dieser Zeit noch ein besetztes Land. Ziel war es, das Nationalbewusstsein der Bevölkerung zu wecken. Gesammelt wurden nur polnische Kunst oder Arbeiten, die einen Bezug zur Geschichte Polens hatten. Gerade weil westliche Stücke fehlen, entwickelt der Betrachter ein Gespür für die polnischen Künstler und für diejenigen, die in Polen gearbeitet haben. Das Museum hat in der Stadt mehrere Niederlassungen. Die Gemälde-

Italienische Landschaft von Adam Chmielowski, Nationalmuseum

und Skulpturensammlung aus dem Mittelalter und der Renaissance hatte einen Ehrenplatz im Museum. Heute befindet sie sich im Palast des Bischofs Erasmus Ciołek *(siehe S. 82)*, in dem polnische Kunst bis 1794 präsentiert wird.

Ebenso interessant sind die polnischen Kunstwerke aus dem 19. Jahrhundert, die in der **Tuchhallen-Sammlung** untergebracht sind. Malerei und Skulpturen des 20. Jahrhunderts sind im Hauptgebäude zu sehen. Das Museum veranstaltet regelmäßig Ausstellungen über Leben und Werk berühmter Krakauer Künstler wie Jan Matejko, Stanisław Wyspiański und Józef Mehoffer. Gerade solche Ausstellungen sind immer einen Besuch wert.

Cricoteka ist das Museum des Theaters Cricot 2. Hier werden Arbeiten des Theatergründers Tadeusz Kantor ausgestellt.

Die Sammlung der **Stiftung St. Władimir** ist der Kultur der orthodoxen Kirche gewidmet. Deren Anhänger waren vor allem Ruthenen, die in den östlichen Grenzländern Polens lebten. Die Sammlung zeigt u. a. Ikonen aus der Zeit vom 16. bis zum 20. Jahrhundert.

Zeitgenössische Kunst ist nicht nur im Nationalmuseum, sondern auch in zahlreichen Galerien zu finden, so z. B. im **Kunstpalast**. Der **»Kunstbunker«** veranstaltet ebenfalls interessante Ausstellungen mit polnischen und ausländischen Künstlern.

Das **Erzdiözesanmuseum** besitzt eine großartige Sammlung polnischer sakraler Kunst. Das Museum organisiert auch zahlreiche Ausstellungen mit Leihgaben aus berühmten in- und ausländischen Museen.

Ausländische Kunst

Wer an westlicher Kunst interessiert ist, sollte die großartigen Kunstwerke im **Czartoryski-Museum** besichtigen. *Die Dame mit dem Hermelin* von Leonardo da Vinci und Rembrandts *Landschaft mit dem barmherzigen Samariter* sind zwei gefeierte Meisterwerke. Die Sammlung umfasst auch romanische Goldschmiedearbeiten aus der Maasregion, Majolika (zinnglasierte Keramik) aus der Zeit der italienischen Renaissance und Meißner Porzellan.

Das **Manggha (Japanisches Zentrum für Kunst und Technologie)** präsentiert japanische Kunst. Objekte aus dem Fernen Osten, die Hinterlassenschaft von Feliks Manggha Jasieński, bilden das Herzstück der Ausstellung. Arbeiten zeitgenössischer Künstler ergänzen die Sammlung.

Majolika-Teller (um 1545) aus der Sammlung des Czartoryski-Museums

Kultur- und Naturgeschichte

Im **Archäologischen Museum** können Besucher Objekte aus Galizien, das im 19. Jahrhundert zu Österreich gehörte *(siehe S. 30)*, sehen. Eines davon ist die Statue des Gottes Światowid, die man aus dem Fluss Zbrucz gefischt hat. Dazu kommen Objekte, die während der Erbauung von Nowa Huta und bei Bauarbeiten in der Kanonicza-Straße gefunden wurden, sowie einige ägyptische Mumien.

Volkskunst aus Kleinpolen bildet die Sammlungen im **Ethnografischen Museum**. Die interessanten Wechselausstellungen werden in der Filiale Krakowska-Straße gezeigt.

Ein hervorragend erhaltenes Rhinozeros *(Coelodonta antiquitatis)* aus der Eiszeit ist eines der viel beachteten Renommierstücke des **Naturhistorischen Museums**.

Schädel *(Coelodonta antiquitatis)*, Naturhistorisches Museum

Museen

Highlights: Kirchen

Krakaus Stadtbild wird von Kirchen geprägt: Allein in der historischen Altstadt gibt es heute noch an die 40 Kirchen, wobei man bedenken muss, dass im 19. Jahrhundert viele von ihnen zerstört oder abgerissen wurden. Die verbliebenen Gotteshäuser zeugen von Krakaus altem Glanz. Ihre Innenräume sind reich ausgestattet und beherbergen Kunstwerke aus vielen Epochen.

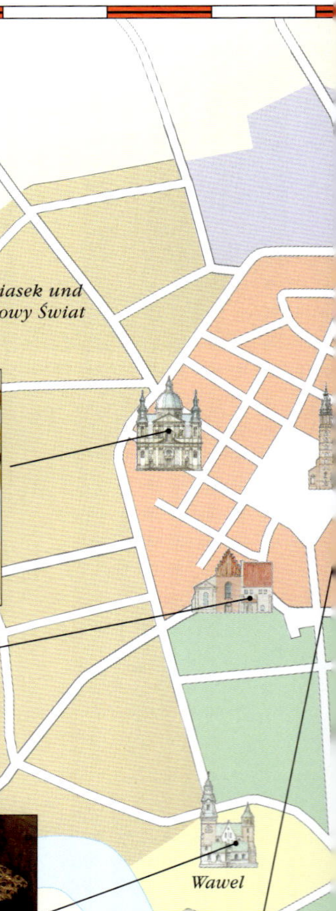

St.-Annen-Kirche
Die Kirche wurde Anfang des 18. Jahrhunderts von zwei berühmten Künstlern geschaffen: dem königlichen Baumeister Tylman van Gameren und dem Bildhauer Baldassare Fontana.

Franziskanerkirche
Stanisław Wyspiański stattete die gotische Kirche mit Wandbemalungen und Glasfenstern im Jugendstil aus.

Kathedrale
Eine Besichtigung der Kathedrale ist gleichzeitig ein Gang durch die Geschichte des polnischen Staates: Hier befinden sich viele nationale Erinnerungsstücke.

Marienkirche
Die Marienkirche ist die wohl berühmteste Kirche Krakaus. Besonders der Marienaltar, den Veit Stoß 1477–89 schuf, ist ein Anziehungspunkt für jeden Kunstinteressierten.

0 Meter 500

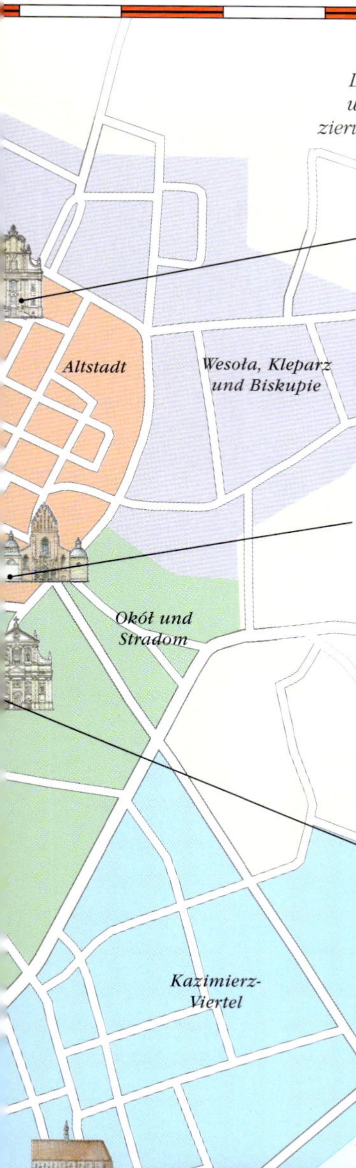

Piaristenkirche
Die Fassade der Kirche weist die typischen Verzierungen des Rokoko auf.

Dominikanerkirche
In der neugotischen Kirche befindet sich diese Gedenktafel des Callimachus (italienischer Humanist, Sekretär am königlichen Hof), die 1496 nach einem Entwurf von Veit Stoß gearbeitet wurde.

Peter-und-Paul-Kirche
Die Kirche ist der schönste frühbarocke Sakralbau in Krakau. Sie wurde nach dem Vorbild einer römischen Kirche von Giovanni Trevano 1605–19 für die Jesuiten erbaut.

St.-Katharinen-Kirche
Besonders interessant sind der frühbarocke Hochaltar sowie die Steinmetzarbeiten am Südportal und in der Vorhalle.

Überblick: Kirchen

Statue des hl. Peter

Die Kirchen Krakaus stammen aus allen Architekturepochen: Romanische, gotische und barocke Gotteshäuser stehen neben eklektizistischen und modernen Kirchen. Glücklicherweise ist ein Großteil dieser Bauten im Krieg und auch später von Zerstörungen verschont geblieben. Heute faszinieren sie den Besucher mit ihren großartigen Innenräumen. Allerdings sind Krakaus Kirchen nicht bloße Attraktionen, sondern auch Wallfahrtsorte. Sie beherbergen die Reliquien vieler Heiliger sowie Heiligenfiguren mit besonderer regionaler Bedeutung.

St.-Andreas-Kirche

Vorromanik und Romanik

Die frühesten Steinkirchen in Krakau wurden in der zweiten Hälfte des 10. Jahrhunderts erbaut. Sie standen an der Stelle, wo heute die **St.-Adalbert-Kirche** ist, und auf dem Wawel, wo man die Überreste einiger Rotunden (Rundkirchen) gefunden hat. Besucher können die rekonstruierte Marien-Rotunde *(siehe S. 63)* besichtigen, die aus dem späten 10. Jahrhundert stammt. **St. Andreas**, um 1079 erbaut, ist die älteste noch erhaltene romanische Kirche Krakaus. Die **Erlöserkirche** stammt aus derselben Zeit. Unterhalb der Kathedrale befinden sich die Krypta St. Leonhard, ein Überbleibsel der zweiten Kathedrale, die zwischen 1090 und 1142 erbaut wurde, sowie die Reste anderer Kirchen.

Gotik

Die schlanken Silhouetten der gotischen Kirchtürme überragen die Stadt. Zwar wurden einzelne Bauten im 19. Jahrhundert »kaputtrenoviert«, viele sind jedoch exzellent erhalten. Die **Franziskanerkirche** ist die älteste Kirche im Originalzustand. Ungewöhnlich sind der einem griechischen Kreuz nachempfundene Grundriss und das asymmetrische Hauptschiff.

Gotisches Deckengewölbe in der Fronleichnamskirche

Die **Heiligkreuzkirche**, mit deren Erbauung um 1300 begonnen wurde, besitzt ein Gewölbe, das sich, von einem einzigen Pfeiler gestützt, wie ein Blätterdach ausbreitet. Hauptattraktion ist sicherlich die Krakauer **Kathedrale**. Die dreischiffige Basilika mit Querschiff und Wandelgang, die von 19 Kapellen umrahmt wird, wurde 1320 bis 1364 erbaut. Die **St.-Katharinen-Kirche** samt Kloster sowie die **Fronleichnamskirche** wurden von Kazimierz dem Großen gegründet, der auch die **Dominikanerkirche** neu aufbauen ließ. Alle drei Kirchen weisen in Struktur und Ausgestaltung Ähnlichkeiten auf und wurden vielleicht vom selben Steinmetz erbaut. Die bekannteste Kirche der Stadt, die **Marienkirche**, ist ebenfalls der Gotik zuzurechnen. Die Bauarbeiten dauerten vom späten 13. bis zum 15. Jahrhundert.

Türme und Kuppeln

Das alte Krakau wird von einer Vielzahl von Kuppeln und Kirchtürmen überragt. Sie zeigen die historischen und künstlerischen Veränderungen, denen die Stadt unterworfen war. Die gotischen Spitztürme der Marien- und der Fronleichnamskirche überragen die anderen deutlich. Niedriger sind die barocken Kuppeln der Peter-und-Paul-Kirche, der St.-Annen-Kirche und der spätbarocke Glockenturm der Kathedrale.

Türme der St.-Andreas-Kirche

Gotischer Turm der Marienkirche

Barocke Kuppel der St.-Annen-Kirche

Renaissance und Manierismus

Es gibt keine Kirche in Krakau, die der Renaissance oder dem Manierismus in reiner Form zugerechnet werden kann. Aber die **Zygmunt-Kapelle** (Sigismund-Kapelle), die zwischen 1519 und 1533 erbaut wurde, gilt als schönster Renaissance-Bau nördlich der Alpen. Die Kapelle diente Baumeistern in ganz Polen viele Jahre als Vorbild.

Renaissance-Grabmale von Jan Michałowicz aus Urzędów und Giovanni Maria Mosca (»Paduaner«) sind in mehreren Kirchen der Stadt zu finden. Gegen Ende des 16. Jahrhunderts gelangte der italienische Manierist Santi Gucci zu großer Berühmtheit in Krakau und ganz Polen.

Barock

Obwohl die polnischen Könige im 17. Jahrhundert nicht mehr in Krakau residierten, wurden dennoch viele neue Sakralbauten errichtet. Der großartigste Bau aus dieser Zeit ist die Jesuitenkirche **Peter und Paul**. Sie wurde 1609–19 vom königlichen Architekten Giovanni Battista Trevano fertiggestellt. Die zwischen 1629 und 1631 erbaute Zbaraski-Kapelle in der **Dominikanerkirche** ist ein gutes Beispiel für den Frühbarock. In der **Kathedrale** veranschaulichen der Stanisław-Baldachin und die Wasa-Kapelle den Stil des Hochbarock. In der ersten Hälfte des 17. Jahrhunderts wurden die Innenräume vieler gotischer Kirchen, u.a. auch der von St. Markus *(siehe S. 110)*, nach barockem Vorbild umgestaltet. Das folgende Jahrhundert glänzte mit architektonischen Meisterleistungen wie etwa mit der **St.-Annen-Kirche**. Erwähnenswert sind vor allem die **Missionarenkirche**, die sich im Erscheinungsbild an römischen Vorbildern orientiert, die **Piaristenkirche** mit ihrer luftigen Fassade sowie die **Kirche der Barmherzigen Brüder** mit der geschwungenen Fassade.

Detail an der Barockfassade der Missionarenkirche

Klassizismus und Eklektizismus

Chor und Hochaltar in der Kirche der Norbertinerinnen, beide aus dem späten 18. Jahrhundert, sind die einzigen Beispiele des sakralen Klassizismus in Krakau. Solange Galizien nicht autonom war, gab es keine Bautätigkeit, daher wurden erst ab etwa der zweiten Hälfte des 19. Jahrhunderts wieder Kirchen gebaut. So entstand die **Kirche der Felizianerinnen** 1882–84 nach Plänen von Feliks Księżarski. Die **St.-Josef-Kirche** (1905–09) wurde von Jan Sas Zubrzycki entworfen. Die **Jesuitenkirche** von Franciszek Mączyński ist mit Skulpturen von Xawery Dunikowski und Karol Hukan geschmückt. Das Bauwerk gilt als herausragendes Beispiel der Architektur des 20. Jahrhunderts.

Figuren am Portal der Jesuitenkirche

Moderne

Auch die Kirchen aus der zweiten Hälfte des 20. Jahrhunderts sind interessant, z.B. die **»Arche Gottes«** in Nowa Huta (Architekt Wojciech Pietrzyk, 1967–77), die Maximilian-Kolbe-Kirche in Mistrzejowice (Architekt Józef Dutkiewicz, 1976–83) und die Jan-Kanty-Kirche in Bronowice Nowe.

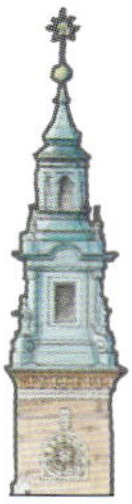

Spätbarocker Glockenturm der Kathedrale

Neugotischer Turm der St.-Josef-Kirche in Podgórze

Moderner Turm der »Arche Gottes« in Nowa Huta

Kirchen

Überblick: Friedhöfe und Grabmale

Grabstein in der St.-Barbara-Kirche

Überall in Europa führte der Kult, an die Toten zu erinnern, zu großen Friedhöfen mit oft wunderschönen Skulpturen und Denkmälern. Auch in Krakau wurden in allen Epochen Friedhöfe angelegt und Mausoleen unter Kirchen gebaut. Schon im 19. Jahrhundert wurden sie wie Sehenswürdigkeiten bestaunt. Heute sind sie in ihrer Pracht oder auch Bescheidenheit ein beliebtes Ziel der Besucher.

Jerzmanowski-Mausoleum auf dem Rakowicki-Friedhof

Christliche Friedhöfe

Gegen Ende des 18. Jahrhunderts notierte ein Krakauer: »Wo immer man im Zentrum Krakaus aus dem Fenster blickt, sieht man nur Gräber und Kreuze.« In dieser Zeit war es üblich, die Friedhöfe neben den Kirchen anzulegen. Der Friedhof bei der Marienkirche war der größte. Ende des 18. Jahrhunderts wurde er verlegt, auf dem vormaligen Friedhof entstand der Mariacki-Platz. Viele mittelalterliche Grabsteine und Grabinschriften, die an die längst Verstorbenen erinnern, können an den Außenmauern der Marien- und der St.-Barbara-Kirche betrachtet werden. Einige Mausoleen in Kapellenform, die von Krakauer Patrizierfamilien erbaut wurden, sind bis heute auf dem vormaligen Marienfriedhof erhalten.

Der **Rakowicki-Friedhof** wurde 1803 außerhalb der Stadt angelegt. Er ist der älteste, noch heute genutzte Friedhof. Trotz seiner riesigen Ausmaße ist er sehr klar gegliedert. Die vielen alten Bäume schaffen eine parkähnliche Atmosphäre. Einige Grabsteine, die um 1900 von berühmten polnischen Bildhauern geschaffen wurden, können als wahre Kunstwerke bezeichnet werden.

Im Jahr 1920 wurde neben dem Rakowicki-Friedhof ein **Militärfriedhof** angelegt (inzwischen gehören beide Friedhöfe zusammen). Hier ruhen die polnischen Soldaten, die 1914–18 und im September 1939 gefallen sind, sowie britische Flieger aus dem Zweiten Weltkrieg.

Der **Zwierzyniecki-Friedhof** ist ein wesentlich bescheidenerer Ort: Statt großer Grabstätten gibt es hier nur kleinere Grabsteine, deren Reliefs trotzdem sehr interessant sind. Der Friedhof ist ein liebenswerter Ort, malerisch auf einem Hügel gelegen und schön bewachsen.

Die beste Zeit für einen Besuch der Krakauer Friedhöfe sind die Tage um den 1. November – dann schimmern sie nachts im Kerzenschein.

Gräber britischer Flieger auf dem Militärfriedhof

Jüdische Friedhöfe

Viele Jahrhunderte lang war Kazimierz, die sogenannte jüdische Stadt, vor allem von Juden bewohnt.

Monumente und Grabmale

Die Monumente auf den Krakauer Friedhöfen zeugen von den vielfältigen Versuchen der Menschen, ihrer Toten zu gedenken. Die mittelalterlichen Grabmale zeigen eine starre, auf ihrem Totenbett liegende Figur unter einem Baldachin. Der Baldachin symbolisiert den Himmel, zu dem die Seele aufsteigen soll. Die barocken Monumente zeigen den Versuch, die Dahingeschiedenen zu glorifizieren. Weibliche Figuren personifizieren die Tugenden. Die klassizistischen Grabmale knüpfen an die antike Bildhauerkunst an. Für die Denkmäler des Jugendstils sind Ornamente und symbolische Figuren charakteristisch.

Grabmal von Kazimierz dem Großen (gest. 1370) in der Kathedrale

Sarkophag von Kościuszko in der Dom-Krypta (1818)

Sarkophag von Jan III. Sobieski in der Kathedrale (1760)

Diese ließen sich auf dem Friedhof Remuh beerdigen, der 1533 angelegt worden war. Auf dem kleinen, von Gebäuden begrenzten Platz stehen und liegen Grabsteine aus vielen Jahrhunderten dicht neben- und übereinander. Hebräische Inschriften und symbolische Bilder zeugen von der Religionszugehörigkeit und dem sozialen Stand der Verstorbenen. Die Enge und Gedrängtheit verleiht dem jüdischen Friedhof seinen einmaligen Charakter.

Der **Neue Jüdische Friedhof** ist ganz anders: Er existiert seit dem 19. Jahrhundert und ähnelt, wie andere Friedhöfe auch, eher einer Parklandschaft. Die Anordnung der Grabsteine, die von vielen schönen Pflanzen, Hecken und Bäumen umgeben sind, wirkt zufällig. Der Neue Jüdische Friedhof ist einer der wenigen jüdischen Friedhöfe in Polen, die noch genutzt werden.

Friedhof Remuh

Krypten mit Gräbern berühmter Polen

Während der polnischen Teilungen (1772–1918) erhielten viele berühmte Polen ein Staatsbegräbnis. Auf diese Weise wollte man die nationalen Gefühle der Bevölkerung wieder entfachen.

Die Krypten der Kirchen wurden öffentlich zugänglich gemacht und entwickelten sich zu Heldentempeln. Die **Krypta der Kathedrale** beherbergt königliche Gräber. In ihren Hallen ruhen polnische Herrscher, Schriftsteller und Nationalhelden. Tadeusz Kościuszko und Prinz Józef Poniatowski wurden hier während der Besetzung Polens begraben, Józef Piłsudski und Władysław Sikorski im 20. Jahrhundert und Präsident Lech Kaczyński im April 2010.

In der **Krypta der Paulinerkirche »Auf dem Felsen«** ruhen zahlreiche berühmte polnische Künstler und Wissenschaftler, z. B. der Historiker Jan Długosz (15. Jh.).

Racheengel am Denkmal der Opfer der Krakauer Beschießung von 1848 (1913)

Wasa-Krypta im Dom

Klosterfriedhöfe

Die Krypten der Krakauer Klosterkirchen sind einzigartig. Sie zeugen von den besonderen Bestattungspraktiken einzelner Orden.

Die Leichname in der **Krypta der Reformatenkirche** wurden auf natürliche Weise, ohne fremdes Einwirken mumifiziert – allein durch die speziellen Lüftungsverhältnisse in der Krypta. Die Körper der Bettelmönche liegen im Sand, ihr Kopf ruht auf einem Stein. Trotz dieser Schlichtheit wirken die Leichname wie prunkvoll auf Kissen aufgebahrte Tote. Hier sind über 700 kirchliche Laien und rund 250 Franziskanermönche bestattet. Die **Katakomben des Kamaldulenserklosters** in Bielany sind anders: Die Leichname wurden zunächst in Nischen eingemauert. Nach einigen Jahren öffnete man die Nischen wieder und schichtete die Knochen im Beinhaus auf. Die Totenschädel dienten den Mönchen als Kontemplationsobjekte. In der Kamaldulenserkrypta erfährt der Besucher eindringlich, wie angesichts des Todes alle Menschen gleich werden.

Mumifizierte Mönche in der Krypta der Reformatenkirche

Friedhöfe

Friedhof Remuh *S. 122f*
Katakomben des Kamaldulenserklosters *S. 170*
Krypta der Kathedrale *S. 66–69*
Krypta der Paulinerkirche »Auf dem Felsen« *S. 127*
Krypta der Reformatenkirche *S. 110*
Neuer Jüdischer Friedhof *S. 123*
Rakowicki-Friedhof **Stadtplan** 2 E1/E2
Zwierzyniecki-Friedhof *S. 169*

Highlights: Berühmte Persönlichkeiten

Viele führende Köpfe aus Polens akademischem, kulturellem und öffentlichem Leben stammen aus Krakau. Bedeutende Wissenschaftler haben an der Jagiellonen-Universität studiert oder gelehrt – daher wird sie auch als »Perle des Wissens« apostrophiert. Künstler und Schriftsteller ließen sich in Krakau nieder, angezogen von der Atmosphäre und den Traditionen in dieser Stadt. Der Kult um große Persönlichkeiten wie Adam Mickiewicz, Juliusz Słowacki, Tadeusz Kościuszko und Józef Piłsudski, die alle in Krakau begraben sind, ist bis heute überaus lebendig.

Andrzej Wajda (geb. 1926)
Der berühmte Film- und Theaterregisseur Andrzej Wajda studierte in Krakau. Auf sein Betreiben kam das Japanische Zentrum der Kunst und Technologie zustande. Wajda erhielt im Jahr 2000 den Oscar für sein Lebenswerk.

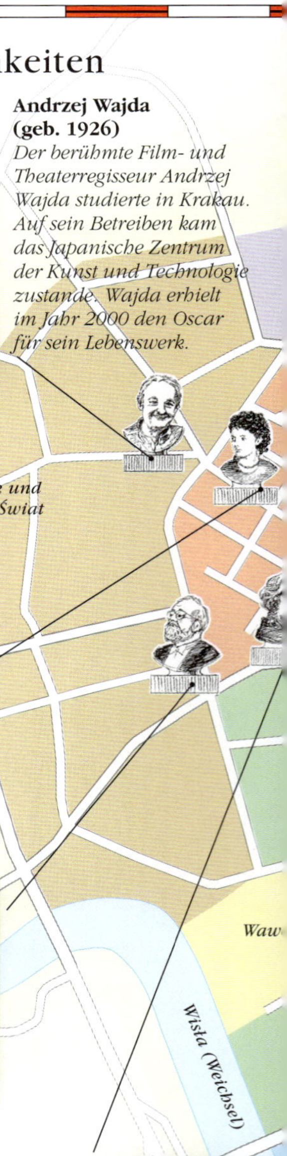

Helena Modrzejewska (1840–1909)
Die berühmte Schauspielerin begann ihre Karriere am Stary Teatr (Altes Theater). Sie ist in Krakau begraben.

Krzysztof Penderecki (geb. 1933)
Der weltberühmte Komponist und Dirigent Penderecki studierte in Krakau. Er war Professor und Leiter der Musikakademie.

Stanisław Lem (1921–2006)
Lem war einer der meistgelesenen Science-Fiction-Autoren, gleichzeitig aber auch Philosoph, Essayist und Kritiker.

Wisława Szymborska (geb. 1923)
Die prominente Dichterin erhielt 1996 den Nobelpreis für Literatur. Sie lebt seit den 1930er Jahren in Krakau.

Wesoła, Kleparz und Biskupie
Altstadt
Okół und Stradom
Kazimierz-Viertel

Jan Matejko (1838–1893)
Der bekannteste polnische Maler des 19. Jahrhunderts hat mit seinem Geschichtsbild viele Generationen beeinflusst.

Sławomir Mrożek (geb. 1930)
Der berühmte Bühnenschriftsteller und Satiriker Mrożek begann seine Karriere als Journalist in Krakau. Nach vielen Jahren kehrte er 1996 wieder zurück.

Czesław Miłosz (1911–2004)
Miłosz, Dichter, Übersetzer, Nobelpreisträger und Ehrendoktor der Jagiellonen-Universität, wurde 1993 zum Ehrenbürger Krakaus ernannt.

Tadeusz Kantor (1915–1990)
Einer der führenden Künstler, Regisseure und Theaterdirektoren Europas gründete das weltberühmte Theater Cricot 2.

Stanisław Wyspiański (1869–1907)
Wyspiański, berühmt für sein Bühnenstück Die Hochzeit, *war Dramatiker, Maler und Gestalter. Seine großen künstlerischen Visionen entspringen dem polnischen Nationalgefühl.*

Johannes Paul II. (1920–2005)
Vor seiner Ernennung zum Papst war Karol Wojtyła zwischen 1963 und 1978 zuerst Weihbischof, dann Erzbischof von Krakau.

Das Jahr in Krakau

Krakau bewahrt auf wundervoll magische Weise alte Traditionen: Das Trompetensignal, das zu jeder vollen Stunde vom Turm der Marienkirche ertönt, bestimmt den Lebensrhythmus. Das Leben verläuft hier gemächlich, zwischen tausendjährigen Mauern geht alles eine Spur langsamer. Umgeben von den Grünanlagen Planty, die anstelle der mittelalterlichen Stadtmauern angelegt wurden, ist die Altstadt das pulsierende Herz der Stadt geblieben. Krakau ist ein kulturelles Zentrum und eine der ältesten Universitätsstädte Europas. Jeder kann hier finden, was ihn interessiert. Diverse Zeitungen und Broschüren sowie die Fremdenverkehrsämter können die Suche erleichtern.

Lebkuchenherz vom Jahrmarkt

Emmaus-Fest am Ostermontag in Zwierzyniec

Frühling

In Podhale, einem Landstrich am Fuße der Tatra, künden Krokuswiesen vom Beginn des Frühlings. In Krakau zeigen die wieder eröffneten Straßencafés und die flanierenden Fußgänger die neue Jahreszeit an.

März

Internationales Festival des Alternativen Theaters, Rotunda Club. Das älteste Festival seiner Art lockt zahlreiche Anhänger nach Krakau.
Jazz Juniors, Rotunda Club. Beim internationalen Jazzfestival geben junge Musiker ihr Können zum Besten.
Festival der Orgelmusik *(März–Apr)*.

Ostern

Palmsonntag *(So vor Ostern)*. In den Kirchen werden »Palmzweige« (Weidenzweige) gesegnet. In dem Dorf Lipnica Murowana, 41 Kilometer östlich von Krakau, findet eine besonders farbenprächtige Feier statt.
Ostersamstag ist der Tag, an dem Körbe mit Lebensmitteln zur Weihe in die Kirche gebracht und symbolische Grabstätten Christi verehrt werden.
Ostersonntag ist der wichtigste katholische Feiertag.
Ostermontag. In Zwierzyniec findet der Emmaus-Jahrmarkt statt. Dabei werden die Leute mit Wasser *(Śmigus-dyngus)* bespritzt.

April

Paka-Kabarett-Festival. An dem Festival nehmen Amateure und Profis aus dem In- und Ausland teil.

Mai

Tag der Verfassung *(3. Mai)*. Zur Feier der ersten Verfassung Polens von 1791 wird in der Kathedrale eine Messe abgehalten und ein Kranz am Grab des Unbekannten Soldaten niedergelegt. Anschließend geht man aufs Volksfest oder zum Picknicken.
Prozession vom Wawel zur Paulinerkirche »Auf dem Felsen« *(erster So nach dem 8. Mai, Fest des hl. Stanisław)*. Primas und Bischöfe führen die Prozession an und tragen Reliquien der Schutzheiligen Polens mit sich. Ihnen folgen die Gläubigen in Trachten.
Juvenalia. Einige Tage wird Krakau von Studenten regiert.
Internationales Kurzfilmfestival *(Mai–Juni)*. Das älteste Filmfestival des Landes.
Krakauer Frühlingsballett-Festival, Słowacki-Theater *(Mai–Juni)*. Führende Ballettgruppen der Welt nehmen daran teil.

Erzbruderschaft von der Passion

Seit 1595 findet die Karfreitagsprozession der Erzbruderschaft von der Passion in der Franziskanerkirche statt. Die Brüder tragen schwarze Gewänder mit Kapuzen, die das Gesicht bedecken. Das Ritual hat sich seit Jahrhunderten nicht verändert. Die Erzbruderschaft hatte das Recht, zum Tode Verurteilte zu begnadigen.

Passionsprozession

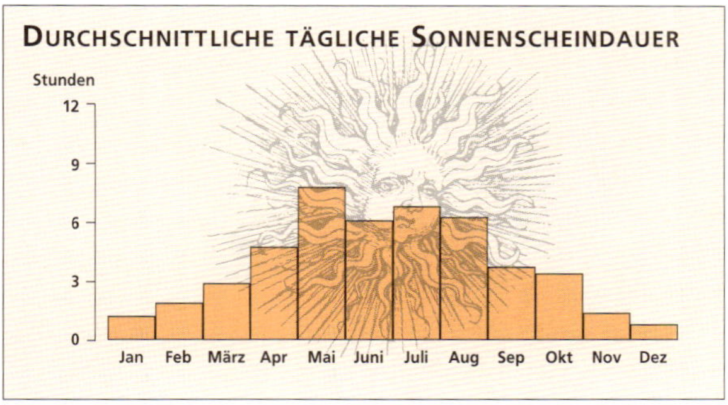

Sonnenschein
Der Mai hat am meisten sonnige Tage aufzuweisen, aber auch in den Sommermonaten Juni, Juli und August scheint oft die Sonne. Der Dezember ist hingegen der dunkelste Monat im ganzen Jahr.

SOMMER

Die Sommerhitze ist in Krakau manchmal schwer auszuhalten, denn die Stadt liegt in einem Tal mit feuchtem Mikroklima. Viele Bars, Cafés und Restaurants in der Altstadt sind erst nachts gut besucht und haben auch bis in die Morgenstunden geöffnet. Das Nachtleben der Stadt ist deshalb genauso anziehend wie das kulturelle Programm. Zu den berühmtesten Kulturereignissen zählen die Orgelkonzerte im Benediktinerkloster in Tyniec.

JUNI

Fronleichnam (Boże Ciało) *(Do im Mai oder Juni).* Eine große Prozession zieht vom Wawel zum Marktplatz. Eine Woche nach Fronleichnam reitet *Lajkonik* (der Khan) um die Stadt *(siehe S. 92).*
Inthronisierung des Schützenkönigs, Marktplatz. Die Schützengilde besteht seit dem Mittelalter. Ihre Mitglieder rekrutieren sich aus den Handwerkszünften. Zum »König« wird ernannt, wer das alljährlich veranstaltete Wettschießen gewinnt. In einer prachtvollen Zeremonie überreicht der scheidende König seinem Nachfolger den silbernen Hahn.
Mittsommernacht *(Wianki)* *(Sa vor dem 24. Juni, Johannisnacht).* Auf der Weichsel treiben Blumenkränze mit brennenden Kerzen, auf dem Wawel gibt es ein imposantes Feuerwerk.
Internationales Musikfestival der Militärkapellen. Besucher werden mit Exerzierparaden in historischen Uniformen und Konzerten unterhalten.

JULI

Sommerfestival der alten Musik. In historischen Gebäuden finden Konzerte statt.
Opern-Operetten-Festival *(Sommer).*
Krakauer Jazzfestival *(Stary Jazz w Krakowie)* *(Juli–Aug).* Ein Hochgenuss für Freunde des traditionellen Jazz.
Jüdisches Kulturfestival *(Anfang Juli)*, Kazimierz.

Plakat für Veranstaltungen des Jüdischen Kulturfestivals

An diesem Festival nehmen berühmte jüdische Schauspieler und Ensembles aus aller Welt teil.

AUGUST

Mariä Himmelfahrt *(Wniebowzięcie Najświętszej Maryi Panny)* *(15. Aug).* In der Kathedrale wird eine Messe zelebriert. Es ist der Tag des polnischen Soldaten, an dem des Sieges über die Bolschewiken im Jahr 1920 gedacht wird. Eine Ehrengarde paradiert am Grab des Unbekannten Soldaten.
Internationales Krakauer Altstadt-Musikfestival *(15.–31. Aug).* Eines der angesehensten Musik-Events in Krakau. In den historischen Gebäuden der Altstadt finden Liederabende, Orchesterkonzerte und Kammermusik statt.
Hochländer Folk-Festival *(Folklor Górali Świata)*, Marktplatz. Konzerte berühmter Gruppen, die meist zuvor beim Zakopane-Festival aufgetreten sind.

Inthronisierung des Schützenkönigs am Marktplatz *(Juni)*

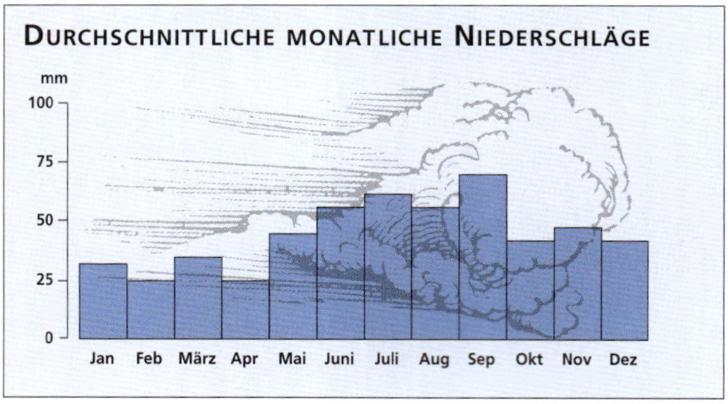

Niederschläge
Im September regnet es in Krakau am meisten. Aber Gewitter und Schauer ereignen sich gelegentlich auch zwischen Mai und August. Die trockensten Monate sind Februar und April.

Herbst

An trockenen, sonnigen Herbsttagen präsentiert sich Krakau in wundervollen Farben. Die Walnussbäume in den Planty-Grünanlagen schimmern golden, auf dem Markt werden wilde Pilze aus den nahe gelegenen Bergwäldern angeboten.

Die Studenten kommen Ende September nach Krakau, um an den Eröffnungsfeierlichkeiten für das neue akademische Jahr teilzunehmen. Die Hymne *Gaudeamus igitur* ertönt aus vielen Kollegs, am lautesten aber aus der 1364 gegründeten Jagiellonen-Universität, der ältesten Universität Polens.

September

Volkskunstmesse *(Targi Sztuki Ludowej)*, Marktplatz. Ausstellung und Verkauf von Kunsthandwerk.

Oktober

Internationales Filmfestival »Etudia« *(Międzynarodowy Festiwal Filmowy Etiuda)*. Kurzfilme von Studenten der Kunst- und Filmhochschulen.
Internationales Festival der »vergessenen« Musik *(Międzynarodowy Festiwal Muzyka Utracona)*. Volksmusikgruppen tragen archaische Lieder der Slawen und der Menschen aus den baltischen Regionen vor. Es werden auch Workshops angeboten.

Feierliche Semestereröffnung der Jagiellonen-Universität *(Sep)*

Eindrucksvolles Allerheiligen

Festival der alten Musik *(Festiwal Muzyki Dawnej)* *(Okt–Nov)*. Das Festival mit Renaissance- und Barockmusik auf alten Instrumenten findet gleichzeitig in mehreren Städten statt.
Internationale Architektur-Biennale *(Międzynarodowe Biennale Architektury)*.

November

Allerheiligen *(Wszystkich Świętych)* *(1. Nov)*. Viele Krakauer besuchen die Gräber ihrer Verwandten, legen Blumen nieder und entzünden Kerzen. Der Anblick des alten Rakowicki-Friedhofs oder des Friedhofs bei der Erlöserkirche (św. Salwator) ist ein unvergessliches Erlebnis. In Krakau ist es alter Brauch, an diesem Tag am Friedhofseingang sogenannten türkischen Honig zu kaufen (karamellisierter Zucker mit Walnüssen oder Pistazien), der vor allem Kinder erfreut.
Unabhängigkeitstag *(Święto Niepodległości)* *(11. Nov)*. Nach einem Gottesdienst in der Wawel-Kathedrale legen die Menschen Kränze am Grab des Unbekannten Soldaten beim Grunwald-Monument auf dem Matejko-Platz nieder.

Durchschnittliche monatliche Temperaturen

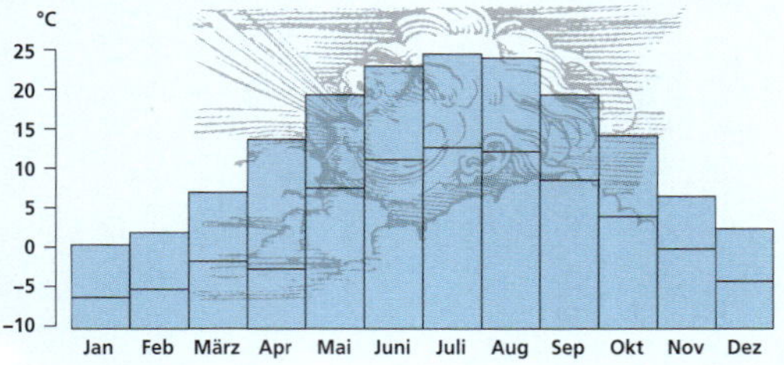

Temperaturen
Die Grafik zeigt die mittleren Höchst- und Tiefsttemperaturen. Juni, Juli und August sind die wärmsten Monate. Die Temperaturen übersteigen oft 20°C, manchmal wird es bis zu 30°C heiß. Der Winter ist kalt und feucht. Die Durchschnittstemperatur im Januar beträgt –5°C.

Allerseelen-Jazzfestival *(Krakowskie Zaduszki Jazzowe)*. Das älteste Jazzfestival im nachkommunistischen Europa präsentiert Konzerte in der Philharmonie und in Clubs.

Winter

Das verschneite Krakau kann wunderschön sein. Der Winter bringt jedoch auch viele neblige und bitterkalte Tage.

Jedes Jahr findet am ersten Donnerstag im Dezember beim Mickiewicz-Denkmal auf dem Marktplatz ein Wettbewerb um die schönste Weihnachtskrippe *(szopka)* statt. Die Krakauer Tradition des Krippenbaus geht auf die mittelalterlichen Krippenspiele zurück.

Sehenswert sind auch die Krippenspiele in den Kirchen. Am bekanntesten ist das Krippenspiel mit lebenden Tieren vor der Franziskanerkirche. Es findet nur an Heiligabend und an den Weihnachtsfeiertagen statt.

Auf dem Weihnachtsmarkt kann man in den Buden Christbaumschmuck und traditionelles Weihnachtsgebäck kaufen.

Zur Weihnachtszeit kann man in der Floriańska-Straße Sternsinger in traditionellen Kostümen sehen

Krippenspiel in der Franziskanerkirche

Dezember

Heiligabend *(Wigilia Bożego Narodzenia)* *(24. Dez).* Der Abend beginnt mit einem fleischlosen Mahl. Zur Mitternachtsmesse läutet die Zygmunt-Glocke auf dem Wawel.

Weihnachten *(Boże Narodzenie)* *(25. und 26. Dez).* In allen Kirchen werden Messen gefeiert.

Silvester *(Sylwester)* *(31. Dez).* Tausende von Menschen kommen auf dem Marktplatz zusammen, um auf das neue Jahr anzustoßen. Im Wielopolski-Palast, dem Sitz der Krakauer Stadtbehörden, findet einer der größten Bälle Polens statt. Es kommen Gäste aus aller Welt, der Erlös wird für wohltätige Zwecke gespendet.

Januar

Neujahr *(Nowy Rok)* *(1. Jan).* Am Neujahrstag fällt der Startschuss zur Krakauer Karnevals- und Ballsaison.

Februar

»Fetter Donnerstag« *(Tłusty czwartek)* *(letzter Do vor Ende des Karnevals).* Jetzt beginnt die Hochsaison für Schmalzgebäck. Die *Gazeta w Krakowie*, der Lokalteil der *Gazeta Wyborcza*, schreibt, in welcher Bäckerei es das beste gibt.

Karneval *(Ostatki)* *(letzter Sa und Di, vor Aschermittwoch).* Letzte Chance, vor der Fastenzeit noch einmal über die Stränge zu schlagen.

Christbaumschmuck

Feiertage

Nowy Rok Neujahr *(1. Jan)*
Poniedziałek Wielkanocny Ostermontag *(März/Apr)*
Święto Pracy Maifeiertag *(1. Mai)*
Dzień uchwalenia konstytucji 3 maja Tag der Verfassung *(3. Mai)*
Boże Ciało Fronleichnam *(variabel)*
Wniebowzięcie Najświętszej Maryi Panny Mariä Himmelfahrt *(15. Aug)*
Wszystkich Świętych Allerheiligen *(1. Nov)*
Święto Niepodległości Unabhängigkeitstag *(11. Nov)*
Boże Narodzenie Weihnachten *(25. und 26. Dez)*

Tuchhallen bei nächtlicher Beleuchtung *(siehe S. 102f)* ▷

Die Stadtteile Krakaus

Wawel

Sehr früh lebten auf dem Wawel die Weichsel-Siedler (Wiślanie). Ihre Siedlung wurde bekannt unter der Regierung von Bolesław dem Tapferen und Kazimierz dem Erneuerer. Kazimierz machte den Wawel zu seinem Regierungssitz. Im späten Mittelalter, ab dem 14. Jahrhundert, wurden das königliche Schloss und eine neue Kathedrale erbaut. Die Kathedrale beherbergt die Reliquien des heiligen Stanisław, des Schutzheiligen von Polen. Die letzten Herrscher der Jagiellonen-Dynastie wandelten das gotische Schloss zu einem der schönsten Renaissance-Schlösser in Mitteleuropa um und statteten die Kathedrale mit bedeutenden Kunstwerken aus. Obwohl im 16. Jahrhundert Krakau von Warschau als Hauptstadt abgelöst wurde, fanden hier nach wie vor Krönungsfeierlichkeiten und königliche Begräbnisse statt. Mit dem Niedergang des Staates zerfiel auch das Königsschloss, von 1795 bis zum frühen 20. Jahrhundert wurde es zur österreichischen Garnison degradiert. Dank der Restaurierungen haben Schloss und Kathedrale ihre alte Pracht wiedergewonnen. In beiden Weltkriegen blieb der Wawel von Zerstörungen verschont.

Adler in der Zygmunt-Kapelle

Sehenswürdigkeiten auf einen Blick

Kirche
Kathedrale S. 64–69 ❸

Historische Orte, Gebäude und Monumente
Ausgrabungsstätte ❼
Befestigung und Türme ❶
Drachenhöhle ❽
Tadeusz-Kościuszko-Statue ❷

Museen
»Der verschollene Wawel« ❻
Kathedralmuseum ❹
Königsschloss S. 70f ❺

Legende

Detailkarte *siehe S. 60f*

Befestigungsmauer

Anfahrt

Die Buslinien 103, 128 und 502 fahren entlang den Planty-Anlagen und der Straszewski-Straße. Von dort kann man zu Fuß gehen. Die dem Schloss nächstgelegene Tramhaltestelle der Linien 3, 6, 8, 10, 18 und 40 ist das Royal Hotel in der Św.-Gertrudy-Straße.

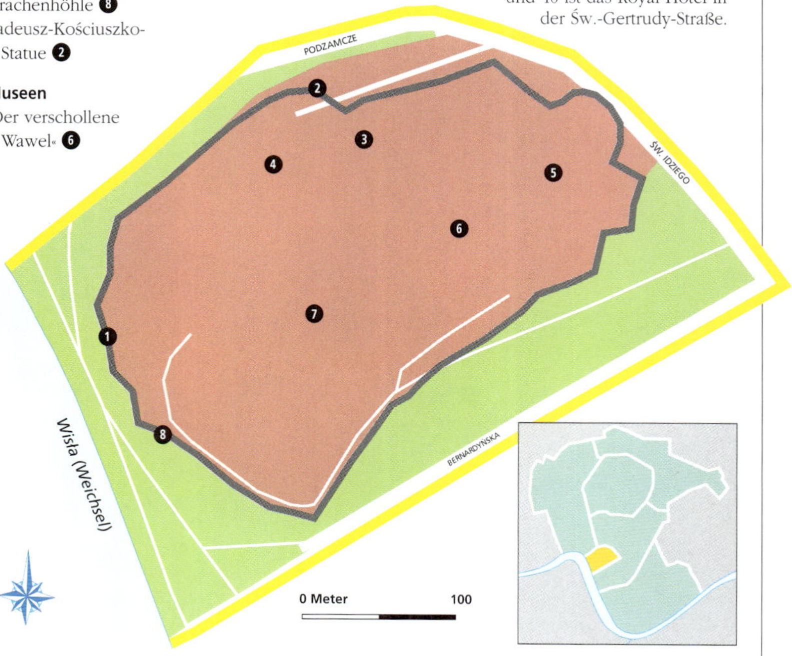

◁ Arkadenhof des Königsschlosses auf dem Wawel *(siehe S. 70f)*

Im Detail: Wawel

Der Wawel begeistert mit großartigen Sammlungen und einzigartiger Atmosphäre. Um alles wirklich genießen zu können, sollte man am frühen Morgen hierherkommen, solange Kathedrale und Schlosshof noch nicht voller Menschen sind. Vormittags strömen Urlauber aus aller Herren Länder hierher – dann ist es mit der Ruhe vorbei. Der Besuch der Kathedrale und des Königsschlosses ist für jeden Krakau-Besucher ein absolutes Muss.

Tadeusz-Kościuszko-Statue
Das Reiterstandbild steht am Eingang zum Wawel-Schloss. Kościuszko führte 1794 als General den Aufstand gegen die russische Armee an. Seine Asche ist in der Krypta der Kathedrale beigesetzt. ❷

Kathedralmuseum
Das Museum beherbergt sakrale Kunst sowie eine Sammlung von Insignien und Erinnerungsstücken der polnischen Könige, u.a. das Krönungsgewand von Stanisław August Poniatowski. ❹

Drachenhöhle
Die Höhle mit ihren untereinander verbundenen Räumen und der Skulptur eines Feuer speienden Drachen ist eine Attraktion, die vor allem bei Kindern sehr beliebt ist. ❽

Legende

Routenempfehlung

Befestigung und Türme
An der massiven Befestigungsanlage des Wawel wurde vom 15. bis zum 19. Jahrhundert gebaut. ❶

Restaurant auf dem Wawel *siehe Seite 188*

★ Königsschloss
Das Schloss bietet dem Besucher Bildteppiche aus dem 16. Jahrhundert, königliche Insignien, Goldschätze und luxuriöse orientalische Kunstobjekte. ❺

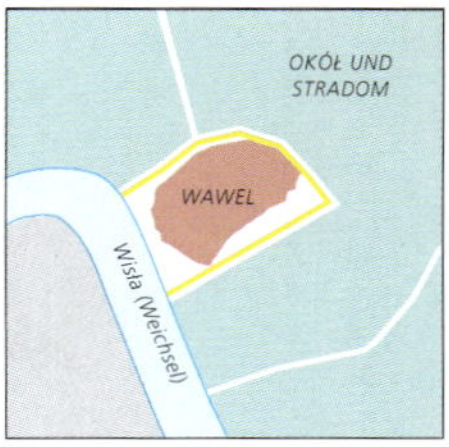

ZUR ORIENTIERUNG
Siehe Stadtplan, Karten 3, 5, 6

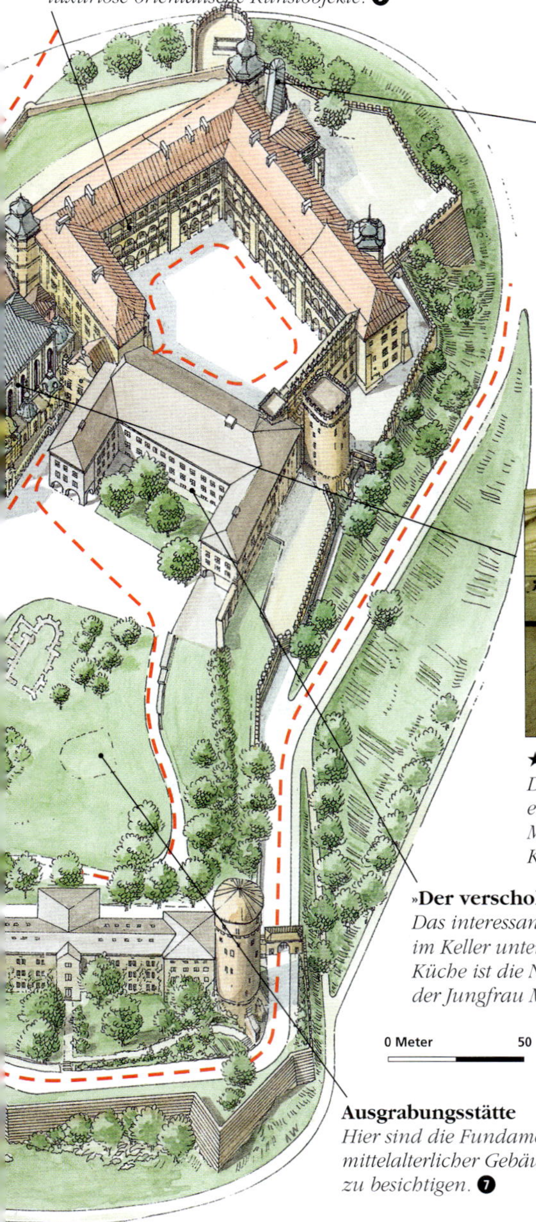

»Hennenfüßchen« (Kurza Stopka) ist das berühmteste Überbleibsel des mittelalterlichen Schlosses. Der Flügel entstand in der Zeit von Jadwiga und Władysław II. Jagiełło.

★ Kathedrale
Der Sarkophag der Königin Jadwiga erinnert – wie auch die anderen Monumente – an die Geschichte der Kirche und der Nation. ❸

»Der verschollene Wawel«
Das interessanteste Exponat dieser Ausstellung im Keller unter der früheren königlichen Küche ist die Nachbildung einer Rotunde, die der Jungfrau Maria geweiht ist. ❻

Ausgrabungsstätte
Hier sind die Fundamente mittelalterlicher Gebäude zu besichtigen. ❼

NICHT VERSÄUMEN

- ★ Kathedrale
- ★ Königsschloss

Befestigung und Türme ❶

Wawel. **Stadtplan** 3 C1 (5 C5).
103, 502. *3, 6, 8, 10, 18, 40.*

Die Befestigungsanlagen des Wawel stammen aus unterschiedlichen Perioden. Drei massive Wehrtürme – der Diebesturm (Złodziejska), der Sandomierz-Turm und der Senatorenturm (auch Lubranka genannt) – dominieren die Silhouette des Wawel. Sie stammen aus der zweiten Hälfte des 15. Jahrhunderts und aus dem frühen 16. Jahrhundert, als das Schloss von den Jagiellonen umgebaut wurde.

Neue Befestigungswälle, vor allem Erdaufschüttungen, entstanden unter der Leitung von Jan Pleitner unter Władysław IV. zwischen 1644 und 1646 auf der Nordseite des Schlosses. Die südöstliche Bastion (Befestigung zweier Wälle) wurde im frühen 18. Jahrhundert für König August II. errichtet. Später in diesem Jahrhundert bauten Bakałowicz und Mehler an der der Weichsel zugewandten Seite sternförmige Befestigungsanlagen.

Die Österreicher vervollkommneten die Wehranlage zwischen 1849 und 1852. Zeugnisse davon sind zwei runde Türme. Im Laufe mehrerer Jahrhunderte war aus dem Schloss auf dem Wawel eine hochgradig gesicherte Festung geworden.

Sandomierz-Turm, einer der drei Verteidigungstürme des Wawel

Wappentor und Teil der Befestigungsanlagen auf dem Wawel

Tadeusz-Kościuszko-Statue ❷

Wawel. **Stadtplan** 3 C1 (5 C5).
103, 502. *3, 6, 8, 10, 18, 40.*

General Tadeusz Kościuszko führte den polnischen Aufstand von 1794 an *(siehe S. 28)*. Früher hatte er am amerikanischen Unabhängigkeitskrieg teilgenommen. Das von Leonard Marconi entworfene Reiterstandbild wurde 1921 von Antoni Popiel errichtet. 1940 zerstörten es deutsche Soldaten, die heutige Rekonstruktion stammt von 1960. Wenn man sich der Władysław-Bastion nähert, vor der das Standbild steht, sieht man in die Ziegelwand eingemauerte Gedenktafeln. Sie erinnern an Spender, die die Restauration am Schloss zwischen den Weltkriegen ermöglichten. Interessant ist das Wappentor von Adolf Szyszko-Bohusz.

Kathedrale ❸

Siehe S. 64–69.

Kathedralmuseum ❹

Wawel 3. **Stadtplan** 3 C1 (5 C5).
012 429 33 21. *103, 502.*
3, 6, 8, 10, 18, 40.
Apr–Sep: Mo–Sa 9–17 Uhr; Okt–März: 9–16 Uhr.

Das Kathedralmuseum, im September 1978 unter Krakaus damaligem Erzbischof Karol Wojtyła eingerichtet, zeigt den Kathedralschatz.

Unter den Ausstellungsstücken befindet sich ein Schwert, das bei der Beerdigung des letzten Jagiellonen-Königs Zygmunt August in zwei Teile gebrochen wurde. Außerdem sind folgende Kunstwerke zu sehen: das Krönungsgewand von Stanisław August Poniatowski, eine Replik der königlichen Insignien sowie der Steigbügel des Großwesirs Kara Mustafa, den König Jan III. Sobieski nach seinem Sieg in der Schlacht von Wien (1683) der Kathedrale übereignete.

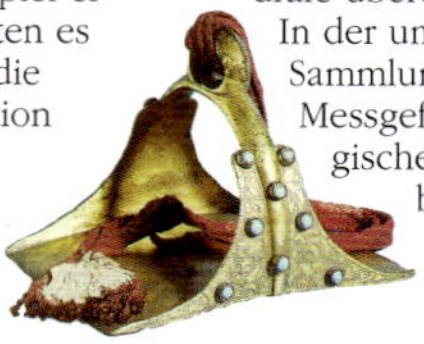

Steigbügel des Großwesirs Kara Mustafa im Kathedralmuseum

In der umfangreichen Sammlung von Reliquien, Messgefäßen und liturgischen Gewändern befinden sich einige Gegenstände aus den Gräbern von Bischof Maur und anderen Bischöfen sowie eine Reihe von Erinnerungsstücken an Papst Johannes Paul II.

Königsschloss ❺

Siehe S. 70f.

»Der verschollene Wawel« ❻

Wawel 5. **Stadtplan** 3 C1 (5 D5).
012 422 16 97. *103, 502.*
3, 6, 8, 10, 18, 40. *Apr–Okt: Mo 9.30–13 Uhr, Di–Fr 9.30–17 Uhr, Sa & So 11–18 Uhr; Nov–März: Di–Sa 9.30–16 Uhr, So 10–16 Uhr.*
Feiertage. *Mo (Apr–Okt), So (Nov–März) freier Eintritt.*
www.wawel.krakow.pl

Die Ausstellung im Keller unterhalb der früheren königlichen Küche (heute Sitz der Verwaltung) lohnt sich für alle, die sich für den mittelalterlichen Wawel interessieren. Zu jener Zeit gab es etwa zehn Kirchen auf dem Wawel. Bemerkenswert ist die unterirdische, der Jungfrau Maria geweihte Rotunde (hll. Felix und Adauctus), die 1917 bei den von Adolf Szyszko-Bohusz durchgeführten Grabungen entdeckt wurde.

Ganz in der Nähe entdeckte man ein männliches Skelett mit Juwelen. Man vermutet, dass die Rotunde zum ersten Palast, dem Sitz der ersten Wawel-Herrscher, gehörte und aus dem späten 10. oder dem frühen 11. Jahrhundert stammt. Ihr Grundriss ähnelt einem vierblättrigen Kleeblatt, die Architektur lässt auf tschechische Einflüsse schließen. Die Rotunde war bei ihrer Entdeckung fast vollkommen zerstört.

Die Ausstellung bietet auch ein virtuelles Wawel-Modell, das dem Besucher eine »Zeitreise« ins frühe 10. Jahrhundert ermöglicht. Die Computer-Rekonstruktion der mittelalterlichen Gebäude zeigt den gegenwärtigen Forschungsstand bezüglich der Frühgeschichte des Wawel. Zu den Gebäuden, die man auf diese Weise erkunden kann, gehören u. a. die sogenannte Rotunde B, die Marienrotunde, der Palast, die St.-Gereon-Kirche und die Kathedrale.

Ausgrabungsstätte auf dem Wawel

Ausgrabungsstätte ❼

Wawel. **Stadtplan** 3 C1 (5 C5).
103, 502. *3, 6, 8, 10, 18, 40.*

Die archäologische Anlage ist ein Freigelände mit Fundamenten mittelalterlicher Gebäude, die damals eine kleine Stadt bildeten. In der Mitte stand ein Pfarrhaus im Stil der Renaissance. Die Häuser waren von den Österreichern 1803/04 niedergerissen worden, um Raum für einen Exerzierplatz zu gewinnen. Beachtenswert ist das Fundament von St. Nikolaus, einer romanischen Kirche, die während der Regentschaft von Kazimierz dem Großen im gotischen Stil umgebaut wurde. Es handelt sich um eine einschiffige Kirche, die von einer zentralen Säule gestützt wird. Gut zu erkennen ist auch der Grundriss der kleinen St.-Georg-Kirche.

Rotunde der Jungfrau Maria (Ausstellung »Der verschollene Wawel«)

Drachenhöhle ❽

Wawel. **Stadtplan** 3 C1 (5 C5).
103, 502. *3, 6, 8, 10, 18, 40.*
Apr–Juni & Sep–Okt: tägl. 10–17 Uhr; Juli–Aug: tägl. 10–18 Uhr.

Auf dem Wawel gibt es mehrere Felshöhlen. Im 16. Jahrhundert wurden die Höhlen im Zusammenhang mit Verbrechen erstmals schriftlich erwähnt, im 18. Jahrhundert sollen sie als Kneipen und Bordelle gedient haben. Im 19. Jahrhundert schütteten die Österreicher den Höhlenzugang im Zuge der Schlossbefestigung zu.

Die Drachenhöhle ist nur während der Sommermonate geöffnet. 135 Stufen führen hinunter in das verzweigte unterirdische Terrain, das 145 Meter Tunnel vorweisen kann. Allerdings ist für Besucher nur ein Teil der Höhle zugänglich.

Die Bronzestatue des Drachen, die am Ausgang steht, wurde 1972 von Bronisław Chromy geschaffen. Das Metallmonster speit Feuer. Es ist für die Kinder aus Krakau und Umgebung eine ganz besondere Attraktion, aber auch die kleinen Besucher aus dem Ausland freuen sich darüber.

Laut Legende wurden die Einwohner des alten Krakau ständig von einem Drachen terrorisiert, bis der tapfere Schuster Skuba das Untier mit einem Schaf köderte, das er zuvor mit Schwefel gefüllt hatte. Der Drache schlang die Beute hinunter. Als es in seinen Eingeweiden zu brodeln begann, trank er so viel Wasser aus der Weichsel, dass er platzte. Zur Belohnung gab König Krakus dem Schuster seine Tochter zur Frau.

Kathedrale ❸

Adler in der Zygmunt-Kapelle

Kein anderes Gebäude ist so eng mit der Geschichte Krakaus verknüpft wie die Kathedrale. Das heutige Bauwerk ist das dritte an dieser Stelle: Władysław der Ellenlange erbaute den Dom als würdige Ruhestätte für die Reliquie des heiligen Stanisław, der in Polen hochverehrt wurde. Die Basilika besteht aus einem Hauptschiff, Seitenschiffen, einem integrierten Querschiff und einem Chorumgang. Sie besitzt drei Türme, die Seitenschiffe sind von Kapellen umgeben. Diese stammen aus verschiedenen Epochen und wurden häufig umgebaut. Das Innere der Kathedrale hat wegen der späteren Anbauten keinen stilreinen gotischen Charakter. Es herrscht eine Vielfalt von Stilen, aber trotz der eklektizistischen Elemente ist die Gestaltung sehr klar.

Außenansicht der Kathedrale
Obwohl sie aus verschiedenen Epochen stammen, wirken die einzelnen Teile der Kathedrale wie ein einzigartiges Ganzes.

Glockenturm
Die Spitze des höchsten Turms ist geschmückt mit den Statuen der vier Schutzheiligen Polens und der Kathedrale: Wacław, Adalbert, Stanisław und Kazimierz.

Eingang
Über dem Eingang hängen die Knochen eines Urtiers. Die Legende besagt, dass das Ende der Welt hereinbricht, wenn die Knochen herunterfallen. Der Buchstabe K auf der Tür ist die Initiale von Kazimierz dem Großen, unter dessen Herrschaft die Kathedrale vollendet wurde.

Nicht versäumen

- ★ Zygmunt-Kapelle
- ★ Zygmunt-Turm

★ Zygmunt-Turm
Die Zygmunt-Glocke im Turm, 1520 gegossen, ist die größte Glocke Polens. Sie wiegt elf Tonnen und hat über zwei Meter Durchmesser.

INFOBOX

Wawel 3. **Stadtplan** 3 C1 (5 C5). *012 429 95 16. 103, 502. 3, 6, 8, 10, 18, 40.* **Kathedrale, Zygmunt-Turm, Königsgräber** *Apr–Sep: Mo–Sa 9–17 Uhr, So & Feiertage 12.30–17 Uhr; Okt–März: Mo–Sa 9–16 Uhr, So & Feiertage 12.30–16 Uhr.* **www**.katedra-wawelska.pl

Hochaltar
Der Hochaltar wurde 1649 von Piotr Gembicki, einem der mächtigsten Krakauer Bischöfe des 17. Jahrhunderts, in Auftrag gegeben.

★ Zygmunt-Kapelle
Diese Kapelle ist die Grabstätte der Herrscher der Jagiellonen-Dynastie. Mit der vergoldeten Kuppel gilt sie als Meisterwerk der Renaissance.

Potocki-Kapelle
Die im 19. Jahrhundert umgebaute Kapelle zeigt Die Kreuzigung *des Bologneser Künstlers Giovanni Francesco Barbieri (»Il Guercino«) aus dem 17. Jahrhundert.*

ZEITSKALA

1020 Grundsteinlegung der Kathedrale

1320–64 Bauzeit der dritten Kathedrale

1521 Die Zygmunt-Glocke wird aufgehängt

1626–29 Baldachin des hl. Stanisław errichtet

1664–76 Bauzeit der Wasa-Kapelle

1000 | 1250 | **1500** | **1750**

1090–1142 Bauzeit der zweiten Kathedrale

Uhr am barocken Turm der Kathedrale

1519–33 Bauzeit der Zygmunt-Kapelle

1758–66 Bauzeit der Załuski-Kapelle

Stadtplan *siehe Seiten 228–237*

Kathedrale: Rundgang

Büste des Bischofs Piotr Gembicki

Krakaus Kathedrale ist nicht nur für ihre Kunstschätze berühmt, sondern auch als Ort für bedeutende historische Ereignisse wie Krönungsfeierlichkeiten, königliche Hochzeiten und Begräbnisse sowie für Erntedankfeste. Damit ist der Dom weitaus mehr als nur ein Gotteshaus: In den Zeiten, als Polen besetzt war, wurde er zur Schatzkammer für alle Gegenstände, die an die vormalige nationale Größe erinnerten. Der polnische Schriftsteller Stanisław Wyspiański wählte die Kathedrale als dramatische Kulisse für sein Stück *Befreiung*. Die Kathedrale spiegelt die Vergangenheit wider und ist nach wie vor von großer Bedeutung.

Dichtergrab
Hier ist die letzte Ruhestätte der zwei berühmten polnischen Dichter Adam Mickiewicz und Juliusz Słowacki. Mickiewicz wurde 1890 zu Grabe getragen, Słowacki 1929. ❷

Zygmunt-Kapelle
Das Doppelgrabmal der Könige Zygmunt des Alten (oben) und Zygmunt Augusts, seines Sohnes (unten; Santi Gucci, 1574/75), ist das auffälligste Monument der Kathedrale. ❼

Die Krypta birgt die Gräber von Königen und großen Persönlichkeiten. Am 18. April 2010 wurden hier Präsident Lech Kaczyński und seine Ehefrau Maria Kaczyńska bestattet. Sie kamen bei einem Flugzeugabsturz in Smolensk (Russland) ums Leben.

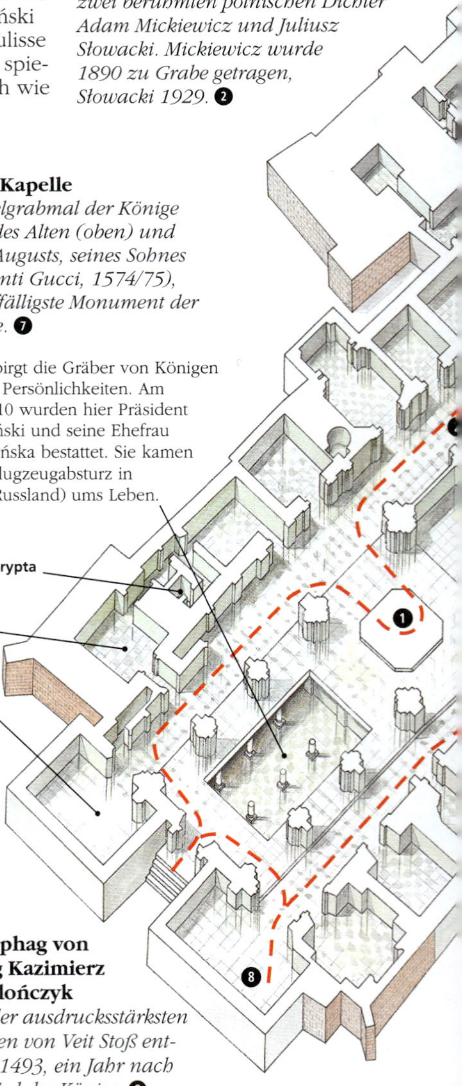

Sarkophag von König Kazimierz Jagiellończyk
Eine der ausdrucksstärksten Arbeiten von Veit Stoß entstand 1493, ein Jahr nach dem Tod des Königs. ❽

Baldachinaltar des heiligen Stanisław
Der größte Altar der Kathedrale ist Polen gewidmet. Wahrscheinlich wurde er von Giovanni Battista Trevano entworfen. Den silbernen Reliquienschrein des heiligen Stanisław entwarf Peter von der Rennen 1669–71. ❶

Grab von König Stefan Batory
Dieses Grab von 1595 ist ein Werk des berühmten Bildhauers Santi Gucci. Die Arbeit ist beispielhaft für den manieristischen Stil. ❹

Grab von König Jan III. Sobieski
Das barock überladene Grab des Königs Jan III. Sobieski (gest. 1696) und seiner Gemahlin entstand 1760 nach Entwürfen von Francesco Placidi. ❺

Grab von König Jan Olbracht
Die 1502–05 entstandene Ausgestaltung der Grabnische ist das früheste Beispiel für ein Renaissance-Kunstwerk in Polen. Die Verzierungen sind auf einem römischen Triumphbogen angebracht. Der Sarkophag weist spätgotische Elemente auf. ❻

Kreuz der Königin Jadwiga
Nach der Legende predigte die Königin vor diesem ausdrucksstarken Kreuz (um 1380), dem Ziel vieler Pilger. Die Reliquien der heiliggesprochenen Königin ruhen im Altar. ❸

LEGENDE

- - - Rundgang

Kathedrale: Sehenswürdigkeiten

Renaissance-Bild von Giovanni Maria Mosca

Man muss die Krakauer Kathedrale mehrmals besuchen, um diesem großartigen Gebäude gerecht zu werden. Der Innenraum, in dem sich vom Mittelalter bis zur Moderne jegliche künstlerische Stilrichtung finden lässt, ist einfach überwältigend. Sehen Sie sich die vielen Kapellen, Denkmäler und Gräber in Ruhe an, eventuell auch in chronologischer Reihenfolge. Die künstlerische Gestaltung verdichtet die spirituelle Atmosphäre der Kathedrale, die trotz allem in erster Linie ein Gotteshaus ist. Die beste Zeit für einen Besuch ist der frühe Morgen oder kurz vor Schließung.

Kapellen

Die Heiligkreuzkapelle, auf Veranlassung von König Kazimierz Jagiellończyk und seiner Gemahlin Elisabeth von Habsburg errichtet, hat ihren mittelalterlichen Charakter weitgehend erhalten. Die russisch-byzantinischen Malereien an den Wänden und im Gewölbe wurden von Meistern der Pskow-Schule (um 1470) geschaffen. Das Dreifaltigkeitstriptychon und das Triptychon der Schmerzensmutter stammen aus der zweiten Hälfte des 15. Jahrhunderts. Das wertvollste Stück ist der Kazimierz-Sarkophag von Veit Stoß. Der König wird in majestätischer Pracht gezeigt, der Tod wirkt würdevoll und ohne Schrecken. Die bemalten Jugendstilfenster stammen von Józef Mehoffer.

Die Zygmunt-Kapelle (1519–33), nach den Plänen von Bartolomeo Berecci errichtet, gilt als ein Meisterwerk italienischer Renaissance nördlich der Alpen. Bei der Erbauung hat man sich am Besten orientiert, was die italienische Architektur zu bieten hatte. Der silberne Altar wurde zwischen 1531 und 1538 in Nürnberg von Melchior Baier nach einem Entwurf von Peter Flötner geschaffen. Interessant sind auch die Königsgräber. Ihr majestätisches Inneres vermittelt den Humanismus des 16. Jahrhunderts. Die Kapelle des Bischofs Tomicki ist ebenfalls ein Renaissance-Bau. Nachdem sie von Bartolomeo Berecci zwischen 1526 und 1535 umgestaltet worden war, diente sie als Vorbild für zahlreiche adelige Grabstätten. In der Mariacka-Kapelle (Stefan-Batory-Kapelle) befindet sich ein barockes Tabernakel aus dem 17. Jahrhundert mit dem Altarsakrament.

Das Grabmal Batorys sowie das königliche Kirchengestühl wurden von Santi Gucci gefertigt. Die Wasa-Kapelle, die wahrscheinlich vom selben Architekten stammt, ist in ihrer Ausgestaltung typisch für den Stil des 17. Jahrhunderts. Sie wirkt monumental und düster, vorherrschend sind schwarzer Marmor und große Grabinschriften. Es hat den Anschein, als ob die Kapelle an die Zerbrechlichkeit und Vergänglichkeit irdischen Lebens erinnern wollte.

Die Lipski-Kapelle (1743 bis 1747) von Francesco Placidi zeigt wirkungsvolle Licht- und Schatteneffekte. Die Bemalung der Załuski-Kapelle (1758–66) erweckt beim Betrachter den Eindruck, als trete er durch das Bild hindurch (man beachte besonders den vergrößerten Eingang).

Die *Kreuzigung* von Guercino sowie die Statue des Auferstandenen von Bertel Thorvaldsen sind in der Kapelle des Bischofs Filip Padniewski zu sehen. Die Renaissance-Kapelle wurde im 19. Jahrhundert für die Familie Potocki umgebaut. Die Statue von Włodzimierz Potocki in der Dreifaltigkeitskapelle ist ebenfalls ein Werk des dänischen Bildhauers Bertel Thorvaldsen.

Altar in der Zygmunt-Kapelle

Chorgestühl in der Krakauer Kathedrale

Ausstattung

Neben dem Baldachin des heiligen Stanisław sind besonders die Säulen interessant, die mit Inschriften und dazugehörigen Büsten von den verstorbenen Bischöfen Krakaus erzählen. Marcin Szyszkowski, Piotr Gembicki, Jan Małachowski und Kazimierz Łubieński – sie alle ruhen hier neben dem heiligen Stanisław. Die barocke Bestuhlung des Chors entstand um 1620, ergänzt wurde sie im 19. Jahrhundert. Basrelief und Inschrift für den Kardinal Fryderyk Jagiellończyk sind eine hervorragende Handwerksarbeit. Sie entstanden 1503 in der Werkstatt von Peter Vischer in Nürnberg. Der Thron des Bischofs Piotr Gembicki ist barock. Nicht vergessen werden darf die um 1758 nach einem Entwurf von Francesco Placidi entstandene Orgelempore.

Sarkophage und Gräber

Die Kathedrale ist die letzte Ruhestätte der polnischen Herrscher. Alle ihre mittelalterlichen Grabstätten sind ähnlich gestaltet. Eine Figur liegt feierlich auf einem Sarg, um sie herum scharen sich allegorische Figuren, die den Tod des Herrschers beklagen. Meist liegt auch ein Hund als Symbol der Treue zu Füßen des Herrschers, der Kopf des Dahingeschiedenen ruht auf einem Löwen, dem Symbol der Stärke. Über dem Grab befindet sich ein steinerner Baldachin. Die Grabstätte von Władysław dem Ellenlangen (Mitte 14. Jh.) zeigt den frühesten so gestalteten Sarkophag, der für Kazimierz Jagiellończyk ist der jüngste.

Zwei Gräber aus späterer Zeit weisen Ähnlichkeit mit diesem frühen Grabtyp auf: Eines davon ist das majestätische Grab der Königin Jadwiga. Es wurde 1902 von Antoni Madeyski in weißem Carrara-Marmor geschaffen und ist eines der meistbesuchten Wallfahrtsziele in der Kathedrale. Das andere Grab wurde 1906 ebenfalls von Madeyski errichtet. Es handelt sich um ein Kenotaph (Grabmal für einen andernorts bestatteten Toten) für König Władysław III. Warneńczyk, der 1444 bei Warna in der Schlacht gegen die Türken sein Leben verlor. Sein Leichnam wurde nie gefunden.

Sarkophag von Władysław Jagiełło

Königsgräber

Die Grabmale der Könige fanden nach Errichtung der Zygmunt-Kapelle in der Krypta ihren angemessenen Platz. Zygmunt der Alte und seine Söhne sind hier beigesetzt. Frühere Herrscher sind in der Kathedrale bestattet, mit Ausnahme von Bolesław I., dem Tapferen, Bolesław II., Przemysław II., Ludwig von Anjou, Władysław III. Warneńczyk und Aleksander Jagiellończyk. Für die Wasa-Dynastie wurde eine weitere Krypta gebaut, spätere Herrscher bestattete man unter der Heiligkreuzkapelle oder in der Krypta von St. Leonard. 1783 gab Stanisław August Poniatowski, der letzte polnische König, einen Sarkophag für Jan III. Sobieski in Auftrag. Die gewählten Könige sind nicht auf dem Wawel beigesetzt.

In den Zeiten der Teilungen Polens wurden die Nationalhelden Kościuszko und Prinz Józef Poniatowski hier beerdigt. Staatsbegräbnisse in der Kathedrale erhielten Piłsudski und General Sikorski im 20. Jahrhundert sowie Lech Kaczyński am 18. April 2010.

Sarkophage der Wasa-Könige

Königsschloss ❺

Kopf im Gesandtensaal

Über die erste Wawel-Burg ist wenig bekannt. Das romanische Gebäude wurde wohl von Kazimierz dem Erneuerer errichtet. Später begann Władysław der Ellenlange mit dem Bau eines neuen Gebäudes, das unter Kazimierz dem Großen fertiggestellt wurde. Das heutige Renaissance-Schloss entstand im frühen 16. Jahrhundert. Zu Beginn des 17. Jahrhunderts wurden die Gemächer im Nordflügel in frühbarocker Manier umgebaut. Nachdem der königliche Hof von Krakau nach Warschau übergesiedelt war, verlor das Schloss an Bedeutung. Brände, Raubüberfälle und die Besatzungszeit zerstörten viel, erst im frühen 20. Jahrhundert begann die Restaurierung.

Kurzführer

Kronschatz und Rüstkammer, beide mit separatem Zugang, befinden sich mit anderen Staatsgemächern im Erdgeschoss. Die übrigen öffentlichen Räume liegen im ersten und zweiten Stock. Nach dem Besuch der Senatorenhalle kann man sich in den zwei Stockwerken des Westflügels die Ausstellung »Der Orient in den Wawelsammlungen« ansehen.

Kronschatz und Rüstkammer

Dieser Kelch aus dem 11. Jahrhundert, der sich in der Schatzkammer befindet, gehörte den Äbten von Tyniec. Gleich neben der Schatzkammer liegt die Rüstkammer.

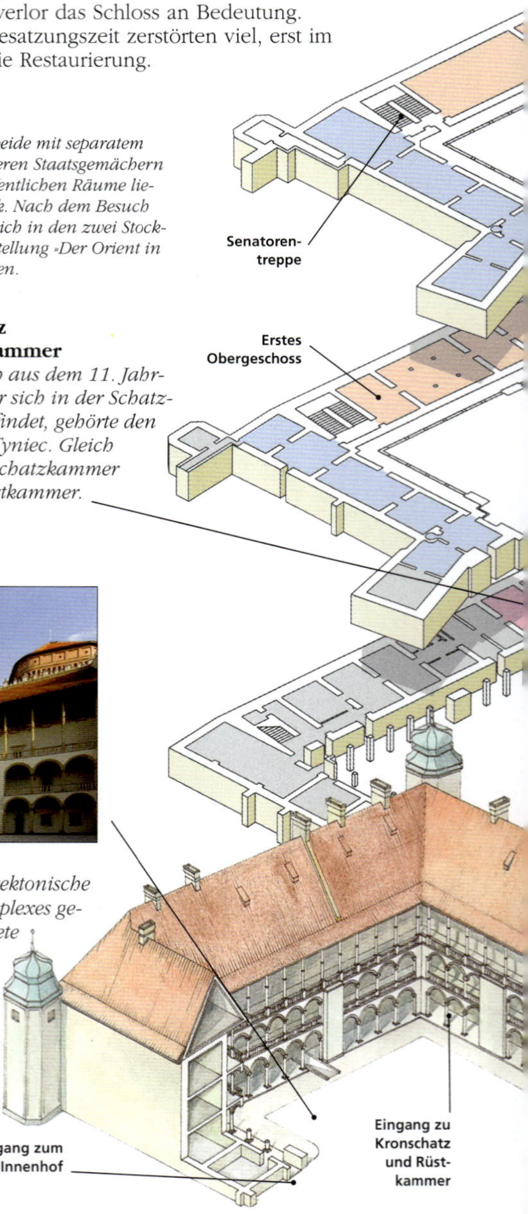

Schlosshof

Das Schloss vereint vielfältige architektonische Stile. Zu den Höhepunkten des Komplexes gehört der im 16. Jahrhundert errichtete Renaissance-Hof.

Legende

- Königliche Gemächer
- Kronschatz
- Rüstkammer
- Ausstellung »Der Orient in den Wawelsammlungen«
- Keine Ausstellungsfläche

Stadtplan *siehe Seiten 228–237*

★ »Saal unter den Vögeln«
Dieser Barocksaal ist das erste einer Reihe von Gemächern im Wasa-Stil.

INFOBOX

Wawel. **Stadtplan** 5 C1 (5 C5).
012 422 16 97.
103, 502.
3, 6, 8, 10, 18, 40.
Kronschatz und Rüstkammer
Apr–Okt: Mo 9.30–13 Uhr, Di–Fr 9.30–17 Uhr, Sa & So 11–18 Uhr; Nov–März: Di–Sa 9.30–16 Uhr. Mo (Apr–Okt) freier Eintritt.
www.wawel.krakow.pl

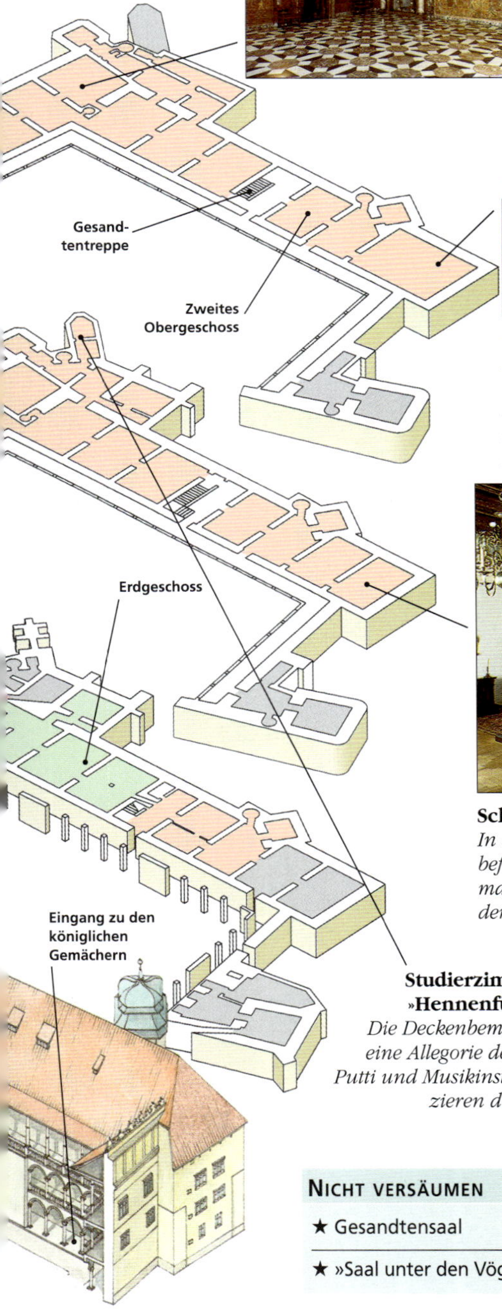

★ Gesandtensaal
Der Saal, in dem die Debatten des Unterhauses (Sejm) stattfanden, besitzt eine Kassettendecke, die mit geschnitzten Köpfen geschmückt ist. Es gibt viele Bildteppiche und Friese.

Schlafgemach des Königs
In der ersten Hälfte des 16. Jahrhunderts befanden sich das königliche Schlafgemach, der Speisesaal und die Zimmer der Dienstmädchen im ersten Stock.

Studierzimmer im »Hennenfüßchen«
Die Deckenbemalung ist eine Allegorie der Musik. Putti und Musikinstrumente zieren die Decke.

NICHT VERSÄUMEN

★ Gesandtensaal

★ »Saal unter den Vögeln«

Krakauer Kathedrale *(siehe S. 64–69)* auf dem Wawel ▷

Okół und Stradom

Okół war vermutlich die früheste Siedlung am Fuße des Wawel. Die mit einem Palisadenzaun umfriedeten Holzhäuser standen hier bereits im 10. Jahrhundert. Die Siedlung hatte sich entlang der sogenannten Salzstraße entwickelt, die von Ungarn nach Großpolen führte. Das Stadtviertel galt als etwas »Besonderes«, schon durch seine Nähe zum königlichen Schloss und zur Kathedrale. Der Klerus siedelte sich hier an, viele Kirchen wurden gebaut.

Wappentier am Haus in der Grodzka-Straße 32

Für die Entwicklung des zwischen Okół und Krakau gelegenen Stradom war die Lage auf dem Torfmoor und die Nähe zur Wawel-Festung von Vorteil. Seit Mitte des 17. Jahrhunderts wurden große Kirchen und Paläste erbaut. Im 19. Jahrhundert blühte Stradom auf.

Sehenswürdigkeiten auf einen Blick

Kirchen und Klöster

Bernhardinerkirche 19
Franziskanerkirche S. 86f 15
Kirche der Bernhardinerinnen 18
Missionarenkirche 21
Peter-und-Paul-Kirche S. 80f 3
St.-Ägidius-Kirche 7
St.-Andreas-Kirche 4
St.-Martin-Kirche 5

Museen und Sammlungen

Archäologisches Museum 14
Cricoteka 13
Erzdiözesanmuseum 10
Naturhistorisches Museum 22
Palast des Bischofs Erasmus Ciołek 11
Stiftung St. Władimir 12

Historischer Park

Dietl-Anlage 23

Historische Gebäude und Denkmäler

Collegium Iuridicum 2
Częstochowa-Seminar 20
Dekanat 9
Józef-Dietl-Statue 17
Königliches Zeughaus 6
Wielopolski-Palast 16

Historische Straßen

Grodzka-Straße 1
Kanonicza-Straße 8

Anfahrt

Die Trambahnen 1, 3, 6, 8 und 18 halten am Wszystkich-Świętych-Platz, die Trambahnen 3, 6, 8, 10, 18 und 40 in der Św.-Gertrudy-Straße beim Royal Hotel oder in der Stradomska-Straße.

Legende

Detailkarte *siehe S. 76f*

Post

◁ **Deckengewölbe in der Franziskanerkirche** ***(siehe S. 86f)***

Im Detail: Okół

Das historische Okół ist mehr oder weniger identisch mit dem südlichen Ausläufer der mittelalterlichen Krakauer Altstadt. Okół ist malerisch. Wer es verwinkelt mag, der sollte die geradlinigen Straßen der Altstadt verlassen und sich hier umsehen: Die gewundenen Sträßchen und Gassen sowie die originellen Gebäude werden ihm bestimmt gefallen. Glücklicherweise verschonte das große Feuer, das 1850 Krakau heimsuchte, den Stadtteil Okół.

Collegium Iuridicum
Diese klassisch-schöne Skulptur steht im Hof des Collegiums. Sie stammt von Igor Mitoraj, der sie der Jagiellonen-Universität zum Geschenk machte. ❷

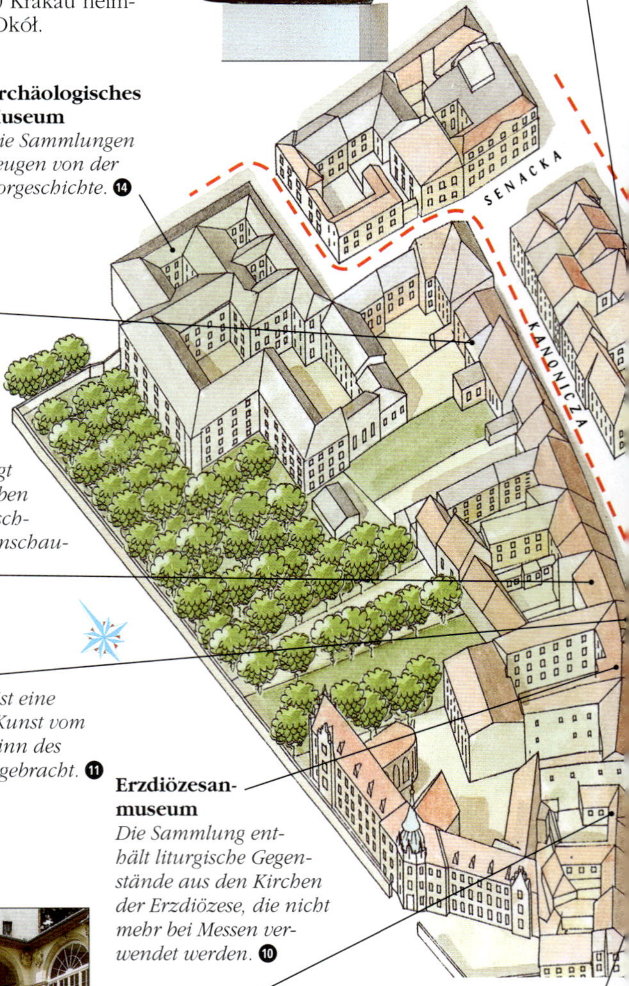

Archäologisches Museum
Die Sammlungen zeugen von der Vorgeschichte. ⓮

Cricoteka
Das Theater Cricot 2 und ein Dokumentationszentrum sind in diesem Haus. ⓭

Stiftung St. Władimir
Das Gebäude beherbergt Kunstwerke, die das Leben der Ruthenen im polnisch-litauischen Gebiet veranschaulichen. ⓬

Palast des Bischofs Erasmus Ciołek
In dem schönen Haus ist eine Sammlung polnischer Kunst vom Mittelalter bis zum Beginn des 19. Jahrhunderts untergebracht. ⓫

Erzdiözesanmuseum
Die Sammlung enthält liturgische Gegenstände aus den Kirchen der Erzdiözese, die nicht mehr bei Messen verwendet werden. ❿

Dekanat
Hof und Arkadengänge des kleinen Hauses, des früheren Kanonikats, wirken wie eine großartige Renaissance-Residenz. ❾

Kanonicza-Straße
In dieser ruhigen Straße ist das alte königliche Krakau noch gut spürbar. ❽

Hotels und Restaurants in Okół und Stradom *siehe Seiten 178 und 188f*

★ Peter-und-Paul-Kirche
Die frühbarocke Jesuitenkirche ist ein Meisterwerk der polnischen Architektur des 17. Jahrhunderts. Bemerkenswert ist die Fassade mit ihrem reichen Skulpturenschmuck. ❸

Zur Orientierung
Siehe Stadtplan, Karten 1, 3, 6

Grodzka-Straße
Die Stadthäuser entlang der ältesten Straße Krakaus waren früher Paläste. ❶

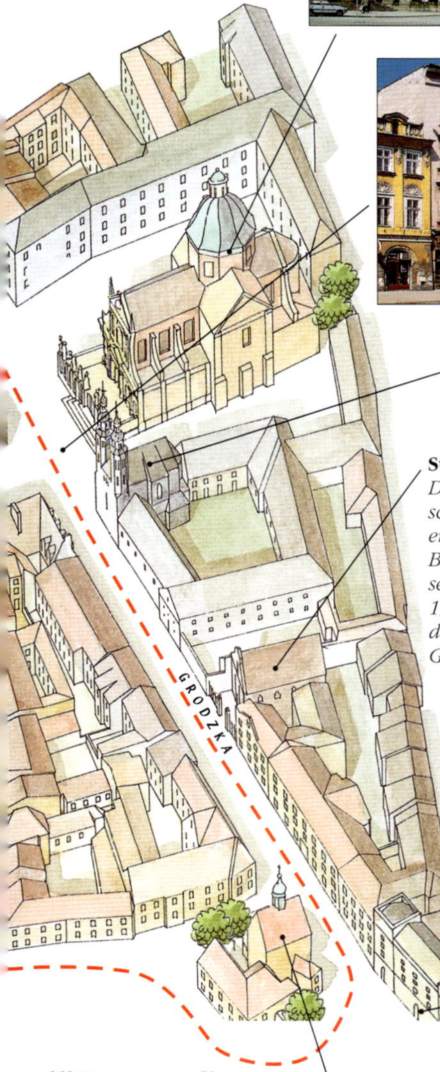

★ St.-Andreas-Kirche
Die Kirche ist das am besten erhaltene Beispiel romanischer Architektur in Krakau. ❹

St.-Martin-Kirche
Die auf romanischen Fundamenten errichtete kleine Barockkirche gehört seit dem frühen 19. Jahrhundert der evangelischen Gemeinde. ❺

Königliches Zeughaus
Das Tor zum Zeughaus (17. Jh.) ist einer der schönsten Eingänge Krakaus. ❻

0 Meter 50

St.-Ägidius-Kirche
Die gotische Kirche aus dem frühen 14. Jahrhundert besitzt ein interessantes Chorgestühl. ❼

Legende

Routenempfehlung

Nicht versäumen

★ Peter-und-Paul-Kirche

★ St.-Andreas-Kirche

Kinder mit traditionellen Trachten in der Grodzka-Straße

Grodzka-Straße ❶
Ulica Grodzka

Stadtplan 1 C5 (6 D4).
1, 3, 6, 8, 18, 40.

Die Grodzka, früher Teil der bedeutenden Salzstraße von Ungarn nach Großpolen, ist eine der ältesten Straßen Krakaus. Auf diesem Abschnitt des sogenannten Königstraktes fanden viele bedeutende Ereignisse statt – Prozessionen anlässlich von Krönungen oder Beerdigungen führten immer über die Grodzka. Damals war sie gesäumt von Kirchen und Palästen, die heute als Wohnhäuser genutzt werden. Architektonisch gibt es in der hübschen Straße viel zu sehen.

Collegium Iuridicum ❷

Grodzka 53. **Stadtplan** 1 C5 (6 D4).
012 633 63 77-2414.
1, 3, 6, 8, 18, 40. Di & Do 10–13 Uhr, So 11–14 Uhr. **Naturhistorisches Museum (Muzeum Przyrodnicze UJ)** *Mo–Fr 10–14 Uhr. Sommerferien.*

Das juristische Kolleg der Krakauer Akademie wurde im frühen 15. Jahrhundert mit der testamentarischen Schenkung der Königin Jadwiga gegründet. Ausgrabungen haben bestätigt, dass das Collegium an der Stelle einer früheren Markthalle errichtet wurde, die vermutlich von Władysław dem Ellenlangen stammt. Die Fundamente sind erhalten.

Das Collegium Iuridicum wurde mehrmals umgebaut, u. a. nach Plänen des Bischofs Jan Rzeszowski. Der wunderschöne Eingang, der mit dem Wahrzeichen der Universität geschmückt ist, entstand um 1680. Nach dem großen Brand von 1719 wurde das Kolleg vollständig umgestaltet und der zweireihige Arkadengang angebaut. Das Institut für Kunstgeschichte und das Naturhistorische Museum haben hier ihren Sitz. Das Naturhistorische Museum befindet sich im Keller. Es zeigt eine sehenswerte Muschel- und Schmetterlingssammlung.

Im Sommer finden im Innenhof Konzerte und Theateraufführungen statt.

Innenhof mit doppelgeschossigen Arkaden im Collegium Iuridicum

Peter-und-Paul-Kirche ❸
Kościół św. św. Piotra i Pawła

Siehe S. 80f.

St.-Andreas-Kirche ❹
Kościół św. Andrzeja

Grodzka 56. **Stadtplan** 1 C5 (6 D4).
012 422 16 12. 1, 3, 6, 8, 18, 40. tägl. 7.30–17 Uhr und bei Messen.

Die Kirche St. Andreas in Okół gilt oft als Paradebeispiel romanischer Architektur in Polen. Erbaut wurde sie zwischen 1079 und 1098 als Stiftung des mächtigen Pfalzgrafen Sieciech für Fürst Władysław Herman. Im Jahr 1200 wurden dann Türme und Seitenschiffe vergrößert, ein Querschiff kam dazu. Nach dem Chronisten Jan Długosz war St. Andreas die einzige Kirche Krakaus, die 1241 den Tataren standhielt.

Um 1702 gestaltete Baldassare Fontana die Kirche im Barockstil um, Wände und Gewölbe wurden mit Stuck versehen. Wandbilder von Karl Dankwart vervollständigen den Schmuck. Erwähnt werden sollten auch die Kanzel in Form eines Schiffes und der Hochaltar mit seinem imposanten Tabernakel aus silbergeschmücktem Ebenholz.

Die Schatzkammer im angrenzenden Kloster beherbergt unschätzbare Objekte, so ein kleines Mosaik (Ende 12. Jh.) mit dem Bild der Jungfrau Maria, Marionetten

St.-Andreas-Kirche mit den zwei charakteristischen Türmen

aus dem 14. Jahrhundert, die bei Krippenspielen benutzt wurden, und Reliquien aus dem frühen Mittelalter.

St.-Martin-Kirche ❺

Kościół św. Marcina

Grodzka 58a. **Stadtplan** 6 D4.
012 422 72 65. 8, 10, 18.
Mo–Sa 10–13 Uhr und bei Messen.

Die erste Kirche an diesem Platz, vermutlich im 12. Jahrhundert erbaut, wurde 1612 zur Kirche der Karmeliterinnen und in den Jahren 1637–40 zerstört. Die Nonnen gaben ein neues Gotteshaus im Stil des Frühbarock in Auftrag. Nach der Schließung des Klosters wurde die Kirche von der protestantischen Gemeinde übernommen und das Innere im Sinne des lutherischen Protestantismus umgestaltet. Der Hochaltar zeigt ein Kruzifix aus dem 14. Jahrhundert und Henryk Siemiradzkis Bild *Christus besänftigt den Sturm* von 1882.

Königliches Zeughaus ❻

Arsenał Królewski

Grodzka 64. **Stadtplan** 6 D5.
012 422 47 03. 8, 10, 18.

Zygmunt der Alte ließ in der ersten Hälfte des 16. Jahrhunderts nahe der Stadtmauer das Zeughaus und eine Kanonengießerei als Teil der Befestigung Krakaus erbauen. Das heutige Gebäude ist Resultat des Umbaus von 1927. Der Architekt Stanisław Filipkiewicz setzte der Barock-Struktur des Zeughauses einen strengen, modernen Anbau entgegen.

St.-Ägidius-Kirche ❼

Kościół św. Idziego

Św. Idziego 1. **Stadtplan** 6 D5.
8, 10, 18. Di–Fr 10–13 Uhr.

Es scheint historisch überliefert, dass diese Kirche 1082 von Władysław Herman und seiner Gemahlin Judith erbaut worden ist, nachdem sie mithilfe des heiligen Ägidius einen Sohn bekommen hatten – Ewa Demarczyk vom Kabarett Piwnica Pod Baranami machte die Geschichte in einem Song populär. Die heutige Kirche stammt aus dem frühen 14. Jahrhundert. 1595 wurde sie von Dominikanern übernommen, die sie umbauten. In der Kirche ist das steinerne Chorgestühl interessant. Es wurde 1692 hergestellt, dabei verwendete man Fragmente aus dem Renaissance-Grab des heiligen Jacek, eines Dominikanermönchs.

Kanonicza-Straße ❽

Ulica Kanonicza

Stadtplan 1 C5 (6 D4).
3, 6, 8, 10, 18, 40.

Die Kanonicza-Straße war das letzte Stück des Königstrakts, der auf den Wawel führte. Seit Beginn des 14. Jahrhunderts bauten die Krakauer Kanoniker in dieser Gasse ihre Häuser. Sie durften in diesen Häusern leben, wenn sie sich verpflichteten, im Domkapitel zu arbeiten.

Jeder Bewohner tendierte dazu, sein Haus ständig zu modernisieren. Die Kanoniker konnten sich aufgrund ihres Elitestatus in der Kirche kostspielige Baumaßnahmen leisten. Demzufolge erhielten die einst gotischen Häuser nach und nach Renaissance-Höfe, Barock-Türen und klassizistische Fassaden. Der bunte Stilmix der Häuser gibt der engen Kanonicza-Straße ihren malerischen Charakter.

Schönes Flachrelief von 1480 am Długosz-Haus in der Kanonicza-Straße

Stadtplan *siehe Seiten 228–237*

Peter-und-Paul-Kirche ❸

Emblem der Jesuiten

Vorbild für die Kirche St. Peter und Paul war die Jesuitenkirche Il Gesù in Rom. Sie gilt als großartigste frühbarocke Kirche in Mitteleuropa, die Geschichte ihrer Entstehung und die Namen der Erbauer sind bis heute Thema der Architekturhistorie. Der Grundstein wurde 1596 gelegt. Der führende Architekt Giovanni de Rosis, ein Jesuit, entwarf den Plan, die Ausführung übernahmen Giuseppe Brizio und Giovanni Maria Bernardoni. Gegen 1605 näherten sich die Arbeiten ihrem Ende, aber wegen Konstruktionsproblemen mussten etliche Mauern wieder eingerissen und neu gebaut werden. Daraufhin wurde dem Hofarchitekten Giovanni Battista Trevano die Verantwortung übertragen.

Wappen mit Adler
Das gemeißelte Wappen ist das des ursprünglichen Kirchengründers König Zygmunt III. Wasa.

Orgelempore
Die spätbarocke, von Kacper Bażanka entworfene Orgelempore mit der geschwungenen Balustrade steht in starkem Kontrast zur nüchternen, monumentalen Architektur der Kirche.

Apostelstatuen
Die Einfriedung wurde von Kacper Bażanka entworfen. Die großen Apostelfiguren sind Kopien der Skulpturen von David Heel, die 1715–22 geschaffen wurden.

Statue des hl. Ignatius von Loyola
Die spätbarocke Skulptur von David Heel zeigt den Gründer des Jesuitenordens. Die Skulpturen daneben stellen Stanisław Kostka, Francis Xavier und Aloysius Gonzaga dar.

Infobox

Grodzka 54. **Stadtplan** 1 C5 (6 D4). ☎ *012 422 65 73.* 🚃 *1, 2, 8, 10, 18.* ◯ *Mo–Fr 9–19 Uhr, Sa 9–17.30 Uhr, So 13.30–17.30 Uhr und bei Messen.*

Stuckarbeiten (1622–39)
Die Stuckarbeiten von Giovanni Battista Falconi über dem Hochaltar zeigen Szenen aus dem Leben der Schutzheiligen der Kirche, Peter und Paul.

★ Hochaltar
Der Hochaltar, entstanden 1726–28 nach einem Entwurf von Kacper Bażanka, war als Annäherung zwischen römisch-katholischer und orthodoxer Kirche gedacht.

★ Grabmal des Bischofs Andrzej Trzebicki
Die Grabstätte, 1695/96 zum Andenken an den Bischof geschaffen, zeigt mit ihrem monumentalen Pomp barockes Weltgefühl.

Statue des Piotr Skarga
Der Verfasser der Parlamentarischen Gespräche *starb 1612 und wurde in der Krypta unter dem Hochaltar beigesetzt. Oskar Sosnowskis Statue von 1869 wurde im frühen 20. Jahrhundert in der Kirche aufgestellt.*

Nicht versäumen

★ Grabmal des Bischofs Andrzej Trzebicki

★ Hochaltar

Stadtplan *siehe Seiten 228–237*

Portal des im Mittelalter erbauten Dekanats

Dekanat 9

Dom Dziekański

Kanonicza 21. **Stadtplan** 1 C5 (6 D4). *1, 2, 3, 6, 8, 10, 18, 40.*

Das Dekanshaus gilt als das schönste Krakauer Kanoniker-Haus. Das mittelalterliche Gebäude wurde um 1580 vollkommen umgebaut, wahrscheinlich von dem Architekten und Bildhauer Santi Gucci. Der arkadengesäumte Innenhof, die Steinmetzarbeiten, das wunderbare Portal und die bemalte Fassade stammen aus dieser Zeit.

Die Statue des heiligen Stanisław wurde im 18. Jahrhundert im Hof aufgestellt. In den 1960er Jahren residierte hier Karol Wojtyła, der spätere Johannes Paul II. und damaliger Erzbischof von Krakau.

Erzdiözesanmuseum 10

Muzeum Archidiecezjalne

Kanonicza 19. **Stadtplan** 1 C5 (6 D4). *012 421 89 63.* *1, 3, 6, 8, 18, 40.* *Di–Fr 10–16 Uhr, Sa & So 10–15 Uhr.*

Der heilige Stanisław wohnte während seiner Zeit als Krakauer Kanoniker in diesem Haus, deshalb heißt es St.-Stanisław-Haus. Erbaut wurde es im 14. Jahrhundert, umgebaut im späten 18. Jahrhundert. Heute ist hier das Erzdiözesanmuseum untergebracht, das Wechselausstellungen sakraler Kunst zeigt. Es handelt sich meist um Leihgaben aus den Kirchenschätzen der Krakauer Erzdiözese. In letzter Zeit gab es mehrmals Ausstellungen mit interessanten Goldarbeiten.

Viele Gegenstände aus dem Diözesanmuseum wurden in den Raum Karol Wojtyłas gebracht. Das Zimmer, das sich eigentlich im benachbarten Dekanshaus befand, wurde hier rekonstruiert.

Palast des Bischofs Erasmus Ciołek 11

Pałac biskupa Erazma Ciołka

Kanonicza 17. **Stadtplan** 1 C5 (6 D4). *012 633 53 31.* *6, 8, 10, 18, 40.* *Di–Sa 10–18 Uhr, So 10–16 Uhr.*

In dem heute als Museum genutzten Gebäude lebte einst Bischof Erasmus Ciołek (1474–1522), ein begeisterter Förderer der Kunst. Das großartige, umfassend renovierte Anwesen beherbergt die große Sammlung polnischer Kunst des Nationalmuseums.

Der Palast zeigt Elemente aus Gotik und Renaissance, die Sammlung umfasst eine Reihe von Werken aus der Zeit vom 13. bis zum 18. Jahrhundert. Zu den Besonderheiten der Ausstellung gehören Triptychen mit Darstellungen der Krakauer Zünfte aus dem 15. Jahrhundert sowie eine große Zahl erlesener orthodoxer Ikonen.

Stiftung St. Władimir 12

Fundacja św. Włodzimierza

Kanonicza 15. **Stadtplan** 1 C5 (6 D4). *012 421 99 96.* *1, 3, 6, 8, 10, 18, 40.* *nach telefonischer Vereinbarung.*

Die Stiftung St. Władimir hat ihren Sitz in einem Bau aus dem 14. Jahrhundert, der von prächtigem Renaissance-Schmuck geziert wird. Ikonen (17. und 18. Jh.) von

Karol Wojtyłas Raum im Erzdiözesanmuseum

nicht mehr genutzten orthodoxen Kirchen aus den Regionen Beskidy, Bieszczady und Tomaszów Lubelski werden hier aufbewahrt.

Die griechisch-katholische Kapelle ist den Märtyrern Boris und Gleb geweiht. Darin befinden sich einige Bilder von Jerzy Nowosielski. Der zeitgenössische Krakauer Künstler ist stark von der byzantinischen Kunst beeinflusst, arbeitet allerdings mit modernen Ausdrucksmitteln. Die Kapelle birgt ferner die Wunder wirkende Ikone der Korczminna.

Cricoteka ⓭

Kanonicza 5. **Stadtplan** 1 C5 (6 D4). *012 422 83 32.* *1, 6, 8, 18.* *Mo–Fr 10–16 Uhr (Juli & Aug: auch Sa & So).*

Noch immer ist das gotische Erscheinungsbild des früheren Domherren-Hauses in der Kanonicza-Straße Nr. 5 erhalten. Im Jahr 1980 wurde das Gebäude zum Sitz des Avantgarde-Theaters Cricot 2. Das Theater, das schon seit den 1920er Jahren existiert, nahm 1956 auf Initiative des Dramatikers, Regisseurs und Zeichners Tadeusz Kantor die Arbeit wieder auf und wurde durch seine »Performances« berühmt. In einer Zeit kultureller Umwälzungen machte Kantor Theater mit erschütternder Urwirkungskraft. *Die tote Klasse*, *Wielopole, Wielopole* und *Die Künstler sollen krepieren* gehören zu den größten Erfolgen des Cricot 2. Nach Kantors Tod 1990 führten die Schauspieler sein Werk weiter.

Das Haus in der Kanonicza-Straße ist für eine Bühne zu klein, deshalb finden die Aufführungen stets an anderen Orten statt. Cricoteka ist ein kleines Museum, in dem die Arbeit des Theaters dokumentiert wird. Gezeigt werden Kostüme, Bühnenbilder, Requisiten und Fotos der Aufführungen sowie Zeichnungen von Kantor.

Archäologisches Museum ⓮

Muzeum Archeologiczne

Poselska 3. **Stadtplan** 1 C5 (6 D4). *012 422 71 00.* *103, 124, 502.* *8, 10, 18.* *Juli–Aug: Mo, Mi & Fr 9–14 Uhr, Di & Do 14–18 Uhr, So 10–14 Uhr; Sep–Juni: Mo–Mi 9–14 Uhr, Do 14–18 Uhr, Fr & So 10–14 Uhr.* *So frei.*

Das Museum ist in dem früheren, im Jahr 1606 gegründeten Barfüßerkloster des Karmeliterordens untergebracht. Ende des 18. Jahrhunderts vertrieben die österreichischen Besatzer den Orden und machten aus dem Kloster ein Gefängnis für politische Häftlinge. 1945 wurde von hier eine Gruppe gefangener Soldaten in einer Aktion der Heimatarmee (AK) befreit. Nach der Schließung des Gefängnisses im Jahr 1956 gliederte man den Bau dem archäologischen Museum an.

Die Sammlung des archäologischen Museums existiert seit 1850 und enthält Gegenstände aus der Frühgeschichte Kleinpolens, aber auch ägyptische Mumien. Zu den besonderen Attraktionen zählen die Statue des Gottes Światowid aus dem Fluss Zbrucz, Schmuck, der im Grab der skythischen Prinzessin Ryżanówka entdeckt wurde, Goldgegenstände aus einem Hunnengrab in Jakuszowice sowie prähistorisches »Eisengeld« *(siehe S. 21)*.

Franziskanerkirche ⓯

Kościół Franciszkanów

Siehe S. 86f.

Eingang zum Wielopolski-Palast

Wielopolski-Palast ⓰

Pałac Wielopolskich

Plac Wszystkich Świętych. **Stadtplan** 1 C5 (6 D3). *012 616 12 07.* *1, 3, 6, 8, 18.* *nach telefonischer Vereinbarung.*

Der Palast wurde um 1875 verkauft und dann Sitz der städtischen Verwaltung. Nach Entwürfen des Architekten Jan Rzymkowski erfolgten 1907–12 Umbauten – das Gebäude erhielt ein schlichtes, modernes Aussehen. Angebaut wurde ein Portal, das auf die Poselska-Straße hinausführt und von neuromanischen Säulen flankiert wird. Bemerkenswert ist außerdem ein schönes Jugendstil-Fries mit vielen Städtewappen. Im Inneren sind vor allem der Sitzungssaal und die Porträthalle interessant.

Archäologisches Museum und Garten

Józef-Dietl-Statue ⓱
Pomnik Józefa Dietla

Pl. Wszystkich Świętych. **Stadtplan** 1 C5 (6 D3). *1, 3, 6, 8, 18.*

Józef Dietl (1804–1878), Professor der Medizin und Direktor der Jagiellonen-Universität, wurde 1866 erster gewählter Krakauer Bürgermeister im autonomen Galizien. Er reformierte das Krakauer Schulsystem, rief ein Programm zum Schutz des städtischen kulturellen Erbes ins Leben und initiierte die Restaurierung der Tuchhallen.

Die Dietl-Statue wurde zwischen 1936 und 1938 von Xawery Dunikowski angefertigt. Der Künstler begnügte sich nicht mit der Schaffung der Skulptur, sondern setzte alle Hebel in Bewegung, um auch den richtigen Standort für seine Arbeit zu finden.

Mit einem Modell der Statue wanderte Dunikowski durch ganz Krakau und stellte es an vielen Orten probehalber auf, bis er sich für den jetzigen Standort auf dem Allerheiligenplatz entschied. Das Ergebnis spricht für sich: Die Dietl-Statue gilt als eines der am schönsten platzierten Monumente in ganz Polen.

Kirche der Bernhardinerinnen ⓲
Kościół Bernardynek

Poselska 21. **Stadtplan** 1 C5 (6 D4). *012 422 22 46.* *1, 3, 6, 8, 18.* *tägl. 9–18.30 Uhr und bei Messen.*

Im Jahr 1646 entstand in der Poselska-Straße ein kleines Bernhardinerinnenkloster. Die St.-Josef-Kirche wurde zwischen 1694 und 1703 für die Nonnen erbaut.

So bescheiden die Kirche von außen auch wirkt, so birgt sie doch sehenswerte Kostbarkeiten wie den Altar und die Kanzel aus der Werkstatt von Jerzy Hankis. Das Hochaltarbild *Der hl. Josef mit Kind* war ein Geschenk des Krakauer Bischofs Jakub Zadzik, der es wahrscheinlich von Papst Urban III. erhielt.

Die kleine Statue des Jesuskindes (17. Jh.) auf dem Seitenaltar wird sehr verehrt. Sie

Innenraum der kleinen Kirche der Bernhardinerinnen

stammt ursprünglich aus der Klosterkirche St. Colette in Stradom und wird deshalb bis heute Koletański-Christus genannt.

Bernhardinerkirche ⓳
Kościół Bernardynów

Bernardyńska 2. **Stadtplan** 3 C1 (6 D5). *012 422 16 50.* *3, 6, 8, 10, 18.* *nur bei Messen.*

Giovanni da Capistrano, der später heiliggesprochene Reformator des Franziskanerordens, kam 1453 nach Krakau. Dort predigte er Demut, Verzicht und Enthaltsamkeit, hetzte aber gleichzeitig gegen die Juden. Beeinflusst von seinen Predigten traten einige Krakauer dieser reformierten Franziskanerbewegung bei. Sie wurden zunächst Observanten genannt und später als polnische Bernhardiner bekannt. 1453 baute Kardinal Zbigniew Oleśnicki in Stradom eine kleine Holzkirche für die neue klösterliche Gemeinschaft, kurz danach begann man mit dem Bau einer Steinkirche. Diese wurde von Jan Długosz nach dem Tod Oleśnickis fertiggestellt.

Um Krakau gegen die Schweden zu verteidigen, gab Stefan Czarniecki im Jahr 1655 den Befehl, die am Fuß des Wawel gelegene Bernhardinerkirche anzuzünden. Damit wollte er verhindern, dass die Kirche den Angreifern Schutz bot. Erhalten blieben nur die Statue der heiligen Anna aus der Werkstatt von Veit Stoß sowie Reste manieristischer Grabmale, die jetzt in der Vorhalle sind.

Die jetzige Barockkirche der Bernhardiner wurde 1659 bis 1680 erbaut, wahrscheinlich von Krzysztof Mieroszewski. Der Marmorschrein des heiligen Simon von Lipnica wurde 1662 vollendet, der Hochaltar entstand 1758–66.

Barocke Bernhardinerkirche aus dem 17. Jahrhundert

Częstochowa-Seminar ⓴

Seminarium Częstochowskie

Bernardyńska 3. **Stadtplan** 3 C1 (6 D5). *012 422 47 03.* *3, 6, 8, 10, 18.* **Kapelle** *nur nach telefonischer Anmeldung.*

Teodor Kubina, Bischof von Tschenstochau (Częstochowa), gründete 1925 ein der Theologischen Fakultät der Jagiellonen-Universität angeschlossenes Seminar für seine Diözese. Das monumentale modernistische Gebäude wurde zwischen 1928 und 1930 nach Entwürfen von Zygmunt Gawlik und Franciszek Mączyński erbaut.

Die Fassade ist mit Skulpturen gestaltet, die unter Anleitung von Xawery Dunikowski, einem der wichtigsten polnischen Bildhauer des 20. Jahrhunderts, entstanden. Interessant ist vor allem das Relief im Giebel. Es zeigt Christus, wie er Polen und die Repräsentanten der gesellschaftlichen Schichten sowie Maria, die vom Klerus begleitet wird, segnet. Eine weitere Szene auf der Fassade stellt dar, wie ein Seminarist vom Teufel versucht wird.

Relief des Seminaristen, der vom Teufel versucht wird, Częstochowa-Seminar

Missionarenkirche ㉑

Kościół Misjonarzy

Stradomska 4. **Stadtplan** 3 C1 (6 E5). *012 422 88 77.* *103, 124.* *3, 6, 8, 10, 18.* *tägl. 14–19 Uhr und bei Messen.*

Die Missionare kamen 1682 nach Stradom, aber erst 1719–28 erbauten sie die Kirche der Bekehrung des heiligen Paulus. Architekt Kacper Bażanka ließ sich von Bauwerken des römischen Barock inspirieren. Innen ähnelt das Gotteshaus Francesco Borrominis Dreikönigskirche im Collegio di Propaganda Fide, außen erinnert die Kirche an Sant' Andrea al Quirinale von Gianlorenzo Bernini.

Barockfassade der Missionarenkirche

Manche Feinheiten, mit denen Bażanka die Kirche ausgestattet hat, z. B. die Spiegel im Mittelschiff, die das Licht in die Kapellen reflektieren, sind typisch für das Hochbarock. Die Kirche gilt als eines der schönsten Bauwerke der polnischen Architektur im 18. Jahrhundert. Dasselbe gilt auch für ihren Innenraum. Die meisten Altargemälde stammen von Tadeusz Kuntze, die Skulpturen von Antoni Frączkiewicz.

Naturhistorisches Museum ㉒

Muzeum Przyrodnicze

św. Sebastiana 9/11. **Stadtplan** 3 D1 (6 E5). *012 422 59 59.* *3, 6, 8, 10, 18.* *Mo–Do 9–17 Uhr, Fr–So 9–18 Uhr.*

Das Herz des Naturhistorischen Museums war die Sammlung der Physiografischen Kommission, einer Unterabteilung der seit 1865 bestehenden gelehrten Gesellschaft Krakaus. Die Sammlung bestand aus ausgestopften Vögeln und wirbellosen Tieren. Heute besitzt das Museum zahlreiche Exemplare von Insekten und Pflanzen, die in Polen vorkommen. Ein Rhinozeros aus dem Pleistozän, 1920 in Starunia gefunden, ist die Hauptattraktion.

Dietl-Anlage ㉓

Planty Dietlowskie

Stadtplan 3 D1 (6 E5, F4). *128, 184.* *19, 22.*

Das alte Flussbett der Weichsel zwischen Stradom und Kazimierz wurde 1878–80 aufgeschüttet. Bolesław Malecki legte hier eine zweispurige Autostraße von einem Kilometer Länge und 100 Metern Breite an, mit einem parkähnlichen Grünbereich in der Mitte. Diese Anlage wurde Józef Dietl zu Ehren Planty Dietlowskie getauft. Der Krakauer Bürgermeister war der Erste, der die Weichselaufschüttung befürwortete, weil er sich davon ein Zusammenwachsen von Krakau und Kazimierz versprach. Zu beiden Seiten der Straße stehen große Wohnblöcke und elegante öffentliche Gebäude. Eines davon ist die PKO-Bank, die von 1922 bis 1924 erbaut wurde.

Bäume der Dietl-Anlage trennen die beiden Fahrspuren

Stadtplan *siehe Seiten 228–237*

Franziskanerkirche ⓯

Die Franziskaner kamen 1237 nach Krakau. Mit dem Bau der Kirche, einer Stiftung des Fürsten Bolesław des Keuschen und seiner Gemahlin Salomea, wurde 1255 begonnen. Nachdem die Kirche von den Schweden stark beschädigt worden war, baute man sie im Barockstil wieder auf. Erneut wurde sie 1850 durch das große Feuer in Krakau fast völlig zerstört. Beim Wiederaufbau flossen neuromanische und neugotische Stilelemente ein. Besonders sehenswert sind die Arbeiten von Stanisław Wyspiański im Innenraum. Um 1900 bemalte der Künstler in Jugendstilmanier einige Wände und schuf farblich sehr ausdrucksstarke Glasfenster.

Wand der ersten Kirche aus dem 13. Jahrhundert

Die selige Salomea
Stanisław Wyspiańskis Fensterbild im Nordfenster des Chors zeigt die Kirchengründerin, die die Adelskrone zurückweist, um im Habit der armen Klarissinnen zu leben.

★ Mater Dolorosa
Das spätgotische Bild von Meister Jerzy stellt die Schmerzensmutter Maria dar, die ihren Sohn beweint und von Engeln umgeben ist.

★ Wandgestaltung
Die bunten Blumen und Muster zeugen von der Liebe der Franziskaner zur Natur. Wyspiański demonstriert mit dieser Arbeit eine neue Auffassung des Ausdrucks in der sakralen Kunst.

Passionskapelle
Die Erzbruderschaft von der Passion trifft sich seit Ende des 16. Jahrhunderts in dieser Kapelle (siehe S. 52). *Rituale und Liturgie wirken sehr theatralisch und vermitteln einen Eindruck barocker Gläubigkeit.*

Kreuzgang
Hier hängen die Porträts von Krakauer Bischöfen seit dem 15. Jahrhundert. Die Reihe wurde bis ins 20. Jahrhundert fortgesetzt.

INFOBOX

Wszystkich-Świętych-Platz.
Stadtplan 1 C5 (6 D3). *012 422 53 76.* *1, 3, 6, 8, 18.*
Mo–Sa 9.45–16.15 Uhr, So 13.15–16.15 Uhr und bei Messen.

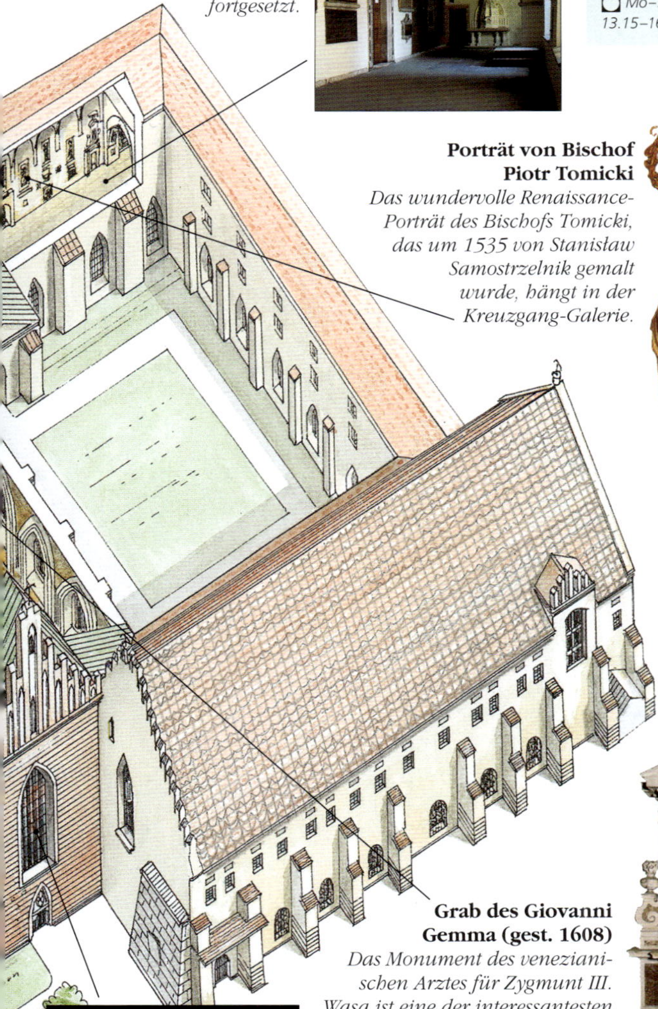

Porträt von Bischof Piotr Tomicki
Das wundervolle Renaissance-Porträt des Bischofs Tomicki, das um 1535 von Stanisław Samostrzelnik gemalt wurde, hängt in der Kreuzgang-Galerie.

Grab des Giovanni Gemma (gest. 1608)
Das Monument des venezianischen Arztes für Zygmunt III. Wasa ist eine der interessantesten Grabskulpturen des späten Manierismus in Polen.

★ Wyspiańskis Bleiglasfenster *Stań się*
Das ausdrucksstarke Bild, bei dem sich Gottvater über das kosmische Chaos erhebt, schwelgt in den kühnen Farben und fließenden Linien des Jugendstils.

NICHT VERSÄUMEN

★ Mater Dolorosa

★ Wandgestaltung

★ Wyspiańskis Bleiglasfenster *Stań się*

ALTSTADT

Von Fürst Bolesław dem Keuschen erhielt Krakau 1257 seine am Magdeburger Stadtrecht angelehnte Verfassung. Der Status war von hoher Bedeutung für die künftige Entwicklung der Stadt, denn das Stadtrecht beschränkte die lehnsherrliche Gewalt, bestimmte eine lokale Regierung und förderte den Handel. Aber es galt auch, Regeln zu befolgen: Ein großer Platz sollte zum Zentrum werden, von dem die Straßen abgehen. Ein schachbrettartiger Grundriss wurde gezeichnet, zugleich die Größe der Häuser festgelegt. Auch wenn die Architektur mit der Zeit pompöser wurde, blieb die Grundanlage erhalten. Bis heute ist die Altstadt das pulsierende Herz des modernen Krakau geblieben. Hier konzentrieren sich Geschichte, Kunst und Vergnügen.

Krakaus Wappen in der Marienkirche

SEHENSWÜRDIGKEITEN AUF EINEN BLICK

Kirchen

Dominikanerkirche S. 116f 35
Heilig-Kreuz-Kirche 33
Kirche der Dominikanerinnen 34
Marienkirche S. 94–97 1
Piaristenkirche 26
Reformatenkirche 20
St.-Adalbert-Kirche 9
St.-Annen-Kirche S. 108f 15
St.-Barbara-Kirche 3
St.-Johannes-Kirche 24
St.-Markus-Kirche 21

Historische Straßen und Plätze

Floriańska-Straße 31
Marienplatz 2
Marktplatz S. 98–101 4
St.-Johannes-Straße 23

Historische Gebäude und Monumente

Adam-Mickiewicz-Statue 8
Altes Theater (Stary Teatr) 16
Barbakane 28
Bischofspalast 10
Café Jama Michalika 29
Collegium Novum 11
Collegium Nowodvorianum 14
Florianstor und Stadtmauer 27
Kopernikus-Statue 12
Krzysztofory-Palast 5
Polnische Akademie der Wissenschaften 22
Rathausturm 6
Słowacki-Theater 32

Museen und Sammlungen

Collegium Maius S. 106f 13
Czartoryski-Museum S. 112f 25
»Kunstbunker« 18
Kunstpalast 17
Matejko-Haus 30
Tuchhallen S. 102f 7
Wyspiański-Museum 19

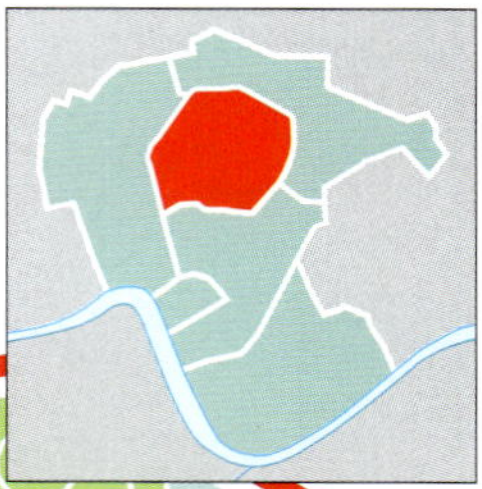

LEGENDE

Detailkarte *siehe S. 90f*

ANFAHRT

Straßenbahnen und Busse halten an den folgenden Straßen am Grüngürtel Planty: Podwale, Franciszkańska, Dominikańska, Westerplatte, Basztowa und Dunajewskiego.

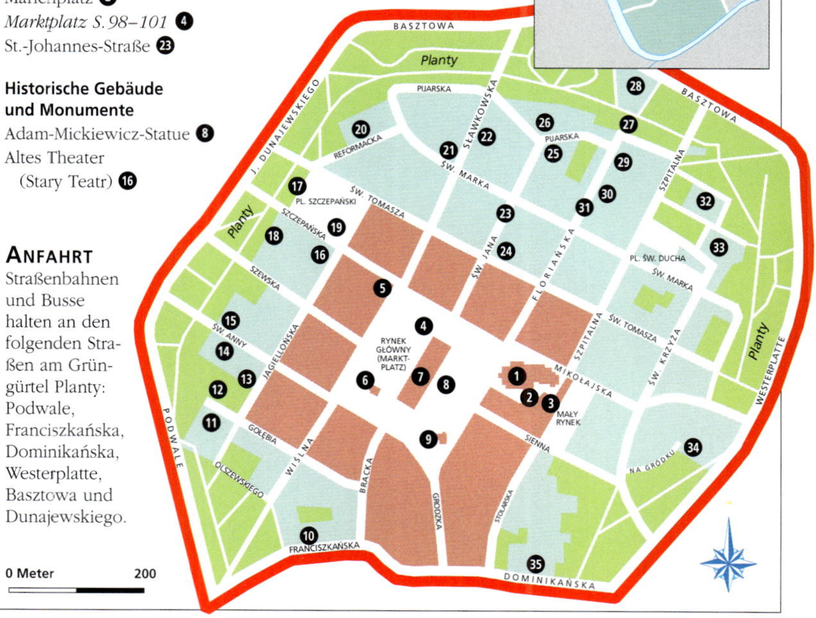

◁ **Allegorie der Poesie, eine Figur am Sockel der Adam-Mickiewicz-Statue** ***(siehe S. 93)***

Im Detail: Marktplatz

Der Marktplatz oder Hauptmarkt (Rynek Główny) liegt genau in der Mitte der Altstadt, daher ist er auch das Zentrum aller Aktivitäten. Rund um den Platz gibt es eine Vielzahl von Museen und Sammlungen, dazu Antiquitätengeschäfte und Buchläden sowie die besten Restaurants, Cafés und Bars der ganzen Stadt. Im Sommer haben an die 30 Straßencafés bis in die frühen Morgenstunden geöffnet. Blumenstände, Straßenmusikanten, Künstler, die ihre Werke bei den Tuchhallen verkaufen, Souvenirläden und nicht zuletzt die vielen Besucher, die sich treiben lassen – all das trägt zur lebendigen Atmosphäre des Platzes bei.

Marktplatz
Der Krakauer Hauptmarkt ist der größte Marktplatz Europas. Schon seit dem Mittelalter konzentriert sich hier das Leben der Stadt. ❹

★ Krzysztofory-Palast
In diesem Palais befindet sich das Museum der Stadt Krakau. ❺

★ Tuchhallen (Sukiennice)
In den ehemaligen Markthallen gibt es Cafés, Läden und eine renommierte Kunstsammlung. ❼

Rathausturm
Der Turm blieb als einziger Teil des (1820 abgetragenen) mittelalterlichen Rathauses stehen. ❻

NICHT VERSÄUMEN

★ Krzysztofory-Palast

★ Marienkirche

★ Tuchhallen

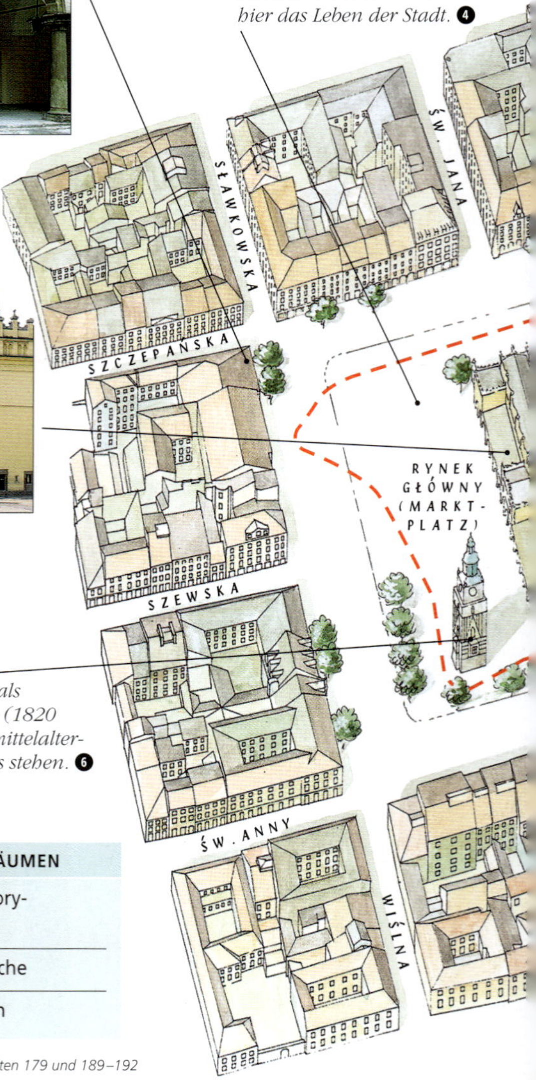

Hotels und Restaurants in der Altstadt *siehe Seiten 179 und 189–192*

★ Marienkirche
Die Krakauer Pfarrkirche ist bekannt für ihren gotischen Hochaltar, eine weltberühmte Schnitzarbeit des Nürnberger Meisters Veit Stoß. ❶

Marienplatz
Ursprünglich befand sich an diesem Platz der Pfarrfriedhof. ❷

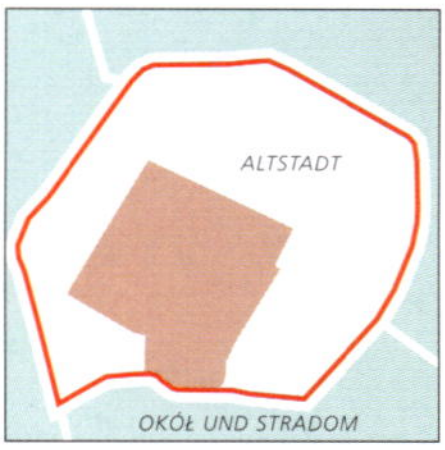

Zur Orientierung
Siehe Stadtplan, Karten 1, 6

St.-Barbara-Kirche
Die Kirche ist ein mittelalterlicher Bau, die Ausstattung stammt aus dem Rokoko. Sie besitzt eine Pietà aus dem 15. Jahrhundert. ❸

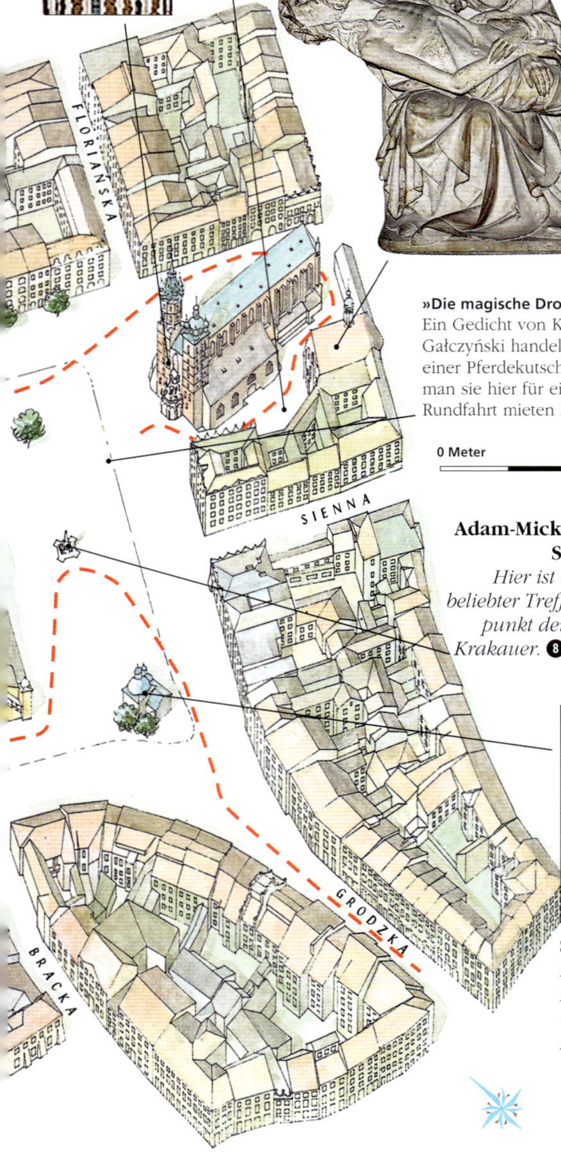

»Die magische Droschke«
Ein Gedicht von K. I. Gałczyński handelt von einer Pferdekutsche, wie man sie hier für eine Rundfahrt mieten kann.

0 Meter 50

Adam-Mickiewicz-Statue
Hier ist ein beliebter Treffpunkt der Krakauer. ❽

St.-Adalbert-Kirche
Dies ist eine der ältesten Kirchen Krakaus. Fährt man von der Grodzka-Straße auf die Kirche zu, wirkt sie sehr malerisch. ❾

Legende
– – – Routenempfehlung

Marienkirche ❶
Kościół Mariacki

Siehe S. 94–97.

Marienplatz ❷
Plac Mariacki

Stadtplan 1 C4 (6 D2).

Der Marienplatz war vormals ein Pfarrfriedhof, der zwischen 1796 und 1804 verlegt wurde. Die Statue der Jungfrau Maria, die ursprünglich hier stand, befindet sich jetzt in den Planty-Anlagen bei der Jagiellońska-Straße. Das Flachrelief von Veit Stoß, das einst die Kalvarienpforte schmückte, befindet sich heute im Nationalmuseum, eine Kopie des Frieses am Haus Nr. 8. Das Prälatenhaus und das Vikariat gehören zu den Häusern, in denen die Originaldecken und -stuckarbeiten erhalten sind. Auf der Ostseite des Platzes, neben der St.-Barbara-Kirche, steht eine Wasserpumpe mit einer Skulptur, die einen Krakauer Studenten des Mittelalters zeigt. Es handelt sich um die Kopie einer Figur vom Hochaltar der Marienkirche *(siehe S. 96f).*

Student im mittelalterlichen Krakau, Marienplatz

St.-Barbara-Kirche ❸
Kościół św. Barbary

Mały Rynek 8. **Stadtplan** 1 C4 (6 D2). *012 428 15 00.* *nur bei Messen.*

Eine Legende besagt, dass die St.-Barbara-Kirche aus den Backsteinen erbaut wurde, die beim Bau der Marienkirche übrig geblieben waren. Tatsächlich wurde St. Barbara zwischen 1394 und 1399 erbaut, was mit einem der Bauabschnitte der Marienkirche übereinstimmen könnte.

Zwischen 1415 und 1536 wurde in der St.-Barbara-Kirche polnisch, in der Marienkirche deutsch gepredigt. In dieser Zeit war die Krakauer Oberschicht deutschstämmig. Erst später wurden die Deutschen eine Minderheit. 1586 übernahmen die Jesuiten die Kirche. Piotr Skarga predigte hier, der Bibelübersetzer Jakub Wujek liegt hier begraben. Von 1488 bis 1518 wurde an die Kirche eine spätgotische Kapelle angebaut. Die Pforte der Kapelle ist mit Skulpturen von Veit Stoß geschmückt.

Die Innenausstattung der Kirche entstand zum großen Teil im 18. Jahrhundert, auf dem Hochaltar befinden sich jedoch noch eine interessante steinerne Pietà aus dem frühen 15. Jahrhundert und ein schönes Kruzifix aus dem 15. Jahrhundert.

Der gotische Vorbau zeigt Christus in Gethsemane, St.-Barbara-Kirche

Marktplatz ❹
Rynek Główny

Siehe S. 98–101.

Krzysztofory-Palast ❺
Pałac Krzysztofory

Rynek Główny 35. **Stadtplan** 1 C4 (6 D2). **Museum der Stadt Krakau** *012 619 23 00.* *Mai–Okt: Mi–So 10–17.30 Uhr; Nov–Apr: Mi, Fr & Sa 9–16 Uhr, Do 10–17 Uhr.* *jeden 2. Sa & So im Monat.* **www**.mhk.pl

Der Palast, einer der ältesten in Krakau, besitzt einen Innenhof mit Arkaden. Er wurde von Jacopo Solari für Kazimierz Wodzicki, einen reichen Edelmann aus Kleinpolen, umgebaut (1682–85).

Eine Skulptur (14. Jh.) des heiligen Christophorus ziert das Gebäude – nach ihm ist der Palast benannt. Hier widmet sich das Museum der Stadt Krakau der Stadtkultur und -geschichte. In den Räumen mit Stuckdecken von Baldassare Fontana werden u.a. Bilder, Kupferstiche und Goldarbeiten gezeigt. Im Keller befinden sich ein Café und die Kunstgalerie der Krakauer Gruppe (Grupa Krakowska), die erstmals 1930 und erneut 1957 zusammenfand.

Der Khan von Krakau

Alljährlich am Donnerstag nach Fronleichnam zieht eine vom Khan angeführte Prozession durch Krakau: vom Konvent der Prämonstratenserinnen in Zwierzyniec zum Marktplatz. Der Zug soll an den Sieg über die Tataren im Jahr 1287 erinnern. Auf seinem Weg berührt der Khan einzelne Zuschauer mit seinem Stab. Ein solcher »Schlag« soll Glück bringen. Auf dem Marktplatz erhält der Khan einen symbolischen Tribut. Das ursprüngliche Kostüm des Khan, 1904 von Stanisław Wyspiański entworfen, ist im Museum der Stadt Krakau zu sehen.

Der Khan von Krakau

Rathausturm ❻

Wieża Ratuszowa

Rynek Główny 1. **Stadtplan** 1 C4 (6 D2). **Museum** ☎ *012 619 23 18.* ◯ *Apr–Okt: tägl. 10.30–18 Uhr.*

Bis ins frühe 19. Jahrhundert gab es auf dem Marktplatz mehrere öffentliche Einrichtungen: Rathaus, kleine und große Waage und den Pranger. Der 70 Meter hohe Rathausturm ist das Einzige, was davon übrig geblieben ist. Das gotische Rathaus wurde oft umgebaut, bis es 1820 endgültig zerstört wurde. Der Turm mit der barocken Haube beherbergt eine Filiale des Museums der Stadt Krakau, die sich der Lokalgeschichte widmet, sowie das Ludowy-Theater und ein Café.

St.-Adalbert-Kirche am Marktplatz

Tuchhallen ❼

Sukiennice

Siehe S. 102f.

Adam-Mickiewicz-Statue ❽

Pomnik Adama Mickiewicza

Rynek Główny. **Stadtplan** 1 C4 (6 D2).

Die Statue des Dichters Adam Mickiewicz hat einen für Krakau beinahe typischen Skandal ausgelöst. Obwohl der berühmte Künstler Jan Matejko einen Entwurf vorgelegt hatte, gewann Teodor Rygier den Wettbewerb. Als die Statue 1895 enthüllt wurde, erntete sie so viel Kritik, dass der Künstler gezwungen war, einige Figuren zu ersetzen.

Die allegorischen »Begleiter« des Dichters stellen das Mutterland (Mädchen, das zur Sienna-Straße blickt), die Erziehung (alter Mann, der einem Jungen eine Vorlesung hält), die Poesie (Frau mit Harfe) sowie Patriotismus und Tapferkeit (Soldat mit Blick auf die Tuchhallen) dar.

St.-Adalbert-Kirche ❾

Kościół św. Wojciecha

Rynek Główny 3. **Stadtplan** 1 C4 (6 D2). **Museum** (Muzeum Dziejów Rynku). ◯ *Mai–Sep: Mo, Di, Do & Fr 9–16 Uhr, Mi 9–13 Uhr, So 13–17 Uhr.*

Die kleine Kirche ist eine der ältesten Krakaus. Die Legende besagt, dass der heilige Adalbert hier predigte, bevor er 977 als Missionar nach Norden zog.

Die Kirche mit der Kupferkuppel (17. Jh.) bietet von allen Stilrichtungen etwas. Dies lässt Rückschlüsse auf die Entwicklung des Marktplatzes zu. Eine archäologische Sammlung im Untergeschoss veranschaulicht die Geschichte des Marktplatzes. Hier sieht man z. B. einen Bodenquerschnitt, mittelalterliche Wasserleitungen und Objekte, die bei Ausgrabungsarbeiten nach dem Zweiten Weltkrieg zutage kamen. Die ursprünglichen, präromanischen Fundamente der Kirche beweisen, dass das Gebäude tatsächlich aus der Zeit Adalberts stammt.

Adam-Mickiewicz-Statue am Marktplatz

Marienkirche ❶

Kościół Mariacki

Die Marienkirche oder Kirche Mariä Himmelfahrt, wie sie auch genannt wird, war das Gotteshaus des Patriziats und der Bürgerschaft. Die gotische Basilika besteht aus einem Hauptschiff, Seitenschiffen und Seitenkapellen. Der Nordturm wurde im frühen 15. Jahrhundert ausgebaut, erhielt im Jahr 1478 von Matthias Heringk eine Turmspitze und diente als Wachturm der Stadt. Unter den bedeutenden Kunstschätzen der Kirche sind zu nennen: der Hochaltar von Veit Stoß *(siehe S. 96f)*, die barocke Kanzel, die Marmoraltäre mit Gemälden von Giovanni Battista Pittoni sowie die sehenswerten Renaissance-Gräber in den Kapellen.

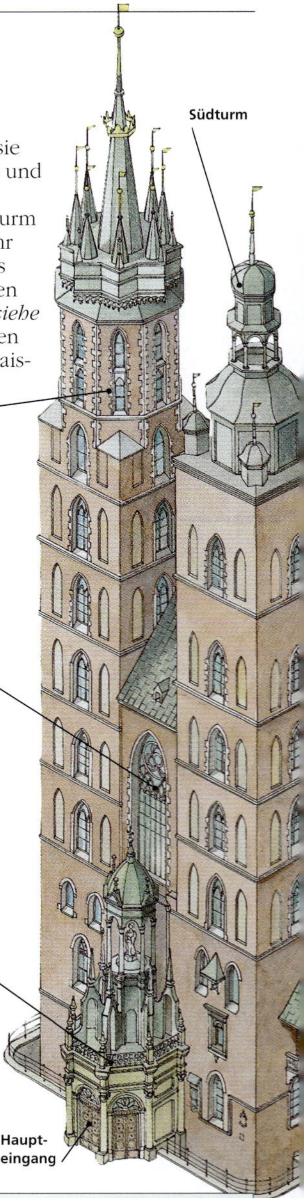

Signalturm
Die Turmspitze ist umgeben von kleinen Türmchen und gekrönt von einem goldenen Kranz. Das berühmte Hornsignal (hejnał) ertönt stündlich, mittags wird es im Radio übertragen.

Das Maßwerk des großen Westfensters stammt von Jan Matejko, die bunten Glasfenster von Józef Mehoffer und Stanisław Wyspiański.

Portal (1750–52)
Die Pläne des spätbarocken Portals stammen von Francesco Placidi. Die Apostel- und Heiligenbüsten von Karol Hukan wurden 1929 am Eingang angebracht.

ZEITSKALA

1221–22 Bau der romanischen Kirche

Ende 13. Jh. Baubeginn der gotischen Kirche

1355–65 Neuer Chor errichtet

1392–97 Bau des Hauptschiffs und der Seitenschiffe

1477–89 Vollendung des Hochaltars

1478 Spitze des Nordturms

1585 Chorgestühl vollendet

1200 | 1300 | 1400 | 1500 | 1600

Ausschnitt des Hauptportals

Chorgestühl
Das Chorgestühl stammt von 1585, die biblischen Szenen, Reliefarbeiten an der Rückseite des Gestühls, datieren von 1635.

INFOBOX

Mariacki-Platz 5. **Stadtplan** 1 C4 (6 D2). *Mo–Fr 11.30–18 Uhr, So 14–18 Uhr und bei Messen.* **www**.mariacki.com

Hochaltar
(siehe S. 96f)

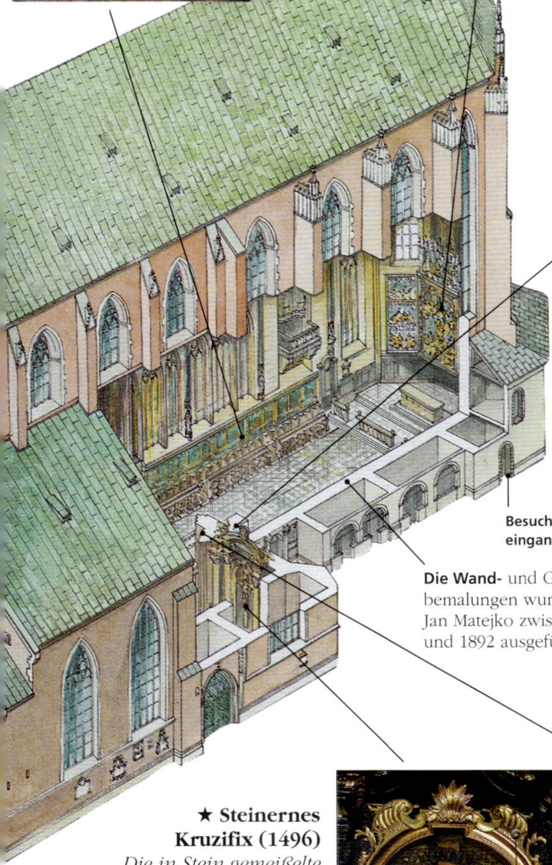

Montelupi-Grab
Die Grabstätte einer der reichsten Krakauer Patrizierfamilien entstand um 1600 in der Werkstatt des Santi Gucci.

Besucher-eingang

Die Wand- und Gewölbebemalungen wurden von Jan Matejko zwischen 1890 und 1892 ausgeführt.

★ Steinernes Kruzifix (1496)
Die in Stein gemeißelte Christusfigur ist die ausdrucksstärkste Figur des Künstlers Veit Stoß.

★ Ziborium
Das Renaissance-Ziborium (Aufbewahrungsgefäß für Hostien) am Aufgang zum Chor wurde 1552 nach einem Entwurf von Giovanni Maria Mosca geschaffen.

NICHT VERSÄUMEN

- ★ Steinernes Kruzifix
- ★ Ziborium

Stadtplan *siehe Seiten 228–237*

Marienkirche: Hochaltar

Der Hochaltar von Veit Stoß entstand zwischen 1477 und 1489. Er ist – wie auch die Kirche – der Marienverehrung gewidmet. Der Altar hat die Abmessungen elf mal 13 Meter, die geschnitzten Figuren erreichen eine Höhe von 2,70 Metern. Während des liturgischen Jahres sind die Altarflügel geschlossen und zeigen zwölf Szenen des Leidenswegs Christi. An hohen kirchlichen Festen werden die Flügel geöffnet. Dann offenbaren sich die aus Lindenholz geschnitzten, sehr naturalistischen Figuren in ihrer ganzen Dynamik und Dramatik. Seit Jahrhunderten erwecken die spätgotischen Figuren die Bewunderung der Betrachter.

Kreuzabnahme
Die Gestaltung dieser Tafel ist von den niederländischen Meistern beeinflusst.

Darstellung Jesu im Tempel
In dieser Szene stellt der Künstler das Tempelinnere dar.

Der zwölfjährige Christus im Tempel
Die Szene zeigt Stoß' meisterhafte Menschendarstellung.

Veit Stoss (Wit Stwosz)

Veit Stoß (1447–1533), einer der größten Holzschnitzer der Spätgotik, wurde in Deutschland, in Horb am Neckar, geboren. In Krakau lebte er von 1477 bis 1496, der Stadtrat erließ ihm dort sämtliche Steuern. Dafür schuf er hier unvergessliche Werke.

Mariä Himmelfahrt
Maria und Jesus werden von acht Engeln in den Himmel begleitet.

Mariä Entschlafung
Die Figur der Muttergottes ist eine der großartigsten Menschendarstellungen, die je in Polen gefertigt wurden.

Hl. Johannes
Vorsichtig, fast scheu breitet der Apostel ein Tuch über Maria.

Marktplatz: Nord- und Westseite ❹

Mit dem Stadtrecht Krakaus von 1257 war gleichzeitig auch die Auflage verbunden, die Stadt nach einem vorgegebenen Grundriss aufzubauen. Der Platz, der damals inmitten der mittelalterlichen Stadt geschaffen wurde, ist bis heute Zentrum geblieben. Vom Hauptmarkt (genau 200 Meter mal 200 Meter) gehen in regelmäßigen Abständen Straßen ab, drei auf jeder Seite. Nur die Marienkirche, die bereits vor dieser Planung bestand, und die Grodzka-Straße mit ihrem trichterähnlichen Verlauf, beide nicht ganz plangerecht, lockern die strenge städtische Struktur auf. Im Mittelalter standen auf dem Marktplatz viele Gebäude, leider sind davon nur Tuchhallen und Rathausturm übrig geblieben.

Haus zum Hirschen
In dem ehemaligen Gasthof übernachteten Johann Wolfgang von Goethe und Zar Nikolaus I.

Nordseite

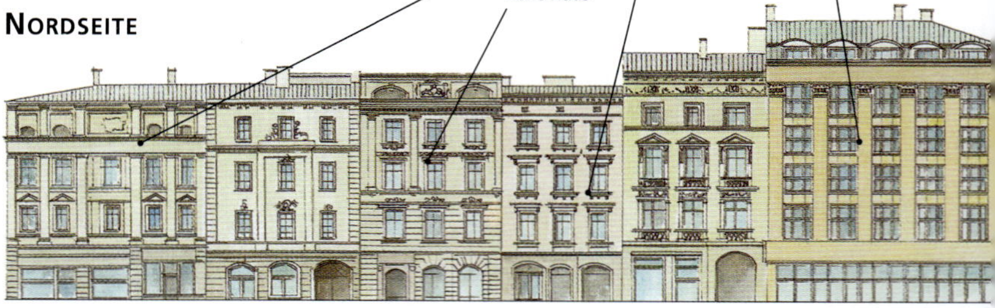

Palais zu den Widdern (Pałac Pod Baranami)
Das Haus der Familie Potocki ist eines der glanzvollsten Palais und beherbergt heute ein Kabarett.

Kabarett »Piwnica Pod Baranami«

Das Kabarett im Palais zu den Widdern wurde 1956 gegründet. Obwohl geplant war, »höchstens fünf Jahre, vielleicht aber auch weniger« zu spielen, existiert das Kabarett jetzt bereits seit über 50 Jahren und ist aus Krakaus Kulturszene nicht mehr wegzudenken. Piotr Skrzynecki (1930–1997) war Gründer und Seele des Kabaretts. Wiesław Dymny, Ewa Demarczyk, Marek Grechuta, Krystyna Zachwatowicz, Zygmunt Konieczny, Leszek Wójtowicz, Anna Szałapak, Grzegorz Turnau und Zbigniew Preisner waren die berühmtesten Mitwirkenden und Schauspieler. Das Kabarett ist ein Ort der Poesie, der Musik, der Freude und des Lachens.

Piotr Skrzynecki

Westseite

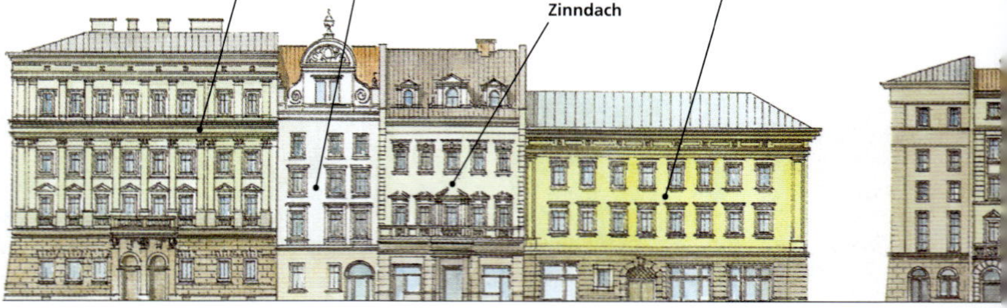

Betman-Haus
Der zweite Name des Hauses, »Zum Geköpften«, bezieht sich auf ein Relief, das das Martyrium des hl. Johannes zeigt.

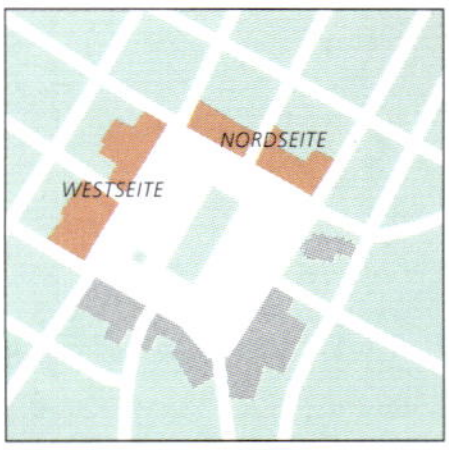

ZUR ORIENTIERUNG

Marktplatz: Nord- und Westseite

Haus Nr. 42
gehörte ursprünglich der Familie Boner, im 19. Jahrhundert dann dem berühmten Sammler Feliks Manggha Jasieński.

Markgräfliches Haus
Das Haus, in dem gegenwärtig eine Bank ihren Sitz hat, besitzt ein sehr schönes Rokoko-Portal.

Rotes Haus

Haus zum Adler (Dom Pod Orłem)
Im Erdgeschoss des schönen Renaissance-Hauses war früher die Starmach-Galerie untergebracht.

Krzysztofory-Palast (Pałac Krzysztofory)
In diesem Palais befindet sich das Museum der Stadt Krakau. Zu den Prunkstücken gehört eine vergoldete Plakette (1609), die den hl. Eligius zeigt.

Haus unter drei Sternen

Im Spiski-Palast (Pałac Spiski)
befindet sich das exklusive Restaurant Hawełka.

Marktplatz: Süd- und Ostseite ❹

Über den Marktplatz erzählt man sich viele Geschichten: Eine Legende berichtet, die Tauben seien verzauberte Ritter des Herzogs Henryk Probus. Der Herzog habe dieser Verwandlung zugestimmt, weil ihm Gold geboten wurde, mit dem er die päpstliche Zustimmung zu seiner Krönung erkaufen wollte. Die Ritter hofften, nach der Krönung ihre ursprüngliche Gestalt zurückzuerhalten. Aber der Herzog verlor das Geld – und so warten sie noch heute. Bekannter ist die Geschichte zweier Brüder, die die Türme der Marienkirche erbaut haben sollen. Als der ältere seinen Turm fertig hatte, erstach er seinen Bruder, um zu verhindern, dass dieser einen höheren Turm baute. Anschließend tötete er sich selbst.

Haus zum Bild (Dom Pod Obrazem)
Die Fassade des ehemaligen Palasts der reichen italienischen Familie Cellari wurde 1718 mit einem Bildnis der Muttergottes bemalt.

Südseite

Restaurant Wierzynek

Hetmanshaus (Kamienica Hetmańska)
Das barocke Portal führt zu Läden im Erdgeschoss. Die gotischen Gewölbe mit den geschnitzten Pfeilern sind erhalten.

Potocki-Palast (Pałac Potockich)
Hinter der klassizistischen Fassade gibt es noch einen hübschen, von Arkaden gesäumten Innenhof.

Marktplatz Nr. 4
Dies ist eines der wenigen Jugendstilhäuser. Es wurde 1907/08 während einer Umbauphase von Ludwik Wojtyczka angebaut.

Ostseite

Graues Haus (Kamienica Szara)

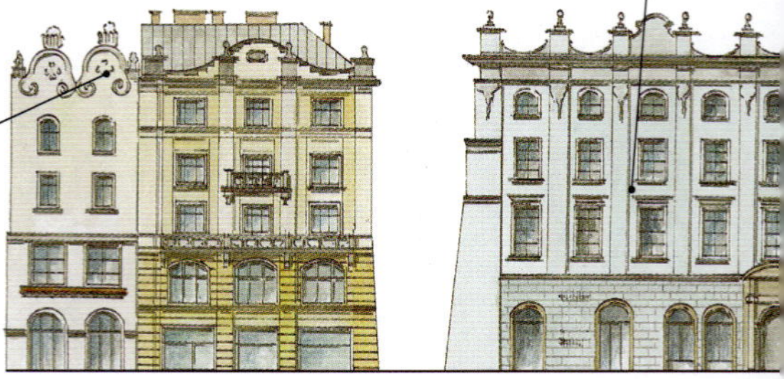

Herzogliches Haus (Kamienica Książęca)
Eine Legende besagt, dass hier im 16. Jahrhundert der Hexenmeister Twardowski gelebt habe. Das Haus ist mit einer Statue des hl. Giovanni da Capistrano geschmückt.

ZUR ORIENTIERUNG

Marktplatz: Süd- und Ostseite

Im Lanckoroński-Haus, auch bekannt unter dem Namen »Unter den Evangelisten«, sind im ersten Stock Reste einer Kapelle aus dem 18. Jahrhundert zu sehen.

Die Apotheke »Unter der Goldkrone« besitzt noch immer ihr Wahrzeichen über dem Eingang.

Kromer-Haus (Kamienica Kromerowska)

Haus zum Kanarienvogel (Kamienica Pod Kanarkiem)

Das Haus »Zu den Raben« (Kamienica Pod Krukiem) ist Sitz des internationalen Zentrums für Kultur und des Krakauer Kulturclubs.

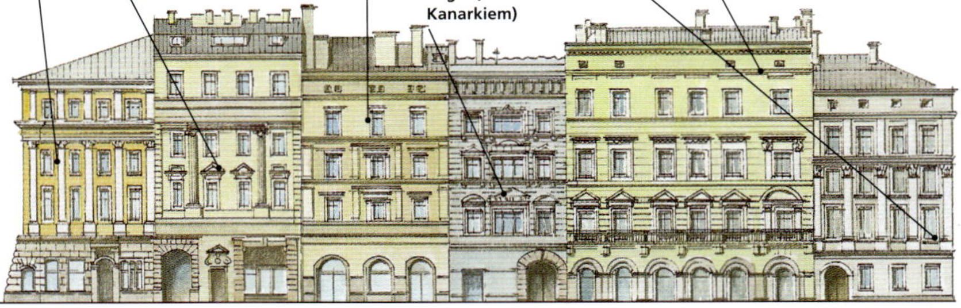

Haus zu den Eidechsen (Kamienica Pod Jaszczurami)
Im Haus mit den gotischen Gewölben ist ein Studentenclub.

Italienisches Haus (Dom Włoski)
Hier befand sich das erste polnische Postamt. Die Postkutschen fuhren durch dieses Tor.

Boner-Haus (Kamienica Bonerowska)
Die schönste Attika eines polnischen Bürgerhauses: Der Fries ist mit drei Hermen geschmückt.

Tuchhallen (Sukiennice) ❼

Maske an der Brüstung

Eine Reihe offener Marktbuden war der Ursprung der Tuchhallen. Kazimierz der Große ließ die Anlage zu einem großen, dreischiffigen Gebäude umbauen. Als es 1555 fast völlig abbrannte, baute Giovanni Maria Mosca die Halle aufs Neue, 1875 wurde sie von Tomasz Pryliński erneut umgebaut. Hier befindet sich die Sammlung polnischer Malerei des 19. Jahrhunderts. Unter den Arkaden kann man Souvenirs kaufen, das Café Noworolski ist der richtige Ort, um sich nach dem Kunstgenuss zu verwöhnen.

***Rausch* (1894) von Władysław Podkowiński**
Das modernistische Gemälde wurde sehr kontrovers aufgenommen. Für Podkowiński begann damit eine symbolistische Phase.

***Vierergespann* (1881) von Józef Chełmoński**
Das Bild hängt mitten zwischen symbolistischen und realistischen Bildern.

Dach mit eingesunkenen Sparren

Eingang zu den Ständen

Arkaden
Die seitlichen Arkaden und Erker entstanden während des Umbaus von 1875 und erinnern an das mittelalterliche Venedig.

Die Renaissance-Attika ist nicht nur Schmuck, sondern dient auch als Feuerschutz.

★ ***Blaue Husaren* von Piotr Michałowski**
Ein eigener Saal ist dem Werk des berühmten polnischen Romantikers Michałowski (1800–1855) gewidmet.

INFOBOX

Marktplatz 1/3.
Stadtplan 1 C4 (6 D2).
012 422 11 66.
Renovierung soll 2010 abgeschlossen sein. Erkundigen Sie sich telefonisch oder auf der Website nach den Öffnungszeiten.
www.muzeum.krakow.pl

★ ***Wernyhora* von Jan Matejko**
Jan Matejko und Henryk Siemiradzki waren Vertreter der Historienmalerei im 19. Jahrhundert. Der Ausstellungsraum wird dominiert von Matejkos Bild Die Preußische Huldigung.

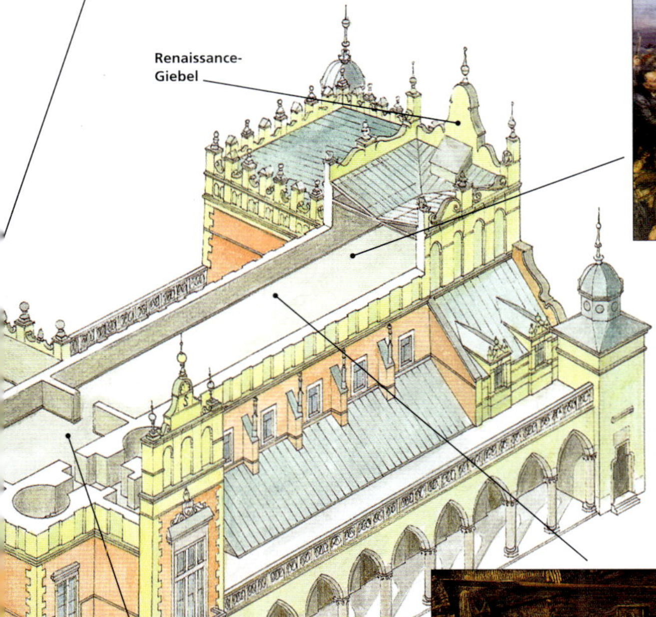

***Der Tod der Ellenai* von Jacek Malczewski**
In seinem frühen Werk gedachte der Künstler der Menschen, die in Sibirien interniert waren. Dieses Gemälde wurde angeregt durch ein Gedicht von Juliusz Słowacki.

***Vertrag von Chotin* von Marcello Bacciarelli**
In diesem Saal sind klassizistische Bilder (spätes 18. und frühes 19. Jh.) ausgestellt.

NICHT VERSÄUMEN

★ *Blaue Husaren* von Piotr Michałowski

★ *Wernyhora* von Jan Matejko

JOHANNES PAUL II.

Karol Wojtyła wurde 1920 in Wadowice *(siehe S. 158)* geboren und kam 1938 nach Krakau, um an der Jagiellonen-Universität polnische Philologie zu studieren. Der Ausbruch des Zweiten Weltkriegs setzte seinem Studium bald ein Ende. Während des Krieges arbeitete Karol Wojtyła im Chemiewerk Solvay und engagierte sich im Untergrundtheater Rhapsodie. Im Jahr 1942 begann er mit dem damals verbotenen Theologiestudium. Er wurde Studentenseelsorger, Weihbischof (1958), Erzbischof (1964) und Kardinal (1967). Auch nach seiner Wahl zum Papst (1978) blieben seine Verbindungen zu Krakau eng. Mit Millionen von Gläubigen feierte er auf den Krakauer Błonia-Feldern Gottesdienste. Johannes Paul II. starb am 2. April 2005.

Statue von Johannes Paul II. im Innenhof des Bischofspalasts

Bischofspalast ❿

Pałac Biskupi

Franciszkańska 3. **Stadtplan** 1 C5 (5 C3). *012 429 74 14.* *1, 3, 6, 8, 18.* *für die Öffentlichkeit.*

Das im 13. Jahrhundert erstmals urkundlich erwähnte Gebäude ist eines der ältesten Krakaus. Es brannte mehrmals nieder. Der gegenwärtige Palast stammt aus der Zeit der Bischöfe Piotr Tomicki (16. Jh.) und Piotr Gembicki (17. Jh.), Giovanni Maria Mosca trug zur Gestaltung bei. 1850 wütete erneut ein schweres Feuer, allerdings konnten Teile der prachtvollen Innenausstattung gerettet werden.

Johannes Paul II. lebte hier zwischen 1964 und 1978. Damals war er Erzbischof von Krakau. Im Hof steht eine Statue des Papstes, 1980 von Ione Sensi Croci geschaffen.

Collegium Novum ⓫

Gołębia 24. **Stadtplan** 1 B4 (5 C3). *012 422 10 33.* *1, 8, 15, 18.*

Das Collegium Novum steht an der Stelle des Studentenheims Burza Jerusalem, das im 19. Jahrhundert den Flammen zum Opfer fiel. Auf seinen Ruinen wurde zwischen 1883 und 1887 das neue Gebäude errichtet. Die offiziellen Eröffnungsfeierlichkeiten wuchsen sich zu einer patriotischen Demonstration aus, an der Delegationen aus allen drei Teilen des geteilten Polen teilnahmen.

Eigentlich wollte sich der Architekt Feliks Księżarski angesichts des herrschenden Zeitgeistes an der heimischen Architektur und speziell an der des Collegium Maius orientieren, aber tatsächlich ahmte er deutsche und österreichische Bauwerke nach. So ist der großartige Treppenaufgang dem des Wiener Rathauses sehr ähnlich. Das Collegium ist der Sitz des Rektors der Jagiellonen-Universität. Hier befinden sich auch Büros, die Quästur und die große Aula, in der die universitären Feierlichkeiten stattfinden. Die Aula besitzt eine Kassettendecke und ist bemalt, u. a. mit Porträts von Jan Matejko.

Kopernikus-Statue ⓬

Pomnik Mikołaja Kopernika

Gołębia. **Stadtplan** 1 B4 (5 C3). *1, 2, 8, 15, 18.*

Die Statue des Nikolaus Kopernikus wurde 1900 von Cyprian Godebski geschaffen. Der große Astronom wird hier als junger Schüler gezeigt, der ein Astrolabium in Händen hält. Die Statue stand ursprünglich im Innenhof des Collegium Maius, seit 1953 hat sie ihren Standort vor dem Witkowski-Kolleg. Ursprünglich war das Werk als Brunnenfigur gedacht.

Collegium Maius ⓭

Siehe S. 106f.

Collegium Nowodvorianum ⓮

Św. Anny 12. **Stadtplan** 1 B4 (5 C2). *012 422 04 11.* *4, 8, 14, 15, 18.* *124, 152, 502.*

Das Nowodworski-Collegium wurde gestiftet von Bartłomiej Nowodworski, Ritter des Johanniterordens, Sekretär des Königs und Mitkämpfer in der Seeschlacht von Lepanto. Die Stiftung gründete auf seiner Hinterlassenschaft aus dem Jahr 1617. So entstand das erste polnische Lyzeum, die erste weltliche Oberschule Polens.

Das Collegium wurde zwischen 1636 und 1643 von Jan Leitner erbaut. Der schöne

Neugotischer Bau des Collegium Novum

Innenhof mit Arkaden im Collegium Nowodvorianum

Arkadenhof und der große Treppenaufgang zählen zu den besterhaltenen Barockarbeiten Krakaus. Heute ist in dem Gebäude die Verwaltung der medizinischen Fakultät untergebracht.

St.-Annen-Kirche ⓯

Kościół św. Anny

Siehe S. 108f.

Altes Theater ⓰

Stary Teatr

Jagiellońska 1. **Stadtplan** 1 C4 (5 C2). *012 422 85 66.* *2, 4, 8, 13, 14, 15.* *124, 152, 502.* **Museum** *Di–Sa 11–13 Uhr & eine Stunde vor Vorstellungen.*

Das Stary Teatr trägt auch den Namen Modrzejewska-Theater – nach der berühmten Schauspielerin Helena Modrzejewska. Der älteste Theaterbau Polens wurde seit 1798 ununterbrochen bespielt und zwischen 1830 und 1843 von Tomasz Majewski und Karol Kremer im Stil der Neorenaissance umgebaut. Den nächsten größeren Umbau unternahmen Franciszek Mączyński und Tadeusz Stryjeński zwischen 1903 und 1905. Aus dieser Zeit stammen die Jugendstilelemente, die das Theater innen und außen vorzuweisen hat. Der Stuckfries wurde 1906 von Józef Gardecki geschaffen. Die Tafeln an der Seite der Jagiellońska-Straße erinnern an den Komponisten Władysław Żeleński, den Direktor Konrad Swinarski und den Schauspieler Wiktor Sadecki.

Das Alte Theater gilt als eines der besten in Polen. Es wurde von vielen Theaterstars geleitet, z. B. von Zygmunt Hübner, Konrad Swinarski und Andrzej Wajda.

Im Erdgeschoss gibt ein kleines Museum Einblick in die Geschichte des Theaters, im Keller befindet sich das Café Maska.

Kunstpalast ⓱

Pałac Sztuki

Plac Szczepański 4. **Stadtplan** 1 C4 (5 C2). *012 422 66 16.* *2, 4, 8, 13, 14, 15.* *124, 152, 502.* *Mai–Okt: tägl. 8–20 Uhr; Nov–Apr: tägl. 8–18 Uhr.*

Zur Förderung der polnischen Kunst wurde 1854 in Krakau die Gesellschaft der Kunstfreunde gegründet. Sie organisierte Ausstellungen zeitgenössischer Künstler sowie den Ankauf von Gemälden und Skulpturen. Darüber hinaus befasste sich die Gesellschaft mit Kunstvermittlung. Sie sammelte kunstgeschichtliche Dokumente zur polnischen Kunst des 19. und frühen 20. Jahrhunderts.

Das Jugendstilgebäude wurde von Franciszek Mączyński nach dem Vorbild des Wiener Secessionsgebäudes entworfen. Die besten Krakauer Künstler arbeiteten mit: Jacek Malczewski entwarf den Fries, mit dem er die Launen des Glücks und die Kämpfe des künstlerischen Genius thematisierte. Die Bildhauer Antoni Madeyski, Konstanty Laszczka und Teodor Rygier steuerten Büsten großer polnischer Künstler bei. Ein Säulengang ist gekrönt von der Statue Apollos, dessen Strahlenkranz die Sonne ist. Ausstellungen präsentieren Kunst aus dem 19. und 20. Jahrhundert.

»Kunstbunker« ⓲

»Bunkier Sztuki«

Plac Szczepański 3a. **Stadtplan** 1 C4 (5 C2). *012 423 12 43.* *2, 4, 8, 13, 14, 15.* *124, 152, 502.* *Di–So 11–18 Uhr (Do bis 20 Uhr).*

Der düstere Bau im Stil des Sozialistischen Realismus der 1960er Jahre zählt zu den hässlichsten in der Krakauer Innenstadt. Trotz dieses äußeren Rahmens gab es hier in den vergangenen Jahren interessante Ausstellungen zeitgenössischer Kunst sowie eine Reihe Aufführungen polnischer und internationaler Künstler.

Bildhauerkunst über dem Eingang des Kunstpalasts

Collegium Maius ⓭

Das Collegium Maius ist der älteste Sitz der Krakauer Akademie, der heutigen Jagiellonen-Universität. Es wurde im 15. Jahrhundert durch Zusammenlegung mehrerer Stadthäuser errichtet. Ursprünglich befanden sich hier die Lesesäle und die Räume der Professoren. Im 19. Jahrhundert beherbergte das Gebäude die Jagiellonen-Bibliothek. Zwischen 1840 und 1870 bauten die Architekten Karol Kremer, Feliks Księżarski und Hermann Bergman das Kolleg in neugotischem Stil um. Nach dem Zweiten Weltkrieg zog das 1867 gegründete Universitätsmuseum ein.

★ Bibliothek (Libraria)
Die Bibliothek wurde im 16. Jahrhundert als Kollegsbibliothek erbaut. Heute dient sie als Treffpunkt für den Senat. Die vielen Porträts erinnern an die Rektoren und Professoren der Universität.

Erker
Der Erker des Gemeinschaftssaales (Stuba Communis) ziert die strenge Fassade.

★ Stuba Communis
Der Gemeinschaftssaal diente den Professoren als Refektorium. Der Saal weist eine Statue Kazimierz' des Großen (14. Jh.) sowie einen Treppenaufgang (17. Jh.) aus Danzig auf.

Universitätsschatz
Zu den mittelalterlichen Insignien der Rektoren gehören der Amtsstab des Bischofs Zbigniew Oleśnicki aus dem späten 15. Jahrhundert und der der Königin Jadwiga von 1405.

Kopernikus-Raum
Der Raum ist dem großen Astronomen gewidmet, der 1491–95 hier studierte und die Akademie berühmt machte. Abgebildet ist ein zeitgenössisches Weltmodell.

Kreuzgang
Die gotischen Arkaden aus dem 15. Jahrhundert erinnern an die Kreuzgänge in den mittelalterlichen Universitäten Italiens.

Infobox

Jagiellońska 15. **Stadtplan** 1 B/C4 (5 C2). *012 422 05 49.* *124, 152, 424, 502.* *2, 4, 8, 13, 14, 15, 18.* *wechselnde Öffnungszeiten.*

Die Pforte mit der prachtvollen Einlegearbeit befand sich ursprünglich im Rathaus.

Grüner Saal
Eine Sammlung nationaler Erinnerungsstücke, unter ihnen sogar der Flügel, auf dem Frédéric Chopin spielte, kann nach Absprache besichtigt werden.

Rektorentreppe

★ Große Aula
In diesem Saal befinden sich das Gestühl des Rektors und der Professoren sowie Porträts der Mäzene der Universität.

Kapelle
Der frühere Raum des Theologieprofessors Jan von Kęty (Kanty), der Schutzheilige der Jagiellonen-Universität, ist in eine Kapelle umgewandelt worden.

Nicht versäumen

- ★ Bibliothek
- ★ Große Aula
- ★ Stuba Communis

Stadtplan *siehe Seiten 228–237*

St.-Annen-Kirche ⓯

St. Anna

Jan von Kęty (Kanty), Professor an der Krakauer Akademie, der 1473 starb und in der gotischen St.-Annen-Kirche beigesetzt wurde, galt schon zum Zeitpunkt seines Todes als Heiliger. Nach seiner Seligsprechung beauftragte der Senat der Akademie Tylman van Gameren, eine neue Kirche zu bauen. Unter der Aufsicht von Pater Sebastian Piskorski wurde 1689 mit dem Bau begonnen. Der italienische Architekt und Bildhauer Baldassare Fontana übernahm zwischen 1695 und 1703 die Innengestaltung der Kirche samt Altar. Unterstützt wurde er dabei von den Malern Carlo und Innocente Monti sowie Karl Dankwart. Wegen der prachtvollen Innengestaltung gilt St. Anna als Musterbeispiel sakraler polnischer Barockarchitektur.

Mittelschiff
Architektur, Bildhauerei und Malerei tragen dazu bei, Mittelschiff und Gewölbe in der prachtvollen Üppigkeit des Barock erstrahlen zu lassen.

Prozession zur Erinnerung an den hl. Jan von Kęty, 1767
Um die Seligsprechung des Jan von Kęty zu feiern, hielt man eine Prozession mit seinen Reliquien ab. Die Gebeine wurden nach einer pompösen Zeremonie in die St.-Annen-Kirche gebracht.

Westportal
Der perspektivische Effekt des Haupteingangs wurde dadurch erzielt, dass man drei Portale hintereinander anbrachte.

Haupteingang

NICHT VERSÄUMEN

★ Hochaltar

★ Schrein des Jan von Kęty

Gloria Domini
Das Kuppelfresko der Künstler Carlo und Innocente Monti ist eine Allegorie des triumphierenden Katholizismus als des einzig wahren christlichen Glaubens.

INFOBOX

Św. Anny 11. **Stadtplan** 1 C4 (5 C2). *012 422 53 18.* *124, 152, 502.* *2, 4, 8, 14, 15, 18.* *nur bei Messen.*

★ Hochaltar
Den Hochaltar schmücken Skulpturen von Baldassare Fontana. Das Altarbild, Anna Selbdritt, *stammt von Jerzy Eleuter Siemiginowski, dem Hofmaler von Jan III. Sobieski.*

Kanzel
Der Engel, der die Kanzel stützt, wurde 1772 von Antoni Frączkiewicz geschnitzt. Der Krakauer Künstler war von Baldassare Fontana beeinflusst.

★ Schrein des Jan von Kęty
Die Reliquien ruhen in einem von vier Figuren gestützten Sarkophag. Es handelt sich um die personifizierten Fakultäten der Krakauer Akademie: Theologie, Philosophie, Jurisprudenz und Medizin.

Chorgestühl
Das Gestühl ist geschmückt mit Bildern von Szymon Czechowicz, einem führenden polnischen Maler des 18. Jahrhunderts.

Stadtplan *siehe Seiten 228–237*

Wyspiański-Museum ⓳

Muzeum Stanisława Wyspiańskiego

Szczepańska 11. **Stadtplan** 1 C4 (5 C2). *012 422 70 21.* *124, 152, 502, 512.* *2, 4, 8, 13, 14, 15.* *Di–Sa 10–18 Uhr, So 10–16 Uhr.* *So frei.* **www**.muzeum.krakow.pl

Das in den 1980er Jahren gegründete Museum ist eine Außenstelle des Nationalmuseums und widmet sich Leben und Werk Stanisław Wyspiańskis (1869–1907), des bedeutendsten Jugendstil-Architekten in Krakau. Der vielseitig begabte Wyspiański war nicht nur als Baumeister tätig, er schrieb auch Theaterstücke und Gedichte. Zu den Höhepunkten der sehenswerten Sammlung gehören neben verschiedenen Bühnenbildern auch Entwürfe für die Buntglasfenster der Franziskanerkirche *(siehe S. 86f)* und für die Neugestaltung des Wawel als polnische Akropolis *(siehe S. 32f)*.

Helenka **von Stanisław Wyspiański**

Reformatenkirche ⓴

Kościół Reformatów

Reformacka 4. **Stadtplan** 1 C4 (4 D1). *012 422 06 23.* *124, 152, 502.* *2, 3, 4, 8, 13, 14, 15, 19.* *nur bei Messen.*

Die Kirche der Reformierten Franziskaner, die auch als St. Kazimierz bekannt ist, wurde 1666–1672 erbaut. Architektur und Einrichtung der Kirche entsprechen den

Kreuz am Altar der St.-Markus-Kirche

strengen Richtlinien des reformierten Franziskanerordens. Das linke Altarbild aus dem 17. Jahrhundert zeigt den heiligen Kazimierz.

Dank des speziellen Mikroklimas in der Krypta der Reformatenkirche konnten hier Leichname mumifiziert werden. Besucher können die Krypta nur auf Nachfrage besichtigen und sollten gute Nerven mitbringen.

St.-Markus-Kirche ㉑

Kościół św. Marka

Św. Marka 10. **Stadtplan** 1 C4 (6 D1). *012 422 21 78.* *124, 152, 502.* *3, 4, 5, 13, 15, 19.* *nur bei Messen.*

Die frühgotische Kirche der Mönche des hl. Markus wurde im Jahr 1263 von Herzog Bolesław dem Keuschen gestiftet. Später wurde sie mehrfach umgebaut. In der ersten Hälfte des 17. Jahrhunderts erhielt die Kirche im Inneren ein frühbarockes Aussehen. Ein Prunkstück des Gotteshauses ist der Hochaltar aus der Spätrenaissance. Er stammt aus der Werkstatt des Baltazar Kuncz. Auf der linken Seite befindet sich das Grab von Michał Giedroyć (gest. 1485).

Polnische Akademie der Wissenschaften ㉒

Gmach Polskiej Akademii Umiejętności

Sławkowska 17. **Stadtplan** 1 C4 (6 D1). *012 424 02 00.* *124, 152, 502.* *3, 4, 5, 15, 19.* *Mo–Fr 9–16 Uhr.* **www**.pau.krakow.pl

Das Gebäude wurde 1857–1866 als Sitz der Krakauer wissenschaftlichen Gesellschaft erbaut, aus der 1872 die Akademie der Wissenschaften (seit 1919 Polnische Akademie der Wissenschaften) wurde. Es war die erste akademische Körperschaft, die Studenten aus dem dreigeteilten Polen unter einem Dach vereinigte. Entworfen wurde der Bau von Filip Pokutyński im Stil der Neorenaissance. Außen hängen Porträttafeln mit Förderern des Hauses, im Großen Saal Porträts von Wissenschaftlern.

St.-Johannes-Straße ㉓

Ulica św. Jana

Stadtplan 1 C4 (6 D2). *124, 152, 192.* *3, 4, 5, 13, 15, 19.*

Die ruhige Straße, die vom Marktplatz abgeht und im Norden mit der Piaristenkirche abschließt,

Portal am Haus der Zisterzienseräbte von Jędrzejów, St.-Johannes-Straße

ist gesäumt von sehr schönen weltlichen und sakralen Gebäuden mehrerer Baustile, darunter vor allem Barock und Klassizismus.

Das Haus Nr. 20 der Zisterzienseräbte von Jędrzejów ist besonders interessant. Es wurde 1744 von Francesco Placidi umgebaut und besitzt ein wundervolles spätbarockes Portal mit Bildtafeln.

Der Wodzicki-Palast im Haus Nr. 11 wurde 1781 nach einem Brand von Ferdinand Nax mit einer klassizistischen Fassade ausgestattet. Heute ist das Gebäude Sitz des polnischen Architektenverbands.

St.-Johannes-Kirche ㉔

Kościół św. Jana

Św. Jana 7. **Stadtplan** 1 C4 (6 D2). *012 422 65 00.* *124, 152, 502.* *3, 4, 5, 15, 19.* *nur bei Messen.*

Der Chronist Jan Długosz vermerkt, dass die Kirche bereits im 12. Jahrhundert gegründet wurde. Ihre romanischen Elemente gingen nach mehreren Umbauten verloren. Zwar ragen die gotischen Strebepfeiler noch aus der Außenwand, ansonsten sind Fassade und Innenraum barock. Der Hochaltar (1730) weist Skulpturen von Antoni Frączkiewicz auf und das Madonnenbild *Zuflucht der Gefangenen*.

Czartoryski-Museum ㉕

Muzeum Czartoryskich

Siehe S. 112f.

Piaristenkirche ㉖

Kościół Pijarów

Pijarska 2. **Stadtplan** 1 C4 (6 D1). *012 422 22 55.* *124, 152, 502.* *3, 4, 5, 13, 15, 19.* *nur bei Messen.*

Die Barockkirche wurde zwischen 1718 und 1728 erbaut. Vermutlich war Kacper Bażanka der Architekt. Die von Francesco Placidi entworfene Rokoko-Fassade kam 1759–61 hinzu. Der Innenraum der Kirche ist mit Fresken des großen Illusionisten Franz Eckstein versehen. Vom selben Künstler stammen der gemalte Hochaltar sowie die Fresken im Gewölbe des Mittelschiffs, die den Namen der Jungfrau Maria preisen. Die Altäre in den Seitenschiffen zeigen Gemälde von Szymon Czechowicz (18. Jahrhundert).

Die Krypta unter der Kirche ist berühmt wegen der Ausstellung des Grabes Christi, die jährlich in der Karwoche erfolgt. Zu anderen Zeiten finden hier auch Theatervorstellungen und Kunstausstellungen statt.

Florianstor am Ende der Floriańska-Straße

Rokoko-Fassade der Piaristenkirche aus dem 18. Jahrhundert

Florianstor und Stadtmauer ㉗

Brama Floriańska i Resztki Murów Miejskich

Stadtplan 2 D4 (6 E1). *124, 152, 502.* *3, 4, 5, 13, 15, 19.*

Im Jahr 1285 gestand Herzog Leszek der Schwarze der Stadt Krakau das Recht zu, sich durch Stadtmauern zu schützen. Die Stadtbefestigung schritt weiter fort, bis es schließlich einen inneren und einen äußeren Stadtgraben sowie 47 Türme gab. Acht Brücken gewährten Zugang zur Stadt. Mit dem Aufkommen der Artillerie wurde das Befestigungssystem hinfällig. Ungenutzt war die ganze Anlage bereits gegen Ende des 18. Jahrhunderts baufällig. Im 19. Jahrhundert wurde sie abgerissen und später durch die Planty-Grünanlagen *(siehe S. 166f)* ersetzt.

Das zu Beginn des 14. Jahrhunderts errichtete Florianstor, das einzige noch existierende Stadttor, sowie ein Rest der Stadtmauer konnten erhalten werden. Östlich vom Florianstor erhebt sich der Posamentiererturm, im Westen stehen der Zimmermannsturm sowie der Tischler- und Seilerturm.

Czartoryski-Museum ㉕

Das Herz des Czartoryski-Museums ist die Sammlung, mit der Prinzessin Izabella Czartoryska im späten 18. Jahrhundert begann. Ursprünglich befand sich die Sammlung in Puławy, aber nach dem Novemberaufstand (1830) wurden die Sammlungsreste nach Paris verbracht. Dank der Bemühungen von Prinz Władysław Czartoryski kamen die Kunstgegenstände 1876 nach Krakau zurück. Heute sind sie in drei Bürgerhäusern und im Alten Zeughaus in der St.-Johannes-Straße untergebracht. Die Kunstwerke korrespondieren besonders gut mit den Räumen.

Madonna mit Kind
Das Gemälde des Venezianers Vincenzo Catena gehört zu den Prunkstücken der italienischen Abteilung.

Jesuitische Heilige
Das Relief (17. Jh.) des römischen Bildhauers Alessandro Algardi zeigt den polnischen Jesuiten Stanisław Kostka, wie er in die Gemeinschaft der Heiligen aufgenommen wird.

Porzellanfiguren
Diese zwei Figuren, ein polnischer Edelmann und seine Frau, wurden in Meißen gefertigt.

KURZFÜHRER
Das Erdgeschoss ist keine Ausstellungsfläche. Das erste Obergeschoss ist der polnischen Geschichte des 14. bis 18. Jahrhunderts gewidmet. Auch gibt es hier Kunsthandwerk aus Westeuropa zu sehen. Die Bildergalerie befindet sich im zweiten Obergeschoss.

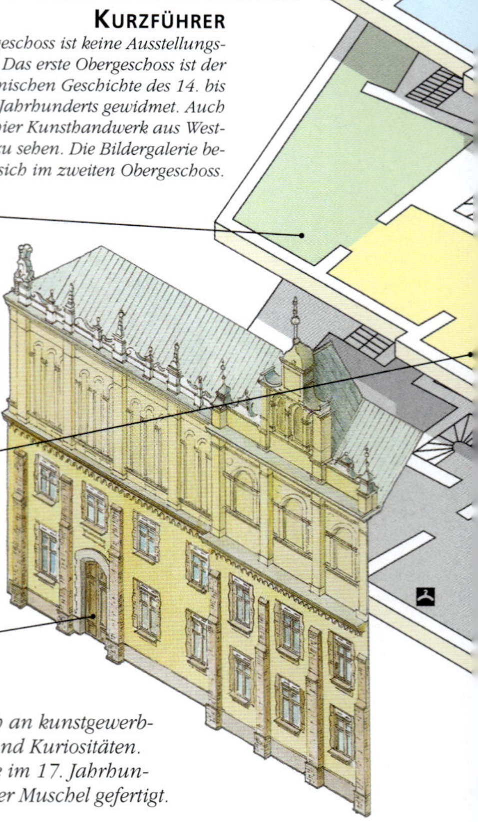

Nautilus-Becher
Die Sammlung ist reich an kunstgewerblichen Gegenständen und Kuriositäten. Der Trinkbecher wurde im 17. Jahrhundert in Danzig aus einer Muschel gefertigt.

★ *Dame mit Hermelin* von Leonardo da Vinci
Das berühmte Porträt aus dem späten 15. Jahrhundert zeigt wahrscheinlich Cecilia Gallerani.

INFOBOX

Św. Jana 19.
Stadtplan 1 C4 (6 D1).
012 422 55 66.
2, 3, 4, 5, 12, 13, 14, 15, 24.
124, 152, 424, 502, 512.
bis auf Weiteres wegen Renovierungsarbeiten.
www.muzeum.krakow.pl

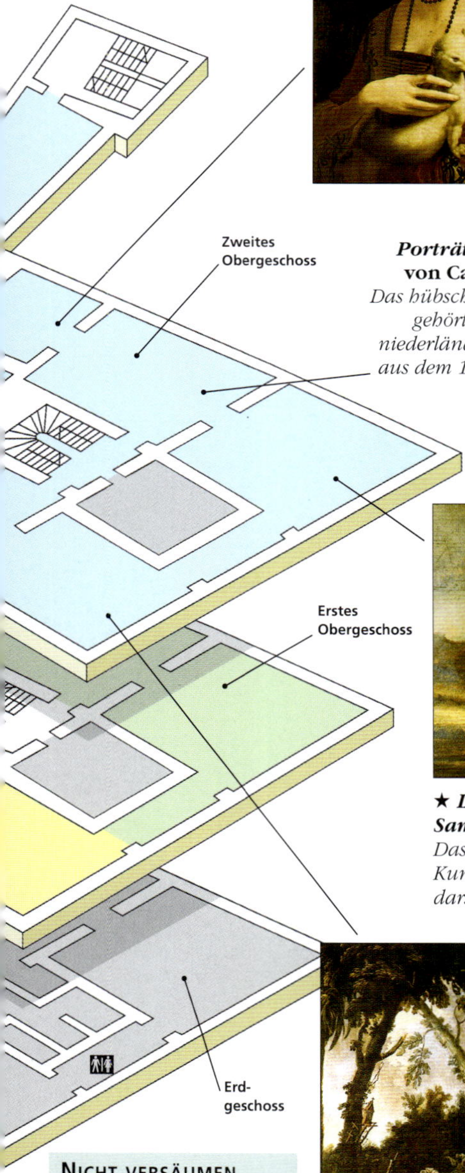

***Porträt eines Knaben* von Caspar Netscher**
Das hübsche kleine Porträt gehört zur Sammlung niederländischer Künstler aus dem 17. Jahrhundert.

★ *Landschaft mit barmherzigem Samariter* von Rembrandt
Das Bild ist eines der Meisterwerke westlicher Kunst in der Sammlung. Rembrandts Naturdarstellung ist atemberaubend.

***Landschaft* von Alessandro Magnasco**
Die dramatische Landschaft ist charakteristisch für die italienische Malerei des 18. Jahrhunderts.

NICHT VERSÄUMEN

- ★ *Dame mit Hermelin*
- ★ *Landschaft mit barmherzigem Samariter*

LEGENDE

- Keine Ausstellungsfläche
- Geschichte Polens 1300–1900
- Kunsthandwerk aus Westeuropa
- Bildergalerie

Stadtplan *siehe Seiten 228–237*

Der Wehrturm Barbakane basiert auf einem arabischen Entwurf

Barbakane ㉘
Barbakan

Basztowa. **Stadtplan** 2 D3 (6 E1). *3, 4, 5, 13, 15. 124, 152, 502.*

Die Barbakane, ein massiver runder Wehrturm, wurde 1498/99 erbaut, nachdem König Jan Olbracht in der Bukowina eine vernichtende Niederlage einstecken musste und man weitere türkische Angriffe befürchtete. Bei der Barbakane reagierte die Architektur auf die rasante Entwicklung der Artillerie. Das relativ niedrige Gebäude machte es den Verteidigern möglich, aus Schießscharten, die in verschiedenen Höhen positioniert sind, auf Angreifer zu feuern. Die Barbakane war ursprünglich mit einem Wassergraben umgeben und durch einen Gang mit dem Florianstor verbunden. Das Bauwerk ist die besterhaltene Befestigungsanlage dieser Art in Europa.

Café Jama Michalika ㉙
Jama Michalika

Floriańska 45. **Stadtplan** 2 D4 (6 E1). *012 422 15 61. 3, 4, 5, 13, 15. 124, 152, 502. tägl. 9–22 Uhr (Fr & Sa bis 23 Uhr).*

Im Jahr 1895 eröffnete Jan Michalik nahe dem Marktplatz eine Konditorei. Diese erfreute sich rasch großer Beliebtheit bei Studenten der Kunsthochschule. Wegen der fehlenden Fenster gaben sie ihr den Namen *jama* (Höhle). Bald wurde die Höhle zum Künstlertreffpunkt, 1905 gründete sich hier das Kabarett Zielony Balonik (Der grüne Ballon). Die Aufführungen, meist mit Texten von Tadeusz Boy-Żeleński, erfreuten sich schon bald großer Beliebtheit. Besonders populär waren die satirischen Weihnachtsrevuen mit Marionetten von Ludwik Puget und Jan Szczepkowski. 1910 vergrößerte Michalik sein Lokal und gestaltete die Räume neu nach Entwürfen von Franciszek Mączyński. Der große Raum erhielt eine Glasdecke. Für die Innenausstattung im reinsten Jugendstil zeichnete Karol Frycz verantwortlich.

Das Café ist auch heute noch sehr beliebt. Hier fühlt man sich in der Zeit zurückversetzt, kann die Atmosphäre des *fin de siècle* genießen und das Puppenspiel ansehen.

Im Café Jama Michalika

Matejko-Haus ㉚
Dom Matejki

Floriańska 41. **Stadtplan** 2 D4 (6 E1). *012 422 59 26. 3, 4, 5, 13, 15. 124, 152, 502. Di–Sa 10–18 Uhr, So 10–16 Uhr.*

Der Künstler Jan Matejko wurde 1838 hier geboren, 1873 kehrte er wieder in sein Geburtshaus zurück. Er ließ das Haus umbauen und ergänzte es mit einer neuen, von Tomasz Pryliński entworfenen Fassade im Stil des Neubarock. Nach Matejkos Tod im Jahr 1893 wurde das Haus in ein Museum umfunktioniert, das fünf Jahre später eröffnete.

Die Statue eines Husaren zu Pferd im Erdgeschoss gehörte ursprünglich zu dem von Leon Wyczółkowski entworfenen Matejko-Monument. Die Privaträume im ersten Stock ließ man unverändert, im zweiten Stock sind Arbeiten des Malers ausgestellt, darunter Zeichnungen für die Marienkirche. Matejkos Atelier im dritten Stock ist voll mit Dingen, die er gesammelt hat. Besonders interessant sind Rüstungen und Folterinstrumente, die am ehemaligen Rathaus ausgegraben wurden.

Floriańska-Straße ㉛
Ulica Floriańska

Stadtplan 1 C4, 2 D4 (6 D2, 6 E1/2). *3, 5, 13, 15, 19. 124, 152, 502.*

Die Straße zwischen Florianstor und Marktplatz war Teil des sogenannten Königstrakts, der erst endgültig fertiggestellt wurde, als der Hof von Krakau nach War-

Hotels und Restaurants in der Altstadt *siehe Seiten 179 und 189–192*

Besucher vor dem Florianstor in der Floriańska-Straße

schau umzog. Der Königstrakt wurde vom Souverän auf dem Weg zur Krönung genutzt – und dann unter Umständen erst wieder, wenn er auf dem Wawel beigesetzt wurde. Im 19. Jahrhundert war die Floriańska-Straße die geschäftigste Straße Krakaus – nicht nur, weil hier seit 1881 die Trambahn fuhr. Das mittelalterliche Gemäuer der meisten Häuser existiert zwar noch, aber die ursprüngliche Architektur ist stark verfälscht. Im frühen 20. Jahrhundert wurden viele Gebäude aufgestockt und erhielten neue Fassaden.

Słowacki-Theater ㉜

Teatr im. Juliusza Słowackiego

Pl. Świętego Ducha 1. **Stadtplan** 2 D4 (6 E2). *012 422 45 00.* *2, 4, 5, 8, 13, 15, 19.* *124, 152, 502.*

Der Gedanke, das kleine und baufällig gewordene alte Krakauer Theater durch ein neues zu ersetzen, tauchte schon 1872 auf. Jan Zawiejski plante den Bau und beaufsichtigte die Arbeiten, die ausschließlich durch Spenden finanziert wurden. 1891 wurde der Grundstein gelegt, 1893 öffnete das Theater seine Pforten. Zawiejski entwarf ein prächtiges Gebäude, in dem sich heimische Elemente – wie die an den Tuchhallen orientierte Brüstung – und fremde Einflüsse zu einem Ganzen zusammenfügen. Allegorische Figuren schmücken die Fassade.

Im Inneren präsentiert das Theater einen beeindruckenden Treppenaufgang. Bemerkenswert sind die Stuckarbeiten von Alfred Putz. Vier Ränge bieten Platz für rund 900 Zuschauer. Eine der Hauptattraktionen ist der Bühnenvorhang von Henryk Siemiradzki. Er zeigt Apollo, zwischen Schönheit und Liebe hin- und hergerissen, umgeben von Musen und allegorische Figuren.

Heilig-Kreuz-Kirche ㉝

Kościół św. Krzyża

Świętego Krzyża 23. **Stadtplan** 2 D4 (6 E3). *012 429 20 56.* *2, 4, 5, 8, 15.* *124, 152, 502.* *nur bei Messen.*

Die gotische Kirche des Ordens der Ritter vom Heiligen Kreuz wurde in zwei Etappen erbaut: Baubeginn für den Chor war um 1300, während das Hauptschiff und der Turm in der ersten Hälfte des 14. Jahrhunderts errichtet wurden. Das Innere der Kirche ist überraschend gut erhalten. Besonders beeindruckend ist das Gewölbe, das nur von einem Pfeiler gestützt wird und seine Rippen wie ein Blätterdach über dem Betrachter ausbreitet. Interessant sind außerdem das gotische Taufbecken (1423) von Jan Freudenthal, das Spätrenaissance-Triptychon in der Węgrzyn-Kapelle sowie die Altäre und das Gestühl aus dem Barock. Bemerkenswert sind darüber hinaus einige Erinnerungstafeln von berühmten Künstlern des 19. Jahrhunderts.

Fassade des Słowacki-Theaters

Heilig-Kreuz-Kirche

Kirche der Dominikanerinnen ㉞

Kościół Dominikanek

Mikołajska 21. **Stadtplan** 2 D4 (6 E3). *012 422 79 25.* *2, 3, 8, 10, 13, 19.* *nur bei Messen.*

Die Kirche der Heiligen Maria vom Schnee wurde 1632–34 von Anna Lubomirska gegründet. Im 14. Jahrhundert stand an der Stelle der späteren Kirche noch die Ritterfestung Alberts, des *wójt* (Befehlshaber) von Krakau. Die Folge von Alberts Revolte gegen König Władysław den Ellenlangen war, dass ein neues Gebäude für die lokale Regierung errichtet werden musste. So wurde das alte Gebäude nach 1620 in ein Kloster der Dominikanerinnen umgewandelt.

Dominikanerkirche ㉟

Kościół Dominikanów

Siehe S. 116f.

Dominikanerkirche ㉟

Engel in der Rosenkranzkapelle

Um das Jahr 1250 begannen die Dominikaner mit dem Bau einer neuen Kirche. Sie enthielt den Schrein des hl. Jacek, das Ziel zahlreicher Pilgerfahrten. Im 17. Jahrhundert bauten Patrizierfamilien nach dem Muster der Zygmunt-Kapelle auf dem Wawel opulente Mausoleen an, im 18. Jahrhundert wurde die Kirche mit spätbarocken Altären ausgestattet. Das große Feuer im Jahr 1850 zerstörte die Kirche fast vollständig. 1872 wurde sie wieder aufgebaut. Heute dient sie als bedeutendes katholisches Zentrum.

Kreuzgang
Der gotische Kreuzgang war eine Grabstätte für Bürger, deren Erinnerungstafeln und Gräber man noch vorfindet.

★ Zbaraski-Kapelle
Das zierliche Interieur der 1627–33 von den Castellis erbauten Kapelle kontrastiert mit dem monumentalen Altar aus schwarzem Marmor und den ebenso düsteren Gräbern.

Grab des Generals Jan Skrzynecki (gest. 1860)
Das prächtige Monument von Władysław Oleszczyński erinnert an den Helden des Novemberaufstands von 1830.

★ Schrein des hl. Jacek
Die Renaissance-Kapelle St. Jacek wurde um 1700 von Baldassare Fontana erbaut. Auch das großartige Denkmal stammt von ihm. Geschmückt ist die Kapelle mit Gemälden von Tommaso Dolabella.

INFOBOX

Stolarska 12. **Stadtplan** 1 C5 (6 D3). *012 423 16 13.* *1, 3, 6, 8, 18.* *tägl. 6.30–20 Uhr.*
www.krakow.dominikanie.pl

Die Gedenktafel des Filippo Buonacorsi (Callimachus) (gest. 1496) ehrt den großen Humanisten des polnischen Hofs *(siehe S. 45)*.

Rosenkranzkapelle
1621 wurde die Ikone der Rosenkranzmadonna bei einer Prozession mitgetragen. Sie und die Gebete sollten bewirken, dass Krakau bei Chotin über die Türken siegt.

Myszkowski-Kapelle
Sie wurde zwischen 1603 und 1614 von Architekten aus dem Kreis Santi Guccis erbaut. Man benutzte zum Bau Marmor aus den Świętokrzyskie-(Heilig-Kreuz-)Bergen. Porträtbüsten der Myszkowskis prägen das eindrucksvolle Innenleben der Kirche.

Chorgestühl, Kanzel und Beichtstühle sind neugotisch und datieren aus der zweiten Hälfte des 19. Jahrhunderts.

Grab des Prospero Provano
Das Monument des Salzmagnaten (gest. 1584) ist eine der schönsten Bildhauerarbeiten um 1600. Es liegt neben der Myszkowski-Kapelle.

NICHT VERSÄUMEN

- ★ Schrein des hl. Jacek
- ★ Zbaraski-Kapelle

Kazimierz-Viertel

Die Stadt Kazimierz bei Krakau wurde 1335 von Kazimierz dem Großen gegründet. Mit eigenem Rathaus und Verteidigungsanlage lag Kazimierz in stetem Wettstreit mit Krakau. Der König ließ hier zwei große Kirchen erbauen, St. Katharina und die Fronleichnamskirche. Auch eine Universität wollte er hier ansiedeln. Nachdem König Jan Olbracht im späten 15. Jahrhundert die Umsiedlung der Krakauer Juden nach Kazimierz befohlen hatte, entwickelte sich die Stadt jedoch zum führenden jüdischen Zentrum. Obwohl Kazimierz 1791 verwaltungstechnisch der Stadt Krakau eingegliedert wurde, hat sich das »Viertel« seinen ganz besonderen Charakter bewahren können. Mit seinen engen Gassen scheint Kazimierz einer anderen Welt anzugehören. Das Viertel bezeugt Jahrhunderte friedvollen Zusammenlebens von Juden und Christen, versinnbildlicht durch die Sakralbauten beider Religionen.

Jüdischer Grabstein

Sehenswürdigkeiten auf einen Blick

Kirchen

Fronleichnamskirche 8
Kirche der Barmherzigen Brüder 11
Paulinerkirche »Auf dem Felsen« 13
St.-Katharinen-Kirche 12

Synagogen

Alte Synagoge 4
Hohe Synagoge 3
Isaak-Synagoge 2
Synagoge Remuh 5
Tempel-Synagoge 1

Historische Gebäude

Hospital der Barmherzigen Brüder 10
Rathaus von Kazimierz 9

Historische Friedhöfe

Friedhof Remuh 6
Neuer Jüdischer Friedhof 7

Anfahrt

Die Trambahnen 1, 9, 11 und 13 halten an der Starowiślna-Straße im Jüdischen Viertel. Die beste Haltestelle für die großen Kirchen ist die Krakowska-Straße (Trambahnen 3, 6, 8 und 10).

◁ **Bima (Kanzel) in der Alten Synagoge** ***(siehe S. 122)***

Im Detail: Szeroka-Straße

Das Jüdische Viertel lag im östlichen Teil von Kazimierz und konzentrierte sich anfänglich um die Szeroka-Straße, dann um den Libusza-Platz, der später als Neuer Platz bekannt wurde. Ende des 15. Jahrhunderts wurden die Krakauer Juden nach Kazimierz umgesiedelt, ihnen folgten tschechische und deutsche Flüchtlinge. Die jüdische Gemeinde pflegte ihre eigene Kultur, hatte ihre eigene Rechtsprechung und ging nie ganz in Polen auf. Viele Synagogen, Bäder, Schulen und Friedhöfe wurden in Kazimierz eingerichtet. Die Nationalsozialisten zerstörten diese einmalige Welt, doch Galerien und Restaurants halten die Erinnerung an den Geist der Vergangenheit lebendig.

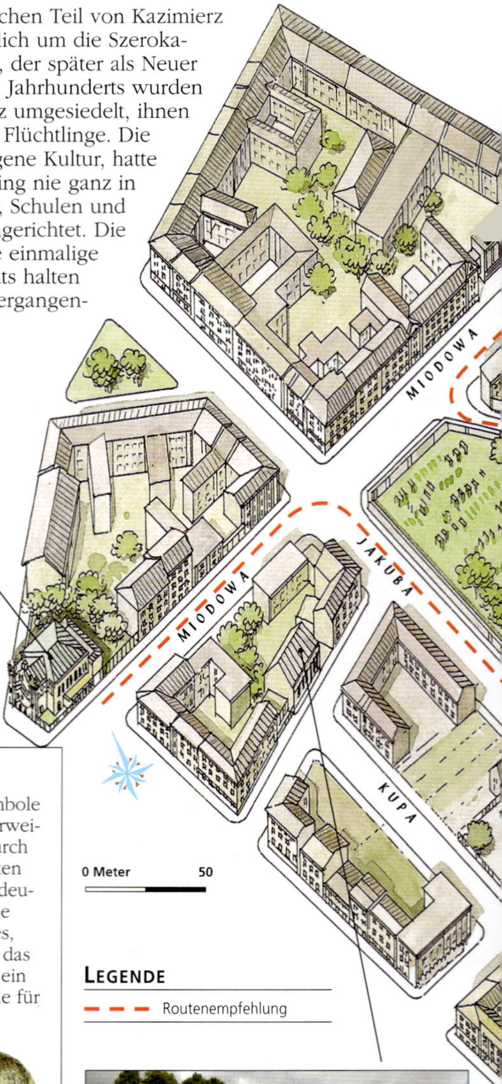

Tempel-Synagoge
An dieser Synagoge aus der Neorenaissance kann man maurische Einflüsse erkennen. ❶

JÜDISCHE GRÄBER

Auf vielen Grabsteinen sind noch Symbole erhalten, die auf den Verstorbenen verweisen. Das Grab eines Rabbi etwa ist durch betende Hände gekennzeichnet, Becken und Kannen für rituelle Waschungen deuten auf Leviten hin, drei verschlungene Schlangen hüten das Grab eines Arztes, und die Krone des Wissens schmückt das Grab eines Gelehrten. Ein Löwe oder ein sechszackiger Davidstern sind Symbole für die Abkömmlinge von Juda.

Die Synagoge Kupa wurde im 17. Jahrhundert aus Mitteln des Vorstands der Jüdischen Gemeinde Kazimierz erbaut. Die häufig umgestaltete Synagoge wurde auch oft für profane Zwecke genutzt.

Hotels und Restaurants im Kazimierz-Viertel *siehe Seiten 179f und 192f*

★ Friedhof Remuh
Die Klagemauer aus zerbrochenen Grabsteinen gemahnt an das Schicksal der Krakauer Juden im Zweiten Weltkrieg. ❻

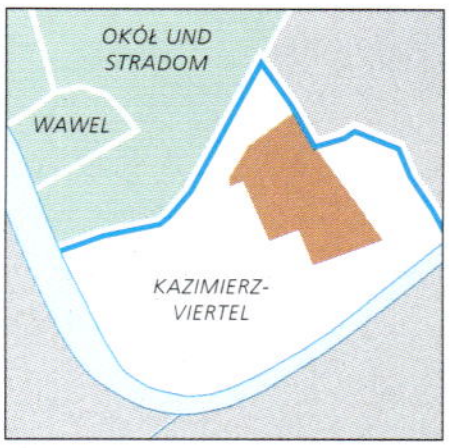

ZUR ORIENTIERUNG
Siehe Stadtplan, Karte 4

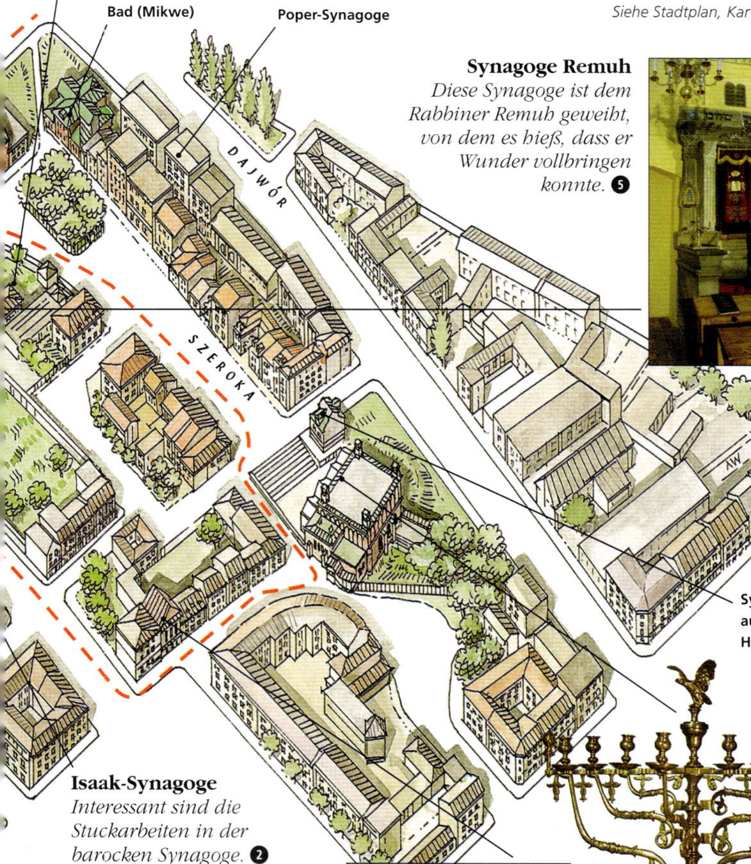

Synagoge Remuh
Diese Synagoge ist dem Rabbiner Remuh geweiht, von dem es hieß, dass er Wunder vollbringen konnte. ❺

Isaak-Synagoge
Interessant sind die Stuckarbeiten in der barocken Synagoge. ❷

Hohe Synagoge
Mit spätgotischer Architektur und Renaissance-Schmuck gehört sie zu den schönsten Synagogen Krakaus. ❸

★ Alte Synagoge
Diese Menora gehört zu den Schätzen in Polens ältester Synagoge. Der Bau wurde nach der Zerstörung restauriert. ❹

NICHT VERSÄUMEN

- ★ Alte Synagoge
- ★ Friedhof Remuh

Tempel-Synagoge ❶

Synagoga Tempel

Miodowa 24. **Stadtplan** 4 D1 (6 F5). *1, 3, 6, 8, 9, 10, 11, 13, 18, 19, 22.* *128, 184.* *Mo–Fr.*

Die jüngste aller Synagogen in Kazimierz, der »Tempel« wurde in den Jahren 1860 bis 1862 im Stil der Neorenaissance erbaut. In dem Gotteshaus für nichtorthodoxe Juden sind die Buntglasfenster besonders bemerkenswert.

Fassade der Isaak-Synagoge

Isaak-Synagoge ❷

Bożnica Izaaka

Kupa 18. **Stadtplan** 4 D1. *012 430 55 77.* *3, 8, 9, 11, 13.* *128, 184.* *So–Fr 9–19 Uhr.* *Feiertage.*

Die Synagoge, heute ein jüdisches Bildungszentrum, wurde von 1638 bis 1644 als Stiftung des jüdischen Gemeindeältesten Isaak Jakubowicz erbaut. Im großen Schiff mit Tonnengewölbe sind die Stuckarbeiten von Giovanni Battista Falconi erhalten.

Hohe Synagoge ❸

Bożnica Wysoka

Józefa 38. **Stadtplan** 4 D1. *3, 8, 9, 10, 11, 13.*

Mit ihren Streben, Pfeilern und dem Renaissance-Portal wirkt die Synagoge (1556–63) malerisch. Von der Originalausstattung ist kaum mehr erhalten als eine Opferbüchse und die Reste eines Altars. Heute befindet sich hier eine Werkstatt für Denkmalrestaurierung.

Alte Synagoge ❹

Synagoga Stara

Szeroka 24. **Stadtplan** 4 D1. *3, 9, 11, 13, 32, 34.* **Jüdisches Museum** *012 422 09 62.* *Apr–Okt: Mo 10–14 Uhr, Di–So 10–17 Uhr; Nov–März: Mo 10–14 Uhr, Mi, Do, Sa & So 9–16 Uhr, Fr 10–17 Uhr.* *jeden 1. Sa & So im Monat.* *Mo frei.*

Die Alte Synagoge wurde in der Vergangenheit als Tempel genutzt sowie als Tagungsort des Kahal und anderer Einrichtungen der jüdischen Gemeinde. Hier konzentrierten sich religiöses und soziales Leben. Das in der Synagoge ansässige Jüdische Museum widmet sich der Kultur und Geschichte der Krakauer Juden. Der Ziegelbau wurde Mitte des 15. oder Anfang des 16. Jahrhunderts erbaut. Das heutige Äußere ist das Ergebnis eines Umbaus von Matteo Guccci zwischen 1557 und 1570. Die Brüstungen und der zweischiffige gotische Bau mit dem Gewölbe, das von schmalen Pfeilern getragen wird, stammen aus dieser Periode.

Der Gebetsraum ist fast leer, die zentrale Bima, in der die Thora verlesen wurde, ist der einzige Einrichtungsgegenstand. An der östlichen Wand befindet sich der Schrein für die Thorarollen.

Eingang zur Synagoge und zum Friedhof Remuh

Synagoge Remuh ❺

Bożnica Remuh

Szeroka 40. **Stadtplan** 4 D1. *012 421 29 87.* *3, 9, 11, 13.* *So–Fr 9–18 Uhr.*

Die Synagoge Remuh ist eines der beiden Gotteshäuser, die noch zum Gebet genutzt werden. Hier beten orthodoxe Juden. Um 1553 wurde die Synagoge von Israel Isserles Auerbach gegründet, benannt ist sie nach seinem Sohn, dem großen Schriftsteller und Philosophen Rabbi Moses Remuh.

Friedhof Remuh ❻

Cmentarz Remuh

Szeroka 40. **Stadtplan** 4 D1. *3, 9, 11, 13, 24.* *Mo–Fr 9–16 Uhr.*

Den Friedhof Remuh gibt es seit 1533, er ist einer der wenigen jüdischen Friedhöfe Europas, die so viele Grabsteine *(matzeva)* und Sarkophage enthalten. Erwäh-

Gebetsraum in der Alten Synagoge

Hotels und Restaurants im Kazimierz-Viertel *siehe Seiten 179f und 192f*

nenswert sind vor allem die vielen Verzierungen, die Figuren aus der Tier- und Pflanzenwelt umfassen.

Der Friedhof wurde im Zweiten Weltkrieg nahezu vollständig zerstört. Einzig das Grab Remuhs, das nach wie vor viele Pilger anzieht, blieb von Zerstörungen verschont. Nach dem Zweiten Weltkrieg wurden mehr als 700 Grabsteine zutage gefördert, die ganz dicht unter der Erdoberfläche lagen. Wahrscheinlich wollte man sie im 18. Jahrhundert auf diese Weise vor den angreifenden Schweden retten. Die Klagemauer am Friedhofseingang ist aus den Resten der Grabsteine gefertigt, die im Krieg zerstört wurden.

Neuer Jüdischer Friedhof 7

Nowy Cmentarz Żydowski

Miodowa 55. **Stadtplan** 4 E1.
3, 9, 11, 13, 24.
So–Fr 9–17 Uhr.

Auf dem im frühen 19. Jahrhundert angelegten Friedhof sind die berühmten Krakauer Juden des 19. und 20. Jahrhunderts beigesetzt worden. Alle Rabbis von Kazimierz und viele Wohltäter Krakaus ruhen hier. Dazu gehören Józef Oettinger und Józef Rosenblatt, beide Professoren an der Jagiellonen-Universität, der Bürgermeister Józef Sare sowie Maurycy Gottlieb, einer der berühmtesten polnischen Künstler.

Fronleichnamskirche 8

Kościół Bożego Ciała

Bożego Ciała 25. **Stadtplan** 4 D2.
128, 184. *3, 6, 8, 10, 18, 19, 22.* *Mo–Sa 9–12 Uhr & 13.30–19 Uhr und bei Messen.*

Die Fronleichnamskirche wurde dort auf Sumpfland gebaut, wo laut Legende die aus der Kollegiatskirche gestohlene Monstranz gefunden worden war. Ein mysteriöses Licht soll damals in der Dunkelheit den Weg zu der entweihten Hostie gewiesen

Rathaus von Kazimierz, Sitz des Ethnografischen Museums

haben. Der Bau des von Kazimierz dem Großen gegründeten Gotteshauses begann 1340, endete jedoch erst im frühen 15. Jahrhundert. Die Pfarrkirche wurde von ortsansässigen Bürgern ausgestattet, der Großteil der Einrichtung ist erhalten geblieben.

1634–37 schuf Tommaso Dolabella, der Hofkünstler Zygmunts III. Wasa, das Altargemälde *Die Geburt Christi*. Das zum Altar passende Chorgestühl der Mönche wurde 1632 angefertigt, das aus dem 17. Jahrhundert stammende steinerne Altarblatt im nördlichen Seitenschiff beherbergt die Reliquien des seligen Stanisław Kazimierczyk.

Bemerkenswert ist auch der Heilandsaltar mit Skulpturen von Anton Gegenbaur. Eine Tafel im nördlichen Seitenschiff weist auf die Grabstätte des Architekten Bartolomeo Berecci hin, der 1537 ermordet wurde.

Bildnis der Madonna in der Fronleichnamskirche

Rathaus von Kazimierz 9

Ratusz Kazimierski

Pl. Wolnica 1. **Stadtplan** 4 D2.
012 430 60 23.
128, 184, 502. *3, 8, 10, 40.*
Ethnografisches Museum *Di, Mi, Fr & Sa 11–19 Uhr, Do 11–21 Uhr, So 11–15 Uhr.* *Feiertage.*

Das Rathaus war bis 1791 Sitz der Stadtregierung. Die ältesten Teile des Gebäudes stammen von 1414, dem Jahr der Erbauung. Nach mehrmaligem Umbau wurde der Nordteil 1620 fertiggestellt. Der südliche Flügel des Rathauses wurde 1875–77 von Filip Pokutyński angebaut.

Seit 1947 ist hier das Ethnografische Museum untergebracht. Die Sammlung umfasst u.a. Trachten aus Kleinpolen und Schlesien, Krakauer Weihnachtskrippen, Volkskunst und Musikinstrumente.

Hospital der Barmherzigen Brüder 10

Szpital Bonifratrów

Trynitarska 11. **Stadtplan** 4 D6.
012 430 55 00. *128, 184, 502.*
8, 10, 18, 19, 22, 40.

Das monumentale Gebäude wurde 1897–1906 zur Erinnerung an den 50. Jahrestag der Herrschaft von Kaiser Franz Joseph erbaut. Der Bau wurde von Teodor Talowski im spätmodernistischen Stil entworfen. Sehr interessant ist die Fassade.

Stadtplan *siehe Seiten 228–237*

Krakaus jüdische Gemeinde

Kazimierz der Große *gründete 1335 die nach ihm benannte Stadt. Sie entwickelte sich zu einem führenden Zentrum jüdischer Kultur.*

Die polnische Stadt war das Zentrum einer der aktivsten jüdischen Gemeinden Europas, bevor diese unter der Herrschaft der Nationalsozialisten nahezu ausgelöscht wurde. Als wichtiger Handelsplatz zwischen Preußen, Prag und Wien zog Krakau seit dem 14. Jahrhundert zahlreiche Juden an. Im Jahr 1495 wurde die Umsiedlung der Krakauer Juden nach Kazimierz befohlen *(siehe S. 119)*. 1938 lebten hier über 60 000 Juden. Sie stellten rund ein Viertel der Gesamtbevölkerung Krakaus. 1978 betrug die Zahl der Juden in der Stadt nur noch rund 600.

Davidstern an der Stadtmauer

Rabbi Moses ben Isserles *(1525–1572), einer der wichtigsten Rabbis im 16. Jahrhundert, lebte und lehrte in Kazimierz. Verehrt wird er vor allem für seine Beiträge zum Schulchan Aruch, einer Zusammenfassung religiöser Gebote und Verbote. Der Gelehrte wirkte außerdem als Historiker, Astronom, Mathematiker und Philosoph.*

Juden in der Synagoge an Jom Kippur

Das berühmte Werk des Malers Maurycy Gottlieb (1856–1879), eines polnischen Juden, entstand 1878. Es zeigt den Künstler (in der Mitte mit aufgestütztem Kopf) in einer Synagoge an Jom Kippur, dem wichtigsten jährlichen Festtag im Judentum. Die Nachdenklichkeit der zentralen Figur im Bild reflektiert den inneren Konflikt der polnischen Juden im 19. Jahrhundert: Waren sie in erster Linie Juden oder Polen?

Die Vielfalt jüdischen Lebens in Krakau *dokumentieren diese drei Porträts aus den 1870er Jahren: Das linke zeigt einen orthodoxen Juden, die beiden anderen Chassiden. Krakau wurde lange Zeit als eines der wichtigsten Zentren der jüdischen Kultur in Europa angesehen. Hier lebten Angehörige sämtlicher jüdischer Glaubensgemeinschaften.*

Jüdisches Theater *spielte bis Ende der 1930er Jahre eine wichtige Rolle im kulturellen Leben der Krakauer Juden. Die Stücke dienten neben der Unterhaltung auch der Pflege des Jiddischen.*

Deutsche Besatzungstruppen *zwangen zahlreiche Juden zur Umsiedlung von Kazimierz in das Krakauer Getto. Das Getto erstreckte sich im Gebiet um den Platz Bohaterów Getta, nicht weit vom südlichen Ufer der Wisła entfernt.*

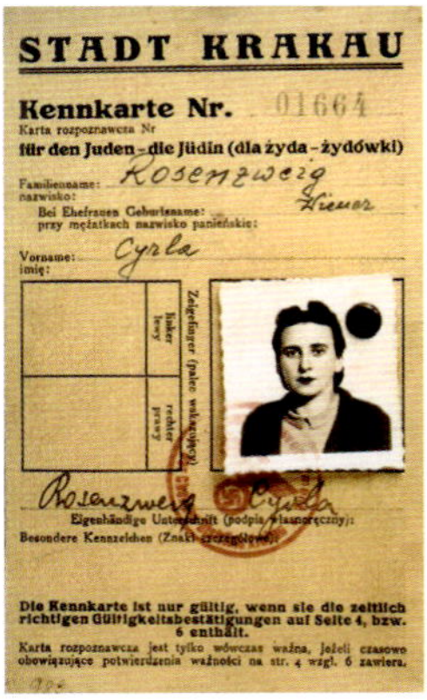

STADT KRAKAU

Kennkarte Nr. 01664
Karta rozpoznawcza Nr
für den Juden - die Jüdin (dla żyda - żydówki)

Familienname: nazwisko: Rosenzweig
Bei Ehefrauen Geburtsname: przy mężatkach nazwisko panieńskie:
Vorname: imię: Cyrla

Zeigefinger (palec wskazujący) linker lewy rechter prawy

Eigenhändige Unterschrift (podpis własnoręczny):
Besondere Kennzeichen (Znaki szczególne):

Die Kennkarte ist nur gültig, wenn sie die zeitlich richtigen Gültigkeitsbestätigungen auf Seite 4, bzw. 6 enthält.
Karta rozpoznawcza jest tylko wówczas ważna, jeżeli czasowo obowiązujące potwierdzenia ważności na str. 4 wzgl. 6 zawiera.

Ausweise *wurden bereits vor der 1941 erfolgten Einrichtung des Krakauer Gettos ausgestellt. Jeder polnische Staatsangehörige musste ein Dokument mit sich führen, in dem seine ethnische Herkunft festgehalten war. Das abgebildete Dokument gehörte Cyrla Rosenzweig, einer polnischen Jüdin, die dank Oskar Schindler dem Holocaust entging.*

Im modernen Krakau *werden seit den politischen Umwälzungen in Osteuropa jüdische Traditionen wieder offen gepflegt. Mittlerweile leben in Krakau rund 5000 Juden. Einige stammen aus der Stadt und kehrten nach langer Abwesenheit wieder hierher zurück, andere sind Nachkommen der Juden, die zur Zeit der Nazi-Diktatur starben. Viele Juden in Krakau sind als Unternehmer tätig, etwa als Betreiber von Hotels oder (koscheren) Restaurants.*

Schindlers Krakau

Das Wirken von Oskar Schindler (1908–1974) wurde in Steven Spielbergs *Schindlers Liste* verfilmt. Der deutsche Industrielle rettete mehr als 1000 in seiner Firma angestellte jüdische Zwangsarbeiter vor der Ermordung in Konzentrationslagern. Seine Fabrik in der Lipowa 4 wurde in ein Museum verwandelt. Oskar Schindler lebte in der Straszewskiego 7 in der Wohnung im Obergeschoss.

Oskar Schindler mit Holocaust-Überlebenden in Tel-Aviv

Fassadendetail der Kirche der Barmherzigen Brüder

Kirche der Barmherzigen Brüder ⓫

Kościół Bonifratrów

Krakowska 48. **Stadtplan** 4 D2.
012 430 61 22. *128, 184, 502.* *8, 10, 19, 22, 40.*
nur bei Messen.

Die interessante Barockkirche wurde zwischen 1741 und 1758 nach Plänen Francesco Placidis erbaut. Hinter der monumentalen Fassade, die vom führenden Barockarchitekten Francesco Borromini entworfen wurde, steckt eine verhältnismäßig kleine Kirche. Die Fassade schließt den Blick zur Krakowska-Straße optisch ab.

Josef Piltz aus Mähren schuf 1757/58 die wunderschönen illusionistischen Innenfresken. Am Trompe-l'Œil-Deckengewölbe ist abgebildet, wie der heilige Johannes von Matha von den Heiden Sklaven freikauft. Entsprechend der ganzen Konzeption sind die Seitenaltäre nur an den Wänden aufgemalt und wirken extrem ungewöhnlich. Sie sind geschmückt mit Rokoko-Bildern. Das Bild des heiligen Cajetan ist besonders beachtenswert.

St.-Katharinen-Kirche ⓬

Kościół św. Katarzyny

Augustiańska 7. **Stadtplan** 4 D2.
012 430 62 42. *128, 184, 502.* *8, 10, 18, 19, 22.* *nur bei Messen.*

Laut der Chronik von Jan Długosz wurde die St.-Katharinen-Kirche im Jahr 1349 von Kazimierz dem Großen erbaut, um die Ermordung des Paters Marcin Baryczka zu sühnen. Baryczka hatte ein Dokument überbracht, das den König exkommunizierte. Der rächte sich dafür, indem er Baryczka in die Weichsel werfen ließ. Wie auch immer: 1343 wurde mit der Kirche begonnen, die Bauarbeiten dauerten bis ins frühe 16. Jahrhundert.

Leider ist von der Innenausstattung einer der schönsten Barockkirchen Krakaus nur wenig erhalten, denn die Kirche diente im 19. Jahrhundert als Warenlager. Nur der Hochaltar mit der *Mystischen Verlobung der heiligen Katharina*, einem Bild von Andrea Venesta aus dem Jahr 1634, konnte erhalten werden. Der gotische Kreuzgang mit den großen Fresken stammt aus der Zeit von Kazimierz dem Großen. An den Kreuzgang schließen zwei Kapellen an: In der einen befindet sich eine *Trostreiche Madonna*, in der anderen ruhen die Reliquien des seligen Isaias Boner.

Fresko im Kreuzgang der St.-Katharinen-Kirche

Paulinerkirche »Auf dem Felsen« ⓭

Kościół Paulinów Na Skałce

Skałeczna 15. **Stadtplan** 3 C2.
012 421 72 44. *128, 184, 502.* *6, 8, 10, 18, 19, 22.*
Mo–Sa 9–16 Uhr und bei Messen.
Krypta *Apr–Okt: tägl. 9–17 Uhr; Nov–März: auf Anfrage.*

Schon im 11. Jahrhundert war »Auf dem Felsen« eine kleine, dem hl. Michael geweihte Kirche. Sie stand an der Stelle, an der der später heiliggesprochene Bischof Stanisław von Szczepanów ermordet wurde *(siehe S. 22f)*.

Im 14. Jahrhundert wurde die kleine romanische Kirche von Kazimierz dem Großen durch eine große gotische Basilika ersetzt. 400 Jahre später war sie einsturzgefährdet und wurde 1733–42 umgebaut, diesmal im Stil des Spätbarock. Das originale Konzept von Anton Gerhard Müntzer wurde dabei von Antonio Solari abgeändert. Die Innengestaltung stammt aus den 1740er Jahren. Ein kleines Wasserbecken von 1731 ist dem hl. Stanisław geweiht. Die Peiniger des Heiligen sollen ihr Opfer gevierteilt und seinen abgeschnittenen Finger in dieses Becken geworfen haben. Dem Wasser werden heilende Kräfte zugesprochen.

Kirche und Kloster der Pauliner »Auf dem Felsen«

Hotels und Restaurants im Kazimierz-Viertel *siehe Seiten 179f und 192f*

Krypta der Kirche »Auf dem Felsen«

Der große polnische Historiker des Mittelalters, Jan Długosz, wurde 1480 in der Krypta der Kirche »Auf dem Felsen« beigesetzt. Im Jahr 1876 entschied man sich, die Krypta in ein nationales Mausoleum für bedeutende polnische Künstler und Wissenschaftler umzuwandeln. Der Architekt Teofil Żebrawski veränderte die Krypta in eine Art Ausstellungsraum mit separater Kapelle und Altar. An den Längsseiten entstanden Nischen für die Sarkophage. Das Glasfenster über dem Altar zeigt die Madonna von Tschenstochau (Częstochowa). Auf den Wänden sind die Wappen der Provinzen der polnisch-litauischen Allianz zu sehen.

Pantheon in der Kirche »Auf dem Felsen«

Sarkophag von Adam Asnyk (1838–1897)
Der berühmte polnische Dichter des 19. Jahrhunderts ruht in diesem Sarkophag, den Karol Knaus und Jan Tombiński schufen.

Sarkophag von Lucjan Siemieński (1807–1877)
Der Sarkophag des beliebten Autors und Kritikers wurde von Karol Knaus entworfen, das Porträtmedaillon von Jan Tombiński gestaltet.

Stanisław Wyspiański (1869–1907)
Jan Rzymkowski gestaltete den Sarkophag von Stanisław Wyspiański.

Wesoła, Kleparz und Biskupie

Rund um Krakau entstanden im Laufe der Jahrhunderte mehrere Siedlungen, die unabhängig verwaltet wurden. Da es zwischen den Ansiedlungen keine festen Grenzen gab und die Besitzverhältnisse häufig wechselten, wuchsen die Siedlungen nördlich und östlich der Stadtmauer zu einem komplexen Ganzen zusammen. Folgende Gebiete gehörten dazu: Przedmieście Mikołajskie, die königliche Stadt Kleparz sowie die Privatbesitze Wesoła, Lubicz und Biskupie. Sie alle wirkten wie kleine Städte. Imposante Kirchen und vereinzelte Paläste standen inmitten bunt zusammengewürfelter hölzerner Wohnhäuser. Kaufleute und Handwerker, die hier ihre Geschäfte führten, umgingen es, an das Rathaus Steuern zu zahlen, und trugen so zum ökonomischen Niedergang Krakaus bei. Aus diesem Grund beschloss der Stadtrat 1791, die umliegenden Viertel einzugliedern. Im Rahmen der Entwicklung Krakaus erfolgte in diesen Stadtteilen in der zweiten Hälfte des 19. Jahrhunderts eine große Bauwelle.

Hl. Florian, St.-Florian-Kirche

Sehenswürdigkeiten auf einen Blick

Historische Monumente und Gebäude
Akademie der Schönen Künste 12
Astronomisches Observatorium 6
Globus-Gebäude 15
Grunwald-Monument 10
Haus der Ärztegesellschaft 2
Krakauer Hauptbahnhof 8
Polnische Nationalbank 11
Staatliche Polnische Eisenbahnverwaltung 13

Kirchen und Klöster
Jesuitenkirche S. 134f 3
Kirche und Kloster der Karmeliterinnen 5
Kirche und Kloster der Visitantinnen 16
Kirche St. Vinzenz von Paul 14
Kirche der Unbefleckten Empfängnis 4
St.-Florian-Kirche 9
St.-Nikolaus-Kirche 1

Historischer Park
Botanischer Garten der Jagiellonen-Universität 7

Anfahrt

Die Trambahnen 3, 4, 5, 12, 13, 14, 15 und 24 sowie die Buslinien 124, 152 und 502 halten in der Basztowa-Straße, die Trambahnen 2, 4, 5, 10, 12, 13, 14, 15, 19, 24 und 40 an der Westerplatte.

Legende

- Detailkarte *siehe S. 130f*
- Detailkarte *siehe S. 136f*
- Busbahnhof (Reisebusse)
- Busbahnhof (Städt. Busse)
- Post
- Information

◁ **Grunwald-Monument** *(siehe S. 138)*

Im Detail: Kopernika-Straße

Der Stadtteil Wesoła, ursprünglich eine kleine Ansiedlung bei der romanischen Kirche St. Nikolaus, entwickelte sich entlang der alten Straße nach Mogiła, der heutigen Kopernika-Straße (ulica Mikołaja Kopernika). Die Silhouette war geprägt von Kirchen und Klöstern. Die Vorstadtpaläste lagen inmitten gepflegter Gärten. Im 19. Jahrhundert entstanden etliche Universitätsgebäude, wovon die meisten zur Medizinischen Hochschule gehören. Einige dieser Häuser sind architektonisch sehr interessant.

★ Jesuitenkirche
Die Kirche ist eines der interessantesten Beispiele für moderne sakrale Architekur. ❸

★ Haus der Ärztegesellschaft
Die Jugendstil-Metallgeländer mit den typischen floralen Ornamenten stammen von Stanisław Wyspiański. ❷

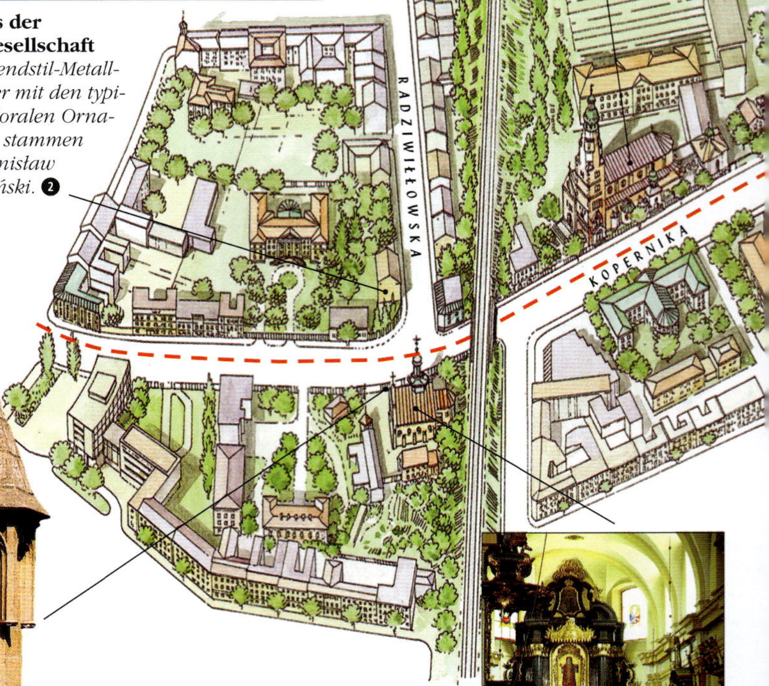

Die mittelalterliche Totengedenk-Säule bei der St.-Nikolaus-Kirche ist einzigartig. Ursprünglich stand sie im Hof des St.-Valentin-Hospitals in Kleparz.

St.-Nikolaus-Kirche
Über Jahrhunderte war diese Kirche die Grenze der Siedlung, die sich entlang der Straße von Krakau nach Mogiła entwickelte. ❶

Hotels in Wesoła, Kleparz und Biskupie *siehe Seite 180*

Die Kopernika-Straße, von Bäumen gesäumt, zählt zu den schönsten Straßen Krakaus.

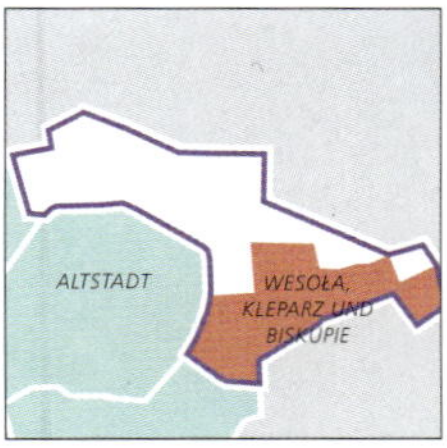

Zur Orientierung

Siehe Stadtplan, Karten 1, 3

Kirche und Kloster der Karmeliterinnen
Die Fassade gilt als eine der schönsten Barockfassaden Krakaus. ❺

Astronomisches Observatorium
Das Observatorium gehörte zur Jagiellonen-Universität, aber mit der eleganten Architektur und der Lage in der Nähe des Botanischen Gartens wirkt es eher wie eine klassizistische Villa. ❻

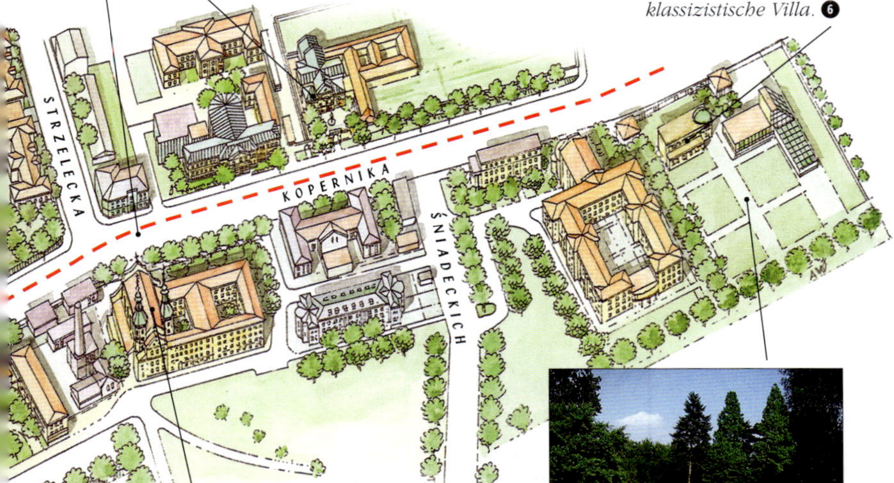

Botanischer Garten der Jagiellonen-Universität
Exotische und einheimische Flora machen die Gärten zu einem beliebten Ziel für Spaziergänger. ❼

Kirche der Unbefleckten Empfängnis
Das monumentale Portal ist der Zugang zu der barocken Kirche. ❹

0 Meter 50

Legende

- - - Routenempfehlung

Nicht versäumen

★ Haus der Ärztegesellschaft

★ Jesuitenkirche

Madonna mit Kind und den Heiligen Adalbert und Stanisław

St.-Nikolaus-Kirche ❶

Kościół św. Mikołaja

Kopernika 9. **Stadtplan** 2 D4 (6 F3). *012 431 22 77. 1, 3, 10, 11, 13, 14, 15, 19, 22, 40. nur bei Messen.*

Eine der ältesten Kirchen Krakaus wurde bereits in der ersten Hälfte des 13. Jahrhunderts erwähnt. Im Altarraum sind noch Reste der romanischen Kirche und ein gotisches Portal erhalten.

1665, während der schwedischen Besatzung, wurde die Kirche geplündert und niedergebrannt. Der heutige Barockbau ist das Ergebnis eines Umbaus in den Jahren 1677 bis 1682. Das Interieur wurde bei der Akademie von Krakau in Auftrag gegeben, deren Patronat über diese Kollegiatsstiftung bis ins Jahr 1465 zurückreicht. Das Wappen der Akademie, ein Schild mit gekreuzten Stäben, ziert die Rückseite des Gestühls.

Der Hochaltar wurde wahrscheinlich von Francesco Placidi entworfen. Er zeigt den hl. Nikolaus. Die Kirche beherbergt aber auch ein spätgotisches Triptychon, auf dem die Krönung der Heiligen Jungfrau Maria dargestellt ist, sowie ein Renaissance-Bild der Madonna mit Kind, flankiert von St. Adalbert und St. Stanisław, den Schutzheiligen Polens. Besonders auffällig ist ein bronzenes Taufbecken aus dem Jahr 1536.

Feliks Dzierżyński, Leiter der *Cheka* (Tscheka, sowjetische Geheimpolizei), ließ sich 1910 in der Kirche trauen.

Haus der Ärztegesellschaft ❷

Gmach Towarzystwa Lekarskiego

Radziwiłłowska 4. **Stadtplan** 2 D4 (6 F2). *012 422 75 47. 1, 3, 10, 11, 13, 14, 15, 19, 22, 40. tägl. 10–15 Uhr.*

Das Gebäude wurde 1904 nach Entwürfen von Władysław Kaczmarski und Józef Sowiński erbaut. Man darf sich durch die bescheidene klassizistische Außenansicht nicht täuschen lassen – die Innengestaltung von Stanisław Wyspiański ist überaus prunkvoll. Das Multitalent Wyspiański schuf hier ein Gesamtkunstwerk, in dem sich Kunst und Handwerk die Balance halten. Er gestaltete die Wände farbig und entwarf ein Fenster, das *Apollo – das Sonnensystem* zeigt. Möblierung und schmiedeeisernes Geländer sind von Elementen der polnischen Volkskunst beeinflusst.

Wyspiańskis Buntglasfenster *Apollo – das Sonnensystem* im Haus der Ärztegesellschaft

Jesuitenkirche ❸

Kościół Jezuitów

Siehe S. 134f.

Barocke Kirche der Unbefleckten Empfängnis

Kirche der Unbefleckten Empfängnis ❹

Kościół Niepokalanego Poczęcia NMP

Kopernika 19. **Stadtplan** 2 E4. *012 618 86 99. 2, 3, 10, 11, 13, 14, 15, 19, 40. tägl. 8–16 Uhr und bei Messen.*

Die Kirche, die auch den Namen St. Lazarus trägt, wurde früher von den Novizen des Ordens der barfüßigen Karmeliter genutzt. Die strenge Barockarchitektur der Kirche, die zwischen 1634 und 1680 erbaut wurde, zeugt von den strikten Bauregeln des Karmeliterordens.

Der große Hochaltar dominiert den kleinen Innenraum. Als Vorbild für den Altar diente der Hochaltar in der Karmeliterkirche Santa Maria della Scala in Rom. Er wurde 1681 aus schwarzem Marmor hergestellt – dieser stammte aus dem Dębnik-Steinbruch, der dem Orden gehörte.

Kirche und Kloster der Karmeliterinnen ❺

Kościół Karmelitanek Bosych

Kopernika 44. **Stadtplan** 2 E4. *012 421 41 18. 124, 152, 502. 4, 5, 9, 10, 11, 14, 15, 40. nur bei Messen.*

In den Jahren 1720–32 wurde ein großes Nonnenkloster ganz in die Nähe des

Männerklosters erbaut. Die kleine Kirche hat den Grundriss eines griechischen Kreuzes. Beeindruckend ist der Innenraum mit vielen Säulen. Die elegante Fassade ist im Stil des Spätbarock gehalten.

Der Architekt ist nicht bekannt. In Betracht kommen Karol Antoni Bay aus Warschau und Kacper Bażanka. Das Bild auf dem Hochaltar zeigt die hl. Theresa von Avila, der diese Kirche geweiht ist.

Gemäß den strengen Regeln des Karmeliterordens ist die Kirche nur während der Gottesdienste für die Öffentlichkeit zugänglich.

Portal von St. Theresa, der Kirche der Karmeliterinnen

Astronomisches Observatorium 6

Obserwatorium Astronomiczne UJ

Kopernika 27. **Stadtplan** 2 F4. *012 425 14 57. 124, 128, 184, 502. 4, 5, 9, 10, 15, 19, 40. für die Öffentlichkeit.*

Die Errichtung des Observatoriums in Wesoła stand in direktem Zusammenhang mit der Reform der Krakauer Akademie, die in den 1770er Jahren von Hugo Kołłątaj betrieben wurde. Den Auftrag hatte er von der Kommission für Nationale Bildung erhalten. Die Reform brachte mit sich, dass empirische Wissenschaften eine größere Rolle spielten. Dadurch wurde das Jesuitenkloster, das die Kommission nach Aufhebung des Ordens übernahm, zum Observatorium. Stanisław Zawadzki, Architekt von König Stanisław Augustus, gestaltete das Gebäude im strengen klassizistischen Stil. Heute beherbergt der Bau das Botanische Institut der Jagiellonen-Universität. Ein modernes astronomisches Observatorium befindet sich in der früheren Festung Skała in Bielany.

Botanischer Garten der Jagiellonen-Universität 7

Ogród botaniczny UJ

Kopernika 27a. **Stadtplan** 2 F4. *012 421 26 20. 124, 184, 502. 4, 5, 9, 10, 15, 19, 40. Mai–Aug: tägl. 9–19 Uhr; Sep–Okt: tägl. 9–17 Uhr.* **Gewächshäuser** *Sa–Do 10–13 Uhr.* **Museum des Botanischen Gartens** *Mi & Fr 10–14 Uhr, Sa 11–15 Uhr.*

Direkt neben dem Observatorium, auf einem ehemaligen Grundstück der Familie Czartoryski, befindet sich der Botanische Garten der Jagiellonen-Universität. Der Garten wurde 1780 von Jan Jaśkiewicz nach einem Entwurf des Wiener Gartenarchitekten Franz Kaiser angelegt. Zu den Sehenswürdigkeiten zählen eine 500-jährige Eiche, seltene exotische Pflanzen sowie spätgotische Säulen, die ursprünglich aus dem Collegium Maius stammen und hier als Sockel für Pflanzen dienen.

Zwei Palmenhäuser sind architektonisch als Beispiele aus dem 19. Jahrhundert interessant. Ein drittes Palmenhaus wurde 1964 nach einem Entwurf von Stanisław Juszczyk zur 600-Jahr-Feier der Jagiellonen-Universität erbaut. Im Garten befinden sich auch die Büsten von berühmten Botanikern.

Blüten im Botanischen Garten

Krakauer Hauptbahnhof 8

Dworzec Główny PKP

Pl. Kolejowy 1. **Stadtplan** 2 D3 (6 F1). *die meisten Busse und Trambahnen.*

Im Jahr 1847 wurde die Eisenbahnverbindung zwischen Krakau und Schlesien eröffnet, die sogenannte Nördliche oder Franz-Joseph-Bahn. Zwischen 1844 und 1847 entstand im Norden der Stadt ein neuer Bahnhof. Er wurde von dem Breslauer Architekten Piotr Rosenbaum entworfen und galt als einer der elegantesten Bahnhöfe Europas. 1898 errichtete Teodor Talowski neben dem Bahnhof einen Viadukt im neuromanischen Stil. Auf dem umgestalteten Bahnhofsgelände befindet sich heute auch ein Shopping-Center.

Hauptbahnhof von Krakau

Jesuitenkirche ❸

Die monumentale Kirche wurde zwischen 1909 und 1921 nach Entwürfen des Architekten Franciszek Mączyński erbaut. Er bediente sich dabei vieler historischer Stile, die er in einer ganz neuen Art miteinander kombinierte. Mit dem Bau gelang ihm einer der interessantesten polnischen Sakralbauten des frühen 20. Jahrhunderts. An der Gestaltung des Innenraums waren führende Künstler beteiligt: Karol Hukan schnitzte die Altarskulpturen, Jan Bukowski malte Wandbilder von strenger Schönheit und gestaltete sehr eigenwillige Beichtstühle. Das Mosaik über dem Hochaltar stammt von Piotr Stachiewicz, das Südportal, das auf die Kopernika-Straße hinausführt, von Xawery Dunikowski. Die kleine Mączyński-Statue außen vor der östlichen Mauer ist ebenfalls ein Werk von Dunikowski.

★ Südportal
Das monumentale Portal ist der Haupteingang der Kirche. Sowohl der ornamentale Schmuck wie auch die Figuren gelten als außerordentliche Beispiele polnischer Bildhauerei des frühen 20. Jahrhunderts.

Mosaik in der Vorhalle
Vor dem strahlenden Hintergrund wirkt die aus bunten Mosaiksteinchen gefertigte Madonna mit Kind fast unwirklich und mystisch.

Deckenfresken
Diese Fresken tragen zum kostbaren monumentalen Charakter des Innenraums bei. Sie stammen von Jan Bukowski, der auch in anderen Kirchen Fresken schuf, z.B. in der Marienkirche, der Kirche der Bernhardinerinnen und in der Loreto-Kapelle bei der Kapuzinerkirche.

★ Altar des hl. Josef
Die Altäre in den Seitenschiffen sind Werke des Bildhauers Karol Hukan. Besonders interessant ist der Altar des hl. Josef, der 1922/23 entstand. Er zeigt eine sehr bewegte, dynamische Figurengruppe.

INFOBOX

Kopernika 26. **Stadtplan** 2 E4.
☎ *012 429 44 16.* 🚋 *2, 3, 4, 5, 10, 13, 14, 15, 19, 40.* ◯ *tägl. 9.30–12 Uhr und bei Messen.*

Beichtstuhl
Die Beichtstühle stammen von Jan Bukowski, Professor an der Kunsthochschule. Sie sind in barocker Manier gestaltet und auf eigenwillige Art mit Ornamenten verziert.

Hochaltar
Über dem Hochaltar wölbt sich eine Halbkuppel, die von frei stehenden Säulen nur scheinbar gestützt wird. Der Altar greift damit Elemente der italienischen Renaissance-Architektur auf.

Statue von Franciszek Mączyński
Mączyński erbaute die Jesuitenkirche. Die Statue an der Ostmauer stammt von Xawery Dunikowski.

NICHT VERSÄUMEN

- ★ Altar des hl. Josef
- ★ Südportal

Im Detail: Matejko-Platz

Kleparz war ursprünglich eine unabhängige Siedlung nördlich von Krakau. Im Jahr 1366 bekam Kleparz Stadtstatus, 1791 folgte die Eingemeindung. Als die Eisenbahn kam, entwickelte sich Kleparz sehr schnell rund um den Bahnhof. Der leere Platz mitten in der Stadt vor der Barbakane wurde elegant umgestaltet und empfängt Besucher von Krakau freundlich, wenn sie per Bahn in die Stadt kommen oder von Norden über die Warszawska-Straße zum Zentrum fahren.

★ Grunwald-Monument
Das im späten 19. Jahrhundert errichtete Monument sollte das Nationalgefühl der Polen wieder entfachen. Die Inschrift lautet: »Den Ahnen zur Ehre, den Brüdern zur Hoffnung«. ❿

Akademie der Schönen Künste
Die Akademie besitzt eine Sammlung von Werken ihrer Professoren und Studenten, darunter ein Selbstporträt *von Jacek Malczewski.* ⓬

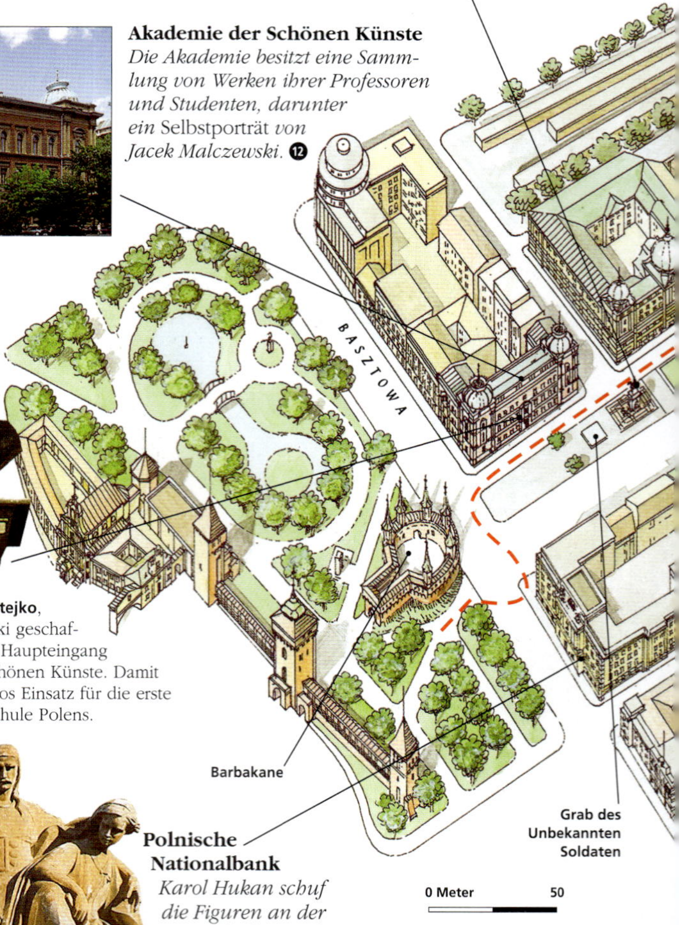

Die Büste von Jan Matejko, die von Jan Tombiński geschaffen wurde, stand am Haupteingang der Akademie der Schönen Künste. Damit würdigte man Matejkos Einsatz für die erste unabhängige Kunstschule Polens.

Polnische Nationalbank
Karol Hukan schuf die Figuren an der Fassade der Bank. Sie sind Allegorien von Industrie und Landwirtschaft. ⓫

0 Meter 50

LEGENDE

– – – Routenempfehlung

Kirche St. Vinzenz von Paul
Die Kirche wurde 1875–87 nach Entwürfen von Filip Pokutyński erbaut. Die Fassade erinnert an die italienische Architektur des Mittelalters. ⓮

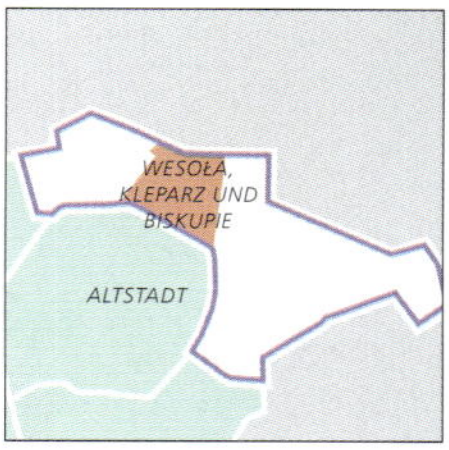

ZUR ORIENTIERUNG
Siehe Stadtplan, Karten 1, 2

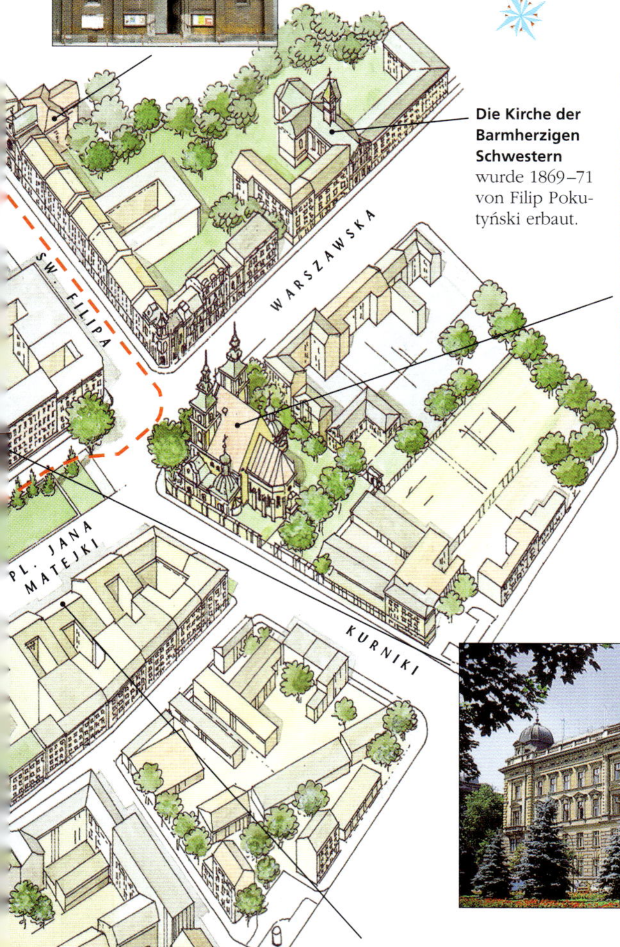

Die Kirche der Barmherzigen Schwestern wurde 1869–71 von Filip Pokutyński erbaut.

★ St.-Florian-Kirche
In früheren Tagen spielte sich das Leben in Kleparz rund um diese Kollegiatskirche ab. Jan Tricius' Bild des hl. Florian schmückt den Hochaltar. ❾

Staatliche polnische Eisenbahnverwaltung
Das prächtige Gebäude entstand im ausgehenden 19. Jahrhundert.

Die eleganten Stadthäuser am Matejko-Platz weisen verschiedene, zu Beginn des 20. Jahrhunderts aktuelle Baustile auf.

NICHT VERSÄUMEN

- ★ Grunwald-Monument
- ★ St.-Florian-Kirche

Barocker Altar des hl. Jan von Kęty in der St.-Florian-Kirche

St.-Florian-Kirche 9

Kościół św. Floriana

Warszawska 1b. **Stadtplan** 2 D3. *012 422 48 42.* *105, 129, 130, 179.* *nur bei Messen.*

Fürst Kazimierz der Gerechte erhielt 1184 von Papst Lucius III. die Reliquien des hl. Florian und beschloss, sie in Krakau beizusetzen. Die Pferde, die den Wagen mit den Reliquien des Märtyrers zogen, blieben in Kleparz, also vor den Toren Krakaus, stehen und weigerten sich, ihre Last weiterzuziehen. Das wertete man als Fingerzeig Gottes. Daher wurde an dieser Stelle von 1185 bis 1212 eine Kirche erbaut. Nachdem die Hauptstadt nach Warschau verlegt worden war, erlangte die Kirche dadurch Berühmtheit, dass hier die Leichname der Könige aufgebahrt wurden, bevor man sie auf dem Wawel beisetzte. Die Beerdigungsprozessionen starteten hier.

Die Kirche wurde bei Überfällen wiederholt zerstört, sodass von der mittelalterlichen Architektur nichts mehr übrig blieb. Der Innenraum wurde von 1677 bis 1684 gestaltet. Interessant sind der Hochaltar mit dem Bildnis des hl. Florian von Jan Tricius (spätes 17. Jh.) sowie der unvollendete spätgotische Altar von Johannes dem Täufer. Die Außenansicht gestaltete Franciszek Mączyński im frühen 20. Jahrhundert neu.

Grunwald-Monument 10

Pomnik Grunwaldzki

Pl. Matejki. **Stadtplan** 2 D3 (6 E1). *105, 129, 130, 154, 179.* *2, 4, 5, 12, 13, 15, 19, 24.*

Das Denkmal, das König Władysław Jagiełło zu Pferd zeigt, wurde zum Gedenken an den 500. Jahrestag des Sieges bei Grunwald (dt. Tannenberg) über den Deutschen Orden errichtet. Der Staatsmann, Komponist und Pianist Jan Paderewski hatte das Denkmal bei dem Bildhauer Antoni Wiwulski in Auftrag gegeben.

Das Monument hatte die großen deutschen Denkmäler des 19. Jahrhunderts zum Vorbild. Vielen nahmen es positiv auf, andere kritisierten die theatralische Konzeption der Figuren. Manche meinten, die einzige lebensechte Figur sei die des toten Hochmeisters Ulrich von Jungingen. Das Monument wurde 1939 zerstört und erst 1975 vom Bildhauer Marian Konieczny rekonstruiert.

Polnische Nationalbank 11

Basztowa 20. **Stadtplan** 2 D3 (6 E1). *012 618 58 00.* *124, 152, 502.* *2, 3, 4, 5, 13, 15, 19, 24.* *Mo–Fr 7–17 Uhr.*

Die Bank, 1921–25 von den Architekten Teodor Hoffman und Kazimierz Wyczyński erbaut, weist den klassizistischen Stil auf, der in den Jahren zwischen den beiden Weltkriegen beliebt war und vor allem bei öffentlichen Bauten und Bankgebäuden zum Zuge kam. Er stand in scharfem Kontrast zum Funktionalismus, den vor allem die linken Kreise bevorzugten. Die Skulpturen im Außenbereich stammen von Karol Hukan und Stanisław Popławski. Beeindruckend ist die große Schalterhalle mit ihrem Kuppelgewölbe.

Klassizistische Fassade der Akademie der Schönen Künste

Akademie der Schönen Künste 12

Pl. Matejki 13. **Stadtplan** 2 D3 (6 E1). *012 299 20 14.* *105, 129, 130, 154, 179.* *3, 4, 5, 13, 15, 19.* **Museum** *nach Vereinbarung.*

Die Krakauer Kunsthochschule erhielt 1873 durch die Bemühungen des Künstlers Jan Matejko Unabhängigkeitsstatus. Drei Jahre später bekam sie von den Stadträten ein Grundstück in Kleparz zugewiesen. Das Gebäude wurde 1879/80 nach einem

Klassizistische Fassade der Polnischen Nationalbank

Hotels in Wesoła, Kleparz und Biskupie *siehe Seite 180*

Entwurf von Maciej Moraczewski errichtet. Der Architekt adaptierte den Stil der Renaissance und handelte damit ganz im Sinne des Historismus des 19. Jahrhunderts. Im ersten Stockwerk befindet sich das Atelier, in dem Matejko Bilder wie *Kościuszko bei Racławice* und *Die Preußische Huldigung* gemalt hat.

1900 wurde die Schule in den Rang einer universitären Akademie erhoben. Einige der besten Künstler Polens absolvierten hier ihr Studium. Das Gebäude in Kleparz ist zurzeit Sitz des Vorstands der Akademie und beherbergt die Fakultäten Malerei, Druck und Bildhauerei.

Staatliche Polnische Eisenbahnverwaltung ⓭

Pl. Matejki 12. **Stadtplan** 2 D3 (6 E1). *012 424 44 44. 124, 502. 3, 4, 13, 15, 19. für die Öffentlichkeit.*

Das Gebäude wurde 1888 von einem unbekannten Wiener Architekten gebaut, der sich romanischer und barocker Anleihen bediente. Vermutlich ist es der einzige Bau in Krakau, der so direkt von der Wiener Monumental-Architektur des 19. Jahrhunderts beeinflusst ist.

Kirche St. Vinzenz von Paul ⓮

Kościół św. Wincentego de Paulo

Św. Filipa 19. **Stadtplan** 2 D3. *012 422 56 40. 124, 502. 3, 4, 5, 13, 15, 19. nur bei Messen.*

Die heutige Kirche wurde zwischen 1875 und 1877 erbaut, und zwar an der Stelle einer mittelalterlichen Kirche, die von den Österreichern im Jahr 1801 zerstört worden war. Der Architekt Filip Pokutyński ließ sich von der spätromanischen Architektur Italiens inspirieren. Obwohl der Entwurf relativ unspektakulär ist, unterscheidet sich die Kirche von anderen sakralen

Altar in St. Vinzenz von Paul

Bauten des 19. Jahrhunderts durch ihre klare, kompakte und monumentale Form. Der Seitenaltar zeigt eine Ikone des Gekreuzigten. Das Bildnis wurde nach dem Zweiten Weltkrieg aus Milatyn (bei L'viv) nach Krakau gebracht.

Globus-Gebäude ⓯

Dom Pod Globusem

Długa 1. **Stadtplan** 1 C3. *012 422 54 23. 124, 502. 3, 4, 5, 12, 13, 15, 19.* **Mehoffer-Saal** *nach Vereinbarung.*

Dieses Haus wurde zwischen 1904 und 1906 für die Industrie- und Handelskammer erbaut. Die Entwürfe stammen von den Architekten Franciszek Mączyński und Tadeusz Stryjeński. Das Gebäude mit seiner interessanten asymmetrischen Form gilt als eines der besten Beispiele für polnische Jugendstil-Architektur. Beherrschend erhebt sich ein pyramidenartiger Turm, auf dem eine Weltkugel ruht. Die Gestaltung des Inneren, einschließlich der Wandmalereien in der großen Halle im ersten Stock, ist vor allem das Werk Józef Mehoffers. Die Buntglasfenster über den Treppen behandeln auf allegorische Weise den Fortschritt der Menschheit durch Industrie und Handel. Interessant sind auch die Arbeiten aus Gusseisen. Heute hat der Verlag »Wydawnictwo Literackie« im Globus-Gebäude seinen Sitz.

Globus-Gebäude mit Pyramide und Weltkugel, ein Beispiel der Jugendstil-Architektur

Fassade der Kirche der Visitantinnen

Kirche und Kloster der Visitantinnen ⓰

Kościół Wizytek

Krowoderska 16. **Stadtplan** 1 C3. *012 632 16 28. 3, 5, 19. nur bei Messen.*

Das Kloster wurde von Bischof Jan Małachowski als Dank für seine wundersame Rettung vor dem Ertrinken in der Weichsel gegründet. Die Kirche, in den Jahren 1686 bis 1695 von Giovanni Solari erbaut, ist eines der interessantesten Beispiele für die sakrale Barockarchitektur in Krakau.

Die Fassade ist mit Skulpturen und Ornamenten reich geschmückt. Der Innenbereich ist üppig ausgestaltet, sodass die kleine Kirche überaus elegant wirkt. Der außergewöhnliche Hochaltar aus dem Jahr 1695 ist ein Werk des Bildhauers Jerzy Golonka, die Gipsarbeiten führte Jan Liskowicz aus. Die aus dem 18. Jahrhundert datierenden Malereien am Deckengewölbe wurden im Laufe der Zeit mehrere Male verändert.

Stadtplan *siehe Seiten 228–237*

Piasek und Nowy Świat

Der Stadtteil Piasek, der bis ins 19. Jahrhundert Garbary hieß, liegt westlich des Altstadtviertels. Seiner Entwicklung war es hinderlich, dass er außerhalb der Stadtmauern Überfällen schutzlos ausgeliefert war. Zwischen Garbary und Wawel lagen mehrere unabhängige Gerichtssprengel: Groble, Smoleńsko, Wielkorządowa, Wygoda, Retoryka und Rybaki sowie Nowy Świat, das unter Krakaus Rechtsprechung stand. Sie alle wurden von den Österreichern zusammengefasst. Gegen Ende des 19. Jahrhunderts begannen Piasek (Sand) und Nowy Świat (Neue Welt) aufzublühen. Wohlhabende Bürger ließen sich nieder, angezogen von der ruhigen Atmosphäre fern des Stadtzentrums. Deshalb findet man hier einige der architektonisch schönsten Wohnhäuser. Die meisten stammen aus der Zeit um 1900.

Singender Frosch

Sehenswürdigkeiten auf einen Blick

Historische Gebäude und Monumente

Akademie für Bergbau und Hüttenwesen 18
Ehemaliges Industrie- und Technologiemuseum 2
Ekielski-Haus 7
Haus zum Singenden Frosch 6
Industrieschule 16
Jagiellonen-Bibliothek 17
Philharmonie 1
Spinnenhaus 21
Turn- und Sportverein »Sokół« 8
Wyspiański-Monument 14

Museen und Sammlungen

Hutten-Czapski-Palast 10
Mehoffer-Museum 12
Nationalmuseum S. 148f 15

Kirchen

Kapuzinerkirche 11
Karmeliterkirche 22
Kirche der Felizianerinnen 3
Kirche der Schwestern vom Hl. Herzen Jesu 9
Kirche des Barmherzigen Gottes 4

Historische Straßen

Allee der drei Dichter 19
Karmelicka-Straße 20
Retoryka-Straße 5

Freifläche

Błonia 13

Legende

Detailkarte *siehe S. 142f*
Post

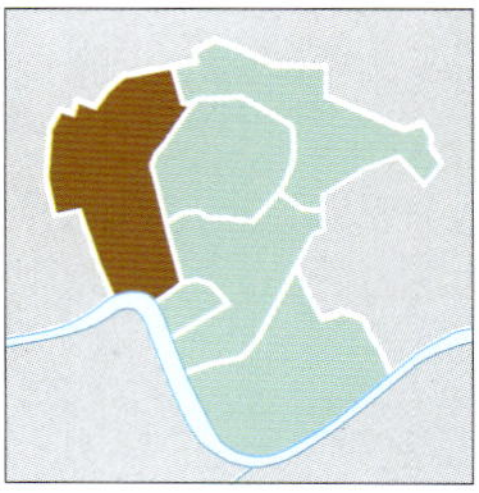

Anfahrt

Die Tramlinien 2, 3, 4, 8, 12, 13, 14, 15 und 24 sowie die Buslinien 124, 152, 502 und 512 halten in der Dunajewskiego-Straße, die Tramlinien 15 und 18 sowie die Busse 124 und 152 in der Piłsudskiego-Straße.

◁ **Efeubewachsenes Haus in der Łobzowska-Straße, typisch für den nördlichen Teil von Piasek**

Im Detail: Piłsudski-Straße

Die Piłsudski-Straße hieß früher Wolska-Straße und bildete einen Teil der Route, die Krakau mit Wola Justowska verband. Diese Route wurde erstmals im 16. Jahrhundert erwähnt. Nachdem Nowy Świat und die benachbarten Gerichtssprengel Krakau eingegliedert worden waren, wurde die Piłsudski-Straße zur Hauptstraße in diesem Stadtteil. Die Straßenflucht endet bei den großen Błonia-Wiesen. Dahinter sind der Kościuszko-Hügel und in einiger Entfernung auch der Piłsudski-Hügel zu sehen. Ende des 19. Jahrhunderts entstanden hier elegante Bauten, wahre Perlen polnischer Architektur.

Kirche der Schwestern vom Heiligen Herzen Jesu
Der Platz vor der Kirche gehörte einst zum Rudawa-Flussbett, das anlässlich der Errichtung der Klostergebäude aufgeschüttet wurde. ❾

Turn- und Sportverein »Sokół«
Betrachtet man diesen wundervollen Mosaikfries, würde man hinter dem Gebäude wohl kaum eine einfache Turnhalle erwarten. ❽

★ Ekielski-Haus
Das ungewöhnliche Haus baute der Architekt Władysław Ekielski für sich selbst. ❼

Haus zum Singenden Frosch
Das Haus wurde von Teodor Talowski entworfen. Es ist geschmückt mit den witzig-verrückten Skulpturen fantastischer Geschöpfe. ❻

★ Retoryka-Straße
Die von Teodor Talowski entworfenen Häuser wirken seltsam altertümlich und tragen zum malerischen Charakter der Straße bei. ❺

Hotels und Restaurants in Piasek und Nowy Świat *siehe Seiten 180f und 193*

Hutten-Czapski-Palast
Dieses Ungeheuer bewacht das Ausstellungspalais, in dem Emeryk Hutten-Czapski seine Münzsammlung aufbewahrte. ❿

Zur Orientierung
Siehe Stadtplan, Karten 1, 5

Philharmonie
Nach einem Brand im Jahr 1991 wurde die Halle renoviert und mit einer topmodernen Orgel ausgestattet.

Ehemaliges Industrie- und Technologiemuseum
Das Gebäude gehört zum Interessantesten, was die modernistische Architektur Polens zu bieten hat. ❷

Kirche der Felizianerinnen
Die Kirche wurde von Feliks Księżarski entworfen. Ihr Innenraum gehört zu den wenigen Beispielen sakraler neuromanischer Architektur in Krakau. ❸

0 Meter 50

Legende

Routenempfehlung

Kirche des Barmherzigen Gottes
Die gotische Gedenktafel eines unbekannten Ritters ist umgeben von Architektur aus dem 19. Jahrhundert. ❹

Nicht versäumen

★ Ekielski-Haus

★ Retoryka-Straße

Stadtplan *siehe Seiten 228–237*

Das klassizistische Philharmonie-Gebäude

Philharmonie ❶
Filharmonia

Zwierzyniecka 1. **Stadtplan** 1 B5 (5 C3). *012 422 94 77.* *103, 124, 502.* *1, 2, 8, 18.*

Die Gesellschaft der Musikfreunde, die in Krakau zwischen 1817 und 1884 aktiv war, war die erste philharmonische Gruppe im besetzten Polen. Die Staatliche Karol-Szymanowski-Philharmonie wurde 1945 in Krakau gegründet. Walery Bierdiajew, Andrzej Panufnik und Krzysztof Penderecki waren Dirigenten dieses Orchesters. Zu Orchester und Chor gesellte sich noch das renommierte Kammermusikensemble Capella Cracoviensis. Die Konzerthalle befindet sich im ehemaligen Katholischen Kulturinstitut, das 1928–30 von Pokutyński und Filipkiewicz im klassizistischen Stil erbaut wurde, einem Stil, der bei den polnischen Architekten jener Zeit besonders beliebt war.

Ehemaliges Industrie- und Technologiemuseum ❷
Gmach dawnego Muzeum Techniczno-Przemysłowego

Smoleńsk 9. **Stadtplan** 1 B5 (5 B3). *103, 124, 502.* *1, 2, 8, 18.*

Das Museum, 1868 von Andrzej Baraniecki gegründet, der die Stadt mit seiner Bibliothek und seiner Kunstsammlung beschenkte, hielt Zeichenkurse ab, auch spezielle Malkurse für Frauen, und besaß eigene Werkstätten. Daraus entwickelte sich die Zusammenarbeit mit anderen an Design orientierten Einrichtungen. Eine Reihe von Schriften, darunter die Zeitschriften *Przegląd Techniczny* (Technische Revue) und *Architekt* wurden veröffentlicht. Außerdem spielte das Museum eine wichtige Rolle bei der Entwicklung polnischer Gebrauchskunst.

Ursprünglich war das Museum im westlichen Flügel des Franziskanerklosters untergebracht. Das jetzige Gebäude wurde 1908–14 nach Plänen von Tadeusz Stryjeński errichtet. Józef Czajkowski entwarf die elegante, geometrische Fassade. Neu an dem Gebäude war, dass es aus Stahlbeton gefertigt wurde. Unüblich war darüber hinaus auch die Raumgestaltung, ein führendes Beispiel modernistischer Architektur. Das Industrie- und Technologiemuseum wurde 1952 geschlossen. Heute beherbergt der Bau die Fakultät Industriedesign der Kunstakademie.

Detail des ehemaligen Industrie- und Technologiemuseums

Kirche der Felizianerinnen ❸
Kościół Felicjanek

Smoleńsk 4/6. **Stadtplan** 1 B5 (5 B3). *012 422 08 37.* *103, 124, 502.* *1, 2, 8, 18.* *tägl. 8.30–18 Uhr und bei Messen.*

Die Kirche der Felizianerinnen ist eine der größten Kirchen des 19. Jahrhunderts. Die neuromanische Basilika wurde 1882–84 nach Entwürfen von Feliks Księżarski erbaut, jedoch von Sebastian Jaworzyński wieder verändert. Die monumentalen Formen sind beeindruckend, werden aber im Inneren durch die Pracht der Altäre abgemildert. Die Kirche beherbergt die Reliquien der seligen Maria Angela Truszkowska, der Gründerin des Ordens, die 1899 starb.

Altar der Maria Angela, Kirche der Felizianerinnen

Kirche des Barmherzigen Gottes ❹
Kościół Miłosierdzia Bożego

Bożego Miłosierdzia 1. **Stadtplan** 1 B5 (5 B3). *1, 2, 8, 15, 18.* *nur bei Messen.*

Im Jahr 1555 gründete Jan Żukowski in Nowy Świat ein Armenhaus und eine kleine Kirche, die erst 1665 geweiht wurde. Da sie außerhalb der Stadtmauer lagen, wurden beide Gebäude bei Überfällen mehrfach zerstört. Trotzdem blieb die Kirche erhalten. An ihrer Außenwand, die Richtung Smoleńsk-Straße weist, existieren noch die Reste eines gotischen Grabes mit der Figur eines knienden Ritters.

Unter der ansonsten bescheidenen Innenausstattung sticht im Altarraum das Bild *Misericordia Domini* (Leiden Christi und klagende Maria) von 1650 hervor. Neben der Kirche steht das Presbyterium, 1905 von Jan Zubrzycki im eklektizistischen Stil erbaut.

Retoryka-Straße ❺

Ulica Retoryka

Stadtplan 1 B5 (5 B3, 4). *15, 18.*

Der Name dieser Straße kommt von der Retoryka-Rechtsprechung, die von den Ossolińskis in der ersten Hälfte des 18. Jahrhunderts in diesem Gebiet begründet wurde. Im späten 19. Jahrhundert begann man, entlang dem Rudawa-Fluss eine Straße zu bauen. 1910 wurde der Fluss kanalisiert und unterirdisch weitergeleitet.

Die Straßen waren gesäumt von fantastisch konstruierten und außergewöhnlich verzierten Häusern. Am interessantesten sind die Häuser von Teodor Talowski. Er bediente sich bei der äußeren Gestaltung scheinbar alter, absichtlich beschädigter Motive, z. B. Mosaiken oder Gedenktafeln mit lateinischen Inschriften. Die Inschrift auf seinem eigenen Haus lautet *festina lente* (Eile mit Weile), auf dem Ass-Haus ist zu lesen: *Faber est suae quisque fortunae* (Jeder ist seines Glückes Schmied).

Die Häuser in der Retoryka-Straße wurden alle um 1900 entworfen und zeigen polnische Architektur an der Schwelle zur Moderne.

Haus zum Singenden Frosch ❻

Dom Pod Śpiewającą Żabą

Retoryka 1. **Stadtplan** 1 B5 (5 B3). *15, 18.*

Das Eckhaus Retoryka-Straße Nr. 1 von 1889/90 gilt als interessantestes der

Haus zum Singenden Frosch

Talowski-Häuser. Es besteht aus einer Anzahl von Elementen, die in Höhe und Aussehen unterschiedlich sind.

Der Name des Hauses spielt sowohl auf die Nutzung als auch auf die Lage und Umgebung des Gebäudes an: Früher war hier eine Musikschule untergebracht, deren singende Studenten häufig begleitet wurden von laut quakenden Fröschen aus dem Fluss Rudawa, der ganz in der Nähe fließt.

Ekielski-Haus ❼

Dom W. Ekielskiego

Piłsudskiego 40. **Stadtplan** 1 A5 (5 A3). *103, 114, 124, 152, 173, 179, 512.* *15, 18.*

Dies war das Haus von Władysław Ekielski, einem der besten Architekten Krakaus um 1900. Er baute es im Jahr 1899 für sich selbst. Beim Bau nahm er Anleihen bei der mittelalterlichen und der Renaissance-Architektur, verwendete die Elemente aber völlig neu, sodass das fertige Gebäude letztendlich mehr Ähnlichkeit mit einem Fantasieschloss als mit einem Wohnhaus hat. Trotzdem sind einige Details wie beispielsweise die offene Loggia und der Turm mit dem Treppenhaus charakteristisch für eine Vorstadtvilla.

Turn- und Sportverein »Sokół« ❽

Gmach Towarzystwa Gimnastycznego »Sokół«

Piłsudskiego 27. **Stadtplan** 1 B5 (5 A3). *012 421 73 97.* *124, 152, 512.* *15, 18.* *für die Öffentlichkeit.*

Der Turn- und Sportverein »Sokół« wurde 1867 in Lwów (L'viv) gegründet. Zur Förderung der körperlichen Ertüchtigung veranstaltete er theoretische und praktische Kurse. Außerdem organisierte er Festlichkeiten anlässlich wichtiger Jahrestage der polnischen Geschichte.

Die Sporthalle, ein einfacher Ziegelbau, wurde 1889 nach einem Entwurf von Karol Knaus gebaut. 1894 erweiterte Teodor Talowski den Ostteil des Gebäudes und verzierte die gesamte Außenfront mit Elementen aus der romanischen und gotischen Kunst. Außerdem bekam das Gebäude einen *Sgraffito*-Fries, in den der Künstler Antoni Tuch die Ziele des Vereins verewigte: körperliche Ertüchtigung, geistige Beweglichkeit und Zivilcourage. In der Halle finden noch heute bedeutende nationale und internationale Sportereignisse statt.

Turn- und Sportverein »Sokół«

Kirche der Schwestern vom Heiligen Herzen Jesu ❾

Kościół Sercanek

Garncarska 26. **Stadtplan** 1 B5 (5 B3). *012 421 86 68.* *15, 18.* *nur bei Messen.*

Das Kloster der Schwestern vom Heiligen Herzen Jesu wurde 1895–1900 nach Entwürfen von Władysław Kaczmarski und Sławomir Odrzywolski erbaut. Die Architekten passten die Fassaden von Kirche und Klostergebäuden an die Garncarska-Straße an, um die leichte Krümmung der Straße auszugleichen. Dies erklärt den unregelmäßigen Grundriss.

In der äußeren Mauer der eklektizistischen Kirche befinden sich blanke Ziegel. Die Fassaden sind reich verziert mit Ornamenten, die der Romanik nachempfunden wurden. Außerdem gibt es *Sgraffito*-Malerei sowie klassizistische Skulpturen von Jan Tombiński zu sehen.

Kirche der Schwestern vom Heiligen Herzen Jesu

Hutten-Czapski-Palast ❿

Pałac Hutten-Czapskich

Piłsudskiego 12. **Stadtplan** 1 B5 (5 B3). *012 422 27 33.* *15, 18.* *nur für Studienzwecke.*

Der Hutten-Czapski-Palast im Stil der Neorenaissance

Der kleine Neorenaissance-Palast wurde 1884 von dem Architekten Antoni Siedek für Hubert Krasiński erbaut. Einige Jahre später ging er ins Eigentum von Emeryk Hutten-Czapski über, der aus der Gegend von Vilnius nach Krakau zog und eine exquisite Münzsammlung mitbrachte. 1896 wurde extra für die Sammlung ein Pavillon gebaut. Architekten waren Tadeusz Stryjeński und Zygmunt Hendel. Die Inschrift über dem Pavillon lautet: *Monumentis Patriae naufragio ereptis* (Dem nationalen Erbe, das vor der Zerstörung bewahrt blieb). Im Jahr 1903 vermachten die Czapskis den Palast und die Sammlung der Stadt Krakau.

Heute ist der Palast Sitz der obersten Verwaltung des Nationalmuseums und beherbergt auch Stücke aus dessen Bestand. Vor dem Haus kann man eine Sammlung architektonischer Fragmente besichtigen.

Kapuzinerkirche ⓫

Kościół Kapucynów

Loretańska 11. **Stadtplan** 1 B4 (5 B2). *012 422 48 03.* *124, 152, 192, 502.* *2, 4, 8, 13, 14, 15, 18.* *tägl. 9.30–16.30 Uhr, 17–19 Uhr und bei Messen.*

Die Kapuziner kamen im Jahr 1695 nach Krakau. Ein Jahr später begannen sie mit dem Bau der Kirche und des Klosters. Die Bauarbeiten unterstanden zunächst Carlo Ceroni, der später von Martino Pellegrini abgelöst wurde. Die Architektur sowie die Ausstattung aus dem Jahr 1775 zeugen von den strengen Regeln des Ordens, der sich der völligen Armut verschrieben hat. Daraus erklären sich Schlichtheit und Funktionalität der Architektur sowie die Bescheidenheit der schmucklosen, bemalten Holzaltäre. Trotzdem findet man bei den Altären herausragende Bilder. Dazu gehören *Die Verkündigung* von Pietro Dandini, *Die Heiligen Erasmus und Cajetan*, zwei im 18. Jahrhundert von Łukasz Orłowski gemalte Bilder, sowie *Der hl. Franz von Assisi* von Szymon Czechowicz. Interessant sind auch einige Gräber. Ein hölzernes Kreuz vor der Kirche erinnert an die Mitglieder der Adelskonföderation, die 1768 gegen die Russen rebellierten und in den Gefechten fielen.

Von 1712 bis 1719 wurde nach einem Entwurf von Kacper Bażanka die Loreto-Kapelle erbaut. Sie ist durch einen Kreuzgang mit der Kirche verbunden. Die Kapelle besitzt einen klassizistischen Altar mit einer Statue der Madonna von Loreto und ein Tabernakel, das ebenfalls von Bażanka stammt. Jedes Jahr wird hier eine große Weihnachtskrippe aufgebaut.

Das Innere der Loreto-Kapelle bei der Kapuzinerkirche

Hotels und Restaurants in Piasek und Nowy Świat *siehe Seiten 180f und 193*

Mehoffer-Museum ⓬

Muzeum Józefa Mehoffera

Krupnicza 26. **Stadtplan** 1 B4 (5 B2). *012 421 11 43.* *124, 152, 173, 179, 502, 512.* *2, 4, 8, 12, 13, 15, 18, 24.* *Di–Sa 10–18 Uhr, So 10–16 Uhr.* *So frei.*

Stanisław Wyspiański wurde 1869 in diesem Haus geboren. Im Jahr 1930 kaufte es Józef Mehoffer (1869–1946), einer der bedeutendsten modernistischen Künstler Polens. Er war Maler, Bühnenbildner und Innenarchitekt. 1968 erwarb das Nationalmuseum, das eine Spende von der Familie des Künstlers erhalten hatte, das Haus und gründete das Mehoffer-Museum. Die Einrichtung wurde so belassen, wie der Künstler sie arrangiert hat. Ausgestellt sind viele Bilder, bemaltes Glas und Entwürfe für Glas- und Wandmalereien.

***Porträt der Frau Mehoffer* von Józef Mehoffer**

Błonia ⓭

Stadtplan 1 A5. *103, 114, 134, 152, 164, 173, 179, 192, 292.* *15, 18.*

Die Błonia-Wiesen gehörten zu den Gütern der Prämonstratenser-Nonnen (Norbertinerinnen) in Zwierzyniec und wurden ursprünglich als Weideland genutzt. 1366 machten die Nonnen ein sehr schlechtes Geschäft mit den Stadtvätern. Sie tauschten Błonia gegen ein Haus in der Floriańska-Straße. Das Haus erwies sich als unrentabel und brannte schließlich ab. Daher rührt der Witz über die Nonnen, die gutes Weideland gegen ein Kartoffelfeuer eintauschen. Über Jahrhunderte versuchten die Nonnen vergeblich, Błonia zurückzubekommen. Aber die Wiesen blieben Eigentum der Stadt Krakau.

Früher wurde Błonia als Ort für Massenveranstaltungen genutzt. 1894 fand hier das erste Krakauer Fußballspiel statt, Papst Johannes Paul II. zelebrierte auf dem Gelände zwei Messen. Heute ist Błonia ein beliebter Platz zum Ausspannen. An den Tagen, an denen die Fußballvereine Wisła und Cracovia gegeneinander spielen, herrscht auf dem Gelände lautes Gedränge.

Wyspiański-Monument ⓮

Pomnik S. Wyspiańskiego

Stadtplan 1 A5 (5 A3). *103, 114, 164, 173, 179.*

Dieses Denkmal wurde 1982 anlässlich des 75. Todestages des großen Künstlers und Bühnenschriftstellers der sogenannten Jungen Polnischen Bewegung (Polnischer Modernismus) enthüllt. Das Werk des Bildhauers Marian Konieczny zeigt Stanisław Wyspiański umringt von Figuren aus seinen beiden Stücken *Hochzeit* und *Novembernacht*.

Das Monument wurde schlecht aufgenommen und erntete zynische Kritiken. Auch die Platzierung hinter dem Parkplatz des Nationalmuseums ist ungünstig. Die Figuren scheinen hinter den parkenden Autos aufzutauchen, so wurden die weit ausladenden Gesten der Figuren interpretiert als Ausdruck ihres Erstaunens über die rasante Verkehrsentwicklung.

Wyspiański-Monument von 1982

Nationalmuseum ⓯

Siehe S. 148f.

Industrieschule ⓰

Szkoła Przemysłowa

Krupnicza 44. **Stadtplan** 1 A4 (5 A2). *012 422 32 20.* *103, 114, 164, 169, 173, 179.* *für die Öffentlichkeit.*

Im Jahr 1834 wurde das Institut für Technologie mithilfe der Zuwendungen des Architekten Szczepan Humbert eingerichtet. Später entstand daraus die Staatliche Industrieschule. 1912 zog die Schule in ein neues Gebäude um, das von Sławomir Odrzywolski erbaut worden war. Die mit vielfältigen Jugendstil-Ornamenten verzierten unregelmäßigen Ziegelmauern erwecken bei vielen Besuchern den Eindruck eines Spukschlosses im Zauberwald.

Nationalmuseum ⓯

Jacek Malczewski von Szymanowski

Der moderne Bau des Nationalmuseums wurde 1934 von Czesław Boratyński, Edward Kreisler und Bolesław Schmidt entworfen, aber erst 1989 fertiggestellt. Dauerausstellungen zeigen polnische Malerei und Bildhauerei des 20. Jahrhunderts, außerdem kunstgewerbliche Objekte, Waffen und andere Memorabilien der polnischen Armee. Die Gemäldesammlung ist eine der größten in Polen. Hier gibt es Arbeiten führender modernistischer Künstler sowie einige außergewöhnliche Werke aus der Zeit zwischen den beiden Weltkriegen. Es überwiegt jedoch Kunst aus der Zeit nach 1945.

Exekution (1949)
Die Kunst Andrzej Wróblewskis, der sehr jung verstarb, ist eine Auseinandersetzung mit den tragischen Kriegsjahren.

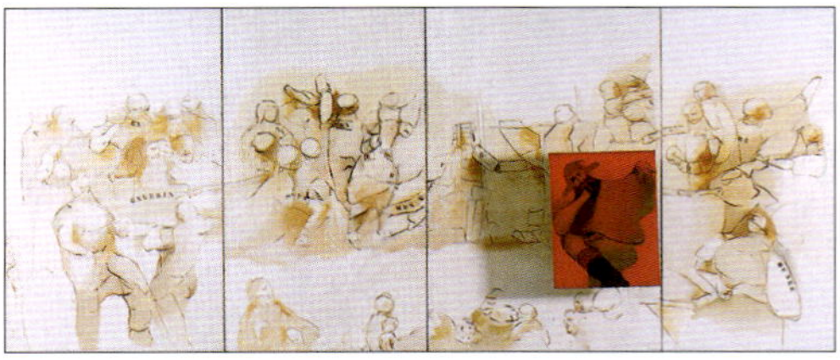

Emballage (1975)
Die Arbeit von Tadeusz Kantor ist eine künstlerische Interpretation von Jan Matejkos großem Historienbild Die Preußische Huldigung.

Uniform von Józef Piłsudski
Die Uniform des »grauen Jägers« erinnert an die tragische und doch siegreiche Geschichte der polnischen Truppen zwischen 1914 und 1917.

Marschallstab
Dieser vergoldete buzdygan *gehörte dem Oberbefehlshaber »Grand Hetman« Stanisław Jabłonowski, der 1683 in der Schlacht von Wien kämpfte.*

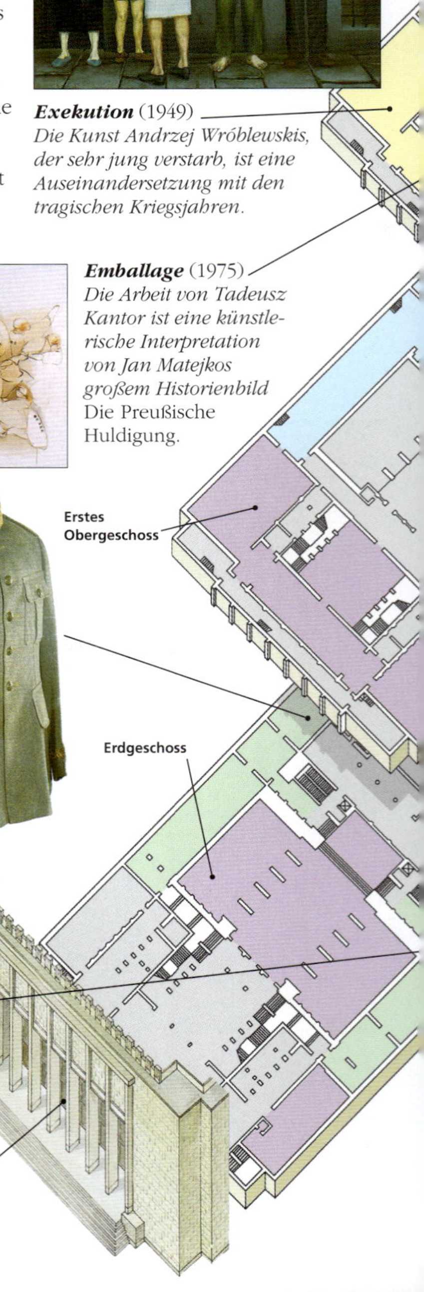

Legende

- Wechselausstellungen
- Waffen und Farben in Polen
- Polnische Kunst des 20. Jh.
- Kunstgewerbliche Objekte
- Keine Ausstellungsfläche

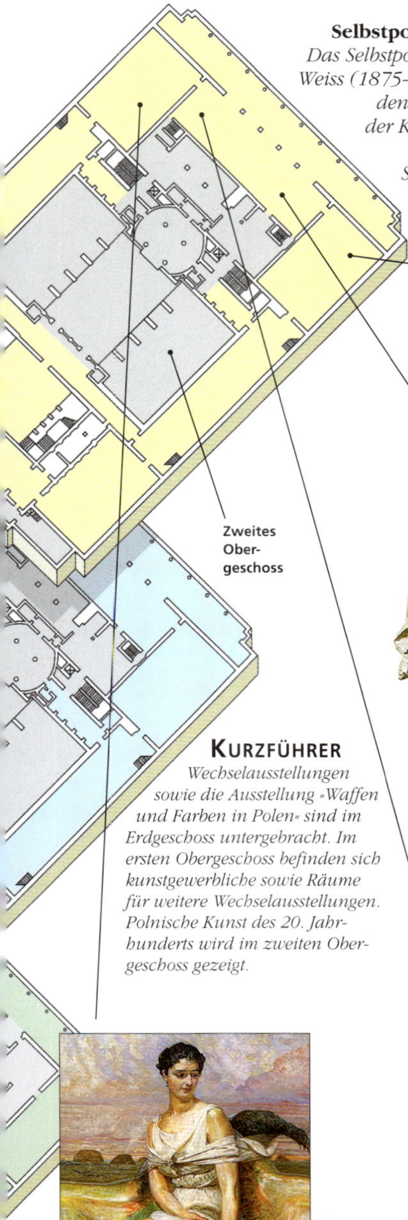

Selbstporträt mit Masken
Das Selbstporträt von Wojciech Weiss (1875–1950) stammt aus den frühen Jahren, als der Künstler noch unter dem Einfluss des Symbolismus stand.

Infobox

Al. 3 Maja 1. **Stadtplan** 1 A3/4 (5 A3). *012 633 53 31.* *103, 109, 114, 124, 134, 144, 152, 164, 169, 173, 179, 192, 194, 409, 512.* *15, 18.* *Di–Sa 10–18 Uhr, So 10–16 Uhr.* *So frei.* **www**.muzeum.krakow.pl

★ Entwurf für eine Mickiewicz-Statue
Die monumentale Statue des kubistischen Künstlers Zbigniew Pronaszko (1885–1958) wurde nie ausgeführt, sie existiert nur als Modell.

Kurzführer

Wechselausstellungen sowie die Ausstellung »Waffen und Farben in Polen« sind im Erdgeschoss untergebracht. Im ersten Obergeschoss befinden sich kunstgewerbliche sowie Räume für weitere Wechselausstellungen. Polnische Kunst des 20. Jahrhunderts wird im zweiten Obergeschoss gezeigt.

★ *Polonia*, Entwurf für ein Bleiglasfenster
Stanisław Wyspiańskis Entwürfe für Buntglasfenster in der Kathedrale nehmen sich Themen der Vergangenheit mit symbolischem Bezug zur Gegenwart an.

Nike der Legionen
Auf einer der symbolischen Großleistungen von Jacek Malczewski sitzt die Siegesgöttin Nike neben dem Körper eines Legionärs, der Ähnlichkeit mit Józef Piłsudski hat.

Nicht versäumen

★ Entwurf für eine Mickiewicz-Statue

★ *Polonia*, Entwurf für ein Bleiglasfenster

Jagiellonen-Bibliothek ⓱

Biblioteka Jagiellońska

Al. Mickiewicza 22. **Stadtplan** 1 A4 (5 A2). *012 633 09 03.* *15, 18.* *103, 114, 144, 164, 173, 169, 179, 194.* *Mo–Fr 8–20 Uhr, Sa 8–15 Uhr.*

Viele Jahrhunderte lang war die Bibliothek der Jagiellonen-Universität im Collegium Maius *(siehe S. 106f)* untergebracht. Das neue Gebäude wurde 1931–39 nach Entwürfen von Wacław Krzyżanowski gebaut. Von außen wirkt es sehr modern, die Räume im Inneren sind geräumig und funktional. Der Bau ist aber nicht nur auf den guten Entwurf zurückzuführen, sondern auch auf hochwertige handwerkliche Arbeit und ausgesuchte Materialien.

In den 1990er Jahren wurde mit den Arbeiten an einem neuen Bibliotheksflügel begonnen. Als Architekt fungierte Romuald Loegler, die Fertigstellung erfolgte 2002, kurz nach der 600-Jahr-Feier der Universität. Der neue Flügel besticht durch innovatives Design und gilt als eines der interessantesten Beispiele für die Architektur der 1990er Jahre.

Im Besitz der Bibliothek sind rund 25 000 kostbare Handschriften und ungefähr 100 000 seltene Bücher und Drucke. Sie hat den Status einer Staatsbibliothek.

Akademie für Bergbau und Hüttenwesen ⓲

Al. Mickiewicza 30. **Stadtplan** 1 A3, 4 (5 A1). *012 617 33 33.* *103, 114, 144, 164, 169, 173, 179, 194.* *tägl. 7.30–20 Uhr.*

Die Bergbau-Akademie gab es in Krakau seit 1919, 1922 kam die Akademie für Metallurgie hinzu. Nach 1945 machte man aus der Akademie eine gut ausgestattete technische Hochschule. Sie besitzt ihren eigenen Kernreaktor und modernste akustische Labors. Das riesige Hauptgebäude mit seinen 110 000 Quadratmetern Grundfläche wurde 1923 bis 1935 erbaut. Die Architekten waren Sławomir Odrzywolski und Wacław Krzyżanowski. Der klassizistische Baustil wird an der Fassade und am Säulengang deutlich. Die Statuen der Minen- und Stahlarbeiter vor dem Gebäude stammen von Jan Raszka.

Im von Deutschland besetzten Polen wurde das Gebäude zum Sitz des Generalgouverneurs. Ein Museum im Gebäudetrakt C-1 behandelt die Geschichte der Akademie.

Statuen vor der Akademie für Bergbau und Hüttenwesen

Allee der drei Dichter ⓳

Aleje Trzech Wieszczów

Stadtplan 1 A3, 1 A4, 1 B2, 1 C2. *103, 114, 129, 139, 144, 164, 173, 179.*

Mitte des 19. Jahrhunderts wurde dort, wo sich heute die Straße befindet, ein Erdwall aufgeschüttet, auf dem 1887/88 die Eisenbahnschienen für die Strecke von Krakau nach Płaszów verlegt wurden. Östlich dieses Dammes entstanden neue Straßen und Häuser, alles eklektizistische oder Jugendstilbauten.

Als 1910 die Grenzen der Stadt Krakau erweitert wurden, brach man die Schienen und die Böschung ab. Stattdessen wurde eine große Straße mit zwei Fahrspuren und einem Grünstreifen in der Mitte gebaut. Jeder Straßenabschnitt wurde nach einem Dichter der Romantik benannt: Hierbei handelte es sich um die Dichter Krasiński, Mickiewicz und Słowacki. Ziel war es, die Straße in eine Art Krakauer Champs-Élysées zu verwandeln.

Illustrierte Seite im Behem-Kodex, Jagiellonen-Bibliothek

Hotels und Restaurants in Piasek und Nowy Świat *siehe Seiten 180f und 193*

Blick die Karmelicka-Straße hinunter

Karmelicka-Straße ⑳
Ulica Karmelicka

Stadtplan 1 B3, 4 (5B, C1). 🚌 *114, 159, 164, 169, 179.* 🚋 *4, 8, 13, 14.*

Die Karmelicka-Straße war Teil der alten Route, die Krakau mit Czarna Wieś und Łobzów verband, und damit schon immer die Hauptstraße im Garbary-Viertel. Die Karmeliterkirche und das Haus Nr. 12, das Rathaus von Garbary, wurden hier erbaut. Anfänglich war die Straße zweigeteilt: Der längere Teil erstreckte sich vom Schustertor bis zu einer kleinen Brücke, nach der sich die Straße verengte. Das erklärt, warum das Karmeliterkloster in die Straße hineinragt.

Ende des 19. Jahrhunderts entwickelte sich die Karmelicka zu einer der elegantesten Straßen Krakaus. Unter renommierten Architekten wie Maksymilian Nitsch, Teodor Talowski und Filip Pokutyński entstanden prächtige Häuser. Die Schriftsteller Stanisław Przybyszewski und Tadeusz Boy-Żeleński wohnten hier.

Spinnenhaus ㉑
Dom Pod Pająkiem

Karmelicka 35. **Stadtplan** 1 B3 (5 C1). 🚋 *4, 8, 13, 14.*
● *für die Öffentlichkeit.*

Das Haus wurde 1889 von Teodor Talowski, einem der führenden Architekten Krakaus, erbaut. Seine Absicht war es, dem Gebäude einen antiken Touch zu verleihen. So versah er es mit einem »gotischen« Rundturm und einem hohen Giebel im Stil des niederländischen Manierismus. Durch die Verwendung verschiedener Stilelemente wollte er den Eindruck erwecken, als sei das Haus viele Male umgebaut worden. So integrierte er eine Attika, wie sie an den Renaissance-Tuchhallen zu finden ist, in den zinnenartigen »gotischen« Fries. Das Gebäude ist bis ins kleinste Detail sehr originell.

Karmeliterkirche ㉒
Kościół Karmelitów

Karmelicka 19. **Stadtplan** 1 B3 (5 C1). ☎ *012 632 67 52.* 🚌 *114, 139, 159, 164, 169, 192.* 🚋 *4, 8, 13, 14.* ○ *tägl. 9.30–16.30 Uhr, 17–19 Uhr und bei Messen.*

Der Legende nach konnte Herzog Władysław Herman eine schwere Hautkrankheit ausheilen, indem er die kranken Hautpartien mit Sand abrieb. Er nahm den Sand von einer Stelle, die ihm von der Jungfrau Maria gezeigt wurde. An dieser Piasek (Sand) genannten Stelle ließ der Herzog 1087 eine Votivkirche bauen. So entstand die Legende der Sandmadonna.

Tatsächlich wurde die Kirche von Königin Jadwiga im Jahre 1395 gegründet und während des Schwedeneinfalls (17. Jh.) fast vollständig zerstört. Ihre Überreste sind in die neue, 1679 geweihte Barockkirche eingearbeitet. Bemerkenswert ist der mit Akanthusblättern verzierte Hochaltar von 1698/99. Interessant sind auch das Gestühl und die Orgelempore, beides Schöpfungen von Jan Hankis. Die Marienikone der Sandmadonna, die direkt auf die Mauer gemalt ist, wird noch heute verehrt.

Kalvarienkapelle an einer Seitenwand der Karmeliterkirche

Königin Jadwiga (Hedwig)

Königin Jadwiga (um 1374–1399) war berühmt für ihre Frömmigkeit und Nächstenliebe. Verehrt wurde sie seit dem Mittelalter, heiliggesprochen erst 1997. Eine rührende Geschichte schafft eine Verbindung zwischen Jadwiga und den Karmelitern. Sie berichtet vom Schicksal eines Maurers, der an der Kirche mitbaute und bei Jadwiga über seine Armut klagte. Er habe kein Geld, um für seine Frau Medizin zu kaufen. Daraufhin schenkte die Königin dem Mann ihre goldene Schuhspange. Der Fußabdruck der Königin existiert noch heute.

Fußabdruck der Königin Jadwiga

Abstecher

Kleinpolen ist die am dichtesten besiedelte und reichste Region der früheren polnisch-litauischen Union. Bis ins 17. Jahrhundert hatte der lokale Adel die höchsten Ämter inne, spielte eine bedeutende Rolle am königlichen Hof von Krakau und übte so Einfluss auf die Geschicke des Staates aus. Die Edelleute verbrachten ihre Zeit mit offiziellen Besuchen in der Hauptstadt oder hielten sich auf ihren Landsitzen auf, wo sie Schlösser, Kirchen und Klöster bauten. So verbreiteten sie die Kunst und Kultur Krakaus in ganz Kleinpolen. Auch in den folgenden Jahrhunderten gab Krakau in puncto Lebensstil den Ton an. Die Stadt war ein Zentrum für die Künstler aus der ganzen Provinz. Das trug aber auch zum künstlerischen Klima in den Nachbarregionen bei, wo sich Elitäres mit Volkstümlichem mischte und oft überraschende Ergebnisse hervorbrachte. Um die lange Verbundenheit Krakaus mit seiner Umgebung zu erfahren, sind Ausflüge in die nähere und weitere Umgebung ideal. Hier bietet sich die einmalige Gelegenheit, historische Architektur zu erleben und zugleich in der Natur zu entspannen.

Quelle mit »heiligem« Wasser am Kalwaria Zebrzydowska

Sehenswürdigkeiten auf einen Blick

- *Auschwitz (Oświęcim) S. 160–163* 12
- Branice 3
- Grodzisko 8
- Kalwaria Zebrzydowska 13
- Mogiła 2
- Niepołomice 4
- Nowa Huta 1
- Ojców 7
- Pieskowa Skała 9
- Staniątki 5
- Tyniec 10
- Wadowice 11
- Wieliczka 6

Legende

- Stadtzentrum
- Großraum Krakau
- Bahnhof
- Flughafen Balice
- Autobahn
- Hauptstraße
- Nebenstraße

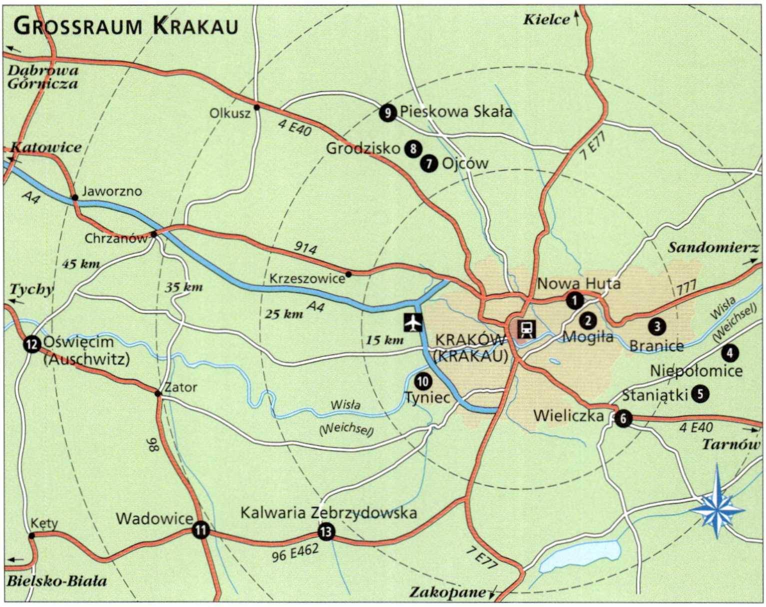

Schloss Pieskowa Skała, 35 Kilometer nordwestlich von Krakau *(siehe S. 157)*

Architektur des Sozialistischen Realismus in Nowa Huta

Nowa Huta ❶

7 km östlich des Zentrums.
🚌 *117, 132, 138, 139, 142, 148, 149, 163, 174.* 🚋 *4, 15, 17, 21, 22.*

Im Volksentscheid von 1946 erlitten die Kommunisten in Krakau eine empfindliche Niederlage. Die Schuld dafür gaben sie dem sozialen Ungleichgewicht innerhalb der Klassengesellschaft. Mit dem erklärten Ziel, die Gesellschaft wieder ins Gleichgewicht zu bringen, wurde sehr schnell ein Industrialisierungsprogramm in Gang gesetzt, um der Bourgeoisie Krakaus eine Arbeiterklasse entgegenzusetzen. 1948 unterzeichneten Polen und die Sowjetunion einen Vertrag für das neue Lenin-Stahlwerk. Mit dem Bau einer neuen Stadt namens Nowa Huta (Neues Stahlwerk) begann man im Jahr 1949. Der Architekt Tadeusz Ptaszycki entwarf sie im Stil des Sozialistischen Realismus, der aus der Sowjetunion »importiert« wurde und von der Renaissance-Architektur beeinflusst war.

Die Siedlung »Zentrum«, die 1949–55 entstand, ist ein sehr interessantes Beispiel für diese Art von Stadtplanung. Ab 1956 dominierten dann jedoch nur billige Betonblöcke. In der kommunistischen Modellstadt gab es keinen Platz für eine Kirche. Ungeachtet der offiziellen Ideologie forderten die Leute von Nowa Huta in den 1950er Jahren ein Gotteshaus. In den 1970er Jahren begann der Bau von Kirchen. Eine von ihnen, die »Arche Gottes« *(siehe S. 37)*, ist ein herausragendes Beispiel für moderne Kirchenarchitektur. Zwischen 1981 und 1983, als in Polen Kriegsrecht herrschte, machten die Arbeiter von Nowa Huta eindeutig klar, dass sie nicht die besten Verbündeten der Kommunisten waren. Die Stadt war berüchtigt wegen ihrer Krawalle, die von den ZOMO-Sturmtruppen unterdrückt werden mussten. Nach 1989 wurden die Lenin-Stahlwerke in Sendzimir umbenannt.

Mogiła ❷

7 km östlich des Zentrums.
🚌 *123, 153, 163.* 🚋 *15.*
Zisterzienserkirche Klasztorna 226.
📞 *012 644 23 31.* 🕓 *tägl. 6–19 Uhr.*

Das Dorf Mogiła entwickelte sich um das Zisterzienserkloster, das früher bedeutendes religiöses Zentrum war. Die Zisterzienser kamen um 1222 mit dem Krakauer Bischof Iwo Odrowąż nach Polen und ließen sich an der Dłubnia, einem Nebenfluss der Wisła, nieder. Das neue Kloster erhielt wegen seiner Nähe zu einem prähistorischen Hügel und dem Grab der legendären Prinzessin Wanda den Namen *Clara Tumba* (helles Grab, polnisch: Jasna Mogiła). Die Kirche wurde 1266 geweiht.

Die romanische Kirche entsprach ganz den strengen Bauvorschriften des Zisterzienserordens. Der Altarraum endete mit einer glatten, senkrechten Wand, Kapellen mit quadratischem Grundriss wurden paarweise dem Querschiff angegliedert.

1447 wurde die Kirche durch einen Brand zerstört. Beim Wiederaufbau dominierten gotische Formen. Ein hölzernes Kruzifix blieb wundersamerweise unversehrt. Stanisław Samostrzelnik gestaltete in der ersten Hälfte des 16. Jahrhunderts den Innenraum mit Wandmalereien aus, die durch eine Einrichtung aus dem 18. Jahrhundert ergänzt wurden. Die barocke Fassade, die 1779/80 hinzukam, ist ein Werk von Franz Moser. Die Wandmalereien aus dem frühen 20. Jahrhundert stammen von Jan Bukowski.

Der gotische Kreuzgang, der in der Zeit Kazimierz' des Großen gebaut wurde, ist der schönste Teil des Klosters. Er führt zum Kapitelhaus, in dem von Michał Stachowicz ausgeführte Wandmalereien aus dem 19. Jahrhundert zu sehen sind. Nicht weit entfernt befindet sich die 1466 erbaute St.-Bartholomäus-Kirche, eine der ältesten Holzkirchen in Polen.

Altes Schloss in Branice

Branice ❸

12 km östlich von Krakau.
Schloss Branice 131. ● *vorübergehend für die Öffentlichkeit.*

Branice liegt in der Nähe von Niepołomice und lohnt einen Besuch wegen zweier Herrenhäuser, die typisch sind für den Baustil des kleinpolnischen Landadels. Das Alte Schloss, in dem man später einen Markt einrichtete, wurde um 1603 für den Kastellan von Żarnów, Jan Branicki, von einem Architekten aus dem Kreise Santi Guccis entworfen. Das Herrenhaus ist mit *sgraffito* verziert und besitzt ein Dach mit Brüstung. Innen sind die Türen und der Feuerplatz mit in Stein geschnitzten, fantasievollen manieristischen Ornamenten ausgestattet.

Das Neue Schloss wurde im frühen 19. Jahrhundert erbaut. Sein hohes Walmdach und der Eingang mit dem kleinen, vorgebauten Säulengang sind typisch für polnische Landhausarchitektur. Die beiden Herrenhäuser liegen in einer malerischen Parklandschaft, die im 19. Jahrhundert angelegt wurde.

In der Nähe von Branice liegt das Dorf Ruszcza mit der Kirche St. Georg. Die Kirche wurde um 1420 von dem königlichen Küchenmeister Wierzbięta von Branice errichtet. Interessant sind die gotische Gedenktafel und der barocke Hochaltar.

Niepołomice ❹

24 km östlich von Krakau.
Minibus ab Krakau Hauptbahnhof.
ab Krakau Hauptbahnhof.
Kirche *tägl. 7–18 Uhr.*
Schloss *012 281 30 11.*
tägl. 10–17 Uhr.

Die königlichen Besitzungen in Niepołomice am Rand eines großen Waldgebietes waren bei den polnischen Königen sehr beliebt. Sie kamen zur Jagd hierher und errichteten großartige Bauwerke.

Die gotische Kirche ließ König Kazimierz der Große 1350–58 erbauen. Wie die anderen Kirchen, die unter ihm entstanden, hatte auch diese zwei mit Säulen abgetrennte Seitenschiffe. Später wurde sie im barocken Stil umgebaut. Fragmente der mittelalterlichen Steinschmuckarbeiten aus dem Innenraum der Kirche sind noch erhalten und in der alten Sakristei ausgestellt. Hier befinden sich auch großartige gotische Gemälde, die von Prinzessin Elżbieta, der Tochter von Władysław dem Ellenlangen, in Auftrag gegeben und zwischen 1370 und 1375 von einem italienischen Meister geschaffen wurden.

Nahe der Kirche liegen die Gräber zweier adliger Familien, beide in Form einer Kapelle mit Kuppeldach. Die 1596 erbaute Branicki-Kapelle beherbergt ein ornamentales, vom italienischen Architekten und Bildhauer Santi Gucci im Stile des Manierismus geschaffenes Grab. In der 1640 erbauten Kapelle der Familie Lubomirski sind die Wandmalereien, die Szenen aus dem Leben des hl. Carlo Borromeo zeigen, interessant. Im 18. Jahrhundert kamen spätbarocke Altäre hinzu.

Das Jagdhaus in Niepołomice wurde ursprünglich von Kazimierz dem Großen erbaut und von Zygmunt August zu einer wundervollen Residenz umgestaltet. Das neue Schloss entstand von 1550 bis 1571. Mit seinem regelmäßigen Grundriss und dem zentralen quadratischen Hof unterscheidet es sich von anderen königlichen Renaissance-Bauten in Polen. 1637 wurde der Hof mit massiven Steinarkaden ausgestattet. Heute wird ein Teil des Schlosses als Jagdmuseum genutzt.

Der dichte Wald (Puszcza Niepołomicka), ein beliebter Jagdgrund der polnischen Könige, beginnt knapp hinter der Stadt. Hier sollen u.a. Braunbären, Bisons, Luchse, Wildkatzen und Hirsche gelebt haben. Leider ist der Wald nicht mehr so großartig, wie er einmal war. Mittlerweile sollen Wildgehege den Bestand schützen.

Schlossfassade in Niepołomice, Jagdresidenz der polnischen Könige

Glockenturm der Kirche der Benediktinerinnen in Staniątki

Staniątki ❺

24 km südöstlich von Krakau.
ab Krakau Hauptbahnhof und Krakau-Płaszów.
Kirche *nur bei Messen.*

Kloster und Kirche der Benediktinerinnen in Staniątki sind nicht weit entfernt von Niepołomice. Das Kloster wurde 1228 von Klemens von Ruszcza, dem Kastellan von Krakau, gegründet. Die Kirche St. Maria und St. Albert stammt aus derselben Zeit und ist Polens älteste Hallenkirche, ein Kirchentyp, bei dem Hauptschiff und Seitenschiffe die gleiche Höhe haben.

Die spärlichen Zierelemente des Ziegelbaus sind in Stein geschnitzt. Der Innenraum wurde im 18. Jahrhundert komplett erneuert. Interessant sind die aufwendig gestaltete Orgelempore von 1705 sowie die Wandmalereien, die der Krakauer Rokoko-Künstler Andrzej Radwański im Jahre 1760 schuf.

Wieliczka ❻

12 km südöstlich von Krakau.
LuxBus ab Krakau Hauptbahnhof.
ab Krakau Hauptbahnhof und Krakau-Płaszów.
Salzminen Daniłowicza 10.
012 278 73 02.
Apr–Okt: tägl. 7.30–19.30 Uhr; Nov–März: tägl. 8–17 Uhr. *1. Jan, Ostern, 1. Nov, 24./25. Dez, 31. Dez.*

Wieliczka entwickelte sich dank reicher Salzvorkommen schnell und wurde 1290 zur Stadt erklärt. Wahrscheinlich wurde hier schon im 11. Jahrhundert Salz abgebaut. Der lateinische Name für Wieliczka war *Magnum Sal* (Großes Salz), was für die große Bedeutung dieser Salzmine spricht. Laut Legende war das Salz aus Wieliczka die Mitgift der Heiligen Kinga (Kunigunde), als sie Herzog Bolesław den Keuschen heiratete. Die Mitgift soll auf magische Art von Ungarn nach Krakau geschafft worden sein.

Die Salzvorkommen in Wieliczka waren über Jahrhunderte eine gute Einkommensquelle für die polnische Krone. Im Laufe der Jahre wurde hier ein enormes Netzwerk unterirdischer Gänge und Kammern geschaffen. Salz wurde aber auch genutzt als Baumaterial für unterirdische Kapellen und Altäre, vor denen die Minenarbeiter sich Gottes Schutz vor Unfällen erbaten.

Das Wieliczka-Salzminenmuseum befindet sich in der alten Mine. Die Ausstellung veranschaulicht die früheren Methoden des Minenbaus und des Salzabbaus. Zu besichtigen ist auch ein unterirdisches Krankenhaus.

Kleine Holzkapelle hoch über dem Fluss in Ojców

Ojców ❼

24 km nordwestlich von Krakau.
ab Hauptbusbahnhof Krakau.
Ojców-Nationalpark-Museum
012 389 20 40. *Apr–Okt: tägl. 9–16.30 Uhr; Nov–März: Di–Fr 8–15 Uhr.* **Schlossturm**
Mai–Sep: Mo–Sa 9–16 Uhr; Okt–Apr: Mo–Sa 10–15 Uhr.

Das Tal des Flusses Prądnik ist der schönste Teil des umliegenden Hochlandes. Der Fluss hat sich eine tiefe Schlucht durch die Kalksteinfelsen gegraben. Die steilen Abbrüche sind mit Bäumen bewachsen, zwischen denen die Felsformationen durchscheinen. Einige dieser Felsen weisen sehr ungewöhnliche Formen auf, die an Kanzeln, Organe oder Nadeln erinnern.

Kazimierz der Große hatte auf den Felsgipfeln Burgen errichtet, um die westliche Grenze seines Reichs zu sichern. 1956 wurde ein Teil des Prądnik-Tales in den Ojców-Nationalpark umgewandelt. Besonders interessant ist eine Höhle, von der es heißt, sie habe König Władysław dem Ellenlangen Schutz geboten, als er sich vor dem böhmischen König Wenzel verbergen musste. Kazimierz der Große baute hier eine der interessantesten Festungsanlagen Polens, von der heute nur noch Reste erhalten sind.

Als die heilende Wirkung der örtlichen Quellen Mitte des 19. Jahrhunderts entdeckt wurde, entwickelte sich das Dorf am Fuße der Burg zu einem Heilbad, bald entstanden auch therapeutische Kliniken. Die in jüngster Zeit errichteten Hotels imitieren die Bauweise ausländischer Ferienorte. Das Łokietek-Hotel galt als das luxuriöseste aller Gebäude. Heute beherbergt es das Museum des Ojców-Nationalparks. Während der polnischen Teilung verweigerten die zaristischen Behörden die Baugenehmigung für eine Kirche. So wurde 1901/02 nur eine kleine Holzkapelle hoch über dem Fluss errichtet.

Grodzisko ❽

28 km nordwestlich von Krakau.
ab Krakau Hauptbahnhof.
Kirche *So 9–10 Uhr.*

Grodzisko liegt in der Nähe von Ojców, am gegenüberliegenden Ufer des Flusses Prądnik. Hier wurde 1262 das Kloster der armen Klarissinnen errichtet. Die selige Salomea, Schwester von Herzog Bolesław dem Keuschen, war die erste Äbtissin. Die Nonnen zogen 1320 nach Krakau um. In der Folgezeit verfiel das Klostergebäude, aber der Kult um die Selige Salomea lebte weiter fort. 1677 schuf der Stiftsherr Sebastian Piskorski eine Einsiedlerklause, bestehend aus einer Kirche und einigen Kapellen. Die Klause ist ein liebenswerter Ort, der mit barocken Elementen überrascht, von denen einige an Bernini, den führenden Architekten des italienischen Barock, erinnern. Der Elefant, der einen Obelisken trägt, wurde Bernini nachempfunden.

St.-Kinga-Kapelle in der Salzmine von Wieliczka

Hotels und Restaurants im Großraum Krakau *siehe Seiten 181 und 193*

Innenraum im Schloss Pieskowa Skała

Pieskowa Skała 9

35 km nordwestlich von Krakau.
🚌 *ab Hauptbusbahnhof Krakau.*
Schloss ☎ *012 389 60 04.*
🕒 *Apr & Okt: Di–So 10–16 Uhr (Fr bis 13 Uhr); Mai–Sep: Di–Do 9–17 Uhr, Fr 9–13 Uhr, Sa & So 10–18 Uhr; Nov–März: Sa & So 10–16 Uhr.* ● *Feiertage.* *Mi frei.*

Das Schloss in Pieskowa Skała entstand unter Kazimierz dem Großen im 14. Jahrhundert als wichtiger Teil des Verteidigungssystems auf der Hochebene zwischen Krakau und Częstochowa. 1377 kam es in Privatbesitz.

1542–44 wurden von Stanisław Szafraniec und seiner Gattin Erweiterungen an der Burg vorgenommen. Vermutlich erhielt der italienische Architekt Nicolo da Castiglione den Auftrag. Der Fels, auf dem die Burg stand, begrenzte die Erweiterungsarbeiten auf natürliche Weise. Trotz des Platzmangels entstanden um einen trapezförmigen Innenhof Arkadengänge wie im Königsschloss und eine Flucht von Räumen mit eindrucksvollen Deckenmalereien. Ein weiteres Detail ist eine außen geführte, offene Galerie mit Blick über das Prądnik-Tal. Der gotische Turm, der später umgebaut und mit einer barocken Kuppel versehen wurde, ist in der außergewöhnlichen Gestaltung ein malerischer Blickfang.

Das Schloss beherbergt ein dem königlichen Wawel-Schloss angegliedertes Museum, das sich der Geschichte der polnischen Inneneinrichtung vom Mittelalter bis in das 19. Jahrhundert widmet. Präsentiert werden Möbel, Bildteppiche und andere dekorative Objekte sowie Bilder und Skulpturen. Von besonderem Interesse sind die Gemälde englischer Künstler des 19. Jahrhunderts.

Tyniec 10

10 km westlich von Krakau.
🚌 *112.* **Benediktinerabtei** Benedyktyńska 37. ☎ *012 688 52 00.* 🕒 *tägl. 7.30–18.30 Uhr.*

Die Benediktinerabtei von Tyniec liegt westlich vom Wawel auf einer felsigen Erhebung hoch über der Weichsel. Die Mönche kamen, vermutlich von Kazimierz dem Erneuerer ermutigt, im Jahr 1044 nach Krakau. Bald darauf wurde hier eine romanische Basilika errichtet. Nur Teile der Mauern und einige Details dieser Basilika haben überdauert. Die neue Kirche und das Kloster wurden im 15. Jahrhundert erbaut, im frühen 17. Jahrhundert gestaltete man die Kirche im barocken Stil um. Die großen schwarzen Marmoraltäre stammen aus dem 18. Jahrhundert.

Tyniec wurde im 12. und 13. Jahrhundert, als Polen in Herzogtümer zerfiel, zu einer Festung ausgebaut und spielte eine entscheidende Rolle während der Kämpfe um die Krone des Protektorats Krakau. Ende des 16. Jahrhunderts erweiterte man die Befestigungen ein weiteres Mal. Mehrere durch einen Korridor miteinander verbundene Tore waren integrativer Bestandteil der Verteidigungsanlage – ganz nach dem Vorbild des Wawel-Schlosses. Tyniec entwickelte sich zu einem Ort mit besonderer strategischer Bedeutung und wurde deshalb häufig angegriffen.

Benediktinerabtei in Tyniec an der Weichsel

Barockkirche Mariä Erscheinung in Wadowice

Wadowice ⓫

40 km südwestlich von Krakau.
ab Hauptbusbahnhof Krakau.
Elternhaus von Johannes Paul II.
033 823 2662. Mai–Sep: Di–So 9–13 & 14–18 Uhr; Okt–Apr: Di–So 9–12 & 14–18 Uhr.

Wadowice wurde 1327 erstmals schriftlich erwähnt. Der größte Tag in der Geschichte der Stadt war aber der 16. Oktober 1978, denn an diesem Tag wurde der am 18. Mai 1920 in Wadowice geborene Karol Wojtyła zum Papst gewählt. Die Heimatstadt des Papstes entwickelte sich daraufhin zu einem der bedeutendsten Pilgerorte in ganz Polen. Zu den wichtigsten Wallfahrtsstätten in Wadowice gehört auch die Barockkirche Mariä Erscheinung am Marktplatz, in der Karol Wojtyła getauft wurde. In seinem Elternhaus richtete man ein Museum ein, das dem Leben und Werk des ehemaligen Papstes gewidmet ist.

Ein weiteres mit Johannes Paul II. verbundenes Bauwerk ist die dem guten Hirten St. Peter geweihte Kirche am Rand von Wadowice. Das Gotteshaus wurde als Dankesopfer dafür errichtet, dass der Papst das Attentat vom 13. Mai 1981 überlebte. Der Entwurf für die Kirche stammt von Ewa Węcławowicz-Gyurkovich und Jacek Gyurkovich. Der starke Lichteinfall im Inneren symbolisiert den Sieg des Guten über das Böse.

Die jüngste Geschichte der Stadt war sehr wechselhaft. Während der deutschen Besatzung im Zweiten Weltkrieg erhielt sie den Namen Frauenstadt. Viele Juden wurden ermordet oder nach Auschwitz deportiert. Seit einiger Zeit ist Wadowice ein viel bereistes Fremdenverkehrszentrum.

Auschwitz (Oświęcim) ⓬

Siehe S. 160–163.

Kalwaria Zebrzydowska ⓭

30 km südwestlich von Krakau.
ab Hauptbusbahnhof oder Krakau-Dębniki. *ab Krakau Hauptbahnhof oder Krakau-Płaszów.* **Bernhardinerkirche** *tägl. 6–19 Uhr.*

Der Kalvarienberg als nachgebauter Passionsweg kam erstmals im 16. Jahrhundert in Norditalien auf. Man stellte die Stationen des Kreuzigungsweges nach, um an Leiden und Tod Christi zu erinnern. Das Gelände eines Kalvarienberges sollte die Topografie Jerusalems so gut wie möglich nachahmen.

Der erste Kalvarienberg Polens wurde von Mikołaj Zebrzydowski um 1600 entworfen. Er errichtete die Kapellen, die die Stationen Christi auf seinem Weg nach Golgatha darstellen sollten, auf seinem eigenen Grund, auf dem Żary-Hügel nahe seiner Residenz. Zebrzydowski begründete auch das Bernhardinerkloster und die Bernhardinerkirche am Fuße des Żary-Hügels.

Während der Osterwoche finden alljährlich Passionsspiele auf dem Kalvarienberg statt. Zu Mariä Himmelfahrt wird »Das Begräbnis der Jungfrau« nachgespielt. Pilgerscharen kommen angereist, um der wundersamen Ikone der Muttergottes zu huldigen. Der Kalvarienberg ist eines der wichtigsten religiösen Zentren Kleinpolens.

Barockfassade der Bernhardinerkirche am Kalwaria Zebrzydowska (frühes 17. Jahrhundert)

Kalwaria Zebrzydowska

Die interessantesten Kapellen auf dem Kalvarienberg (Kalwaria Zebrzydowska) stammen von Paulus Baudarth, einem flämischen Architekten und Goldschmied. Er baute viele Kapellen und wollte Wiederholungen vermeiden. Darum entwarf er verschiedene Grundrisse, u.a. ein griechisches Kreuz, einen Kreis und ein Dreieck. In manchen Kapellen griff er Barockideen auf und wählte die Form eines Herzens oder einer Rose.

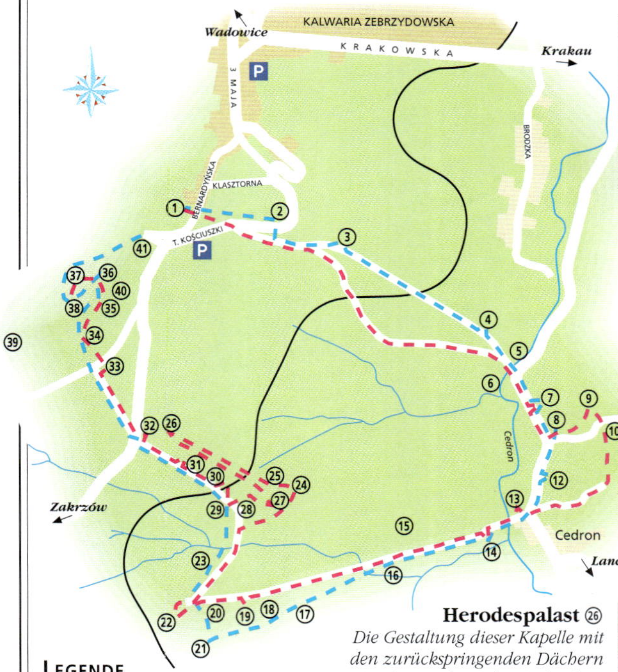

Kapelle des zweiten Falls ㉜

Diese Kapelle sieht wie ein Tor aus und besitzt Schmuckelemente aus behauenem Stein.

Herodespalast ㉖

Die Gestaltung dieser Kapelle mit den zurückspringenden Dächern orientierte sich an der Architektur polnischer Herrenhäuser.

Legende

- P Parken
- Jesusweg
- Marienweg

0 Meter 400

Sehenswürdigkeiten auf dem Kreuzweg

St.-Raphael-Kapelle ①
Kapelle des Throns ②
Kapelle des fröhlichen Patriarchen ③
Kapelle der triumphierenden Apostel ④
Kapelle des hl. Johannes Nepomuk ⑤
Engelsbrücke ⑥
Kapelle des Abschieds ⑦
Kirche des Grabs der Jungfrau Maria ⑧
Gethsemane ⑨
Kapelle der Verhaftung Christi ⑩
Kirche der Auferstehung ⑪
Jüdische Kapelle ⑫
Brücke über den Cedron ⑬
Osttor ⑭
Bethsaida ⑮
Apostelkapelle ⑯
Kapelle der Verehrung Mariä ⑰
Engelskapelle ⑱
Haus der Anna ⑲
Abendmahl ⑳
Haus der Maria ㉑
Haus des Kaiphas ㉒
Kapelle der Mariä Entschlafung ㉓
Pilatus' Rathaus ㉔
Die Heiligen Stufen ㉕
Herodespalast ㉖
Kapelle der Kreuzaufnahme ㉗
Kapelle des ersten Falls ㉘
Kapelle des Herzens Mariä ㉙
Kapelle des Simon von Kyrene ㉚
St.-Veronika-Kapelle ㉛
Kapelle des zweiten Falls ㉜
Kapelle der klagenden Frauen ㉝
Kapelle des dritten Falls ㉞
Kapelle der Entkleidung Christi ㉟
Kirche der Kreuzigung ㊱
Kapelle der Salbung ㊲
Kapelle des Heiligen Grabes ㊳
Einsiedelei der Maria Magdalena ㊴
Einsiedelei der hl. Helena ㊵
Kapelle der Madonna der Tränen ㊶

Auschwitz I ⓬

Wachturm

Für viele Menschen symbolisiert Auschwitz wie kein anderer Ort die Schrecken des Holocaust. Zur Zeit der NS-Herrschaft in Deutschland wurden ab 1942 Massendeportationen europäischer Juden ins KZ Auschwitz durchgeführt, wo die meisten von ihnen ermordet wurden. Bis zum Ende des Zweiten Weltkriegs starben hier und im benachbarten KZ Birkenau *(siehe S. 162f)*, auch Auschwitz II genannt, mehr als 1,5 Millionen Menschen – rund ein Viertel aller Toten des Holocaust. Heute sind beide Lager als Gedenkstätten Besuchern zugänglich. Das Konzentrationslager Auschwitz wurde von der UNESCO 1979 zum Welterbe erklärt.

Ausstellungen
In einigen Baracken dokumentieren Ausstellungen die Grausamkeit des Konzentrationslagers.

Das Lager

Auschwitz I wurde 1940 an der Stelle früherer Baracken des polnischen Militärs angelegt. Zunächst diente es der Unterbringung polnischer politischer Gefangener. Ab Frühling 1941 wurde es mit zunehmender Insassenzahl erweitert. Von Auschwitz I aus wurde der gesamte Lagerkomplex verwaltet.

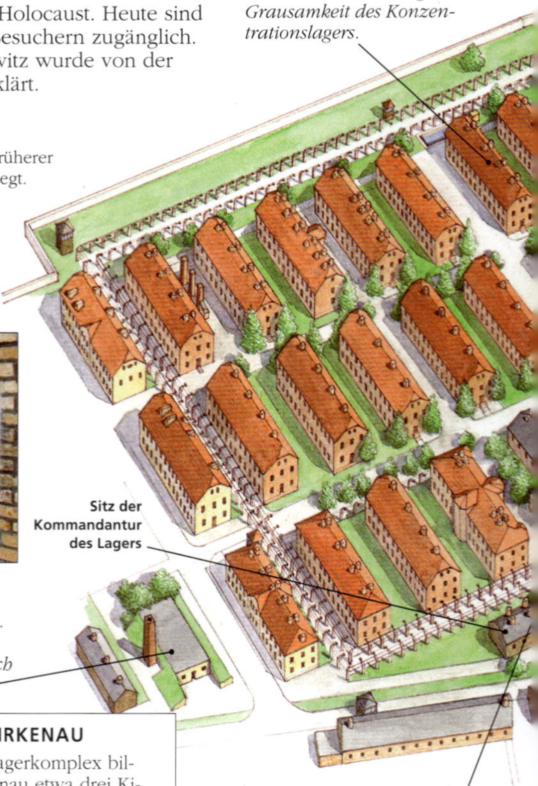

Gaskammern und Krematorien
Im gesamten Komplex gab es sieben Gaskammern und fünf Krematorien. Vier der Gaskammern wurden in Birkenau gebaut, die erste ging jedoch 1941 in Auschwitz in Betrieb.

KZ Auschwitz und KZ Birkenau

Obwohl sie einen gemeinsamen Lagerkomplex bildeten, liegen Auschwitz und Birkenau etwa drei Kilometer auseinander. Die polnische Kleinstadt Oświęcim wurde von den Deutschen in Auschwitz umbenannt. Das KZ Birkenau wurde im März 1942 in dem Dorf Brzezinka eingerichtet, die Bewohner mussten das Dorf verlassen. In der Umgebung gründeten die Nationalsozialisten 47 Nebenlager.

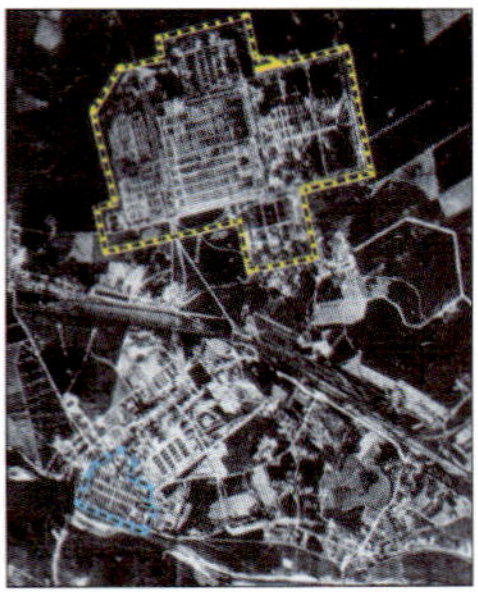

Von den Alliierten 1944 aufgenommenes Luftbild: Der gelb umrandete Bereich markiert Birkenau, der blaue Auschwitz I

Eingang zum Lager
»Arbeit macht frei« – mit diesem zynischen Satz über dem Eingang des Konzentrationslagers wurden die Gefangenen empfangen. Die meisten Insassen des Lagers wurden hier ermordet.

»Todesmauer«
Dies ist eine Rekonstruktion der Mauer am Block 11. An ihr vollzogen Exekutionskommandos Erschießungen. Der Platz dient heute als Gedenkstätte.

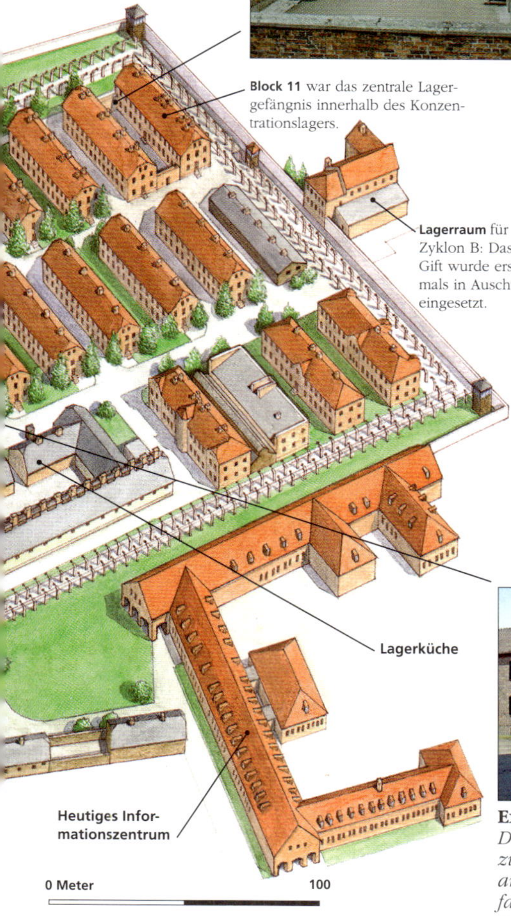

INFOBOX

Oświęcim. nach Oświęcim, dann 24–29. 033 844 81 00. Dez–Feb: tägl. 8–15 Uhr; März & Nov: tägl. 8–16 Uhr; Apr & Okt: tägl. 8–17 Uhr; Mai & Sep: tägl. 8–18 Uhr; Juni–Aug: tägl. 8–19 Uhr. 1. Jan, Ostersonntag, 25. Dez. tel. anmelden. stündlich nach Birkenau (ab Informationszentrum). **www**.auschwitz.org.pl
Jüdisches Zentrum Jana Skarbka 5 033 844 70 02 Nov–Feb: So–Fr 8.30–18.30 Uhr; März–Okt: So–Fr 8.30–20 Uhr. jüdische Feiertage. **www**.ajcf.pl

Maximilian Kolbe
Von den Insassen des Lagergefängnisses in Block 11 überlebten nur wenige. Der Priester Kolbe (siehe S. 35) *gab sein Leben für das eines anderen Insassen hin.*

Exerzierplatz
Dreimal täglich mussten die Gefangenen zum Appell antreten. Wegen der stark ansteigenden Zahl von Gefangenen fanden die Appelle schließlich vor den einzelnen Baracken statt.

ZEITSKALA

- **1939** 1. Sep: Überfall auf Polen
- **1940** Erste Deportation von Juden aus Deutschland ins besetzte Polen
- **1941** Hitler ordnet die »Endlösung« an
- **1942** Fertigstellung des ersten Teils des Lagers Birkenau
- **1944** Belagerung durch sowjetische Truppen; Himmler ordnet Demontage der Krematorien an
- **1945** 27. Jan: Sowjetische Truppen befreien letzte lebende Gefangene

1939 | 1940 | 1941 | 1942 | 1943 | 1944 | 1945

- **1940** Oświęcim wird als Standort des Konzentrationslagers ausgewählt
- **1941** Himmler besucht das Lager und ordnet die Erweiterung an
- **1941** Betrieb der ersten Gaskammer
- **1942** Massendeportationen ins Lager Auschwitz beginnen
- **1943** Betrieb von vier Gaskammern
- **1945** 18. Jan: 56 000 Gefangene werden evakuiert
- **1945** 8. Mai: Kapitulation des Deutschen Reichs

Auschwitz II-Birkenau

Birkenau war in erster Linie eine Stätte der Vernichtung. Hier befanden sich die meisten Einrichtungen zum Massenmord. In den vier Gaskammern des Konzentrationslagers starben mehr als eine Million Menschen, 98 Prozent davon waren Juden. Birkenau wurde in geringerem Maße auch als Arbeitslager genutzt. Viele der rund 90 000 Zwangsarbeiter waren für Fabriken und landwirtschaftliche Betriebe in dem von deutschen Truppen besetzten Südwesten Polens tätig. Kurz vor der Befreiung des Lagers durch sowjetische Truppen im Januar 1945 zerstörten die Nationalsozialisten einen Teil der Gaskammern und Krematorien.

»Höllentor«
1944 nahm die Zahl der hierher deportierten Juden enorm zu. Deshalb wurde die Eisenbahnlinie bis in das Lager hinein verlängert. Die Züge durchfuhren das »Höllentor« am Lagereingang.

Birkenau heute
Birkenau ist heute eine viel besuchte Gedenkstätte. Am Standort der früheren Gaskammern wurde ein Denkmal für die hier ermordeten Menschen errichtet.

Abladerampe
Angehörige der SS trennten hier Männer von Frauen und Kindern. Ärzte bestimmten über die Tauglichkeit der Gefangenen für Arbeitseinsätze. Ausgemusterte wurden meist kurze Zeit später ermordet.

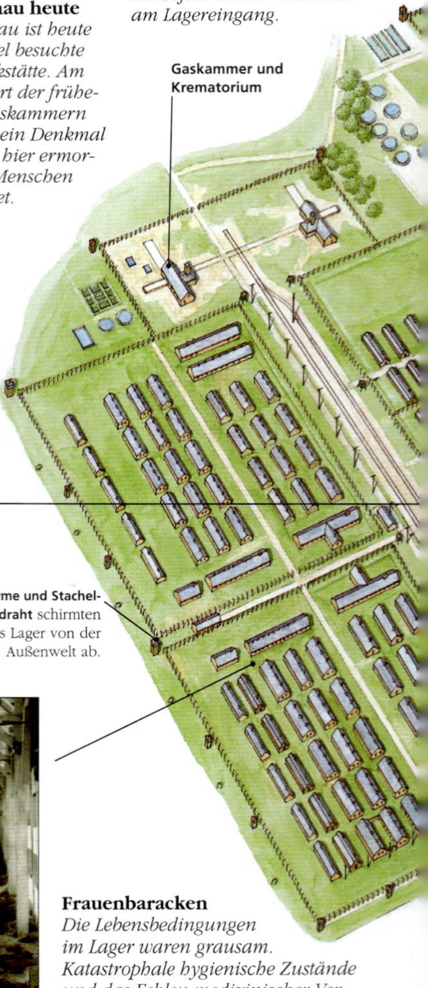

Türme und Stacheldraht schirmten das Lager von der Außenwelt ab.

Frauenbaracken
Die Lebensbedingungen im Lager waren grausam. Katastrophale hygienische Zustände und das Fehlen medizinischer Versorgung führten zur Ausbreitung von Krankheiten wie Typhus und Cholera. Das Bild zeigt eine Frauenbaracke kurz nach der Befreiung des Lagers.

»Kanada«
»Kanada« war der Name der Baracken im Konzentrationslager Auschwitz II-Birkenau, in denen die Habseligkeiten der ermordeten Häftlinge sortiert und gelagert wurden, bevor die Waren ins Deutsche Reich transportiert wurden.

»Sauna«
In diesem als »Sauna« bezeichneten Gebäude lief die Aufnahmeprozedur der neu ins Lager gekommenen Gefangenen ab. Hier wurden sie desinfiziert und zu Nummern degradiert.

»Entsorgung«
Tonnen von Asche – die Überreste der verbrannten Leichname von Hunderttausenden von Opfern in Auschwitz – wurden in Teiche der Umgebung gekippt.

Das Lager

Birkenau war das größte Konzentrationslager der Nationalsozialisten. 1944 waren hier mehr als 90 000 Gefangene inhaftiert, von denen nur wenige überlebten. Viele der insgesamt mehr als eine Million Menschen, die hier ermordet wurden, starben kurze Zeit nach Ankunft im Lager. Die Illustration zeigt das Konzentrationslager im Zustand von 1944, als täglich rund 5000 Menschen starben.

Befreiung des Lagers

Angesichts der sich abzeichnenden Niederlage ordneten die Nazi-Befehlshaber im Januar 1945 die Zerstörung der Konzentrationslager an. Von Birkenau konnte aus Zeitgründen nur ein Teil vernichtet werden. Zwischen dem 17. und dem 23. Januar wurden 56 000 Häftlinge von den Nazis evakuiert und zum Marsch nach Westen gezwungen. Bei der Befreiung des Lagers am 27. Januar 1945 traf die Rote Armee nur auf 7000 Überlebende.

Überlebende von Auschwitz II-Birkenau (Aufnahme eines sowjetischen Soldaten)

Drei Spaziergänge

Krakau ist ein idealer Ort für Spaziergänge. Die Altstadt, in der sich die meisten historischen Sehenswürdigkeiten konzentrieren, ist eine Fußgängerzone. Die meisten Ziele sind leicht zu Fuß erreichbar. Hier finden Sie Vorschläge für drei Rundgänge, von denen jeder ein einmaliges Erlebnis ist. Der erste Rundgang führt entlang den Planty-Grünanlagen, die an Stelle der früheren mittelalterlichen Stadtmauer angelegt wurden. Sie bekommen einen Eindruck von der Ausdehnung des mittelalterlichen Krakau und haben Gelegenheit, mitten in der dicht bebauten Stadt Natur zu genießen. Viele Statuen von Krakauer Persönlichkeiten schmücken diesen Park.

Schmiedeeiserne Verzierung im Kamaldulenserkloster

Die beiden anderen Touren führen Sie weg vom Zentrum in das vorstädtische Krakau, das sich viel von seinem idyllischen, ländlichen Charme bewahrt hat. Zwierzyniec besitzt viele Kulturdenkmäler und bietet dank seiner Hügellage einen wundervollen Blick über Krakau. Der Wolski-Wald (Las Wolski) ist ein ausgedehntes Gebiet, in dem Sie Natur von ihrer schönsten Seite genießen können, aber auch die Möglichkeit haben, nahe gelegene historische Gebäude zu besichtigen. Zu den schönsten Gebäuden gehören die Villa Decius, heute Sitz der Europäischen Akademie und berühmt für ihre Säulen-Loggia, sowie der Komplex des Kamaldulenserklosters. Dabei sollte man beachten, dass Frauen nur an wenigen hohen Feiertagen Zutritt zum Kloster haben. Für Kinder ist der Zoo inmitten von Las Wolski ein Erlebnis.

Der Großraum Krakau ist ziemlich ausgedehnt, das öffentliche Verkehrsnetz ist jedoch sehr gut ausgebaut. Busse und Straßenbahnen verkehren vom frühen Morgen bis spät in die Nacht.

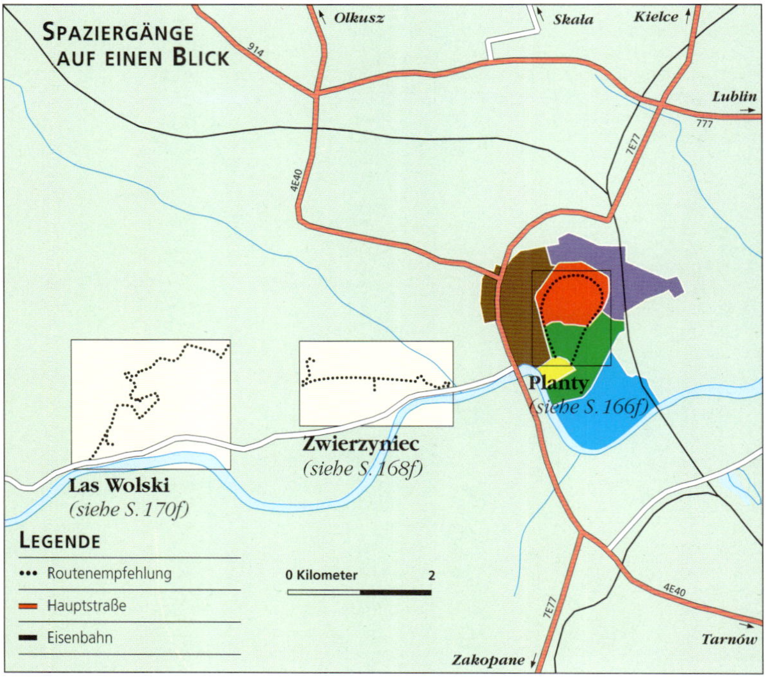

◁ **Garten der Villa Decius in Wola Justowska** *(siehe S. 171)*

Planty-Rundgang (2 Std.)

Der Planty-Grüngürtel in Krakau hat die mittelalterlichen Stadtmauern ersetzt, die zwischen dem späten 13. und dem 15. Jahrhundert erbaut worden waren. Sie wurden im frühen 19. Jahrhundert niedergerissen. Einzig der kurze Abschnitt in der Floriańska-Straße blieb übrig. In den Planty-Anlagen gibt es viele schöne Wege und wundervolle Alleen. In der zweiten Hälfte des 19. Jahrhunderts entwickelten sich die Planty zu einem beliebten geselligen Treffpunkt. Nach einer ausgedehnten Erneuerungsphase zeigen die Planty mit Bänken, Laternen und schmiedeeisernen Gittern wieder das originale Erscheinungsbild.

Einer der vielen Brunnen in den Planty-Anlagen

Vom Wawel zur Universität
Der Rundgang beginnt am Wappentor des Wawel. Gehen Sie abwärts, überqueren Sie die Straße, und betreten Sie die sogenannten Wawel-Gärten. Zu Ihrer Rechten sehen Sie das neugotische Seminargebäude, zu Ihrer Linken die Skulptur *Eulen* ①.

Nach ungefähr 40 Metern kommen Sie an einen kleinen Platz, auf dem die von Edward Krzak geschaffene Statue des Übersetzers Tadeusz Boy-Żeleński steht ②. Wenden Sie sich jetzt nach rechts, dann stoßen Sie auf Mauern, die die Gärten des Archäologischen Museums *(siehe S. 83)* umgeben. In diesen Mauern erinnern kleine, grün überwucherte Gedenktafeln an die Spenden des ehrenamtlichen Komitees zur Renovierung der Baudenkmäler Krakaus.

Gehen Sie geradeaus weiter, und überqueren Sie die Poselska-Straße. Falls Sie sich für Archäologie interessieren, biegen Sie nach rechts ab, und besuchen Sie das Museum. Auf der anderen Straßenseite befindet sich eine Säulenplatte, die auf den Standort eines der vielen mittelalterlichen Türme verweist, die Teil der Verteidigungsanlagen waren. Der Verlauf der Mauer ist durch Sandsteine markiert, die entlang der Wege ausgelegt sind. Biegen Sie links ab, und gehen Sie etwa 20 Meter zu einem kleinen Platz hinunter. Dort finden Sie, versteckt hinter Bäumen, eine 1884 von Grażyna und Litawor geschaffene Statue ③, die zwei Figuren aus einem Gedicht von Adam Mickiewicz darstellt.

Von hier aus gehen Sie rechts weiter, bis Sie wieder auf den Hauptweg kommen. Jetzt sehen Sie die Franziskanerkirche *(siehe S. 86f)* und den Bischofspalast *(siehe S. 104)*. Gehen Sie geradeaus weiter, überqueren Sie die Franciszkańska-Straße, und betreten Sie den Garten der Universität. Gehen Sie dann entlang der Mauer des Bischofspalastes hinunter, und überqueren Sie die Wiślna-Straße. Nochmals 150 Meter weiter unten, bei der Jagiellońska-Straße, steht eine Marienstatue aus dem 18. Jahrhundert ④, die ursprünglich den Friedhof der Marienkirche schmückte. Nach weiteren rund 40 Metern sollten Sie stehen bleiben, denn von hier aus, hinter der Piłsudski-Straße, können Sie den Kościuszko-Hügel sehen. Gehen Sie anschließend an der Fassade des Collegium Novum, des Hauptgebäudes der Universität, vorbei. Vor dem Institut steht die

Eulen (1964) von Bronisław Chromy ①

sogenannte Friedenseiche. Sie wurde 1918 gepflanzt. Ein rotes Ziegelmuster auf dem Hof imitiert die Kurven des Astrolabiums von Kopernikus. Die Statue des Astronomen ⑤ *(siehe S. 104)* steht links vom Collegium Novum zwischen Bäumen vor dem Witkowski-Kolleg. Noch ein Stück weiter unten passieren Sie das Collegium Nowodvorianum *(siehe S. 104f)*. Nach rund 50 Metern überqueren Sie die St.-Anna-Straße. Nun sehen Sie rechts die St.-Annen-Kirche *(siehe S. 108f)*.

Vom Kunstpalast zur Barbakane

Gehen Sie 100 Meter weiter, und überqueren Sie die Szewska-Straße. Rechter Hand liegt jetzt der »Kunstbunker« *(siehe S. 105)*. Etwa 20 Meter nachdem Sie die Szczepańska-Straße überquert haben, kommen Sie auf den Hauptweg der Planty. Bald gelangen Sie zu einem Platz, von dem aus Sie zu Ihrer Rechten den Kunstpalast *(siehe S. 105)* und

LEGENDE

••• Routenempfehlung

Planty-Anlagen: im Herbst ein besonders schöner Ort für Spaziergänger

links die 1901 von Wacław Szymanowski geschaffene Artur-Grottger-Statue ⑥ sehen. Überqueren Sie jetzt die St.-Thomas-Straße (ulica św. Tomasza), und biegen Sie nach ca. 300 Metern links ab. In dieser »Ecke« der Planty befindet sich die Statue der Lilla Veneda ⑦, der Hauptfigur eines Stückes von Juliusz Słowacki. Gehen Sie nun auf einem der Wege etwa 200 Meter die Basztowa-Straße entlang. Das nächste Denkmal zeigt Königin Jadwiga und König Władysław Jagiełło ⑧. Es wurde 1886 zur 500-Jahr-Feier der polnisch-litauischen Union aufgestellt. Wenn Sie jetzt die Sławkowska-Straße überqueren, finden Sie auf der linken Seite einen großen Teich mit einer kleinen Brücke. Sie führt Sie direkt zu einer Statue, die eine Harfenspielerin ⑨ darstellt. Gehen Sie jetzt den Hauptweg weiter, an den Überresten der Stadtmauer und dem Florianstor *(siehe S. 111)* vorbei, dann gelangen Sie direkt zur Barbakane *(siehe S. 114)*.

Statue der Lilla Veneda von Alfred Daun ⑦

Vom Hauptbahnhof nach Stradom

Gehen Sie etwa 300 Meter durch den sogenannten Bahnhofsgarten. Interessant sind hier vor allem das Słowacki-Theater *(siehe S. 115)* und die Heilig-Kreuz-Kirche *(siehe S. 115)*. Mit dem Straszewski-Obelisken ⑩ folgt eine weitere sehenswerte Attraktion – Florian Straszewski legte einst die Planty an. Hinter der Heilig-Kreuz-Kirche steht die Statue des Dramatikers Michał Bałucki ⑪.

Wenn Sie 300 Meter weitergehen und die Mikołajska-Straße überqueren, gelangen Sie in den »Na gródku«-Park. Hier befindet sich auf der rechten Seite die Kirche der Dominikanerinnen *(siehe S. 115)*. Wenn Sie jetzt geradeaus weitergehen und die Sienna-Straße überqueren, liegt rechter Hand die Dominikanerkirche *(siehe S. 116f)*. Anschließend kommen Sie an der ungewöhnlichen Statue des Colonel Narcyz Wiatr-Zawojny ⑫ vorbei, der 1946 von der Geheimpolizei (UB) erschossen wurde. Die Statue wurde 1992 von dem bekannten Bildhauer Bronisław Chromy geschaffen. Nach weiteren 500 Metern erreichen Sie die sogenannten Stradom-Gärten. Hier endet der Spaziergang.

ROUTENINFOS

Start: *Am Fuß des Wawel in der Kanonicza-Straße.*
Länge: *ca. 5 km.*
Anfahrt: *Buslinien 103, 124 und 502; die nächste Haltestelle ist Straszewskiego-Straße.*
Rasten: *Café im »Kunstbunker« beim Collegium Novum. In der ganzen Grünanlage stehen Bänke, besonders schön gelegen sind die bei der Barbakane.*

Spaziergang in Zwierzyniec (1 Std.)

Im 12. Jahrhundert war Zwierzyniec ein kleines Dorf. Gegründet wurde es als Versorgungsstätte des Klosters der Prämonstratenserinnen, das an der Rudawa, einem Nebenfluss der Weichsel, lag. Die polnischen Herrscher erholten sich gern in den königlichen Gärten. Von Heinrich von Valois wird behauptet, er habe hier wahre Orgien gefeiert. Die Oberschicht Krakaus tat es den Königen nach und baute ihre Landsitze in Zwierzyniec. Obwohl Zwierzyniec im frühen 20. Jahrhundert Krakau eingegliedert wurde, hat sich der Ort seinen ursprünglichen ländlichen Charakter erhalten.

Zwierzyniecki-Friedhof ⑤

Altar der St.-Margareten-Kapelle

Salvator

Wenn Sie aus der Straßenbahn aussteigen, gehen Sie zuerst zur Kirche der Prämonstratenserinnen ①. Sie wurde in der zweiten Hälfte des 12. Jahrhunderts gegründet. Ihr heutiges Erscheinungsbild ist das Ergebnis eines Umbaus, der zwischen 1595 und 1638 vorgenommen wurde. Sehr interessant ist die neoklassische Gestaltung des Chors. Er entstand 1775–79 nach Entwürfen von Sebastian Sierakowski. Der Klosterkomplex nahe der Kirche ist einer der größten in Polen. Allein wegen des Innenhofs lohnt sich ein Besuch. Nach der Besichtigung der Kirche sollten Sie die steile St.-Bronisławy-Straße hinaufgehen. Linker Hand sehen Sie dann die 1690 errichtete St.-Margareten-Kapelle ②. Auf dem dortigen Friedhof wurden Pestopfer begraben. Die Erlöserkirche ③ befindet sich ein Stück weiter oben.

LEGENDE

- Routenempfehlung
- Aussichtspunkt
- Straßenbahnhaltestelle
- Bushaltestelle
- Information

Kościuszko-Hügel und Zwierzyniec vom Wawel aus gesehen

Polnische Chroniken berichten, dass sie im Jahr 966, direkt nach der Christianisierung Polens durch Herzog Mieszko I., erbaut wurde. Der Herzog soll der Kirche ein Kruzifix vermacht haben. Offensichtlich wurde die Kirche aber später erbaut. Die Weihe fand im Jahr 1148 statt. Trotz zahlreicher Umbauten ist viel vom romanischen Charakter erhalten geblieben. Ein Gemälde von Kasper Kurch aus dem Jahr 1605 zeigt die Szene, wie der Gekreuzigte seinen Schuh abschüttelt, um ihn einem armen Geiger unter dem Kreuz zukommen zu lassen. Interessant sind eine Kanzel (17. Jh.) sowie Gräber aus dem frühen 19. Jahrhundert.

Nahe der Kirche wurde im frühen 20. Jahrhundert eine Wohnsiedlung ④ im Jugendstil erbaut.

Zwierzyniecki-Friedhof

Gehen Sie die Anczyca-Straße hinunter, und biegen Sie rechts in die Aleja Jerzego Waszyngtona (Washington-Straße) ein. Der kleine Zwierzyniecki-Friedhof ⑤, der 1865 geweiht wurde, liegt am Rande der Salwator-Siedlung. In der Mitte des Friedhofs steht eine Kapelle, die 1888/89 im neugotischen Stil erbaut wurde. Architekt war Sebastian Jaworzyński. Auf dem Friedhof haben zahlreiche bedeutende polnische Künstler ihre letzte Ruhestätte.

St.-Bronisława-Kapelle unterhalb des Kościuszko-Hügels ⑥

Kościuszko-Hügel

Die dreispurige Aleja Jerzego Waszyngtona bringt Sie zum Kościuszko-Hügel am Berg Sikornik. Am Fuße des Hügels markiert die Kapelle der hl. Bronisława ⑥ die Stelle, an der sich die Einsiedlerklause der Nonne befand. Die Kapelle wurde 1856–61 von Feliks Księżarski im neugotischen Stil erbaut. Der Kościuszko-Hügel ⑦ wurde zwischen 1820 und 1823 aufgeschüttet, um an den Anführer des polnischen Aufstandes von 1794 zu erinnern. Vorbild für das Monument eines polnischen Freiheitskämpfers waren die Hügel der zwei mythischen polnischen Herrscher Krakus und Wanda, die sich ebenfalls in der Umgebung Krakaus befinden. Die Aufschüttung des Hügels wurde zu einer patriotischen Aktion. Der Hügel wird von vielen Polen besucht. Die Befestigungsanlagen ⑧ am Fuß des Kościuszko-Hügels wurden nach 1850 von den Österreichern errichtet als Teil ihres Plans, aus Krakau eine massive Festung zu machen. Die Festungsanlage wird heute als Hotel genutzt und beherbergt die Radiostation RMF FM. Am Hoteleingang befindet sich eine Bushaltestelle, von der aus man wieder in die Stadt zurückkommt.

Routeninfos

Start: *Straßenbahndepot Salwator.*
Länge: *2,5 km.*
Anfahrt: *Zum Straßenbahndepot Salwator kommen Sie mit den Straßenbahnen 1, 2 und 36. Zurück bringt Sie der Bus der Linie 100, der am Fuß des Kościuszko-Hügels hält.*
Rasten: *Bänke zum Ausruhen finden Sie in der Aleja Jerzego Waszyngtona. Im Hotel »Pod Kopcem« haben Sie die Wahl zwischen einem Café und einem Hotelrestaurant.*

Kirche und Kloster der Prämonstratenserinnen in Salwator ①

Spaziergang in Las Wolski (2:30 Std.)

Las Wolski (Wolski-Wald) ist die größte Grünfläche von Krakau. Teilweise ist der Wald hier noch im Originalzustand, die übrige Fläche wurde in eine große Parkanlage verwandelt. Pfade und kleine Wege schlängeln sich durch das hügelige Terrain. Immer wieder findet man überraschende Fleckchen von natürlich-wilder oder künstlich-gestalteter Schönheit. Das baulich reizvolle Kamaldulenserkloster sowie die Villa Decius, beide am Rande des Parks gelegen, sind einen Besuch wert. Der Spaziergang führt durch den Wolski-Wald und durch angrenzende Gebiete.

Eingang zum Kamaldulenserkloster ①

Srebrna Góra (Silberberg)

Der Rundgang beginnt an der Bushaltestelle Aleja Wędrowników (Wędrowników-Allee), Ecke Księcia-Józefa-Straße. Gehen Sie rund 500 Meter die Aleja Wędrowników hinunter, und biegen Sie dann rechts in die Aleja Konarowa (Konarowa-Allee) ein. Besteigen Sie von hier aus den Silberberg zum Kamaldulenserkloster ①. Das Kloster des strengen, reformierten Benediktinerordens wurde zwischen 1605 und 1642 von den Architekten Valentin von Säbisch und Andrea Spezza erbaut. Hinter der steinverkleideten Fassade steht die Nüchternheit des Hauptschiffs in scharfem Kontrast zu den verschwenderisch ausgestalteten Kapellen, in denen man Stuckarbeiten von Giovanni Falconi sehen kann. Sehr schön ist auch die königliche Kapelle, die 1633–36 erbaut wurde. Die Stufen auf der einen Seite des Hochaltars führen hinunter in die Krypta, in der sich ein Gruftgewölbe befindet. An den Wänden sind Nischen ausgehoben, Gräber für die verstorbenen Mönche. Neben der Katakombe befindet sich das Ossarium, ein Gemeinschaftsgrab mit den Gebeinen der Verstorbenen. Die Klausen sind für Besucher nicht zugänglich, aber man kann sie von der Beinhaus-Kapelle aus sehen. Frauen dürfen die Kirche nur an hohen Feiertagen betreten.

Las Wolski lädt zu ausgedehnten Spaziergängen ein ②

Park bei der Villa Decius

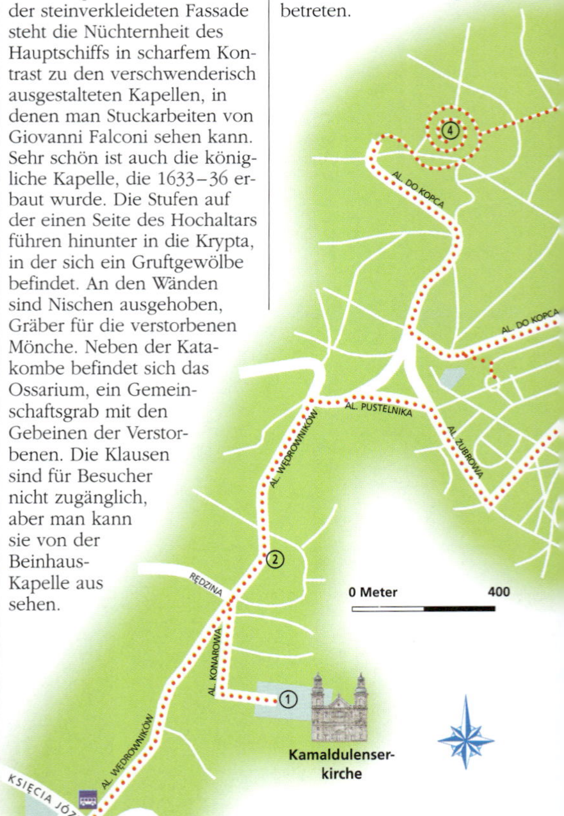

Legende

- •••• Routenempfehlung
- Bushaltestelle

Las Wolski (Wolski-Wald)
Gehen Sie vom Kloster aus denselben Weg zurück, bis Sie wieder zur Wędrowników-Allee gelangen, dem Hauptweg durch den Wolski-Wald ②. Hier halten Sie sich rechts. 1917 wurde dieser Wald dank der Bemühungen von Juliusz Leo, dem damaligen Bürgermeister von Krakau, in einen öffentlichen Park umgewandelt. Biegen Sie wieder rechts ab auf einen Pfad, der Sie zur Aleja Żubrowa (Bison-Allee) bringt. Nach einigen Minuten stehen Sie vor dem Zoo ③. Er wurde im Jahr 1929 eingerichtet und zeichnet sich vor anderen zoologischen Gärten durch seine Lage aus. Wenn Sie den Zoo auf der Al. Do Kopca (Weg zum Hügel) verlassen, gelangen Sie zum Marschall-Piłsudski-Hügel ④ oben auf dem Sowiniec-Berg. Der Hügel wurde 1934 bis 1936 als Mahnmal aufgeschüttet. Er soll an Polen erinnern, die für die polnische Unabhängigkeit gefallen sind in den lang anhaltenden Kämpfen gegen drei Großmächte, die aus Polen zwischen 1772 und 1918 ein geteiltes Land machten. Der Hügel wird als »Grab der Gräber« bezeichnet. Gehen Sie jetzt den Hügel wieder hinunter, und folgen Sie der Aleja Panieńskich Skał (Allee der Felsenjungfrau), die Sie zum Heiligtum der Felsenjungfrau ⑤ bringt. Auf Ihrem Weg treffen Sie auf sehr eindrucksvolle Kalksteinformationen. Einer Legende nach versteckten sich hier die Prämonstratenserinnen von Zwierzyniec vor den Tataren. Eine Holzkirche aus dem 16. Jahrhundert ⑥ am Ende der Straße wurde von Komorowice hierher gebracht.

Wola Justowska
Gehen Sie weiter auf der Aleja Panieńskich Skał, und biegen Sie rechts in die Aleja Kasztanowa (Kastanienallee) ein. Hier beginnt der elegante Krakauer Distrikt Wola Justowska. Gehen Sie weiter zur Villa Decius (Willa Decjusza) ⑦. Justus Decius war Sekretär des Königs Zygmunt des Alten. 1530 baute er einen spätgotischen Herrensitz aus dem 15. Jahrhundert in eine Renaissance-Villa um. Das Gebäude wurde in der ersten Hälfte des 17. Jahrhunderts erweitert, von der Loggia hat man einen schönen Blick. Die Villa ist heute Sitz der Europäischen Akademie, die sich um das Europäische Kulturerbe bemüht. Von der nahen Bushaltestelle kommt man wieder ins Zentrum.

Marienstatue in Panieńskie Skały ⑤

Die herrschaftliche Residenz Villa Decius ⑦

ROUTENINFOS

Start: *Bushaltestelle an der Kreuzung Księcia-Józefa-Straße und Wędrowników-Straße.*
Anfahrt: *Die Buslinien 109, 209, 229, 239, 249, 259 und 269 fahren zum Srebrna Góra. Bus 134 fährt zum Zoo-Eingang, die Busse 102, 134, 152 und 192 fahren von Wola Justowska ins Zentrum.*
Rasten: *Im ganzen Wolski-Wald stehen Bänke. Restaurants finden Sie am Fuß von Srebrna Góra und in der Nähe des Zoos, ein Café in der Villa Decius.*
Zu beachten: *Frauen haben nur an folgenden Tagen Zutritt zur Kamaldulenserkirche: 7. Feb, 25. März, Ostersonntag, Pfingstsonntag und -montag, Fronleichnam, 19. Juni, So nach 19. Juni, 15. Aug, 8. Sep, 8. und 25. Dez.*

Zu Gast in Krakau

Hotels

Einige der besten Hotels des Landes befinden sich in Krakau. Neben großen internationalen Namen wie Radisson SAS und Sheraton gibt es auch Hotels, die berühmt sind für ihre Architektur und ihre Geschichte, die oft bis ins 19. Jahrhundert zurückreicht. In zahlreichen Häusern ist noch heute die Atmosphäre des *fin de siècle* zu spüren. Die besten Hotels haben inzwischen wieder ihren alten Glanz, der im Kommunismus verloren gegangen war. Viele der Hotels in den älteren Vierteln wurden nach der politischen Wende 1989 umgestaltet, neue Hotels entstanden vor allem am Stadtrand und nahe der Weichsel. Unterkünfte in der Altstadt sind in der Regel teurer, doch der bestehende Wettbewerb verhindert ein Ausufern der Preise. Auf den Seiten 178 bis 181 finden Sie empfehlenswerte, nach Lage und Preiskategorie sortierte Hotels.

Vor dem Hotel Pollera *(siehe S. 179)*

Hotelauswahl

Die meisten Hotels in Krakau liegen in der Altstadt innerhalb des Planty-Grüngürtels oder in unmittelbarer Nähe. Krakaus Ausdehnung ist nicht besonders groß, sodass auch von den etwas weiter entfernten Hotels die Fahrt mit Bus und Tram nicht länger als 15 bis 20 Minuten dauert. Die Fahrt ab Nowa Huta nimmt allerdings mehr Zeit in Anspruch. Dort wurden besonders preisgünstige Hotels für Arbeiter gebaut, in denen heute vor allem die Händler aus dem Osten übernachten, die ihre Waren auf den Straßenmärkten anbieten.

Wer mit dem Auto reist, kann in der Umgebung von Krakau reizvoll gelegene Hotels, Motels, Pensionen und Privatzimmer finden, z. B. in Myślenice, 27 Kilometer südlich von Krakau an der Hauptstraße nach Zakopane. Der Ort liegt malerisch zwischen den Hügeln der mittleren Beskiden im Flusstal der Raba. 24 Kilometer nördlich von Krakau liegt Ojców, ein traditioneller Sommerferienort mitten im Jura-Ojców-Nationalpark. Ganz in der Nähe steht das Schloss Pieskowa Skała, ein Juwel polnischer Renaissance-Architektur *(siehe S. 157)*.

Wer nur sehr wenig Geld ausgeben will, findet mehrere Campingplätze und Jugendherbergen *(siehe S. 176)*. In den vielen schönen Ortschaften außerhalb Krakaus ist es außerdem kein Problem, eine Unterkunft von Privatvermietern zu finden. Solche Zimmer und Apartments werden jedoch häufig nur für einen längeren Aufenthalt angeboten.

Im Reisebüro Orbis *(siehe S. 177)* können sich Besucher über Unterkünfte auf ökologisch geführten Bauernhöfen informieren. Dort gibt es schöne Zimmer und regionale Spezialitäten mit Zutaten vom eigenen Hof. In vielen Fällen kann man dort auch reiten.

Reservierung

Es ist unbedingt ratsam, früh zu buchen. Am besten reservieren Sie schon Wochen im Voraus ein Hotelzimmer in Krakau. Obwohl die Stadt das ganze Jahr über gut besucht ist, geht es im Herbst und Winter etwas ruhiger zu. Doch selbst dann findet fast immer eine internationale Konferenz oder ein Festival statt. Wer sich darauf verlässt, am Tag seiner Ankunft in Krakau ein Hotel zu finden, wird sich schwertun.

Ausstattung

Die meisten Zimmer sind mit Bad und Toilette, Radio und oft auch Fernsehen mit Satellitenanschluss ausgestattet. Hotels der oberen Preiskategorie bieten Minibar, 24-Stunden-Service und Wäschedienst, in einzelnen Häusern finden Geschäftsreisende Computer, Internet-Anschluss und Faxgeräte vor. Die Rezeption bietet umfassende Infor-

Ein Zimmer im Hotel Alef, dem früheren Hotel Ariel *(siehe S. 179)*

◁ **Füttern der Tauben auf dem Marktplatz *(siehe S. 98–101)***

mationen und reserviert oft auch Karten für Veranstaltungen. Das Personal spricht in vielen Fällen Deutsch und/oder Englisch. Bis 12 Uhr muss man das Zimmer räumen. Nur in wenigen Hotels sind Haustiere willkommen.

Preisnachlässe

Die besten Hotels sind relativ teuer. Im Herbst und Winter sind die Preise niedriger. Man kann immer nach Rabatten fragen. Oft hat man gute Chancen, einen Preisnachlass zu bekommen, wenn man einen längeren Aufenthalt bucht. Gute Angebote findet man auch unter www.staypoland.com/de. Am günstigsten sind Studentenwohnheime, die im Sommer oft zu Hotels umfunktioniert werden, Jugendherbergen und Campingplätze.

Hotel Royal *(siehe S. 178)*

Versteckte Extras

In allen Hotels in Polen gelten die Preise einschließlich Steuer und Service. Auch das Frühstück ist meist im Preis inbegriffen, aber diesbezüglich sollte man besser nachfragen.

Telefonieren im Hotel kann teuer werden, manchmal sind die Gebühren extrem hoch. Es ist daher empfehlenswert, eines der zahlreichen öffentlichen Kartentelefone zu benutzen. Karten erhält man an Zeitungsständen, an Kiosken und bei der Post, wo Sie auch Anrufe tätigen können. Die Telefonzellen an der Straße haben eine eigene Rufnummer, eine ganze Reihe von Zellen ist behindertengerecht ausgestattet.

Empfangshalle im Novotel Centrum *(siehe S. 181)*

In den meisten Hotels des Landes ist das Mineralwasser für Gäste gratis. Unabhängig von der Preiskategorie der Unterkunft erhält jedes Hotelzimmer täglich eine Flasche Mineralwasser. Wird die Flasche nicht in die Minibar gestellt, müssen Sie auch nichts dafür bezahlen.

Allgemein ist in Krakaus Restaurants, ob im Hotel oder außerhalb, ein Trinkgeld von zehn Prozent üblich – selbstverständlich nur, wenn Sie mit dem Service zufrieden sind. Trinkgeld für das Hotelpersonal wird nur in exklusiven Häusern erwartet. In den meisten Hotels in Krakau stehen nur wenige Einzelzimmer zur Verfügung. Deshalb werden Alleinreisenden häufig Doppelzimmer angeboten. In einem solchen Fall sollten Sie unbedingt einen Preisnachlass aushandeln. Üblich ist eine Ermäßigung von rund 30 Prozent.

Mit Kindern reisen

Kinder sind überall in Polen herzlich willkommen. Die meisten Hotels im Land bieten Zusatzbetten an, manchmal sogar ohne jeglichen Aufpreis, sofern das Kind (je nach Hotel) jünger als sieben bzw. acht Jahre alt ist. Wenn Sie die Reservierung vornehmen, sollten Sie sich nach der genauen Regelung erkundigen. In den Hotelrestaurants werden fast immer Kinderportionen angeboten, oft stehen dort auch Kinderstühle zur Verfügung. Allerdings bieten nur die besten Hotels der Stadt eine Betreuung für Kinder an. Diesen Service vermittelt gegen Gebühr z. B. die Agentur Topolina (31 ul. Friedleina, Tel. 012 633 06 62, täglich von 11 bis 15 Uhr, außerhalb dieser Zeiten Tel. 050 309 12 19). Topolina hilft Ihnen auch bei der Suche nach einem Babysitter mit Fremdsprachenkenntnissen. Klären Sie Näheres bereits vor der Reise ab.

Eingang zum Hotel Grand *(siehe S. 179)*

Privatzimmer und Wohnungen

Möchten Sie in Krakau von privat ein Zimmer oder ein Apartment mieten, sollten Sie sich an eine Agentur wenden, die sich auf diese Vermittlung spezialisiert hat. Allerdings werden solche Unterkünfte meist nur für längere Aufenthalte angeboten. Anders ist die Situation auf dem Land. Besonders im Sommer bieten viele Privatleute Zimmer an. Eine Aufstellung von Privatunterkünften erhalten Sie bei Reiseagenturen und in Informationsbüros.

Behinderte Reisende

Da Polen ein Mitglied der Europäischen Union (EU) ist, gelten die auch in anderen Mitgliedsstaaten üblichen Bestimmungen. Demnach muss jedes neue Hotel eine gewisse Anzahl behindertengerechter Zimmer anbieten, bereits bestehende Hotels müssen ihre Zimmer sowie die gesamte Anlage entsprechend nachrüsten. Die Umsetzung dieser Regelung ist allerdings nicht durchweg zufriedenstellend gelöst. Vor allem in der Altstadt sind viele Hotels zu klein, um etwa einen Lift einbauen zu können. Als Grundregel gilt: Je neuer die Unterkunft ist, desto eher kommt die Ausstattung Behinderten entgegen. In der Hotelauswahl auf den folgenden Seiten finden Sie Informationen darüber, welche Hotels über eine behindertengerechte Ausstattung verfügen.

Jugendherbergen

Jugendherbergen bieten preiswerte Übernachtungsmöglichkeiten in Schlafsälen mit einfachen Waschräumen an. Standen diese Herbergen früher ausschließlich jüngeren Reisenden zur Verfügung, werden mittlerweile auch ältere Urlauber und Familien willkommen geheißen. Nach wie vor schließen Jugendherbergen meist um 22 oder 23 Uhr, oft darf man den Schlafsaal nachmittags nicht betreten. Doch auch hier gibt es Ausnahmen von der Regel, immer mehr Herbergen verfahren in dieser Hinsicht weniger strikt. Zu diesen zählt auch Nathan's Hostel, eine Unterkunft für junge und jung gebliebene Reisende.

Bei Vorlage eines Internationalen Jugendherbergsausweises oder eines Internationalen Studentenausweises werden Ermäßigungen gewährt. Die Jugendherberge an der Kościuszki-Straße ist bei jungen Reisenden besonders beliebt.

Camping

Die Campingplätze befinden sich meist in den Außenbezirken von Krakau. Trotzdem benötigt man nicht sehr lang, um ins Zentrum zu kommen. Campingplätze sind in der Regel nur in den Sommermonaten (meist von Anfang Mai bis Ende September) geöffnet.

Auf dem Gelände des Campingplatzes Krakowianka steht auch ein preisgünstiges einstöckiges Hotel mit Dreibettzimmern und Gemeinschaftsduschen auf dem Flur. Während der Sommermonate steht allen Campern und Hotelgästen ein Swimmingpool auf der Anlage zur Verfügung.

Der Campingplatz Smok gilt als besonders sauber und liegt ausgesprochen schön. Auch er ist nur in der Hauptsaison geöffnet.

Eingang zum Polski Hotel »Pod Białym Orłem« *(siehe S. 179)*

Dom Polonii am Marktplatz *(siehe S. 179)*

Auf einen Blick

Zimmervermittlung

Information und Zimmervermittlung (Centrum Informacji Turystycznej)
Pawia 8.
Stadtplan 2 D4 (6 F1).
012 422 60 91.
www.jordan.pl
it@jordan.pl

Almatur
Rynek Główny 27.
Stadtplan 1 C4 (6 D2).
012 422 46 68.
www.almatur.pl

Gromada
Pl. Szczepański 8.
Stadtplan 1 C4 (5 C1).
012 422 72 13, 012 422 37 45.

Holiday Hotels
Rostafińskiego 2.
012 637 24 16.

Juventur
Sławkowska 1.
Stadtplan 1 C4 (6 D2).
012 422 24 37.

Malopolska Tourist Information
Rynek Główny 1/3.
Stadtplan 1 C4 (6 D2).
012 421 77 06.
www.mcit.pl

Orbis
Rynek Główny 41.
Stadtplan 1 C4 (6 D2).
012 619 24 40.
Ul. Kremerowska 5.
Stadtplan 1 B3.
012 422 46 32, 012 421 99 79.
www.orbis.krakow.pl

Point Travel Agency
Pl. Szczepański 7.
Stadtplan 1 C4.
012 421 84 33, 012 411 36 09.
www.point.travel.pl
point@point.travel.pl

Polnische Tourismusagentur (Polska Agencja Promocji Turystycznej)
Pl. Wszystkich Świętych 8.
Stadtplan 1 C5 (6 D3).

PTTK
Westerplatte 5.
Stadtplan 2 D4 (6 F2).
012 422 26 76.
www.kracow.pttk.pl

Waweltur
Pawia 8.
Stadtplan 1 D4 (6 F1).
012 422 19 21.

Pensionen

Atlantis
Dietla 58.
012 421 08 61.

Marina Hotel
Słoneczna 13.
012 272 32 31.

Wagabunda
Oś. Złotej Jesieni 15c.
012 643 02 22.

Privatzimmer und Wohnungen

Diese Agenturen vermitteln Wohnungen nur für mehrere Monate.

Dom
Kazimierza Wielkiego 32.
012 634 20 41.

Grodzkie Biuro Nieruchomości (Vermittlungsbüro Grodzkie)
Starowiślna 1/6.
Stadtplan 2 D5 (6 E3).
012 422 33 06.
www.gbn.com.pl
biuro@gbn.com.pl

Gästezimmer

Eurokrak
Cicha 8.
012 638 32 10.

Ośrodek ZHP (Polnisches Pfadfinder-Zentrum)
Korzkiew.
012 419 42 32.

Rekliniec
Myślenice, Leśna 2a.
012 272 39 89.

U Witka
Zielonki Gliniki 4.
012 285 06 43.
Handlowców 14, Modlniczka.
012 285 12 61.

Jugendherbergen

Oleandry 4.
Stadtplan 1 A4.
012 633 88 22.
Krowoderska 31.
012 430 00 73.
Szablowskiego 1.
012 637 24 41.
Wrocławska 91.
012 633 88 62.

Studentenwohnheime

AWF
Al. Jana Pawła II 82.
012 638 11 20.

Bydgoska
Bydgoska 19a.
012 638 80 00.

Nawojka
Reymonta 11.
012 378 11 00.

Olimp
Rostafińskiego 9.
012 637 22 11.

Piast
Piastowska 47.
012 622 31 00.

Strawberry Youth Hostel
Racławicka 9.
Stadtplan 1 A1.
012 294 53 63.
Juli & Aug.
Ul. Urzędnicza 68.
012 633 27 77.

Żaczek
Al. 3 Maja 5.
Stadtplan 1 A5.
012 622 11 02.
www.zaczek.bratniak.krakow.pl

Camping

Campingplatz des Krakauer Automobilclubs (Automobilklub Krakowski Pole biwakowe)
Pcim Lipiny
012 274 80 42.
30. Apr–3. Sep.
Pcim Madoń
012 274 81 19.
30. Apr–3. Sep.

Clepardia
Pachońskiego 28a.
012 415 96 72.

Kemping Ogrodowy
Al. Kasztanowa 49.
012 425 23 12.

Korona
Gaj Myślenicka 32.
012 270 13 18.

Krakowianka
Żywiecka Boczna 2.
012 268 14 17.

Prima
Myślenice, Parkowa 19.
012 272 26 46.

Smok
Kamedulska 18.
012 429 83 00.

Stadtplan *siehe Seiten 228–237*

Hotelauswahl

Alle Hotels auf den folgenden Seiten wurden aufgrund ihres guten Preis-Leistungs-Verhältnisses, ihrer Ausstattung und ihrer Lage ausgewählt. Die Hotels sind nach Stadtvierteln getrennt aufgeführt und innerhalb ihrer Preiskategorie alphabetisch sortiert. Die Restaurantauswahl finden Sie auf den Seiten 188–193.

PREISKATEGORIEN
Die Preise gelten für ein Doppelzimmer pro Nacht, inkl. Frühstück (falls angeboten), Steuern und Service.

Ⓩ unter 300 Złoty
ⓏⓏ 300–400 Złoty
ⓏⓏⓏ 400–500 Złoty
ⓏⓏⓏⓏ 500–600 Złoty
ⓏⓏⓏⓏⓏ über 600 Złoty

OKÓŁ UND STRADOM

Royal Ⓩ
Św. Gertrudy 26–29 ☎ *012 421 35 00* FAX *012 421 58 57* **Zimmer** 120 **Stadtplan** 6 D5

Das Hotel gliedert sich in zwei Bereiche (Ein-Stern- bzw. Zwei-Sterne-Unterkünfte), deren Zimmer durchweg solide ausgestattet sind (u. a. mit Fernseher). Das Royal ist in einem wunderschönen Jugendstilgebäude aus dem 19. Jahrhundert untergebracht, gleich gegenüber einem hübschen Park. **www.royal.com.pl**

Awiw ⓏⓏ
Dietla 91 ☎ *012 433 90 00* FAX *012 433 90 01* **Zimmer** 15 **Stadtplan** 6 E5

Wegen der Lage an einer viel befahrenen Straße ist das Awiw nicht gerade die ruhigste Unterkunft, alles andere in diesem umgestalteten Stadthaus ist jedoch überzeugend. Das Restaurant und die vielseitigen Angebote für Urlauber (z. B. Autovermietung) sind ebenso Pluspunkte wie das exzellente Frühstücksbüfett. **www.awiw.pl**

Monopol ⓏⓏ
Św. Gertrudy 6 ☎ *012 422 76 66* FAX *012 269 15 60* **Zimmer** 75 **Stadtplan** 6 E4

Die Hotelkette RT betreibt drei Niederlassungen in und um Krakau, das Monopol ist darunter sicher die beste Wahl. Trotz des modernen Outfits seit einer Renovierung kann das Haus architektonisch mit anderen schmucken Gebäuden an den Planty-Anlagen mithalten. Das Restaurant lässt keine Wünsche offen. **www.rthotels.com.pl**

Rezydent ⓏⓏⓏ
Grodzka 9 ☎ *012 429 54 95* FAX *012 429 55 76* **Zimmer** 59 **Stadtplan** 6 D3

Hinter einer mittelalterlichen Fassade verbergen sich Zimmer und Suiten, die mehr bieten als den üblichen Standard eines Drei-Sterne-Hotels. Alle Zimmer verfügen über Satelliten-TV, ein Zimmer ist behindertengerecht gestaltet. Auch das Restaurant wird Ihnen zusagen. Haustiere sind willkommen. **www.rthotels.com.pl**

Wawel ⓏⓏⓏ
Poselska 22 ☎ *012 424 13 00* FAX *012 424 13 33* **Zimmer** 40 **Stadtplan** 6 D3

Kaum ein anderes Hotel in Krakau bietet eine gelungenere Synthese aus nostalgischem Charme und moderner Ausstattung. Die Zimmer in dem erhabenen Gebäude (19. Jh.) sind geräumig und individuell eingerichtet. Der Wellness-Bereich bietet diverse Wasseranwendungen und einen Jacuzzi. **www.hotelwawel.pl**

Pugetów ⓏⓏⓏⓏ
Starowiślna 15a ☎ *012 432 49 50* FAX *012 378 93 25* **Zimmer** 7 **Stadtplan** 6 E4

Wenn Geld keine Rolle spielt, gibt es kaum eine bessere Wahl. Das Art-Hotel ist in einem besonders schönen Haus untergebracht, Ölgemälde zieren die Wände. Die Zimmer sind mehr als komfortabel geschnitten, jedes ist auf eine andere Art möbliert. Eine Reservierung lange im Voraus ist anzuraten. **www.donimirski.com/hotel_pugetow**

Senacki ⓏⓏⓏⓏ
Grodzka 51 ☎ *012 422 76 86* FAX *012 422 79 34* **Zimmer** 20 **Stadtplan** 6 D4

Die Zimmer in dem hübsch renovierten historischen Gebäude bieten trotz ihrer geringen Größe ein sehr gutes Preis-Leistungs-Verhältnis. Zur Ausstattung gehören Badezimmer, eine elegante Deko und viele nette Extras. Von den Zimmern zur Grodzka-Straße blickt man auf die Peter-und-Paul-Kirche *(siehe S. 80f)*. **www.senacki.krakow.pl**

Copernicus ⓏⓏⓏⓏⓏ
Kanonicza 16 ☎ *012 424 34 00* FAX *012 424 34 05* **Zimmer** 29 **Stadtplan** 6 D4

Außerordentliche Qualität und Eleganz sind die Markenzeichen des Copernicus. Das Ambiente in den prachtvoll eingerichteten Zimmern wird von hohen Decken und tiefbraunen Holzböden geprägt. Eine Treppe führt hinunter zur viel besuchten Piano-Bar und zum renommierten Restaurant. **www.hotel.com.pl**

Holiday Inn ⓏⓏⓏⓏⓏ
Wielopole 4 ☎ *012 619 00 00* FAX *012 619 00 05* **Zimmer** 154 **Stadtplan** 6 F3

Holiday Inn steht nicht unbedingt für Luxus. Doch der Ableger in Krakau bietet jeglichen Komfort, den man sich nur vorstellen kann. Von der perfekten Lage über den beispielhaften Service und das geschmackvolle Flair bis hin zu den großen Zimmern – wohl das Beste, was diese Hotelkette zu bieten hat. **www.hik.krakow.pl**

Zeichenerklärung *siehe hintere Umschlagklappe*

ALTSTADT

Dom Polonii

Rynek Główny 14 *012 428 04 60* FAX *012 422 43 55* ***Zimmer*** *3* ***Stadtplan*** *6 D2*

Das Hotel im dritten Stock eines typischen Stadthauses ist vielleicht das kleinste vor Ort, doch die gerade einmal drei Doppelzimmer sind geradezu gigantisch groß. Hohe Decken, sehr hilfsbereites Personal und überaus günstige Preise machen eine Reservierung vorab ratsam. **www.wspolnota-polska.krakow.pl**

Trecius

Św. Tomasza 18 *012 421 25 21* FAX *012 426 87 30* ***Zimmer*** *6* ***Stadtplan*** *6 E2*

Das mehrfach restaurierte Gebäude aus dem 13. Jahrhundert birgt Zimmer mit ganz spezieller Atmosphäre. Alle sind mit Dusche (aber kein Badezimmer) und Satelliten-TV ausgestattet. Frühstück ist nicht im Preis enthalten. In allen Räumen herrscht Rauchverbot. **www.trecius.krakow.pl**

Pollera

Szpitalna 30 *012 422 10 44* FAX *012 422 13 89* ***Zimmer*** *42* ***Stadtplan*** *6 E2*

Das 1834 von Kasper Poller gegründete Pollera befindet sich in einem Jugendstilhaus in der Altstadt. Es zeichnete sich von Beginn an durch seinen stilvollen Charakter aus. Nach der Verstaatlichung verfiel das Hotel. Seitdem es wieder privat betrieben wird, wird alles getan, um es in altem Glanz erstrahlen zu lassen. **www.pollera.com.pl**

Polski Hotel »Pod Białym Orłem«

Pijarska 17 *012 442 11 44* FAX *012 429 18 10* ***Zimmer*** *54* ***Stadtplan*** *1 C4*

Aus Urlaubersicht liegt das Hotel geradezu ideal – nahe dem Florianstor und den Resten der Stadtmauer. Zur Zeit der kommunistischen Herrschaft wurde kaum Geld in das Polski gesteckt, doch heute zählt das Hotel zu den gefragtesten Adressen in der Altstadt. **www.podorlem.com.pl**

Elektor

Szpitalna 28 *012 423 23 17* FAX *012 423 23 27* ***Zimmer*** *21* ***Stadtplan*** *6 E2*

Der japanische Kronprinz Takamodo, König Harald V. von Norwegen und die thailändische Prinzessin Maha Chakri Sirindhorn gaben sich hier schon die Ehre. Kein Wunder, gilt das Elektor weithin als bestes Hotel in Krakau. Doch auch für Nicht-Adelige zerreißt sich das Personal förmlich. **www.hotelelektor.com.pl**

Grand

Sławkowska 5/7 *012 424 08 00* FAX *012 421 83 60* ***Zimmer*** *62* ***Stadtplan*** *6 D2*

Seit fast 150 Jahren werden hier Gäste empfangen. Sicher war jeder von ihnen vom prachtvollen Stuckinterieur fasziniert. Das prächtig renovierte Grand bietet die ganze Bandbreite modernen Komforts, ohne freilich seinen alten Charme verloren zu haben. Viele Zimmer sind mit Antiquitäten ausgestattet. **www.grand.pl**

Gródek

Na Gródku 4 *012 431 90 30* FAX *012 378 93 15* ***Zimmer*** *23* ***Stadtplan*** *6 E3*

Das Hotel grenzt an ein Dominikanerkloster und zählt deshalb zu den ruhigeren Häusern in der Altstadt. Die Zimmer unterscheiden sich in Design und Ausstattung, sind aber mit großen Fenstern und hohen Decken allesamt elegant. Nirgendwo in Krakau sind die Kopfkissen flauschiger. Das Gródek ist seinen Preis wert. **www.donimirski.com**

Wentzl

Rynek Główny 19 *012 430 26 64* FAX *012 430 26 65* ***Zimmer*** *18* ***Stadtplan*** *6 D3*

Suchen Sie eine exklusive Bleibe am Marktplatz, ist das nach dem gleichnamigen Restaurant im ersten Stock *(siehe S. 192)* benannte Wentzl Ihr Favorit. Alle Zimmer bieten eine grandiose Aussicht und eine ganze Reihe von Annehmlichkeiten, darunter auch kostenlosen Internet-Zugang. **www.wentzl.pl**

KAZIMIERZ-VIERTEL

Abel

Józefa 30 *012 411 87 36* FAX *012 411 87 36* ***Zimmer*** *15* ***Stadtplan*** *4 D1*

Die Zimmer in diesem schlichtweg bezaubernden Hotel sind relativ klein, doch das Ambiente entschädigt für die geringe Größe. Die Möblierung der Zimmer ist individuell gehalten. Jedes Zimmer besitzt einen Fernseher, aber nicht alle verfügen über Bad (manche nur mit Dusche) und Klimaanlage. **www.hotelabel.pl**

Alef

Św. Agnieszki 5 *012 424 31 31* FAX *012 424 31 32* ***Zimmer*** *4* ***Stadtplan*** *3 C1*

Das beliebte Hotel wurde im Film *Schindlers Liste* verewigt. Die großen Betten sind erlesene Antiquitäten, an jedem Betthaupt prangt eine Darstellung des alten Kazimierz. Das üppige Frühstücksbüfett ist im Preis enthalten, Fernseher und Klimaanlage nicht. Das legendäre Restaurant Alef *(siehe S. 192)* befindet sich im Untergeschoss. **www.alef.pl**

Eden
Ciemna 15 012 430 65 65 FAX *012 430 67 67* ***Zimmer*** *27* ***Stadtplan*** *4 D1*

Das Eden ist ein Hotel mit vielen Facetten. Zur Ausstattung gehören eine Salzgrotte als Ort der Meditation, eine Mikwe (jüdisches Ritualbad) und ein Restaurant mit koscheren Gerichten. Die Zimmer sind geräumig, wenn auch einfach möbliert. Alle Zimmer haben Bad und TV, nicht alle eine Klimaanlage. **www.hoteleden.pl**

Kazimierz
Miodowa 16 012 421 66 29 FAX *012 421 66 29* ***Zimmer*** *35* ***Stadtplan*** *4 D1*

Modern und doch eindrucksvoll präsentiert sich das Kazimierz. Buntglasfenster mit Szenen aus früheren Tagen des Stadtviertels sind ein herausragendes Stilelement des Hotels. Die Zimmer stellen preisbewusste Reisende allemal zufrieden. Alle Zimmer verfügen über ein Bad. **www.hk.com.pl**

Regent
Bożego Ciała 19 012 430 62 34 FAX *012 430 59 77* ***Zimmer*** *63* ***Stadtplan*** *4 D2*

Die stilvolle Unterkunft befindet sich mitten in Kazimierz in einem wunderschönen Gebäude aus dem 19. Jahrhundert. Die meisten Zimmer sind großzügig geschnitten, alle haben Fernseher, Bad und Internet-Zugang. Ein Zimmer entspricht den Bedürfnissen behinderter Reisender. **www.rthotels.com.pl**

Secesja
Paulińska 24 012 430 74 64 FAX *012 430 74 05* ***Zimmer*** *26* ***Stadtplan*** *3 C2*

Das Secesja (Secession) ist entgegen seinem Namen ein modernes Hotel mit ein paar wenigen Anklängen an den Jugendstil. Die Zimmer (alle mit geräumigem Bad) sind komfortabel und hell. Die Gemeinschaftsräume, vor allem die etwas nostalgisch anmutende Lobby, sind geschmackvoll gestaltet. **www.hotelsecesja.krakow.pl**

Wesoła, Kleparz und Biskupie

Jordan
Długa 9 012 430 02 92 FAX *012 422 82 26* ***Zimmer*** *19* ***Stadtplan*** *1 C3*

Das Jordan bietet einfache Zimmer zu akzeptablen Preisen in ansprechender Lage. Im Untergeschoss des Hauses ist ein Reisebüro gleichen Namens untergebracht, das neben Sightseeing-Touren auch andere Angebote im Programm hat. Es gibt kaum Parkmöglichkeiten. Frühzeitige Buchung wird empfohlen. **www.jordan.pl**

Europejski
Lubicz 5 012 423 25 10 FAX *012 423 25 29* ***Zimmer*** *41* ***Stadtplan*** *2 D4 (6 F1)*

Seit der Eröffnung vor mehr als 120 Jahren wird dieses Hotel von ein und derselben Familie betrieben – mittlerweile in der vierten Generation. Der erste Inhaber entwarf das Haus. Die Zimmer sind etwas klein, aber ansprechend gestaltet, u. a. mit modernen (aber kleinen) Bädern. **www.he.pl**

Polonia
Basztowa 25 012 422 12 33 FAX *012 422 16 21* ***Zimmer*** *62* ***Stadtplan*** *2 D4 (6 F1)*

Das Polonia zählt zu den außergewöhnlichsten Hotels in Krakau – nicht nur wegen der kunstvoll gestalteten Balkone, von denen jeder ein Prachtexemplar des Jugendstils ist. Obwohl der Glanz seit der Eröffnung des Hauses 1917 etwas abgeblättert ist, bleibt es eine gute Wahl für Gäste mit mittleren Ansprüchen. **www.hotel-polonia.com.pl**

Batory
Sołtyka 19 012 294 30 30 FAX *012 294 30 33* ***Zimmer*** *29* ***Stadtplan*** *2 E5*

Auf den ersten Blick erscheint das Batory nicht gerade attraktiv. Doch es bietet einige Pluspunkte: Das Personal ist überaus hilfsbereit, die leuchtenden Farben machen gute Laune. Die Zimmer sind mit Telefon, Internet-Anschluss, Safe und (überwiegend) Bad ausgestattet. **www.hotelbatory.pl**

Atrium
Krzywa 7 012 430 02 03 FAX *012 430 01 96* ***Zimmer*** *52* ***Stadtplan*** *1 C3*

Die moderne, etwas ausdruckslose Unterkunft bietet ein gutes Preis-Leistungs-Verhältnis und eine zentrale Lage. Die Zimmer sind groß und geschmackvoll eingerichtet, einige sind behindertengerecht ausgestattet. Es gibt mehr Zimmer mit Dusche als mit Bad. Einige Zimmer sind nur für Nichtraucher reserviert. **www.hotelatrium.com.pl**

Piasek und Nowy Świat

Fortuna
Czapskich 5 012 422 31 43 FAX *012 411 08 06* ***Zimmer*** *25* ***Stadtplan*** *1 B5 (5 C4)*

Die Zimmer des geradezu historisch anmutenden, wirklich charmanten Hotels sind größer als in vergleichbaren Häusern. Gleiches gilt für die Bäder. Zum Anwesen gehört auch ein bewachter Parkplatz. Sie sollten frühzeitig reservieren. **www.hotel-fortuna.com.pl**

Preiskategorien *siehe Seite 178* **Zeichenerklärung** *siehe hintere Umschlagklappe*

Logos ⓩⓩⓩ
Szujskiego 5 012 631 62 00 FAX 012 632 42 10 **Zimmer** 49 **Stadtplan** 1 B4

Von außen wirkt das Logos nicht allzu einladend. Doch hinter der Eingangstür zeigt das Drei-Sterne-Hotel seine Stärken. Die Zimmer sind groß, komfortabel und haben geräumige Bäder. Der Eifer des Personals sucht in Krakau seinesgleichen. Der Wellness-Bereich lockt mit Sauna und Massagen. **www.hotel-logos.pl**

Maltanski ⓩⓩⓩⓩ
Straszewskiego 14 012 431 00 10 FAX 012 378 93 12 **Zimmer** 16 **Stadtplan** 1 B5 (5 C4)

Das Boutique-Hotel aus den 1830er Jahren überzeugt den Gast schon beim Betreten der stilvollen Lobby. Das Personal hinter der in Eichenholz gehaltenen Rezeption ist überaus freundlich. Die oberen Zimmer wirken auf den ersten Blick weniger eindrucksvoll, bieten jedoch ebenfalls Luxus pur. **www.donimirski.com**

Radisson SAS ⓩⓩⓩⓩⓩ
Straszewskiego 17 012 618 88 88 FAX 012 618 88 89 **Zimmer** 196 **Stadtplan** 5 B4

Die Eröffnung des Radisson in Krakau war ein Mega-Event. Das Gebäude bildet einen architektonischen Kontrast zu den älteren Häusern ringsum. Luxuriös eingerichtete Zimmer, ein exzellentes Restaurant und ein Fitness-Center mit allen Schikanen sind den höheren Preis wert. **www.radissonsas.com**

Sheraton ⓩⓩⓩⓩⓩ
Powiśle 7 012 662 10 00 FAX 012 662 11 00 **Zimmer** 232 **Stadtplan** 5 B4

Die Eingangshalle ist ein Traum in Glas und Marmor mit Säulenreihen und Springbrunnen. Das Sheraton erfüllt die gehobenen Ansprüche seiner Gäste. Wohl kaum irgendwo in Krakau gibt es größere Bäder. Ein Restaurant der Spitzenklasse und ein großes Unterhaltungsangebot versüßen den Aufenthalt. **www.sheraton.com/krakow**

Abstecher

Ruczaj ⓩ
Ruczaj 44 012 269 10 00 FAX 012 269 20 30 **Zimmer** 45

Das Ruczaj, rund vier Kilometer vom Stadtzentrum entfernt, wirkt wie die gelungene Nachbildung eines Schlosses in grüner Umgebung. Die Zimmer sind mit hohen Fenstern und großen Betten ausgestattet, die Bäder sind vielleicht eine Spur zu klein. Für den Preis wird der Gast mehr als zufriedengestellt. **www.ruczajhotel.com.pl**

Teresita ⓩ
Schweitzera 3 012 657 57 04 FAX 012 657 57 04 **Zimmer** 30

Das etwas heruntergekommen wirkende Hotel rühmt sich seiner besonderen Atmosphäre: Kitsch und schrille Farben dominieren in allen Ecken. In den einfachen Zimmern (alle mit Fernseher und Internet-Anschluss) fühlt man sich wohl. Trotz der großen Entfernung zur Innenstadt ist das Teresita zu empfehlen. **www.teresita.pl**

Art Hotel Niebieski ⓩⓩ
Flisacka 3 012 431 27 11 FAX 012 431 18 28 **Zimmer** 13

Das Art Hotel Niebieski ist ein besonderes Hotel, untergebracht in einem Prachtexemplar von Jugendstilgebäude. Auch die Lage am Flussufer, nur eine kurze Fahrt vom Zentrum Krakaus nach Westen, macht das Haus attraktiv. Die Zimmer sind geräumig und individuell gestaltet. Reservierung ist unbedingt zu empfehlen. **www.niebieski.com.pl**

Chopin ⓩⓩ
Przy Rondzie 2 012 299 00 00 FAX 012 299 00 01 **Zimmer** 220 **Stadtplan** 2 F4

Zu Fuß ist man vom Zentrum in nur 20 Minuten im Chopin, einer praktischen Unterkunft in einer eher unauffälligen Umgebung. Die Zimmer können sich durchaus sehen lassen. Alle sind passabel geschnitten und verfügen über Bad, Fernseher und Internet-Zugang. Zudem gibt es ein kleines Fitness-Center. **www.chopinhotel.com**

Ibis ⓩⓩ
Syrokomli 2 012 299 33 00 FAX 012 299 33 33 **Zimmer** 175 **Stadtplan** 2 F3

Die Lage an einer lebhaften Straße ist nicht optimal. Andererseits ist das Ibis von der Innenstadt in nur zehn Minuten mit der Tram zu erreichen. Für den Preis erhält der Gast den Standard, den er von allen Niederlassungen dieser Hotelkette erwarten darf. Das Restaurant ist in eine ausladende Lounge integriert. **www.ibishotel.com**

Novotel Centrum ⓩⓩⓩⓩ
T. Kościuszki 5 012 299 29 00 FAX 012 299 29 99 **Zimmer** 198 **Stadtplan** 5 A5

Das Hotel ist eine kurze Taxifahrt vom Zentrum entfernt. Nicht nur der Swimmingpool ist ein dicker Bonuspunkt, auch die luftigen Zimmer, der perfekte Service und das großzügige Frühstücksbüfett machen den Aufenthalt im Novotel angenehm. **www.orbis.pl**

Sympozjum ⓩⓩⓩⓩⓩ
Kobierzyńska 47 012 261 86 00 FAX 012 261 87 99 **Zimmer** 80 **Stadtplan** 3 A5

Wie der Name vermuten lässt, eignet sich dieses Hotel perfekt für Konferenzen und ist deshalb bei Geschäftsleuten sehr beliebt. Doch auch Urlauber fühlen sich hier wohl: große Zimmer mit viel Platz im Bad, ein Wellness-Bereich, ein gutes Restaurant und eine Bar zum Entspannen. Kinder sind willkommen. **www.hotel.sympozjum.com.pl**

Stadtplan *siehe Seiten 228–237*

RESTAURANTS

Krakau war schon immer für gute Restaurants bekannt. Selbst in kommunistischen Zeiten, als Restaurants ziemlich trist aussahen, waren Besucher aus anderen Teilen Polens überrascht, dass es in Krakau Cafés gab, in denen man Tee aus feinem Porzellan trank oder Espresso, leckeres Gebäck und raffiniert zubereitete Eier zum Frühstück bekam. Die Höflichkeit der Kellner war noch überraschender. Nach dem Zusammenbruch des Systems wurde der Service noch besser. In den 1990er Jahren eröffneten Hunderte neue Lokale. Viele Restaurants wurden früheren Eigentümern zurückgegeben, die sich alle Mühe gaben, alte Qualität wieder aufleben zu lassen. Heute findet man in Krakau auch Chinesen, Vietnamesen, Inder, Italiener, Griechen und Mexikaner.

Eis – vor allem im Sommer beliebt

FAST FOOD

Wer in Krakau Zeit oder Geld sparen will, kann in eine Kantine oder ein Fast-Food-Restaurant gehen, wo es schon für 20 Złoty ein dreigängiges Menü in solider polnischer Qualität gibt. Solche Lokale schließen jedoch meist früh – normalerweise am frühen Nachmittag oder wenn das Essen ausverkauft ist.

Eine Brezel von einem Straßenverkäufer ist ein idealer Imbiss für zwischendurch. Das Gebäck ist eine Krakauer Spezialität und wird mit Salz, Mohn oder Sesam bestreut. In den Straßen findet man viele Stände, die Maiskolben, Bohnen oder – im Spätherbst – heiße Maroni verkaufen.

Auch in Krakau haben inzwischen die großen Fast-Food-Ketten wie McDonald's, Kentucky Fried Chicken oder Pizza Hut Einzug gehalten. Aber selbst für einen Hamburger empfiehlt es sich eher, eine polnische Bar aufzusuchen: Er wird dort mit großer Wahrscheinlichkeit besser und preiswerter sein als das internationale Einheitsessen. Wenn Sie Lust auf Bratwurst haben, sollten Sie den Stand in der Grzegórzecka-Straße, in der Nähe der Markthalle, testen. Er hat bis 3 Uhr morgens geöffnet: Die Bratwürste dort gehören zu den besten in der ganzen Stadt.

Restaurant Wentzl *(siehe S. 192)*

Restaurant »Pod Aniołami« mit offenem Grill *(siehe S. 189)*

Wer leckeres Essen in gepflegter Atmosphäre genießen will, wird in Krakau genau das finden, wonach ihm der Sinn steht: Viele Restaurants befinden sich in historischen Gebäuden oder Kellern. Sie wurden meist liebevoll restauriert und eingerichtet. Allerdings sind sie abends und an den Wochenenden oft dermaßen überfüllt, dass man ohne frühzeitige Reservierung keine Chance auf einen freien Tisch hat.

ÖFFNUNGSZEITEN

Die meisten Restaurants in Krakau schließen um Mitternacht, aber für den Hunger in den frühen Morgenstunden gibt es Läden, die 24 Stunden geöffnet haben. Das griechische Restaurant Dionisos am Dominikański-Platz ist rund um die Uhr offen. Eine Bar in den Kramy Dominikańskie

(Dominikanische Buden) in der Stolarska-Straße serviert 24 Stunden am Tag Burger und Pommes frites. Auch Bars und Restaurants im Hauptbahnhof (Dworzec Główny PKP) haben 24 Stunden geöffnet. Sie sind überraschend sauber und servieren gutes Essen.

Die Bar Endzior am Nowy-Platz in Kazimierz öffnet um 5 Uhr morgens. Nicht nur Nachtschwärmer kommen hier in den Genuss von fantastischen Spareribs mit Kraut, Erbsensuppe oder Schnitzel. Die Bar ist vor allem bei den Einheimischen beliebt, die früh am Morgen auf dem Weg zur Arbeit sind.

Es ist gut zu wissen, dass die meisten Restaurants so lange geöffnet sind, bis der letzte Gast das Haus verlässt. Solange Sie also etwas bestellen, können Sie auf jeden Fall sitzen bleiben.

Preise und Trinkgeld

Restaurants in Krakau sind preiswerter als in anderen polnischen Städten. Manche behaupten, das sei auf den sprichwörtlichen Geiz der Krakauer zurückzuführen. Tatsächlich ist es aber so, dass die Löhne und Gehälter in Krakau niedriger sind als in Warschau und in anderen Teilen des Landes.

Für 100 Złoty pro Person bekommt man selbst in den teuersten Restaurants ein dreigängiges Menü – allerdings ohne Alkohol, der sich auf der Rechnung deutlich bemerkbar macht. Alkoholische Getränke, besonders Spirituosen, werden stark besteuert, dazu kommen bei Importweinen noch hohe Einfuhrzölle – und die Wirte müssen auch etwas verdienen.

Café Noworolski in den Tuchhallen *(siehe S. 194)*

Restaurant Chimera *(siehe S. 189)*

Kreditkarten erfreuen sich in Polen immer größerer Beliebtheit und werden in jedem größeren Restaurant akzeptiert. Besonders in den Urlaubergegenden können Sie fast überall mit Karte bezahlen. An den Eingängen sehen Sie, welche Kreditkarten akzeptiert werden.

Koch im Wierzynek *(siehe S. 192)*

In ganz Polen ist ein Trinkgeld von etwa zehn Prozent üblich, in Krakau wird Ihnen aber auch niemand böse sein, wenn Sie etwas weniger geben.

Vegetarische Gerichte

Die polnische Küche hat sich stark verändert, seit mit dem Ende des Kommunismus die Grenzen fielen. Viele ausländische, vor allem westliche Kochstile und Essgewohnheiten haben mittlerweile Einzug gehalten. Heute sind fast alle nötigen Zutaten in den Läden und Märkten zu bekommen.

Für die meisten Polen spielt Fleisch noch immer eine wesentliche Rolle. Gemüse und frisches Obst sind jedoch auf dem Vormarsch.

Die meisten Restaurants in Krakau haben vegetarische Gerichte auf ihrer Karte – und das nicht nur wegen der ausländischen Besucher: *pierogi* (Teigtaschen) gefüllt mit Sauerkraut, Pilzen, Käse oder Obst sind eine ebenso beliebte einheimische Spezialität wie gefüllte *knedle* (Knödel, Klöße) oder Pfannkuchen und Omeletts. In allen Restaurants werden leckere Salate angeboten. Zu den traditionell verarbeiteten Gemüsesorten gehören Rote Bete, Karotten, Kohl, Blumenkohl, Sellerie und Lauch. Inzwischen gehören aber auch Brokkoli, Auberginen, Stangensellerie und Zucchini zur polnischen Küche. In vielen ausländischen Restaurants ist vegetarisches Essen eine Selbstverständlichkeit. In letzter Zeit sind einige spezielle Salatbars mit großer Auswahl eröffnet worden. Hier kann man zwischen verschiedenen Dressings wählen. Dazu gibt es frisch gepressten Obst- oder Gemüsesaft.

Gut sortierte Bar in einem Krakauer Hotel

Krakauer Spezialitäten

Die polnische Küche basiert wie die Küche vieler anderer europäischer Staaten maßgeblich auf Fleisch (vor allem Schweinefleisch). Als Beilagen werden häufig Kartoffeln, Reis und Kohl gereicht. Im Bereich der Ostseeküste zählen Fischgerichte mit Karpfen, Forelle und Hering zu den Spezialitäten. In den waldreichen Gebieten im Süden (so auch um Krakau) wird viel Wild produziert, auch Geflügelgerichte sind dort sehr verbreitet. Im Süden zeigt sich in der Küche auch das österreichische Erbe: Von dort kommen feine Kuchen und anderes Gebäck.

Eingelegte Heringe

Grillstand bei einer Straßenfeier an Palmsonntag

Fleisch

Das mit Abstand beliebteste Fleisch ist Schweinefleisch *(wieprzowina)*. Man verzehrt es als Steak *(kotlet schabowy)* oder Haxe *(golonka wieprzowa)* sowie als Wurst oder Schinken oder in Suppen. Schinken wird in Polen meist geräuchert und ist mild im Geschmack. Er dient als Vorspeise (mit Käse und Gurken), wird aber auch zum Frühstück verzehrt. Die Küche bietet auch viel Kalbfleisch *(cielęcina)*, das häufig mit einer deftigen Pilzsauce *(cielęcina po staropolsku)* oder mit Kohl und Rosinen gegessen wird.

Geflügel und Wild

Geflügel *(kurczaka)* ist ebenfalls weitverbreitet, vor allem Schenkel *(podudzie)* gibt es in vielen Variationen. Geflügelleber *(wątróbka)* mit Fruchtsauce gilt als Delikatesse. Auch Fasan *(bażant)*, Ente *(kaczka)* und Gans *(gęś)* bereichern den Speiseplan.

Eine reiche Tierwelt durchstreift die Wälder im Süden Polens, darunter Reh *(comber)*, Kaninchen *(królik)* und Hase *(zając)*. Gerichte aus ihrem Fleisch finden sich auf vielen Speisekarten.

Auswahl polnischer Wurst- und Fleischwaren

Regionale Gerichte und Spezialitäten

Grünkohl

Polnische Restaurants servieren die Vielfalt der Küche des Landes. Fischgerichte stehen vor allem im Norden Polens hoch im Kurs, typisch für den Süden sind Wildgerichte. Das vielfältigste Angebot an Speisen bieten die großen Städte wie Warschau und Krakau. Dort werden die besten Restaurants von renommierten Küchenchefs geleitet. Das Nationalgericht *bigos* hat seinen Ursprung im Osten des Landes. Das herzhafte, an einen Eintopf erinnernde Gericht wird vor allem im Winter gern gegessen. Dies gilt auch für *pierogi* (Klöße mit einer Füllung z. B. aus Fleisch, Käse oder Obst), ein weiteres Gericht aus dieser kalten Region. Auch Kuchen und Desserts sind in Polen meist sehr deftig, auch wenn die meisten ihren Ursprung im wärmeren Süden des Landes haben.

Bigos *Fleisch- und Wurststücke werden mit Sauerkraut, Kohl, Zwiebeln und Kartoffeln gekocht.*

Auswahl einheimischer Gemüsesorten – Farbenpracht auf dem Markt

Fisch

Fischgerichte gibt es vornehmlich im Norden des Landes in großer Auswahl. Zu den verbreitetsten Arten gehört Hering *(śledź)*. Man genießt ihn eingelegt, in Öl, mit Zwiebeln oder mit Sauerrahm – kurzum mit allem. Sehr beliebt ist *rolmops po kaszubsku*: Marinierter Hering wird um eingelegte Zwiebeln gewickelt, dann gespickt und in Sauerrahm gewendet. Auch Forellen *(pstrąg)* werden auf verschiedenste Art zubereitet. Man isst sie z. B. gegrillt mit gekochten Kartoffeln. Karpfen *(karpia)* in Meerrettichsauce und Lachs *(łosoś)* sind weitere Klassiker. Ein besonderer Leckerbissen im Frühsommer ist geräucherter Lachs mit Spargelspitzen *(łosoś wędzony ze szparagami)*.

Gemüse

In Polen werden viele Gemüsesorten angebaut, Kohl *(kapusta)* ist eine der wichtigsten. Roh ist er Teil von Salaten, gekocht dient er als Beilage für Fleisch- und Fischgerichte. Kohlsuppe

Polnische *precles* (Brezeln) dürfen in keiner Krakauer Bäckerei fehlen

(kapusniak) mit Sauerkraut steht auf jeder Speisekarte. Auch Kartoffeln sind ein Grundnahrungsmittel – ob gekocht, gebraten oder gestampft. Paprikaschoten werden sehr gern mit Reis oder Hackfleisch gefüllt oder Sommersalaten beigemengt. Gemüsesorten wie Karotten, Pastinak, Steckrüben, Kohlrabi oder Rote Bete sind aus der polnischen Küche nicht wegzudenken. Pilze sind ein weiterer wichtiger Bestandteil vieler Gerichte: Man genießt sie gebraten oder eingelegt.

Imbiss

Wurstwaren Eine riesige Auswahl an Würsten (zum Teil geräuchert) bieten die Straßenstände und Imbissbuden der Stadt.

Precles (Brezeln) Frisch gebackene Brezeln gibt es ebenfalls an jeder Straßenecke. Für viele Krakauer ist eine Brezel die erste Mahlzeit am Morgen.

Zapiekanki Oft werden diese »Baguettes« mit Pizzas verglichen. Sie werden mit Käse und Tomaten belegt, anschließend getoastet und heiß serviert. Zapiekanki eignen sich ideal als Zwischenmahlzeit für unterwegs.

Smalec Basis für diesen Snack ist Schweineschmalz. Er wird großzügig mit Salz bestreut und mit knusprigem Brot verzehrt. Der Imbiss wird in vielen Bars angeboten. Die meisten Polen trinken dazu Bier.

Pierogi *Die an Gnocchi erinnernden Klöße können mit Fleisch, Sauerkraut, Pilzen, Käse oder Obst gefüllt sein.*

Barszcz *(Borschtsch), die beliebte Rote-Bete-Suppe, kann auch mit Bohnen oder Kartoffeln serviert werden.*

Mohnrolle *Die mit einem Hefeteig umwickelte süße Mohnfüllung ist eine leckere Süßspeise.*

Krakauer Getränke

Wie in ganz Polen bekommt man auch in Krakau fast überall ausgezeichneten Wodka, meist extrem viele verschiedene Sorten. Bier wird immer beliebter. Inzwischen gibt es eine Vielzahl polnischer Brauereien, die gute Qualität herstellen. Manche Bars haben sich auf eine große Bierauswahl spezialisiert. In Polen wird kein Wein angebaut, trotzdem bieten die meisten Läden und Restaurants die klassische Auswahl gängiger Weiß- und Rotweine aus Europa und Übersee.

Cracovia, **einer der besten klaren polnischen Wodkas**

Wodka

Wodka wird aus Kartoffeln oder Korn destilliert und ist eine polnische Spezialität. Manche Sorten wie der klare *Wódka Wyborowa* und der trockene, aber aromatisierte *Żubrówka* sind weltberühmt. Die Vielzahl der Marken, die in Polen hergestellt werden, ist erstaunlich. Besonders geschätzt wird der *Cracovia*, der direkt aus Krakau kommt. *Starka* ist die älteste Marke unter den Qualitätswodkas. Starka-Wodka wurde jahrhundertelang nur aus Weizen oder Gerste hergestellt und reifte mindestens sechs Jahre in Eichenfässern, die man vor dem Gebrauch in der Erde lagerte, damit sie richtig alterten. Heute wird *Starka* anders produziert, und der Krakauer

Starka krakowska

Dzięgielówka, trockener Wodka aromatisiert mit Angelikawurzel

Starka, früher der »König« unter den *Starkas*, hat seinen Status eingebüßt.

Die polnischen Brennereien wurden dezentralisiert. Die Regeln der kommunistischen Zeit gelten noch heute. Vor allem gibt es keine *appellation contrôlée*, sodass die Produktion des *Starka krakowska* nicht auf Krakau beschränkt ist – so wie das »Danziger Goldwasser«, das früher nur in Danzig gebrannt wurde, heute aber in Poznań hergestellt wird.

Starka bankietowa lagert länger als andere Wodkas und ist mit Sicherheit der beste. Er wird in Flaschen aus Kristallglas verkauft und ist eine Seltenheit.

In Polen wird auch Pflaumenschnaps gebrannt, *Śliwowica łącka* ist der beste und bekannteste. Paradoxerweise wird er illegal gebrannt, da es für die Herstellung keine Bestimmungen gibt. *Śliwowica łącka* kommt aus dem kleinen Dorf Łącko im Gebirge 70 Kilometer südlich von Krakau, ist in den offiziellen Spirituosenläden nicht erhältlich, wird aber in vielen Häusern in Krakau getrunken.

Wodkaglas

Amaretto-Likör

Pflaumenschnaps

Passover Sliwowitz

Senator Wodka

Krakus Wodka

Harnaś Wodka

Żywiec-Etikett
Die Brauerei Żywiec stellt viele Marken her, aber die Flaschen mit dem tanzenden Trachtenpaar verkaufen sich am besten.

Helles Brackie von Żywiec

Krakusbier von Żywiec

Zwei Biere der Brauerei Okocim

Bier

Die polnischen Brauereien sind in den letzten Jahren gewachsen, die Produktion von Qualitätsbieren ist stark gestiegen. Die Statistik zeigt, dass in Polen immer mehr Bier und immer weniger Hochprozentiges getrunken wird.

Reklametafel der Brauerei Okocim vor 1939

Die Biere der Brauereien Okocim und Żywiec sind die beliebtesten, denn die Krakauer wissen sehr wohl, dass beide Unternehmen in Galizien beheimatet sind.

Okocim wurde von der Familie Goetz gegründet, die von Kaiser Franz Joseph in den Rang von Erbbaronen erhoben wurde. Żywiec wurde von den Habsburger Erzherzögen gegründet und war bis zum Zweiten Weltkrieg in deren Besitz. Nach dem Ersten Weltkrieg hatten sie die polnische Staatsbürgerschaft angenommen. Ihr Besitz wurde von den Nationalsozialisten beschlagnahmt, als sie sich weigerten, die Volksliste zu unterschreiben. Nach dem Zweiten Weltkrieg wurde die Brauerei als ehemaliger deutscher Besitz verstaatlicht. Vor ein paar Jahren erwarb die niederländische Brauerei Heineken die Aktienmehrheit an Okocim. Das polnische Unternehmen zählt heute zu den modernsten Europas.

Wein

Obwohl früher in Krakau recht erfolgreich Wein kultiviert wurde, verschwanden die Weinberge im Lauf des 15. Jahrhunderts. Noch bis zum Zweiten Weltkrieg wurden in der Gegend von Zaleszczyki an der rumänischen Grenze große Mengen Wein gekeltert. Heute gibt es nur noch ein paar Weinberge in der Nähe von Zielona Góra im Westen. Wer Wein trinken möchte, muss also auf ausländische Weine ausweichen, die aus Frankreich, Italien, Spanien und Österreich, aber auch aus Kalifornien, Australien, Chile und Neuseeland importiert werden. Weine aus Ungarn sind besonders zu empfehlen – nicht nur wegen des günstigeren Preises.

Früher lagerte man in Krakau Tokajer (ein schwerer ungarischer Süßwein) in großen Kellern unter dem Marktplatz, bevor er weltweit verkauft wurde.

Alkoholfreie Getränke

Mineralwasser, mit und ohne Kohlensäure, ist das meistverkaufte Getränk. Viele Quellen liegen in der Nähe von Krakau. Apfelsaft und Schwarzer Johannisbeersaft sind polnische Spezialitäten. Selbstverständlich erhält man auch fast überall die üblichen internationalen Softdrinks.

Apfelsaft

Schwarzer Johannisbeersaft

Restaurantauswahl

Die hier aufgeführten Restaurants wurden wegen ihrer hervorragenden Qualität und ihrer günstigen Lage ausgewählt und umfassen alle Preiskategorien. Sie sind nach Stadtvierteln und dort innerhalb ihrer Preisklasse alphabetisch sortiert. Die Hotelauswahl finden Sie auf den Seiten 178–181.

PREISKATEGORIEN
Die Preise gelten für ein Drei-Gänge-Menü, inkl. einer halben Flasche Hauswein, Steuern und Service.

- zł unter 40 Złoty
- złzł 40–60 Złoty
- złzłzł 60–90 Złoty
- złzłzłzł 90–120 Złoty
- złzłzłzłzł über 120 Złoty

WAWEL

Na Wawelu — złzłzł
Wzgórze Wawelskie 9 ☎ *012 421 19 15* — **Stadtplan** *3 C1*

Auf dem Wawel sind Restaurants dünn gesät, doch das Na Wawelu ist eine Krakauer Institution und alles andere als eine Touristenfalle. Im Gegenteil: Es bietet gute Küche zu akzeptablen Preisen. Auf der Speisekarte stehen neben polnischen Spezialitäten auch zahlreiche internationale Gerichte.

OKÓŁ UND STRADOM

Akropolis — zł
Grodzka 9 ☎ *012 421 77 25* — **Stadtplan** *1 C5*

Anhänger der griechischen Küche sind hier richtig, auch wenn es in Krakau stilvollere Lokale als das Akropolis gibt. Dies ist eine gute Option für ein Mittagessen oder eine Stärkung zwischendurch. Auch Vegetarier finden eine reiche Auswahl. Bevor man Platz nimmt, wählt man sein Essen an der Theke aus.

Taco Mexicano — zł
Poselska 20 ☎ *012 421 54 41* — **Stadtplan** *1 C5*

Das Tex-Mex-Restaurant ist bei Amerikanern beliebt. Vor allem mittags geht es im Taco Mexicano hoch her. Der Service ist perfekt, die Preise sind erfreulich günstig, die Portionen groß. Doch so ganz authentisch wirken die Tex-Mex-Gerichte nicht, schleicht sich bei vielen doch eine leichte polnische Note mit ein.

CK Dezerter — złzł
Bracka 6 ☎ *012 422 79 31* — **Stadtplan** *1 C5*

Das reizende polnische Restaurant serviert Fleischgerichte in riesigen Portionen. Auch saure Suppen zählen zu den Klassikern des Hauses. Kohl schmeckte wohl noch nie so gut wie in dem Gericht *kaputsa* (Kohl und Sauerkraut). Das Dekor ist erfreulich zwanglos, die Preise sind akzeptabel. Etwas Geduld sollte man allerdings schon mitbringen.

Il Calzone — złzł
Starowiślna 15a ☎ *012 429 51 41* — **Stadtplan** *2 D5*

Hier speist man italienisch auf hohem Niveau. Das Restaurant konzentriert sich weniger auf Pizzas und Nudelgerichte, zu den Spezialitäten des Hauses gehört eher gegrilltes Fleisch mit raffinierten Saucen. Die meisten Gerichte sind ihren Preis wert, nur bei Speisen aus vorwiegend importierten Nahrungsmitteln kann es etwas teurer werden.

La Strada — złzł
Stradomska 13 ☎ *012 431 12 72* — **Stadtplan** *3 C1*

Das italienische Lokal offeriert Gerichte einer typischen *trattoria* – und das auf durchaus ansprechendem Niveau. Das Ambiente im La Strada überzeugt ebenso wie die Auswahl italienischer Speisen. Die hausgemachte *focaccia* ist ganz hervorragend, auch die Pizzas können sich sehen lassen – und das alles zu vernünftigen Preisen.

Balaton — złzłzł
Grodzka 37 ☎ *012 422 04 69* — **Stadtplan** *1 C5 (6 D4)*

Ungarische Küche wird hier in nicht gerade perfektem Ambiente präsentiert, dafür ist das Essen einfach deliziös. Kosten Sie auf jeden Fall das Nationalgericht Gulasch oder die würzigen ungarischen Saucen. Paprika prägt nahezu jedes Gericht, doch die meisten Gäste kommen ja gerade deshalb hierher. Eine Reservierung ist anzuraten.

Orient Ekspres — złzłzł
Stolarska 13 ☎ *012 422 66 72* — **Stadtplan** *1 C5 (6 D3)*

Wie der Name schon vermuten lässt, wird in diesem Lokal das Flair altehrwürdiger Züge verströmt, in denen man stilvoll tafeln konnte. Und das Programm funktioniert gut. Die Küche ist vielfältig, es gibt eine Reihe schmackhafter Fisch- und Pilzgerichte. Ob die Passagiere des echten Orientexpress auch neben Koffern aßen, ist zweitrangig.

Zeichenerklärung *siehe hintere Umschlagklappe*

Pod Aniołami V ⓩⓩⓩ

Grodzka 35 ☎ *012 421 39 99* **Stadtplan** *1 C5 (6 D4)*

Das Restaurant ist in einem alten, gewissenhaft restaurierten Kellergewölbe untergebracht, das schon im Mittelalter von Alchimisten benutzt wurde. Liebhaber deftiger polnischer Küche genießen hier vor allem *oszczypek od Mulicòw* (geräucherten Schafskäse), *kikiełki* (ein spezielles Brot) und *żurek* (fermentierte saure Suppe).

Senacka ⓩⓩⓩ

Grodzka 51 ☎ *012 421 11 61* **Stadtplan** *1 C5 (6 D4)*

Im Senacka, das einem Hotel *(siehe S. 178)* angegliedert ist, gehen Historie und Moderne eine gelungene Symbiose ein. Hier schmecken die für die Krakauer Küche so typischen Wildgerichte mit am besten. Eine gut sortierte Weinkarte und die exzellenten Speisen machen einen Besuch zum Erlebnis – trotz der etwas hohen Preise.

Pugetów ⓩⓩⓩⓩ

Starowiślna 15a ☎ *012 432 49 50* **Stadtplan** *2 D5 (6 E3)*

Das Pugetów, eines der besten Restaurants der Stadt, befindet sich in dem gleichnamigen Hotel *(siehe S. 178)*. Die Gerichte sind international mit einer speziellen polnischen Note (oder umgekehrt). Viele Gäste entscheiden sich für ein Wildgericht, das Angebot edler Tropfen ist hervorragend.

Smak Ukraiński ⓩⓩⓩⓩ

Kanonicza 15 ☎ *012 421 92 94* **Stadtplan** *1 C5 (6 D4)*

Die Preise im Smak Ukraiński könnten durchaus etwas niedriger sein, doch das tut dem großen Andrang keinerlei Abbruch. Schließlich ist die Atmosphäre in diesem beliebten Lokal einzigartig. Das Weinangebot umfasst zahlreiche Tropfen aus der früheren Sowjetunion, darunter auch Schaumwein aus dem Anbaugebiet Cricova (Rebublik Moldau).

Copernicus ⓩⓩⓩⓩⓩ

Kanonicza 16 ☎ *012 424 34 21* **Stadtplan** *1 C5 (6 D3)*

Die Krakauer Restaurants sind im Allgemeinen nicht unbedingt für zuvorkommenden Service bekannt, doch das Personal im Copernicus ist bestens ausgebildet. Auf der Speisekarte dominieren Wildgerichte, die meisten von ihnen sind durchaus ihren stolzen Preis wert. Auch die Weinkarte kann sich sehen lassen.

ALTSTADT

Green Way V ⓩ

Mikołajska 14 ☎ *012 431 10 27* **Stadtplan** *6 D1*

Das vegetarische Fast-Food-Lokal besitzt nur wenige Tische. Das Green Way gehört zu einer landesweiten Kette, die Gerichte sind manchmal etwas leidenschaftslos. Da die Auswahl an vegetarischen Lokalen in Krakau nicht besonders groß ist, müssen Sie sich mittags auf Wartezeiten einstellen.

Gruzińskie Chaczapuri V ⓩ

Floriańska 26 ☎ *012 429 11 31* **Stadtplan** *6 E2*

Burger und Salate sowie einige Klassiker der polnischen Küche in einem günstigen und doch angenehmen Lokal – kurzum: eine Fast-Food-Adresse, die Überraschungen birgt. Die Lage könnte nicht besser sein: Die Floriańska-Straße gehört zu den touristisch interessantesten in Krakau, entsprechend viele Besucher der Stadt kommen hierher.

Pierogarnia ⓩ

Sławkowska 32 ☎ *012 422 74 95* **Stadtplan** *6 D1*

Sie sollten Krakau nicht verlassen, ohne einmal *pierogi (siehe S. 185)* probiert zu haben. Sie können es als Snack für zwischendurch oder auch als Beilage wählen. Kaum ein Restaurant eignet sich dafür besser als das Pierogarnia. Es serviert auch andere polnische Gerichte. Auf *pierogi* zu verzichten wäre allerdings schier unverzeihlich.

Aqua e Vino V ⓩⓩ

Wiślna 5/10 ☎ *012 421 25 67* **Stadtplan** *6 D1*

Das italienische Lokal ist geradezu unverschämt trendy – ein Treffpunkt für Modebewusste und Leute, die überall dabei sein wollen. Das Essen ist ausgezeichnet, der Chefkoch des Aqua e Vino setzt neue Maßstäbe bei italienischen Gerichten. Die Preise sind vernünftig, nur die importierten Weine sind teuer. Korrekte Kleidung ist erwünscht.

Chimera V ⓩⓩ

Św. Anny 3 ☎ *012 292 12 12* **Stadtplan** *6 E2*

Das Restaurant entstand im Rahmen der Erweiterung einer Salatbar. Noch immer gibt es hier Salate sowie frisches Obst und Gemüse vom Feinsten. Auch die legendären Bratkartoffeln sind ein Markenzeichen des Chimera, das vor allem von Studenten frequentiert wird. Freunde herzhafterer Kost werden ebenfalls zufriedengestellt.

CK Browar ⓩⓩ

Podwale 6–7 ☎ *012 429 25 05* **Stadtplan** *6 D1*

Das berühmte Restaurant in einem Kellergewölbe offeriert exzellente polnische Spezialitäten, darunter saure Suppen, Wurstwaren, *bigos* und Kohlgerichte. Zeigt das Essen schon hohe Qualität, so ist doch das Bier die eigentliche Attraktion des CK Browar. Es stammt aus der hauseigenen Brauerei.

Del Papa

Św. Tomasza 6 ☎ *012 421 83 43* — **Stadtplan** 6 D2

Schon beim Betreten des Restaurants durch die elegante schwarze Tür spüren Sie, dass Sie hier auf Ihre Kosten kommen. Das kleine, aber feine italienische Lokal bietet authentische Gerichte – von Lachs bis zu gegrillten Garnelen in Knoblauchsauce. Von den Fensterplätzen aus haben Sie einen guten Blick auf das Treiben draußen.

El Paso

Św. Krzyża 13 ☎ *012 421 32 96* — **Stadtplan** 5 C3

Ein Tex-Mex-Lokal, dessen Gerichte auffällig wenig pikant sind – ein typisches Phänomen für viele Restaurants in Krakau. Die *burritos* sind gelungen, zu den vielen Varianten gehört auch eine vegetarische. Auch bei den leckeren Cocktails stimmt das Preis-Leistungs-Verhältnis. Vor allem an Wochenenden ist eine Reservierung anzuraten.

La Bodega

Sławkowska 12 ☎ *012 425 49 81* — **Stadtplan** 6 E2

Dies ist unumstritten das beste *Tapas*-Lokal der Stadt. Die kleinen Köstlichkeiten werden in einer großen Vielfalt kredenzt. Qualität hat ihren Preis, doch bei sorgfältiger Auswahl der einzelnen Portionen werden Sie zufrieden sein. Die Weinauswahl sucht ihresgleichen: genau das Richtige für jeden Geschmack und Geldbeutel.

Pod Słońcem

Rynek Główny 43 ☎ *012 422 93 78* — **Stadtplan** 6 D2

Krakau ist für seine Keller-Restaurants berühmt. Dieses unter dem Marktplatz ist vielleicht das beste. Der Name bedeutet »unter der Sonne« und geht auf eine Goldschmiedfamilie zurück, die das Haus im 15. und 16. Jahrhundert besaß. Das beliebteste Gericht ist *shish kebab*, das in fünf Variationen angeboten wird.

Sukiennice

Rynek Główny 1/3 ☎ *012 422 24 68* — **Stadtplan** 6 D2

Das Sukiennice ist eine der angesagtesten Adressen am Marktplatz. Im Sommer ist auf der Terrasse unter den Kolonnaden eines wunderschönen Gebäudes kaum Platz zu finden. Neben dem Essen erfreuen sich die Gäste dann auch an der Live-Musik. Doch auch an den eleganten Tischen innen ist es urgemütlich.

Amadeus

Mikołajska 20 ☎ *012 423 03 40* — **Stadtplan** 6 E2

Das Amadeus ist im gleichnamigen Hotel untergebracht. Mit ihrem Angebot an internationalen und polnischen Gerichten wirkt die Speisekarte geradezu verwegen. Die Langustensuppe – eine der Spezialitäten des Hauses – wird nach altem Rezept zubereitet und ist eine Kostprobe wert. Der Service ist sehr gut, die Weinkarte beispielhaft.

Cherubino

Św. Tomasza 15 ☎ *012 429 40 07* — **Stadtplan** 6 D2

Viele Polen haben eine Affinität zu Italien. Dies äußert sich in Krakau auch an der Vielzahl herausragender *trattorias*. Im Cherubino wird toskanische Küche serviert. Einige Suppen nach polnischer Art ergänzen das Angebot. Allein schon das Interieur (u. a. mit einem Pferdewagen) ist einen Besuch wert.

Chłopskie Jadło

Św. Jana 3 ☎ *012 429 51 57* — **Stadtplan** 6 D2

Hier gibt es zwar Gerichte für Vegetarier, doch der Fokus liegt eindeutig auf Fleischgerichten. Polnische Klassiker mit herzhaften Saucen dominieren die Speisekarte. Die Preise für die einzelnen Gerichte sind moderat. Das Restaurant ist eine geeignete Option nach einem ausgedehnten Streifzug durch das Kazimierz-Viertel.

Da Pietro

Rynek Główny 17 ☎ *012 422 32 79* — **Stadtplan** 6 D2

Nicht gerade das günstigste Restaurant, seine Liebe zum Detail lässt dieses quirlige italienische Lokal jedoch einen Besuch wert erscheinen. Es mag originellere Speisekarten geben, doch die hohe Qualität der italienischen Gerichte sucht ihresgleichen. Da Pietro zählt zu den gefragtesten Restaurants am Marktplatz.

Grill 15/16

Rynek Główny 16 ☎ *012 424 96 00* — **Stadtplan** 6 D2

Salate, gegrillte Fleischgerichte und raffiniert gemixte Cocktails in einem schattigen Garten mit geradezu urwaldartigem Ambiente gibt es hier gleich hinter dem Marktplatz. Im Sommer steht fast jeden Abend Live-Jazz auf dem Programm. Nach 19 Uhr sind freie Plätze dünn gesät, Sie sollten deshalb reservieren.

Hawełka

Rynek Główny 34 ☎ *012 422 06 31* — **Stadtplan** 6 D2

Das Flair des Hawełka ist kaum zu toppen: Polnische Küche in einem historischen Gebäude, in dem seit 1876 die Reichen und Berühmten bedient werden. Das ganze Spektrum polnischer Spezialitäten *(siehe S. 184f)* wird hier serviert – von einfachen *pierogi* über *bigos* bis hin zu Geflügel. Das Sortiment an Weinen zählt zu den besten der Stadt.

Metropolitan

Sławkowska 3 ☎ *012 421 98 03* — **Stadtplan** 6 D1

Diese Legende der Krakauer Gastronomie passt in kein Schema, zu vielfältig und international ist die Küche. Typisch für das Metropolitan ist die brillante Zubereitung aller Speisen aus dem vielfältigen Angebot. Neben dem guten Preis-Leistungs-Verhältnis ist die großartige Wein- und Cocktailkarte ein weiterer Pluspunkt.

Miód i Wino ⓩⓩⓩ

Sławkowska 32 012 422 74 95 **Stadtplan** 6 D1

Traditionelle polnische Küche in einem traditionell polnischen Ambiente: Das Restaurant gehört den Betreibern des Hawełka *(siehe S. 190)*. An langen Holztischen genießen die Gäste Fleischgerichte mit Kohlvariationen und Bier aus Flaschen. Das Miód i Wino eignet sich auch für größere Gruppen.

Pimiento Argentino Grill ⓩⓩⓩ

Józefa 26 012 421 25 02 **Stadtplan** 4 D2

Dieses Grill-Restaurant bezieht sein Rindfleisch nach eigenen Angaben direkt aus Argentinien. Steak- und Filet-Liebhaber werden das zu schätzen wissen. Zum Essen passen die guten Weine aus Argentinien, Chile und Uruguay ganz ausgezeichnet.

Pod Różą ⓩⓩⓩ

Floriańska 14 012 424 33 81 **Stadtplan** 6 E2

Im von einem Glasdach bedeckten Atrium des Hotels Pod Różą geben sich Würdenträger und lokale Berühmtheiten ein Stelldichein. Gutes und Bewährtes (darunter viele Wildgerichte) gehört ebenso zum Programm wie innovativere Speisen. Das Weinsortiment wurde einfühlsam ausgewählt.

Poezja Smaku ⓩⓩⓩ

Jagiellońska 5 012 292 80 20 **Stadtplan** 5 C2

Das Poezja Smaku gehört zu den Kellerlokalen, die nicht schummrig wirken, sondern in denen die Beleuchtung sehr ansprechend ist. Das Personal besticht durch Stil und Finesse. Der Küchenchef präsentiert sich als wahrer Meister bei der Kreation moderner einheimischer Gerichte. Auch die Weinkarte lässt keinen Wunsch offen.

Rooster ⓩⓩⓩ

Szczepańska 4 012 411 36 72 **Stadtplan** 5 C2

Das exzellente amerikanische Restaurant bietet ein großes Angebot an deftigen Fleischgerichten vom Grill. Auch bei Burgern (wohl die besten der Stadt) und Nudelgerichten fällt die Auswahl schwer. Das Restaurant ist recht teuer, dafür gibt es erstklassige Cocktails (z. B. Tom Collins), denen man kaum widerstehen kann.

Sioux Steakhouse ⓩⓩⓩ

Rynek Główny 22 012 421 34 62 **Stadtplan** 6 D2

Wagenräder und Kakteen geben diesem Lokal mit Wildwestthema das Flair des amerikanischen Südwestens. Das Personal wirkt in seinen indianischen Gewändern nicht gerade überzeugend, serviert aber umso überzeugendere Steaks, Burger und Geflügelgerichte. An Sommerabenden wird es auf der Terrasse sehr eng.

Szara ⓩⓩⓩ

Rynek Główny 6 012 421 66 69 **Stadtplan** 6 D2

Im Szara speisen die Gäste unter einer Gewölbedecke und genießen z. B. gebratenes Zanderfilet oder Hühnchen *yakitori*. Die Bewertungen des Restaurants sind höchst unterschiedlich: Sie reichen von »nie mehr« bis hin zu »ein absolutes Muss«. Vielleicht muss man nur den richtigen Zeitpunkt erwischen.

Tempo Libero V ⓩⓩⓩ

Mikołajska 4 012 422 15 70 **Stadtplan** 6 E2

In der Nähe des Marktplatzes, in Kellern aus dem 14. Jahrhundert, serviert das Tempo Libero köstliche gesunde Gerichte nach mediterranen Rezepten mit Gemüse, frischem Obst, Fisch und magerem Fleisch. Auf der Speisekarte steht auch *żurek*, eine saure Suppe aus Roggenmehl und Fleisch. Der Service ist tadellos.

Chiński Pałac V ⓩⓩⓩⓩ

Mikołajska 5 012 421 68 41 **Stadtplan** 6 E2

Möchten Sie in Krakau chinesisch essen gehen? Dann ist die Auswahl nicht gerade berauschend, das Chiński Pałac ist sicher noch die beste Wahl. Für das Gebotene ist das Restaurant aber etwas zu teuer. Die Qualität des Service stellt nicht immer zufrieden, das Dekor ist nicht gerade stilvoll.

Cyrano de Bergerac V ⓩⓩⓩⓩ

Sławkowska 26 012 411 72 88 **Stadtplan** 6 D1

Das Cyrano de Bergerac ist zwar teuer, dennoch ist es oft schon Wochen im Voraus ausgebucht. Das französische Top-Restaurant erstreckt sich über zwei elegante Speiseräume. Im Sommer wird auch der ruhige Innenhof genutzt. Bestellen Sie *garbure soupe béarnaise* mit Gans, danach *chateaubriand* und als Dessert leckeren Schokokuchen.

Farina ⓩⓩⓩⓩ

Św. Marka 16 012 422 16 80 **Stadtplan** 6 D1

Das ordentliche, aber unspektakuläre Interieur mit polierten Holzfußböden und weiß getünchten Wänden macht es dem Gast einfach, sich auf die exzellente Speisekarte zu konzentrieren, auf der er eine solide Mischung aus polnischen und italienischen Gerichten findet. Für einen Besuch am Abend ist eine Reservierung unumgänglich.

Leonardo V ⓩⓩⓩⓩ

Szpitalna 20–22 012 429 68 50 **Stadtplan** 6 E2

Die Karte im Leonardo bietet maximal 15 Einträge, und da sind die Puddings schon eingerechnet. In diesem italienischen Lokal sind alle Speisen schnörkellos und von hoher Qualität. Ob Pilzravioli mit Rosmarinsauce oder Garnelen in Knoblauchbutter – bei jedem Gericht läuft einem das Wasser im Mund zusammen. Dies gilt auch für die Weine.

Tetmajerowska

zł zł zł zł

Rynek Główny 34 ☎ *012 422 47 53* **Stadtplan** 6 D2

Das Tetmajerowska ist das Flaggschiff einer Kette von drei Lokalen, zu denen auch das Hawełka gehört. »Küche vom Feinsten« lautet das Motto des modernen polnischen Restaurants. Elegante Ausstattung und außergewöhnlicher Service tragen ihren Teil zu einem gelungenen Abend bei. Die Weinkarte tut ein Übriges.

Wierzynek

♫ zł zł zł zł

Rynek Główny 15 ☎ *012 424 96 00* **Stadtplan** 6 D2

An dieser Stelle fand 1364 angeblich ein üppiges Bankett statt, zu dem der Krakauer Mikołaj Wierzynek fünf europäische Monarchen lud. Damit wäre das Wierzynek das älteste Restaurant der Stadt, obwohl die heutige Lokalität 1945 gegründet wurde. Krakauer VIPs lassen es sich hier gut gehen und genießen Feinheiten der polnischen Küche.

Pod Krzyżykiem

♫ zł zł zł zł zł

Rynek Główny 39 ☎ *012 433 70 10* **Stadtplan** 6 D2

Seit 1580 werden im Pod Krzyżykiem (wörtlich: »unter einem kleinen Kreuz«) bewährte polnische Gerichte in großen Portionen serviert. Hier interpretiert man Rezepte besonders kreativ. An milden Sommerabenden vergessen die Gäste auf der Terrasse gern die relativ hohen Preise.

Redolfi

V zł zł zł zł zł

Rynek Główny 38 ☎ *012 423 05 79* **Stadtplan** 6 D2

Das Redolfi ist eine weitere Option am Marktplatz. Vegetarier freuen sich über die große Auswahl knackiger Salate, aber Vorsicht: Um wirklich sicherzugehen, sollten Sie fragen, ob die Salate tatsächlich fleischlos sind. Die Speisekarte bietet außerdem vielfältige Fusionsgerichte, in denen manchmal etwas zu viele Einflüsse kombiniert werden.

Wentzl

zł zł zł zł zł

Rynek Główny 19 ☎ *012 429 57 12* **Stadtplan** 6 D2

Der Krakauer Kaufmann J. Wentzl eröffnete hier 1792 ein Restaurant, das mittlerweile zu den besten Lokalen der Stadt gehört. Hohe Decken, Eichenparkett und freundliches Personal prägen das Ambiente. Offeriert werden Speisen aus Tschechien, der Slowakei und Ungarn, der Wein kommt aus europäischen Anbaugebieten, Chile und Südafrika.

Kazimierz-Viertel

Fabryka Pizzy

V zł

Józefa 34 ☎ *012 433 80 80* **Stadtplan** 4 D2

Die großen Pizzas (alle mit urigen Namen) werden je nach Wunsch des Gastes gebacken. Das von vielen Studenten besuchte Lokal liegt in einer touristisch interessanten Gegend, doch auch Einheimische kommen gerne zum Mittagessen hierher. Das Fabryka Pizzy hat nur wenige Tische, für das Wochenende sollten Sie deshalb reservieren.

Alef

🚸 ♫ V zł zł

Św. Agnieszki 5 ☎ *012 421 38 70* **Stadtplan** 3 C1

Das nicht koschere jüdische Restaurant ist in einem reizenden Gebäude untergebracht. Unbedingt probieren sollten Sie den gefüllten Karpfen, die gefüllten Weinblätter und die Gänseleber mit Mandeln und Rosinen. Abends wird Live-Volksmusik gespielt.

Arka Noego

🚸 ♫ V zł zł

Szeroka 2 ☎ *012 429 15 28* **Stadtplan** 4 E1

Die »Arche Noah« bietet Entspannung in einem lebhaften, von Besuchern nur so wimmelnden Stadtviertel. Das Restaurant bietet koschere und nicht koschere Speisen, koschere (und sehr gute) Biere und Weine (einige edle Tropfen stammen aus Frankreich) und ein erstklassiges Preis-Leistungs-Verhältnis.

Dawno Temu Na Kazimierzu

V zł zł

Szeroka 1 ☎ *012 421 07 76* **Stadtplan** 4 E1

Das reizende, mit Antiquitäten, Kitsch und alten Erinnerungsstücken eingerichtete Restaurant lässt die alte Zeit wieder aufleben. Die hausgemachten polnischen Gerichte, z. B. Rote-Bete-Suppe, *pierogi* und Kuchen, werden von leiser jüdischer Musik begleitet.

Klezmer Hois

🚸 ♫ V zł zł

Szeroka 6 ☎ *012 411 12 45* **Stadtplan** 4 E1

Das Restaurant unterwirft sich nicht dem als *kashrut* bekannten Kodex jüdischer Speisevorschriften. Das Klezmer Hois berücksichtigt allerdings einige Standards. Die Gerichte sind allesamt koscher, gerne gegessen werden u. a. *Sabbath*-Suppe, *Shubaha*-Hering und sephardische Salate. Ein gefragtes Fleischgericht ist gefüllter Gänsenacken.

Pepe Rosso

V zł zł

Kupa 15 ☎ *012 431 08 75* **Stadtplan** 4 E1

In Krakau gibt es einige im wahrsten Sinne billige italienische Lokale. Das Pepe Rosso ist eine angenehme Ausnahme. Hier ist alles authentisch italienisch und von hoher Qualität – das gilt auch für das erlesene Olivenöl. Auch Anhänger vegetarischer Kost kommen gerne hierher. Die Preise können sich sehen lassen.

Preiskategorien *siehe Seite 188* **Zeichenerklärung** *siehe hintere Umschlagklappe*

Kuchnia i Wino

Józefa 13 **Stadtplan** *4 D2*

Das Restaurant mit internationaler Küche ist eine gute Alternative zu den jüdischen Lokalen im Kazimierz-Viertel und ideal für ein großartiges Mittagessen. Auch Vegetarier finden hier eine passable Auswahl an Gerichten. Die Speisen werden allesamt innovativ zubereitet und stellen auch anspruchsvolle Gäste zufrieden.

Piasek und Nowy Świat

Solfeż

Straszewskiego 17 *012 618 88 88* **Stadtplan** *1 C5 (5 C4)*

Das beste Restaurant des Radisson Hotel bietet alles, was man von einem Hotel dieser Kette erwarten kann: Einfallsreich zubereitete Speisen, prompten Service und elegantes Ambiente sind Pluspunkte. Bei einem Besuch vergessen die Gäste etwaige Zweifel an der Qualität von Hotelrestaurants rasch.

Someplace Else

Powiśle 7 *012 662 16 70* **Stadtplan** *5 B4*

Im Sheraton Hotel gibt es Tex-Mex-Gerichte zu Preisen, die für ein Sheraton eher unüblich sind. Amerikanische Gäste kommen hierher, um Football auf dem Bildschirm zu verfolgen, doch auch Krakauer schätzen die Küche. Die *burritos* und *fajitas* sind die besten der Stadt. Die Portionen sind üppig, die Cocktails großartig.

Dong Yang

Straszewskiego 16 *012 422 48 93* **Stadtplan** *1 C5 (5 C4)*

Gute koreanische Küche ist in Krakau alles andere als günstig. Doch trotz der (etwas zu hohen) Preise rühmt sich das Dong Yang zahlreicher Stammgäste. Dies liegt nicht zuletzt daran, dass es sich hierbei um das authentischste asiatische Restaurant in der ganzen Stadt handelt.

The Olive

Powiśle 7 *012 662 16 60* **Stadtplan** *3 B1 (5 B4)*

Das Restaurant im Sheraton Hotel hat schon jede Menge Preise abgeräumt. Kein Wunder, präsentiert es doch feinste mediterrane Küche. Die Auswahl an Fischgerichten und Meeresfrüchten ist groß, die Weinkarte bietet auch dem anspruchsvollen Genießer den richtigen Tropfen. Das Glasdach verströmt die Atmosphäre eines Wintergartens.

Abstecher

Kawaleria

Gołębia 4 *012 430 24 32* **Stadtplan** *5 C3*

Das Kawaleria nahe den Planty-Anlagen verwöhnt seine Gäste mit polnischen Gerichten in entzückendem Ambiente. Viele Gäste entscheiden sich für Krakauer Spezialitäten wie *bigos* und *pierogi*, daneben gibt es Wildgerichte und Fisch in vielen Variationen. Achten Sie bei den Weinen auf die Preise, um böse Überraschungen zu vermeiden.

Jarema

Pl. Matejki 5 *012 429 36 69* **Stadtplan** *2 D3 (6 E1)*

Das Jarema kokettiert damit, den Gast in eine Epoche zurückzuversetzen, in der Polen ein Großreich war. Dementsprechend bietet es Gerichte aus Litauen, der Ukraine und sogar aus Russland. Das Angebot an vegetarischen Optionen ist für ein Restaurant dieses Typs erstaunlich. Mit seinen langen Tischen eignet sich das Lokal auch für Gruppen.

Mesa Kapitana Cooka

Zamoyskiego 52 *012 656 08 93* **Stadtplan** *4 D4*

Dies ist eines der wenigen guten Fischrestaurants in Krakau und sogar in ganz Polen. Die Speisekarte bietet jede Menge Verführerisches zu durchaus akzeptablen Preisen, darunter auch delikate Knoblauchpfannkuchen mit Lachs. Im Sommer sitzt man an Tischen in einem hübschen Garten.

U Ziyada

Jodłowa 13 *012 429 71 05*

Das Restaurant-Café U Ziyada befindet sich auf den weißen Klippen hoch über der Weichsel und bietet eine fantastische Aussicht bis zur Abtei Tyniec und zum Kloster Bielany. Das von einem Kurden betriebene Lokal offeriert kurdische Küche (eine Seltenheit in Krakau). Daneben gibt es auch eine gute Auswahl polnischer Gerichte.

Villa Decius

28 Lipca 17a *012 425 33 90*

Das Restaurant liegt in der schönen, in den 1990er Jahren aufwendig restaurierten Renaissance-Villa Decius. Sie gehörte früher Justus Decius, einem italienischen Höfling von Zygmunt dem Alten. Zu live gespielter Renaissance-Musik wird hier internationale (vor allem französische) und polnische Küche serviert.

Stadtplan *siehe Seiten 228–237*

Cafés und Bars

Cafés spielen in Krakau für das tägliche Leben eine so wichtige Rolle, dass sie schon eine feste Institution sind. Niemand würde es wagen, einem Krakauer seine tägliche Kaffeepause mit Freunden oder einer Zeitung zu verweigern. Die meisten Cafés haben ihre Stammgäste, die jahraus, jahrein jeden Tag einen festen Platz aufsuchen – außer natürlich am Wochenende.

Cafés

Mitten im Herzen Krakaus, in den Tuchhallen, liegt das **Kawiarnia Noworolski**, der Eingang ist gegenüber dem Mickiewicz-Denkmal. Es gehört zu den traditionsreichsten Cafés Krakaus und wurde um 1900 eröffnet. Die Einrichtung ist noch original und orientiert sich am Stil Wiener Kaffeehäuser. Ein Besuch im **Jama Michalika** *(siehe S. 114)* ist ein Muss. Das Café wurde wegen des Kabaretts Zielony Balonik (Der grüne Ballon) berühmt, das Interieur ist Jugendstil in Reinform. Allerdings kann das kulinarische Angebot nicht ganz mit dieser Pracht mithalten. Seit im Jama Michalika totales Rauchverbot herrscht, wird es von Einheimischen nur noch selten besucht.

Das **Pożegnanie z Afryką** ist der beste Ort für Liebhaber guten Kaffees. Hier werden selbst verwöhnte Gaumen zufriedengestellt. Das Café liegt in der St.-Thomas-Straße (Św. Tomasza) und ist gleichzeitig ein Laden, in dem man hervorragende Mokkasorten bekommt. Der Duft frisch gerösteten Kaffees ist verführerisch. Heute gibt es in vielen Städten Polens Ableger des Pożegnanie z Afryką – in Krakau steht jedoch das Mutterhaus.

Das **Café Larousse** ist ein kleines, gemütliches Lokal mit romantischer Atmosphäre. Die Wände sind mit Seiten eines französischen Wörterbuchs aus dem 19. Jahrhundert tapeziert. Ein Besuch im **Redolfi** am Marktplatz ist wie eine Zeitreise ins frühe 19. Jahrhundert. Das Café mit der originalen Einrichtung wurde 1823 von Lorenzo Paganino Cortesi eröffnet, der Name Redolfi bezieht sich auf den zweiten Besitzer, ebenfalls ein Schweizer. Hier erhält man neben den üblichen Angeboten eines Cafés auch Mittagessen.

Das **Maska** ist ein Lieblingscafé der Künstler aus Theater- und Filmkreisen. Es liegt im Keller des Stary Teatr (Altes Theater), die Einrichtung ist original Art déco. Mitgründer des Maska war der bekannte Schauspieler Tadeusz Huk, der Film- und Theaterregisseur Andrzej Wajda hat hier einen festen Platz. Außer viel Prominenz bekommt man leckeres Essen (gerösteter Knoblauch ist besonders beliebt) und einen Cocktail mit Namen »Teraz Polska« (Polen jetzt). Dieses Getränk zeigt die Farben der polnischen Flagge.

Delikate kleine Häppchen mit Brot aus dem Bergland sind die Spezialität des **Café Camelot**. Dazu empfiehlt es sich, den Tee mit hausgemachtem Himbeersirup zu probieren. An den Wänden des Cafés hängen Bilder des berühmten polnischen Künstlers Nikifor, einem naiven Maler. Direkt daneben liegt das **Dym** (Rauch). Hier gibt es köstlichen Pischinger Kuchen, aber auch Bier, Wodka und Schnäpse.

Straßencafés

Viele Lokale am Marktplatz bieten im Frühling und Sommer Tische im Freien. Der ganze Platz wirkt dadurch wie ein einziges großes Straßencafé mit Tausenden von Gästen.

Das **Bambus Café** liegt vor dem Palais zu den Widdern und ist vor allem tagsüber viel besucht. Überwiegend am Abend und oft bis in die frühen Morgenstunden ist Hochbetrieb im Straßencafé, das zur **Black Gallery** gehört. Ein riesiger Schirm schützt vor Regen. Jedoch bekommt man nach dem Genuss des Hauscocktails Kamikaze, einer »gefährlichen« Mischung aus Blue Curaçao, Wodka und Zitrone, vom Wetter wahrscheinlich nicht mehr viel mit.

Wer im Freien isst, sollte sich eher auf eine einfache Mahlzeit als auf ein Menü einstellen. Meist sind die Wege von der Küche bis zu den Tischen lang, die Restaurants servieren aus diesem Grund draußen eher schlichte Gerichte.

Für entgangene Gaumenfreuden entschädigen die vielen Straßenmusiker, die auf diesem Platz spielen. Wer freundlich sein will, gibt den Musikanten ein paar Münzen. Wenn Sie Glück haben, bekommen Sie die Zigeunergruppe zu Gehör, zu der ein Geiger im Rollstuhl gehört. Hören Sie ein paar Minuten lang zu, es lohnt sich.

Bars

In Krakau haben viele neue Bars eröffnet. Oft nennen sie sich »Pub«, liegen in Kellern und sind meist lange geöffnet. In vielen Bars wird Live-Musik gespielt.

Free Pub und **Roentgen** haben am längsten offen. Beide Bars sind bei jüngeren Gästen und Künstlern sehr beliebt. Im Roentgen gibt es einen Zahnarztstuhl, in dem man sich bei einem Drink freuen kann, dass keiner bohren wird. Junge Leute verkehren gern im **Pod Papugami** (Zum Papagei), denn hier gibt es auch eine Disco.

Das **Pod Złotą Pipą** dagegen ist eher für konservativere Gäste geeignet. Es ist nostalgisch im österreichisch-ungarischen Stil eingerichtet, an den Wänden hängen viele Bilder von Kaiser Franz Joseph und Sisi. Besonders beliebt sind hier Würstchen mit Kraut und Erbsen, dazu wird ein original tschechisches Budweiser (Budvar) vom Fass serviert. Der **Klub Kulturalny** (Kulturclub) ist in jüngster Zeit groß in Mode gekommen. Der Boden ist mit echten Mosaiken belegt. Nach ein paar Drinks fühlt man sich wie in Ravenna.

AUF EINEN BLICK

Albo Tak
Mały Rynek 4.
Stadtplan 2 D4 (6 E3).
☎ *012 421 11 05.*

Arka Noego
Szeroka 2.
Stadtplan 4 E1.
☎ *012 429 15 28.*

Arlekin
Rynek Główny 24.
Stadtplan 1 C4 (6 D2).
☎ *012 430 24 57.*

Bambus Café
Rynek Główny 27.
Stadtplan 1 C4 (6 D2).
☎ *012 421 97 25.*

Black Gallery
Mikołajska 24.
Stadtplan 2 D4 (6 E2).
☎ *012 423 00 30.*

Café Camelot
Św. Tomasza 17.
Stadtplan 1 C4 (6 D2).
☎ *012 421 01 23.*

Café Larousse
Św. Tomasza 22.
Stadtplan 1 C4 (6 E2).

Café Manikin
Sw. Tomasza 25.
Stadtplan 2 D4 (6 E2).

Café Molier
Szewska 4.
Stadtplan 1 C4 (5 C2).
☎ *012 421 18 07.*

Café Numero
Rynek Główny 6.
Stadtplan 1 C4 (6 D2).
☎ *012 421 13 05.*

Café Republik
Bracka 4.
Stadtplan 1 C4 (6 D3).
☎ *012 430 24 14.*

Café Trema
Plac św. Ducha 1.
Stadtplan 2 D4 (6 E2).
☎ *012 424 45 54.*

Carpe Diem
Floriańska 33.
Stadtplan 2 D4 (6 E2).
☎ *012 431 22 67.*

Casa de la Pizza
Mały Rynek 2.
Stadtplan 1 C4 (6 E3).
☎ *012 421 64 98.*

Dandy Café
Św. Tomasza 19.
Stadtplan 1 C4 (6 D2).
☎ *012 421 73 91.*

Deja vu
Rynek Główny 11.
Stadtplan 1 C4 (6 D2).

Dym
Św. Tomasza 13.
Stadtplan 1 C4 (6 D2).
☎ *012 429 66 61.*

Free Pub
Sławkowska 4.
Stadtplan 1 C4 (6 D2).
☎ *0802 90 82.*

Hamlet
Miodowa 9.
Stadtplan 4 D1 (6 F5).
☎ *012 422 12 11.*

Jama Michalika
Floriańska 45.
Stadtplan 2 D4 (6 E1).
☎ *012 422 15 61.*

Jazz Rock Café
Sławkowska 12.
Stadtplan 1 C4 (6 E1).
☎ *012 422 19 88.*

John Bull
Mikołajska 2.
Stadtplan 2 D4 (6 E2).
☎ *012 423 11 68.*

Kapsuła
Rynek Główny 6.
Stadtplan 1 C4 (6 D2).

Kawiarnia Noworolski
Rynek Główny 1, Tuchhallen.
Stadtplan 1 C4 (6 D2).
☎ *012 422 47 71.*

Klub Kulturalny
Szewska 25.
Stadtplan 1 C4 (5 C2).
☎ *012 429 67 39.*

Krzysztofory
Szczepańska 2.
Stadtplan 1 C4 (6 D2).

Lamus
Karmelicka 54.
Stadtplan 1 B3.

Le Fumoir
Sławkowska 26.
Stadtplan 1 C4 (6 D2).
☎ *012 411 72 88.*

Manggha
Starowiślna 10.
Stadtplan 2 D5 (6 E3).
☎ *012 422 85 61.*

Maska
Jagiellońska 1.
Stadtplan 1 C4 (5 C2).
☎ *012 429 60 44.*

North Fish
Rynek Główny 25.
Stadtplan 1 C4 (6 D2).
☎ *012 421 34 44.*

Pod Białym Orłem
Rynek Główny 45.
Stadtplan 1 C4 (6 D2).
☎ *012 421 57 97.*

Pod Papugami
Św. Jana 18.
Stadtplan 1 C4 (6 D2).
☎ *012 422 82 99.*

Pod Złotą Pipą
Floriańska 30.
Stadtplan 2 D4 (6 E2).
☎ *012 421 94 66.*

Poezja Smaku
Jagiellońska 5.
Stadtplan 1 C4 (6 D2).
☎ *012 292 80 20.*

Pożegnanie z Afryką
Św. Tomasza 21.
Stadtplan 1 C4 (6 E2).
☎ *644 47 45.*

Prohibicja
Grodzka 51.
Stadtplan 1 C5 (6 D4).
☎ *012 422 86 41.*

Ratuszowa
Rynek Główny 1.
Stadtplan 1 C4 (6 D2).
☎ *012 421 13 26.*

Redolfi
Rynek Główny 38.
Stadtplan 1 C4 (6 D2).
☎ *012 423 05 79.*

Roentgen
Plac Szczepański 3.
Stadtplan 1 C4 (5 C2).
☎ *012 431 11 77.*

Santos
Grodzka 65.
Stadtplan 3 C1 (6 D5).
☎ *012 423 14 87.*

Stare Mury
Pijarska 21.
Stadtplan 2 D4 (6 E1).
☎ *012 421 38 98.*

Strawberry
Św. Tomasza 1.
Stadtplan 1 C4 (6 D2).

Tower Pub
Grodzka 4.
Stadtplan 1 C5 (6 D3).
☎ *012 292 23 62.*

U Literatów
Kanonicza 7.
Stadtplan 1 C5 (6 D4).
☎ *012 421 86 66.*

U Louisa
Rynek Główny 13.
Stadtplan 1 C4 (6 D3).
☎ *012 617 02 22.*

Vis-a-vis
Rynek Główny 29.
Stadtplan 1 C4 (6 D2).
☎ *012 422 69 61.*

Wiśniowy Sad
Grodzka 33.
Stadtplan 1 C5 (6 D3).
☎ *012 430 21 11.*

Zdarzenie
Plac Mariacki 7.
Stadtplan 1 C4 (6 D2).
☎ *012 421 84 86.*

SHOPPING

Krakau war schon immer ein Handelsort, und in jüngster Zeit ist der Handel wieder aufgeblüht. In den alten Gebäuden, die immer in privater Hand geblieben sind, haben nach 1989 viele neue Läden eröffnet. Plötzlich tauchten an Fassaden und Passagen Ladenschilder auf, in zunehmendem Maße auch die Firmenlogos großer westlicher Marken und Ketten. Die Läden bieten internationalen Standard, oft kann man kaum mehr unterscheiden, ob man sich in Wien, Paris oder Krakau befindet. Die Gegend um den Marktplatz ist zum Shoppen am besten geeignet. Hier gibt es viele elegante Läden, wenig Autoverkehr und hübsche Cafés zum Entspannen. Auch Straßenmärkte und Buden laden zum Einkaufsbummel ein. Die Atmosphäre ist hier lebendiger – man kann ganz besondere Dinge finden.

Christusfigur aus Holz

ÖFFNUNGSZEITEN

In Polen gibt es kein Ladenschlussgesetz, sodass jeder Geschäftsmann selbst entscheiden kann, wann und wie lange er seinen Laden geöffnet hat. Lebensmittelgeschäfte machen in Krakau meist bereits um 6 oder 7 Uhr auf und schließen frühestens um 19 Uhr. Aber viele haben auch bis 22 Uhr oder noch länger geöffnet. Etwa ein Dutzend Läden sind rund um die Uhr offen. Andere Geschäfte haben normalerweise zwischen 10 und 19 Uhr geöffnet, am Samstag bis 14 oder 15 Uhr. Innerhalb des Grüngürtels Planty sind viele Läden auch sonntags offen, meist zwischen 10 und 14 Uhr. Am Sonntag vor Weihnachten oder Ostern haben alle Läden geöffnet.

In Supermärkten herrscht gewöhnlich am Freitagnachmittag Hochbetrieb. Alle anderen Läden machen samstags den größten Umsatz. Im Zentrum, wo die meisten Besucher einkaufen, ist es eher von der Feriensaison als vom Wochentag abhängig, wie viel gerade los ist.

Zum Verkauf ausgestellte Bilder an der Stadtmauer beim Florianstor

BEZAHLUNG

Am häufigsten wird in Polen bar bezahlt, in den großen Städten hingegen akzeptieren viele Läden im Zentrum, Supermärkte und Kaufhäuser auch Kreditkarten. Im Fenster sieht man, mit welchen Karten man bezahlen kann. Schecks werden nur angenommen, wenn sie von einer polnischen Bank ausgestellt sind.

Die Preise enthalten stets die Mehrwertsteuer, die sich Nicht-EU-Bürger an der Grenze rückerstatten lassen können, wenn bestimmte Voraussetzungen erfüllt sind. Fragen Sie in Läden mit dem »Tax Free«-Logo nach.

Antiquitäten- und Trödelmarkt am Marktplatz

KAUFHÄUSER UND SHOPPING-CENTER

Das größte Kaufhaus in Krakau ist **Jubilat**, das Mitte der 1970er Jahre eröffnet hat. Im Erdgeschoss befindet sich eine Lebensmittelabteilung, auf den anderen Etagen gibt es alles andere – von Haushaltswaren und Möbeln über Spielzeug und Bücher bis hin zu Kleidung, Schuhen und Kosmetik. **Galeria Centrum**, ein weiteres

Kaufhaus, steht direkt am Marktplatz. Das große Shopping-Center **Krakchemia** wurde nach 1989 gebaut. In einer der beiden Hallen gibt es Lebensmittel, Schuhe, Mode, Kosmetik und Haushaltswaren, in der anderen alles für Haus und Garten. Außerhalb Krakaus, aber mit dem Bus gut erreichbar, befindet sich das Kaufhaus **Nico**, das italienische Kleidung und Schuhe anbietet.

In dem Shopping-Center **Mozart** neben dem Billa-Supermarkt sind viele kleine Mode- und Schuhboutiquen, aber auch Apotheken und Drogerien zu finden.

Das große Herbewo-Kaufhaus befindet sich in einem Gebäude, das zwischen den beiden Weltkriegen erbaut wurde. Der Name geht auf den berühmten Hersteller von Produkten wie Zigarettenspitzen zurück.

Juwelier in der Floriańska-Straße

Märkte

Anderswo in Polen werden Märkte oft »Basare« genannt, in Krakau hat dieses Wort einen negativen Beigeschmack. Hier geht man »auf den Platz«, um Obst, Gemüse, Käse, Fleisch und Fisch an den Marktständen zu kaufen.

Der **Alte Kleparz-Markt** liegt dem Stadtzentrum am nächsten. Auf dem **Neuen Kleparz-Markt** kann man nicht nur Lebensmittel, sondern auch Blumen und Kleidung erstehen. Dienstags und freitags stehen hier Stände mit Besen, vielfältigen Tonwaren, Flecht- und Korbwaren.

In den Tuchhallen werden Puppen in regionalen Trachten verkauft

Der Markt in der **Grzegórzecka-Straße** an der Markthalle ist der größte Lebensmittelmarkt. Sonntags findet man hier auch Stände mit Büchern und Antiquitäten.

Die besondere Atmosphäre des **Neuen Markts** in Kazimierz wurde festgehalten in *Tage und Nächte (Noce i dnie)*, einem polnischen Film nach dem bekannten gleichnamigen Roman von Maria Dąbrowska. In der Mitte des Marktes stehen runde Fleischerstände aus dem 19. Jahrhundert, die immer noch genutzt werden. Hier wird auch Obst und Gemüse verkauft. An Sonntagen verwandelt sich der Platz in einen großen Flohmarkt, auf dem man alles angeboten bekommt – von Harris-Tweed-Jackets aus Schottland bis hin zu Tiroler Trachten.

Auf dem **Tomex**-Markt in Nowa Huta findet man vor allem Händler aus Russland und anderen Staaten der ehemaligen Sowjetunion.

Der sogenannte **Tandeta**-Markt bietet vor allem Kleidung an. Auch wenn *tandeta* normalerweise auf Polnisch »Plunder« bedeutet, meint das Wort in Krakau einfach nur Kleidermarkt, ganz ohne negative Bedeutung.

Schlussverkäufe

Schlussverkäufe gibt es in vielen größeren Läden der Stadt. Allerdings bieten sie weniger »Schnäppchen«, als dies in westlichen Ländern üblich ist. Die Waren werden nicht heruntergesetzt, weil sie zweite Wahl oder nicht mehr ganz modern sind, Schlussverkäufe dienen vielmehr als Werbemaßnahmen zum Ende einer Saison.

Blumenstand am Marktplatz

Shopping

Als Besucher aus dem Westen können Sie sicher sein, dass Sie in Krakau alle Dinge des täglichen Bedarfs genauso erhalten wie zu Hause. Man muss also nichts mehr mitbringen, darf jedoch andererseits auch nicht erwarten, dass Artikel wie etwa Parfum, Spirituosen, Designermode und Schuhe in Polen günstiger zu bekommen sind. Wenn Sie allerdings nach Kunst und Kunsthandwerk suchen, sind Sie hier richtig. In Läden und Galerien findet man Silberschmuck, zeitgenössische Kunst, Drucke, Lederwaren, Bildbände und allerhand Schnickschnack oft erstaunlich günstig.

Bücher und CDs

Gute Buchhandlungen gibt es in Krakau in großer Zahl. Einige von ihnen wie die **Księgarnia Hetmańska** in den Hetmański-Arkaden am Marktplatz haben bis spätabends geöffnet. Besucher sind davon oft überrascht, aber so etwas ist typisch für Krakau. Denn das Leben hier wird noch immer geprägt von Künstlern und Literaten, Professoren und Studenten.

Das **Empik** (früher Odeon) am Marktplatz ist ein riesiger Buchladen auf mehreren Etagen. Hier bekommt man auch DVDs, CDs und Schreibwaren. Eine weitere Filiale des Empik mit ähnlichem Angebot befindet sich an der Bora Komorowskiego.

Der renommierte Buchladen **Znak** in der Sławkowska-Straße bietet eine große Auswahl fremdsprachiger, auch deutscher Titel.

Fachliteratur und Romane kann man bei **Ossolineum** und Elefant kaufen.

Księgarnia Muzyczna am Marktplatz ist auf Musikliteratur, CDs/Kassetten und Noten spezialisiert.

Der **Polskie Wydawnictwo Muzyczne** (Polnischer Musikverlag) bietet in seinem Laden ein ähnliches Sortiment mit der Betonung auf klassischer Musik.

Viele Läden im Zentrum verkaufen Musik-CDs aller Stilrichtungen, der Laden in der Poselska-Straße hat eine besonders gute Auswahl an Jazz und Klassik. Er verkauft auch Waren in Kommission. Auch der Musikladen in der Mikołajska-Straße setzt einen besonderen Akzent auf Jazz.

Antiquitäten

Krakau ist möglicherweise der beste Ort in Polen, um Antiquitäten zu kaufen. Die Stadt wurde im Zweiten Weltkrieg verschont, die Krakauer mussten im Allgemeinen nicht auswandern.

Allerdings dürfen Antiquitäten, die vor 1945 hergestellt wurden, nicht ohne eine (sehr schwer zu erhaltene) Genehmigung *(siehe S. 212)* ausgeführt werden. Dieses Gesetz wird strikt eingehalten, wenn es sich um wertvolle Kunstobjekte handelt oder etwa um »Gegenstände des nationalen Erbes«. Gemälde, Schmuck, Möbel, alte Drucke, seltene Bücher und Karten können Sie nur in Ausnahmefällen exportieren. Aber niemand kümmert sich um Gegenstände mit geringem Wert, z. B. um antiquarische Bücher.

Antiquitätenhändler sitzen vor allem in der Gegend um die Planty-Anlagen, von Zeit zu Zeit finden Antiquitätenmärkte auf dem Marktplatz statt. Am Sonntag bieten einzelne Händler oft Sammlerstücke und viele Secondhand-Bücher bei der Markthalle in der Grzegórzecka-Straße an.

Volkskunst

Die jährliche Volkskunstmesse findet im September auf dem Marktplatz statt. Dutzende von Ständen bieten Skulpturen, Töpfereien, Webteppiche und Holzschnitzereien an, die aus allen Regionen Polens stammen.

Die Stände in den **Tuchhallen** haben das ganze Jahr über eine große Auswahl und sind für Souvenirs ein Muss. Hier gibt es farbenfrohe, bestickte Trachten aus Krakau und aus der Region Podhale, Wanderstöcke aus den Bergregionen, Schachspiele und Schmuckkästchen, Heiligenfiguren und jüdische Objekte aus Holz, aber auch Scherenschnitte und Ostereier.

Kunsthandwerk und zeitgenössische Kunst

Die Stände in den Tuchhallen bieten auch Silberschmuck, Kunstobjekte aus Bernstein, Lederwaren und Stoffe an. Wer in den Renaissance-Hallen einkauft, kann das schöne Gefühl genießen, einer Tradition zu folgen, die bis in das 16. Jahrhundert zurückreicht.

Die alten, sehr charmanten **Kramy Dominikańskie** (Dominikanerstände) haben sich auf Kunsthandwerk spezialisiert. Die **Galeria Osobliwości** (Galerie der Merkwürdigkeiten) in der Sławkowska-Straße bietet eine Auswahl seltener, ungewöhnlicher Objekte an. Die Galerie **Calik** ist für Weihnachtsschmuck berühmt und hat Stammkunden aus der ganzen Welt.

Krakau ist ein Zentrum für zeitgenössische polnische Kunst, die sich immer größerer Nachfrage erfreut. Zeitgenössische Kunst bieten u. a. die folgenden Galerien an: **Starmach-Galerie**, **Zderzak**, **Space Gallery**, **Galeria Mariana Gołogórskiego**, **Galerie Dominik Rostworowski**, **Stawski-Galerie** und **Kocioł Artystyczny**. Wer sich für gemalte Sonnenuntergänge, galoppierende Pferde oder nackte Schönheiten interessiert, findet an den Stadtmauern beim Florianstor das Richtige. Freunde der Karikaturen von **Andrzej Mleczko** werden dagegen einen Besuch in der Galerie des Künstlers in der St.-Johannes-Straße (Św. Jana) genießen.

Mode und Schuhe

Fast jeder Modeladen bietet Jeans im Überfluss. Wer auf bekannte Marken steht, findet in Krakau die Läden von **Levi Strauss**, **Mustang**, **Diesel**, **Wrangler** oder Lee.

Natürlich gibt es in Krakau auch für Sportartikel Markenläden, z. B. von so renommierten Herstellern wie **Adidas**, **Reebok** und **Nike**.

Benetton und das **House of Carli Gry** führen Mode für junge Menschen, Designermode für Männer gibt es bei **Pierre Cardin**. Die polnischen Marken wie etwa **Vistula** bieten Männermode preiswerter an, **Wólczanka** hat sich auf Hemden spezialisiert.

Paradise bietet eine umfangreiche Auswahl an Mode und Schuhen sowohl von internationalen Firmen und Designern wie auch von polnischen Labels.

In den bekannten Läden **Zebra** und **Olivier** kann man italienische Schuhe kaufen, **Nico** hat italienische Mode im Angebot.

Delikatessen

Im Stadtzentrum von Krakau gibt es keine Supermärkte. Der Lebensmittelladen neben dem Restaurant Hawełka ist der größte am Marktplatz. Er führt auch eine große Auswahl an alkoholischen Getränken. Es gibt ein paar kleine Läden in der Nähe des Marktplatzes, aber auch einige Selbstbedienungsläden wie **Dominik** haben in letzter Zeit eröffnet.

Die großen Supermärkte wie Géant, **Hypernova**, **Krakchemia**, **Tesco** und **Billa** liegen außerhalb der Stadt und sind für Menschen gedacht, die mit dem Auto zum Einkaufen fahren. Aber natürlich gibt es auch in jedem Wohnviertel kleine Supermärkte, die den täglichen Bedarf abdecken.

Die meisten Krakauer gehen auf den Markt, um frisches Obst oder Gemüse zu kaufen. Der Alte Kleparz-Markt liegt am nächsten zum Zentrum der Stadt – nur ein paar Minuten zu Fuß.

Der sehr hübsch dekorierte Laden **Pożegnanie z Afryką** (Draußen in Afrika) bietet eine unschlagbar große Auswahl verschiedener Kaffeesorten. Den berühmten Kaffee der Wiener Rösterei Julius Meinl bekommt man bei Meinl im Azory (Azoren)-Gebäude. Der kleine, nett arrangierte Laden **Pod Aniołami** (Zu den Engeln) führt Fleisch- und Wurstwaren nach alten polnischen Rezepten, aber auch *bundz* und *oszczypek*, zwei spezielle Sorten Bergkäse sowie Landbrot, das in Holzöfen gebacken wird. Auch Wein bekommt man hier, allerdings bieten In Vino Veritas und die Getränkeabteilung von **Billa** eine größere Auswahl edler Tropfen aus aller Welt. Spirituosen gibt es bei **Polmos**, wo man sie an der Bar auch gleich probieren kann.

Schokoladenliebhaber sind richtig im **Wawel**-Laden am Marktplatz. Hier werden Süßigkeiten vom lokalen Hersteller Zakłady Przemysłu Cukierniczego angeboten. In vielen Konditoreien gibt es eine leckere Kuchen- und Tortenauswahl, aber die besten süßen Teilchen bekommen Sie bei Michałek, das beste Nougat bei Cichowski. Die Konditorei im Hotel Cracovia ist berühmt wegen ihrer *kremówki*, einem mit Sahnecreme gefüllten Gebäck aus Blätterteig.

Was in Krakau *kremówka* heißt, kennt man in Warschau unter der Bezeichnung *napoleonka*. Auch bei anderen Wörtern gibt es Unterschiede zwischen Mazowien und Kleinpolen, z. B. bei den Namen für Waldbeeren. Heidelbeeren werden in Krakau und Galizien *borówki* genannt, in der Gegend um Warschau *czarne jagody*. Die kleinen roten Beeren dagegen, die in Warschau *borówki* heißen, nennt man in Krakau *brusznice*. Aber in ganz Polen heißen die köstlichen Preiselbeeren *żurawiny*.

Auch bei den Bezeichnungen für Brot gibt es regionale Unterschiede: Ein Stangenweißbrot bekommt man in Krakau unter der Bezeichnung *weka*, in Warschau heißt das gleiche Produkt *wrocław*.

Kosmetik und Parfum

Drogerien und Supermärkte führen in der Regel gute Pflegeprodukte, teurere internationale Markenprodukte kauft man allerdings am besten in Parfümerien. **Guerlain** und Yves Rocher betreiben Filialen und Schönheitsinstitute in Krakau.

Bekannte Parfummarken wie Gucci, Biagotti, Trussardi, Bulgari, Carolina Herrera oder Burberrys werden im großen **Marionnaud** angeboten. Aber auch in den Hotels gibt es häufig Läden, in denen man exklusive Kosmetikartikel kaufen kann.

Apotheken

Die meisten pharmazeutischen Produkte sind in Polen verschreibungspflichtig. Ein Rezept von einem ausländischen Arzt wird normalerweise ohne Probleme akzeptiert.

Im Stadtzentrum befinden sich die meisten Apotheken in den folgenden Straßen: **Szczepańska**, **Grodzka** und **Dunajewskiego**. Einige Apotheken haben 24 Stunden am Tag geöffnet. Ihre Adressen sind in den Schaufenstern der anderen Apotheken ausgehängt.

Es gibt aber auch einen 24-Stunden-Telefondienst (012 422 94 39), der Sie mit medizinischen Hinweisen versorgt und die am nächsten gelegenen Krankenhäuser mit Unfallambulanz und Notaufnahme nennt.

Blumen

Krakau wäre nicht Krakau ohne die Blumenstände an der Mickiewicz-Statue am Marktplatz. Am Geburtstag des großen Dichters ist es Tradition, dass die Händler Blumen auf den Sockel legen. Weil in Polen jeder Anlass willkommen ist, um Blumen zu verschenken, bekommen nicht nur VIPs bei Staatsbesuchen einen Strauß, sondern manchmal auch ganz normale Gäste.

Auch in Tankstellen oder Supermärkten werden Blumen verkauft, an warmen Tagen haben die Stände am Markt bis in die Nacht geöffnet. Besonders viele Blumenhändler gibt es am Neuen Kleparz-Markt. Am bekanntesten ist der Blumenladen mit dem schönen Namen »Vergissmeinnicht«: Niezapominajka.

Auf einen Blick

Kaufhäuser

Billa
Mackiewicza 17.
012 415 41 82.

Galeria Centrum
Św. Anny 2.
Stadtplan 1 C4 (5 C2).
012 422 98 22.

Jubilat
Al. Krasińskiego 1–3.
Stadtplan 1 B5 (5 B4).
012 422 80 40.

Krakchemia
Pilotów 6.

Real
Bora Komorowskiego 37.
012 617 06 00.

Tesco
Wielicka 259.

Bücher und CDs

Columbus
(fremdsprachige Bücher)
Grodzka 60.
Stadtplan 1 C5 (6 D4).
012 431 20 98.

EGIS Bookshop
Plac Matejki 5.
012 422 16 44.

Empik
Sienna 2.
Stadtplan 1 C4 (6 D2).
012 423 81 90, Nebenstelle 131.

Kossakówka (Buchhandlung und Galerie)
Pl. Kossaka 4.
Stadtplan 1 B5 (5 B4).

Księgarnia Muzyczna Kurant
Rynek Główny 36.
Stadtplan 1 C4 (6 D2).
012 422 98 59.

Ossolineum
Św. Marka 12.
Stadtplan 2 D4 (6 E2).
012 422 58 44.

Polskie Wydawnictwo Muzyczne (Polnischer Musikverlag)
Al. Krasińskiego 11a.
Stadtplan 1 B5 (5 A4).
012 422 70 44, Nebenstelle 121.

Znak
Sławkowska 1.
Stadtplan 1 C4 (6 D2).
012 422 45 48.

Antiquariate

Antykwariat AB
Rynek Główny 43.
Stadtplan 1 C4 (6 D2).
012 421 69 03.

Antykwariat księgarski
Stolarska 8/10.
Stadtplan 1 C5 (6 D3).
012 422 62 88.

Bibliofil
Szpitalna 19.
Stadtplan 2 D4 (6 E2).
012 422 18 61.

Krakowski Antykwariat Naukowy
Św. Tomasza 8.
Stadtplan 1 C4 (6 D2).
012 421 21 43.

Rara Avis
Szpitalna 7.
Stadtplan 2 D4 (6 E2).
012 422 03 90.

Antiquitäten

Antique
Św. Tomasza 19.
Stadtplan 1 C4 (6 D2).
012 421 79 44.

Connaisseur
Rynek Główny 11.
Stadtplan 1 C4 (6 D2).
012 421 02 34.

Desa
Floriańska 13.
Stadtplan 1 C4 (6 D2).
012 422 62 57.
Mikołajska 10.
Stadtplan 2 D4 (6 E2).
012 422 49 33.

Galeria Hetmańska
Rynek Główny 43.
Stadtplan 1 C4 (6 D2).
012 421 33 74.

Sopocki Dom Aukcyiny
Rynek Główny 45.
Stadtplan 1 C4 (6 D2).
012 429 12 17.

Volkskunst

Tuchhallen
Rynek Główny 1/3.
Stadtplan 1 C4 (6 D2).

Kunsthandwerk und Kunst

Autorska Galeria Andrzeja Mleczki (Galerie Mleczko)
Św. Jana 14.
Stadtplan 1 C4 (6 D2).
012 421 71 04.

Bunkier Sztuki
Pl. Szczepański 3a.
Stadtplan 1 C4 (5 C2).
012 422 40 21.

Calik
Rynek Główny 7.
Stadtplan 1 C4 (6 D2).
012 421 77 60.

Galerie Dominik Rostworowski
Św. Jana 20.
Stadtplan 1 C4 (6 D2).
012 423 21 51.

Galeria Mariana Gołogórskiego
Grodzka 29.
Stadtplan 1 C5 (6 D4).
012 421 44 19.

Galeria Osobliwości
Sławkowska 16.
Stadtplan 1 C4 (6 D1).
012 429 19 84.

Galeria Związku Polskich Artystów Plastyków (Galerie der Vereinigung polnischer Künstler)
Rynek Główny 1–3.
Stadtplan 1 C4 (6 D2).
012 430 24 55.

Kocioł Artystyczny
Sławkowska 14, 1. Etage.
Stadtplan 1 C4 (6 D2).
012 429 17 97.

Krakowska Szkoła Malarstwa
Sławkowska 14.
Stadtplan 1 C4 (6 D1).

Kramy Dominikańskie
Stolarska 8/10.
Stadtplan 1 C5 (6 D3).
012 422 19 08.

Pryzmat
Łobzowska 3.
Stadtplan 1 C3 (5 C1).
012 632 46 22.

Space Gallery
Floriańska 13.
Stadtplan 1 C4 (6 D2).
012 432 29 20.

Starmach-Galerie
Węgierska 5.
Stadtplan 4 E3.
012 656 43 17, 012 656 49 15.

Stawski-Galerie
Miodowa 15.
Stadtplan 4 D1 (6 F5).
012 421 80 46.

Zderzak
Floriańska 3.
Stadtplan 1 C4 (6 D2).
012 429 67 43.

Mode und Schuhe

Adidas
Floriańska 14.
Stadtplan 1 C4 (6 D2).
012 429 68 44.

Diesel
Rynek Główny 13 & 44.
Stadtplan 1 C4 (6 D2).
012 617 02 10, 012 423 26 86.

House of Carli Gry (Jackpot & Cottonfield)
Rynek Główny 36.
Stadtplan 1 C4 (6 D2).
Floriańska 38.
Stadtplan 1 C4 (6 D2).
012 422 61 86.

Levi Strauss
Floriańska 9.
Stadtplan 1 C4 (6 D2).

Mustang
Szewska 14.
Stadtplan 1 C4 (5 C2).

Nico
Modlnica 214.
012 637 03 95.

Nike
Szewska 20.
012 431 05 72.
Stadtplan 1 C4 (5 C2).

Olivier
Szewska 9.
Stadtplan 1 C4 (5 C2).
012 422 28 19.

Paradise
Floriańska 18.
Stadtplan 1 C4 (6 D2).

Pierre Cardin
Św. Jana 12.
Stadtplan 1 C4 (6 D2).
012 423 11 02.

Puma
Floriańska 7.
Stadtplan 1 C4 (6 D2).
012 423 27 87.

Reebok
Szewska 9.
Stadtplan 1 C4 (5 C2).
012 422 28 08.

Troll
Floriańska 31.
Stadtplan 2 D4 (6 E2).
012 422 41 42.

Vistula
Szpitalna 3.
Stadtplan 2 D4 (6 E2).
012 422 09 55.

Wólczanka
Pl. Mariacki.
Stadtplan 1 C4 (6 D2).
012 421 83 16.

Wrangler
Sienna 1.
Stadtplan 1 C4 (6 D2).
012 421 92 89.

Zebra
Szczepańska 7.
Stadtplan 1 C4 (5 C2).
012 422 46 05.

Delikatessen

Cracovia
Al. Focha 1.
Stadtplan 1 A5 (5 A3).
012 424 56 83.

Delikatesy
Rynek Główny 34.
Stadtplan 1 C4 (6 D2).
012 428 05 75.

Dominik
Pl. Dominikański 2.
Stadtplan 1 C5 (6 D3).

Hypernova
Witosa 7.
012 654 58 07.

Michałek
Krupnicza 6.
Stadtplan 1 B4 (5 C2).
012 422 47 05.

Pod Aniołami
Grodzka 35.
Stadtplan 1 C5 (6 D4).
012 421 39 99.

Pożegnanie z Afryką
Św. Tomasza 21.
Stadtplan 2 D4 (6 D2).
012 644 47 45.

Tesco
Dobrego Pasterza 67.
012 412 75 34.
Kapelanka 54.
Stadtplan 3 A3.
012 255 25 00.
Włoska 2.
012 655 76 71.
Wybickiego 10.
012 633 43 99.

Wawel
Rynek Główny 33.
Stadtplan 1 C4 (6 D2).
012 423 12 47.

Weine und Spirituosen

Baryłeczka
Szczepańska 9.
Stadtplan 1 C4 (5 C2).
012 429 62 67.

Dom Wina
Starowiślna 66.
Stadtplan 2 D5 (6 E3).
012 431 03 68.

Polmos
Starowiślna 26.
Stadtplan 2 D5 (6 E3).
012 423 11 18.

Vis-Pol
Lea 90a.
012 637 95 47.

Kosmetik und Parfum

Guerlain
Św. Jana 20.
Stadtplan 1 C4 (6 D2).
012 422 39 45.

Marionnaud
Szpitalna 34.
Stadtplan 2 D4 (6 E2).
012 421 30 55.

Sephora
Floriańska 19.
Stadtplan 1 C4 (6 D2).
012 421 24 24.

Apotheken

Dunajewskiego 2.
Stadtplan 1 B4 (5 C2).
012 422 65 04.

Grodzka 34.
Stadtplan 1 C5 (6 D4).
012 421 85 44.

Szczepańska 1.
Stadtplan 1 C4 (6 D2).
012 422 92 93.

Apteka Na Kazimierzu
Krakowska 49.
Stadtplan 4 D2.
012 430 53 46.

Europa
Karmelicka 42.
Stadtplan 1 B3.
012 632 72 57.

Mały Rynek
Mały Rynek 6.
Stadtplan 1 C4 (6 E2).
012 421 90 89.

Pod Słońcem
Rynek Główny 42.
Stadtplan 1 C4 (6 D2).

Pod Świętym Hubertem
Krakowska 1.
Stadtplan 4 D2.
012 422 19 98.

Pod Złotą Głową
Rynek Główny 13.
Stadtplan 1 C4 (6 D2).
012 422 41 90.

Pod Złotym Słoniem
Pl. Wszystkich Świętych 11.
Stadtplan 1 C5 (6 D3).
012 422 91 39.

Blumen

BeA
Wrzesińska 6.

Kamelia
Pl. Wszystkich Świętych 11a.
Stadtplan 1 C5 (6 D3).
012 422 76 45.

Konwalia
Zwierzyniecka 23.
Stadtplan 1 B5 (5 B4).
012 422 93 52.

Margareta
Długa 74.
Stadtplan 1 C2.
012 633 78 63.

Stadtplan *siehe Seiten 228–237*

Unterhaltung

Krakau ist die Kulturhauptstadt Polens, Besucher haben hier wahrlich die Qual der Wahl. Die Theater gehören zu den besten des Landes und laden oft führende internationale Ensembles für Gastspiele ein. Der Chor und das Philharmonische Orchester Szymanowski haben einen ebenso guten Ruf wie die Capella Cracoviensis. In Kirchen und anderen Gebäuden werden viele Konzerte mit klassischer Musik aufgeführt, und das ganze Jahr über finden Theater-, Film-, Musik- und Ballettfestivals statt. Die Geschichte der verschiedenen Krakauer Kabaretts, die auch für ausländische Besucher interessant sind, reicht mehr als hundert Jahre zurück. Krakaus Nachtleben pulsiert und kann mit dem in den Metropolen Italiens oder Spaniens durchaus mithalten. Fast überall in der Stadt findet man gute Musikclubs, Discos und Bars. Sie liegen meist in gotischen Kellern, viele davon haben bis in die frühen Morgenstunden geöffnet. Ein Besuch hier kann ein Erlebnis sein.

Geigerin

Information

Ein ausführlicher Veranstaltungskalender mit kulturellen Events in Krakau erscheint einmal im Monat in *Karnet – Krakowskie Aktualności Kulturalne* (www.karnet.krakow.pl). Er wird vom Centrum Informacji Kulturalnej (Kulturinformationszentrum) in polnischer und englischer Sprache herausgegeben.

Aktuelle Veranstaltungshinweise sowie Film- und Theaterkritiken erscheinen am Freitag in einer Beilage der *Gazeta Wyborcza*. Das Blatt heißt *Co jest grane?* (»Was ist los?«) und veröffentlicht auch Tipps für Restaurants, Discos und Clubs mit Live-Musik. Auch in den Tageszeitungen findet man täglich Hinweise. Das Magazin *Kraków – What, Where, When* erscheint monatlich auf Englisch, enthält aber auch Veranstaltungslisten in vielen anderen Sprachen – auch auf Deutsch. Dagegen wird *The Kraków Insider* nur auf Englisch veröffentlicht.

Aufführung im Bücklein-Theater

Tickets

Im Centrum Informacji Kulturalnej kann man für alle großen Veranstaltungen in Krakau Tickets erwerben oder vorbestellen. Die Mitarbeiter des Zentrums sprechen Deutsch, Englisch, Französisch und Italienisch. Reiseagenturen und Hotelrezeptionen nehmen ebenfalls Buchungen vor. Karten für die Philharmonie und die Theater bekommt man an deren Vorverkaufsstellen, Kinokarten kann man telefonisch bestellen. Manche Veranstaltungen sind oft Monate im Voraus ausverkauft. Es lohnt sich also, eventuell bereits von zu Hause über das Internet zu buchen.

Eintrittspreise

Eintrittskarten sind inzwischen erheblich teurer geworden, jedoch noch immer preiswerter als in westeuropäischen Staaten. In Krakau muss man für eine Theaterkarte mehr bezahlen als im restlichen Polen, dennoch sind die Vorstellungen häufig ausverkauft. Tickets für eine Theatervorstellung kosten zwischen 25 und 40 Złoty, Kinokarten zwischen 13 und 20 Złoty. Museumsbesuche sind relativ preiswert. Viele Museen bieten an einem Tag der Woche freien Eintritt.

Nachts unterwegs

Busse und Straßenbahnen stellen den Tagesbetrieb gegen 23 Uhr ein und fahren erst wieder ab 5 Uhr morgens. An den Bushaltestellen findet man jedoch einen Plan der Nachtbusse. Tickets hierfür kann man beim Fahrer kaufen. In der Innenstadt gibt es

Trachtengruppe aus der Gegend um Krakau

ausreichend Taxistände, aber man sollte wissen, dass es preiswerter ist, ein Taxi über Telefon zu rufen, als eines am Stand zu nehmen. Die meisten Taxifahrer sind ehrlich, nur den Taxistand am Hauptbahnhof sollte man besser meiden. Wenn Sie in dieser Gegend ein Taxi benötigen, können Sie ein Funktaxi im obersten Geschoss über den Bahnsteigen buchen.

Festivals

In der Stadt findet fast immer eine Vielzahl von Festivals statt. Das einzige Problem ist, sich zu entscheiden, welches das interessanteste ist. Es gibt das Internationale Festival des Alternativen Theaters, das Internationale Kurzfilmfestival, das Krakauer Frühlingsballett-Festival, das Internationale Krakauer Altstadt-Musikfestival oder auch das Internationale Musikfestival der Militärkapellen – für jeden Geschmack ist also etwas dabei.

Litfaßsäule mit Veranstaltungshinweisen

Open-Air-Events und Naherholungsgebiete

Veranstaltungen im Freien haben in Krakau lange Tradition. Schon im frühen 19. Jahrhundert fanden Volksfeste auf den Błonia-Feldern statt, die damals außerhalb der Stadt lagen. Eine der Attraktionen bestand darin, dass man versuchte, eine Stange hochzuklettern, die mit Seife eingerieben war. Oben erwarteten den erfolgreichen Teilnehmer Würstchen und eine alkoholische Belohnung. Solche Wettbewerbe gibt es leider nicht mehr, doch bis heute finden auf den Błonia-Wiesen große Veranstaltungen, Konzerte, Festivals und Jahrmärkte statt.

In den Jahren zwischen den Weltkriegen wurden hier zwei Kavallerie-Paraden in Anwesenheit von Marschall Józef Piłsudski bzw. Marschall Edward Rydz Śmigły abgehalten. Hier zelebrierte Papst Johannes Paul II. auch die Messen vor Millionen von Gläubigen. Ein Granitblock aus dem Tatra-Gebirge erinnert an dieses Ereignis.

Der Jordan-Park gegenüber den Błonia-Wiesen ist bei Müttern und Kindern gleichermaßen beliebt. Der Kinderspielplatz wurde im Jahr 1889 angelegt. Das Konzept geht auf den Krakauer Arzt Henryk Jordan zurück. Vergleichbare Anlagen gibt es heutzutage in ganz Polen.

Der Wolski-Wald (Las Wolski) ist nicht weit von Krakau entfernt *(siehe S. 170f)* und bietet viele schöne Wanderwege. Auf der Beliebtheitsskala der Krakauer steht der Wald an erster Stelle. Auf Platz zwei folgt höchstwahrscheinlich der Zoo *(siehe S. 171)*. Die Anfahrt zum Tierpark mit dem eigenen Auto ist an Wochenenden und Feiertagen untersagt und nur mit Bussen und Taxis erlaubt. An den Wochentagen steht der kostenpflichtige Zooparkplatz zur Verfügung.

In den Sommermonaten finden an zahlreichen Orten beliebte Open-Air-Konzerte statt: im Hof des Königsschlosses auf dem Wawel, in den Gärten des Archäologischen Museums, im Amphitheater von Radio Kraków, im Innenhof des Collegium Iuridicum sowie auf einer zeitweise errichteten Bühne auf dem Marktplatz mitten in der Stadt.

Kino »Pod Baranami«

Ausflüge

In der unmittelbaren Umgebung von Krakau gibt es zahlreiche beliebte Ausflugsziele. Der Nationalpark Ojców *(siehe S. 156)* ist einer der kleinsten polnischen Nationalparks, aber auch einer der schönsten. Weiße Kalksteinfelsen in ungewöhnlichen Formen, viele verschiedene einheimische Pflanzen und ein schönes Renaissance-Schloss in Pieskowa Skała *(siehe S. 157)* machen den Ausflug hierher zum Erlebnis.

Die Salzminen bei Wieliczka *(siehe S. 156)* wurden von der UNESCO in die Welterbeliste aufgenommen. Die Minen und das unterirdische Sanatorium sind einzigartig. In Niepołomice liegt ein unlängst restauriertes Schloss aus dem 14. Jahrhundert, in einem alten Wald werden Bisons gezüchtet. Die Benediktinerabtei in Tyniec *(siehe S. 157)* ist wunderschön an der Weichsel gelegen.

In das neue Opernhaus wurde das frühere Gebäude der Reitschule integriert

Theater, Musik und Sport

Krakau besitzt eine lange Tradition als Kulturstadt: Das Rapsodyczny-Theater spielte im Zweiten Weltkrieg im Untergrund, 1956 gründete Tadeusz Kantor sein weltbekanntes Theater Cricot 2. Das Stary Teatr (Altes Theater) erwarb seinen Ruf durch Inszenierungen von Konrad Swinarski. Das Kabarett Pod Baranami und andere Kabaretts setzen eine Tradition fort, die bis zum Zielony Balonik Anfang des 20. Jahrhunderts zurückreicht. Langeweile ist in Krakau kaum möglich – auch wenn man kein Polnisch spricht, ist ein Kabarettbesuch empfehlenswert. Außerdem gibt es in vielen Nachtclubs fast jeden Abend Live-Musik.

Fremdsprachige Aufführungen

In Krakau selbst gibt es keine Bühne, deren Aufführungen in einer anderen Sprache als Polnisch gespielt werden, aber das jährliche Festival des französischsprachigen Theaters im Mai zieht viele Theatertruppen und Besucher an. Außerdem gibt es hier Gastspiele fremdsprachiger Ensembles aus aller Welt.

Einrichtungen wie das Österreichische Konsulat, das Goethe-Institut, aber auch das Französische Institut, das Italienische Kulturzentrum und das Manggha (Japanisches Zentrum für Kunst und Technologie) betätigen sich in der Kulturförderung. Sie organisieren Veranstaltungen in ihrer Landessprache. Beim Centrum Informacji Kulturalnej *(siehe S. 206)* erhält man Informationen darüber.

Theater

Die erste professionelle Theatertruppe in Krakau wurde 1781 gegründet. Heute spielen viele Theater, das berühmteste ist das **Stary Teatr** (Altes Theater). Hier arbeiten die besten Schauspieler, Regisseure und Bühnenbildner, aufgeführt werden polnische Klassiker und Stücke der Romantik.

Auch das **Słowacki-Theater** spielt große Dramen und hat eine ähnliche Tradition. Es eröffnete 1893, das Gebäude ist der Opéra Garnier in Paris nachempfunden. Das Interieur ist reiner Jugendstil und wird von einem Vorhang gekrönt, den Siemiradzki entworfen hat. Mit viel Glück kann man die Vorstellung aus der Loge ansehen, die einst für Kaiser Franz Joseph und Sisi reserviert war.

Das **Krakowski Teatr Scena Stu** erwarb seinen Ruf mit unkonventionellen Aufführungen. Am Hauptspielort in der Al. Krasińskiego wird heute eher Klassisches gespielt. Es gibt Benefizvorstellungen mit gefeierten Theaterstars, die auch vom Fernsehen übertragen werden und ihrerseits wieder Klassiker geworden sind.

Das **Ludowy-Theater** in Nowa Huta erlebt Höhen und Tiefen: Zurzeit gibt es ein junges Ensemble, das nicht nur in Nowa Huta spielt, sondern auch an zwei anderen Veranstaltungsorten in Krakau: in den Kellern unter dem Rathaus und in der Kanonicza-Straße. Das **Bagatela-Theater** bringt hauptsächlich leicht satirische Produktionen heraus. Das **Teatr Lalki i Maski Groteska** spielt viel Kinder- und Jugendtheater, hat aber auch Aufführungen für Erwachsene im Programm.

Die Produktionen des weltberühmten Theaters **Cricot 2** werden mangels eigener Bühne an verschiedenen Orten aufgeführt. Die Studentenbühne Teatr 38 spielt heute nur noch ab und zu.

Oper und Ballett

Die Oper von Krakau besitzt keine eigene Spielstätte und tritt im Słowacki-Theater auf. Diese Situation resultiert wahrscheinlich aus der alten Tradition, dass die gehobene Krakauer Schicht früher entweder nach Wien in die Oper ging oder dass die Oper von L'viv (früher Lemberg) in Krakau gastierte.

Das **Operetka-Theater** ist im früheren Gebäude der österreichischen Militärreitschule untergebracht und wurde im Jahr 2008 vollständig umgebaut und modernisiert. Hier werden vor allem Operetten aufgeführt. Besonders beliebt ist das klassische Repertoire von Kálman, Lehár oder Vater und Sohn Strauss.

Eigenartigerweise scheinen die Krakauer Ballett nicht sonderlich zu mögen. Selbst große Gastspiele finden öfter vor halb leeren Häusern statt. So gibt es auch kein eigenes Ballettensemble in der Stadt. Zwei Festivals, das jährliche Krakauer Frühlingsballett-Festival im Mai/Juni und das Internationale Ballettfestival, sollen Abhilfe schaffen.

Kabarett

Kabarettisten sind in Krakau in einer günstigen Situation: Sie können fast immer mit einem ausverkauften Haus rechnen.

Nach dem Tod von Piotr Skrzynecki, dem Gründer von **Piwnica Pod Baranami**, ist über das Fortbestehen dieses Kabaretts noch nicht entschieden. Zurzeit finden in unregelmäßigen Abständen Vorstellungen statt. Die Künstler des Piwnica treten zum Teil solo auf.

Das **Loch Camelot** ist künstlerisch mit dem Piwnica assoziiert und spielt in Theaterkellern. Großer Popularität in ganz Polen erfreut sich auch das Kabarett **Piwnica Pod Wyrwigroszem**.

Wer klassische Satire mag, ist im Kabarett **Jama Michalika** richtig. Zwischen Jugendstilobjekten und Karikaturen aus dem frühen 20. Jahrhundert werden Texte von Tadeusz Boy-Żeleński aufgeführt. Die ursprüngliche Dekadenz und besondere Atmosphäre dieses Theaters ist jedoch kaum reproduzierbar. Dazu fehlen der Absinth auf den Tischen und die Rauchschwaden: Im Jama Michalika herrscht wegen der historischen Räume heute Rauchverbot.

Kino

Das größte Kino in Krakau ist das **Kijów**. Es dient auch als Bühne für Festivals, darunter das Kurzfilmfestival und ein Werbespot-Festival. Im ersten Stock kann man essen und trinken.

Ein Multiplexkino im Pariser Stil liegt an der Kreuzung Św. Jana (St.-Johannes-Straße) und Św. Tomasza (St.-Thomas-Straße) mit den Kinosälen **Apollo**, **Sztuka**, **Aneks Sztuki** und **Reduta Sztuki**. Jedes von ihnen besitzt ein Café. Vom Reduta Sztuki sagt man, dass es das renommierteste und teuerste Kino in ganz Polen ist.

Das kleine Lichtspielhaus **Pod Baranami** im gleichnamigen »Palais zu den Widdern« ist überaus beliebt, und das nicht nur aufgrund seiner Top-Lage. Nach der Vorstellung sind es nämlich nur ein paar Schritte zur Bar Piwnica Pod Baranami.

Darüber hinaus sind auch die Kinos **Atlantic** und **Mikro** empfehlenswert.

Klassische Musik

Der renommierteste Konzertsaal in Krakau ist die **Filharmonia** im Karola Szymanowskiego (Philharmonie Szymanowski). Klassische Konzerte kann man jedoch am besten in einem der historischen Gebäude hören. Es gibt viele Aufführungsorte, die bekanntesten sind wohl das Königsschloss auf dem Wawel, das Nationalmuseum in den Tuchhallen, die **Akademia Muzyczna** (Musikakademie) sowie die Marienkirche, die St.-Katharinen-Kirche und die Heilig-Kreuz-Kirche.

Im Sommer finden auch an folgenden Orten Konzerte statt: im Arkadenhof des Schlosses, im Hof des Collegium Maius, im ehemaligen Gefängnis von St. Michael (heute Sitz des Archäologischen Museums) sowie im Amphitheater von Radio Kraków, das im ehemaligen Tarnowski-Palast untergebracht ist. Die Orgelkonzerte in der romanischen Benediktinerabtei in Tyniec sind berühmt.

Musikclubs

Wer Jazz mag, sollte sich die Adresse des **Jazz Club u Muniaka** gut einprägen. Freitags und samstags spielt hier Janusz Muniak, einer der meistgefeierten Jazzer Polens, mit anderen Musikern. Weitere sehr gut besuchte Orte für Jazzkonzerte sind **Harris Piano Jazz Bar**, der **Mile Stone Jazz Club**, **Pod Jaszczurami**, der **Jazz Club Kornet** (klassischer Jazz) und **Piwnica Pod Baranami**.

Im Club **U Louisa** steht neben Jazz auch Blues auf dem Programm. In den Pausen der Live-Auftritte kann man hier an mehreren Terminals im Internet surfen.

Die Studentenclubs Rotunda-Orlik und **Pod Jaszczurami** sind Veranstaltungsorte für Rockgruppen wie für Bluesbands. In beiden Clubs finden gelegentlich auch kabarettistische Liederabende statt. Live-Musik, vor allem Rockklänge, kann man in Krakau in einer ganzen Reihe von Lokalen und Bars erleben. **Klinika 35** oder das **Jazz Rock Café** sind nur zwei der zahlreichen Optionen.

Nachtclubs und Discos

Der beste Ort für Techno ist das **Krzysztofory**, während der DJ in der **Bar Różowy Słoń** eher klassische Discomusik auflegt.

Weitere beliebte Discos sind **Afera Club**, **Pod Papugami** und **Pasja**.

Im **Emergency Club** spielt man vor allem Avantgarde Hip-Hop, Grunge und Acid Jazz. In dem Club **Carpe Diem** zieht es viele Studenten auf die Tanzfläche unter der Gewölbedecke. Hier sorgen DJs mit Rock und Dance für Stimmung bis in den frühen Morgen. Zum Programm gehören auch Konzerte und Karaoke-Abende.

Nach der Disco kann man im **Roentgen**, im **Free Pub** oder in der **Black Gallery** prima entspannen.

Krakaus Nachtclubs kennen keine festgelegten Sperrstunden. Besonders im Sommer sind viele Lokale bis in die Morgenstunden geöffnet.

Sport

In Sachen Sport hat Krakau eine ganze Menge Einrichtungen zu bieten: Die beiden Sportvereine **KS Cracovia** und **TS Wisła** sind die ältesten und bekanntesten in ganz Polen. Beide Clubs betreiben Freibäder, die in den Sommermonaten für jedermann zugänglich sind.

Der künstliche See in Kryspinów bietet sich wegen des sauberen Wassers für Strandliebhaber und Windsurfer an. Im Erholungszentrum Nad Zalewem sorgt Aufsichtspersonal für die Sicherheit der Schwimmer. Hier wird Eintritt verlangt. Im Jordan-Park kann man Federball spielen. Weitere bekannte Sportvereine sind **Korona**, **Olsza** und **Zwierzyniecki**. Auf dem Gelände des Clubs Korona in den Bergen befinden sich neben einem überdachten Swimmingpool auch einige Fitnessräume und eine Sauna.

Tennisplätze gibt es beim **Centrum tenisowe**, im **Klub tenisowy Kozłówek** und im **Hotel Piast**. Die Plätze in den Sportzentren Zwierzyniecki und Olsza sind das ganze Jahr bespielbar.

Reitmöglichkeiten bieten der Reitverein der Universität, der **Ewelina Riding Club** und einige Ställe am Stadtrand von Krakau.

Die Krakauer Bevölkerung legt immer mehr Wert auf Schönheit und Wellness. In der ganzen Stadt sind Fitness-Center, Saunen, Sonnenstudios, Wellness-Oasen und Schönheitskliniken eröffnet worden. Zu den meistbesuchten Fitness-Centern gehören **Metamorfoza**, **Relax Body** und **Studio Rekreacji**.

Wer gern joggt oder sich sonst in der Natur bewegen will, kann dies sogar mitten in der Stadt tun. Die großen Błonia-Wiesen sind für viele Aktivitäten im Freien sehr gut geeignet.

Für alle, die vorwiegend an Denksport und Gesellschaftsspielen interessiert sind, gibt es mehrere Bridge- und Schachclubs. In zahlreichen Cafés und Kneipen der Stadt stehen Billard- und Snookertische zur Verfügung.

Auf einen Blick

Tickets

Centrum Informacji Kulturalnej
Św. Jana 2.
Stadtplan 1 C4 (6 D2).
☎ *012 421 77 87.*

Kulturelle Institutionen

British Council
Rynek Główny 6.
Stadtplan 1 C4 (6 D3).
☎ *012 428 59 30.*

Goethe-Institut
Rynek Główny 20.
Stadtplan 1 C4 (6 D3).
☎ *012 422 58 29.*

Institut Français
Stolarska 15.
Stadtplan 1 C5 (6 D3).
☎ *012 424 5350.*

Internationales Kulturzentrum
Rynek Główny 25.
Stadtplan 1 C4 (6 D3).
☎ *012 424 28 11.*

Istituto Italiano di Cultura
Grodzka 49.
Stadtplan 1 C5 (6 D5).
☎ *012 421 89 46.*

Manggha (Japanisches Zentrum für Kunst und Technologie)
Konopnickiej 26.
Stadtplan 3 B1.
☎ *012 267 27 03.*

Österreichisches Generalkonsulat
Cybulskiego 9.
Stadtplan 1 B4 (5 A2).
☎ *012 421 99 30.*

Theater

Bagatela
Karmelicka 6.
Stadtplan 1 B4 (5 C2).
☎ *012 424 52 00.*

Cricot 2
Kanonicza 5.
Stadtplan 1 C5 (6 D4).
☎ *012 421 32 66.*

Groteska
Skarbowa 2.
Stadtplan 1 B4 (5 A2).
☎ *012 633 48 22.*

Krakowski Teatr Scena Stu
Al. Krasińskiego 16–18.
Stadtplan 1 A5 (5 A4).
☎ *012 422 22 63.*

KTO
Gzymsików 8.
☎ *012 633 89 47.*

Ludowy
Os. Teatralne 34.
Stadtplan 1 B4 (5 C2).
☎ *012 680 21 00.*

Opera i Operetka
Lubicz 48.
Stadtplan 2 F3.
☎ *012 296 61 00.*

Słowacki
Pl. Świętego Ducha 1.
Stadtplan 2 D4 (6 E1).
☎ *012 424 45 00.*

Stary
Jagiellońska 1.
Stadtplan 1 C4 (5 C2).
☎ *012 422 85 66.*

Stowarzyszenie Teatralne »Łaźnia«
Paulińska 28.
Stadtplan 3 C2.
☎ *012 430 74 85.*

Zależny
Kanonicza 1.
Stadtplan 1 C5 (6 D4).
☎ *012 628 24 88.*

Kabarett

Jama Michalika
Floriańska 45.
Stadtplan 2 D4 (6 E2).
☎ *012 422 15 61.*

Loch Camelot
Św. Tomasza 17.
Stadtplan 1 C4 (6 D2).
☎ *012 421 01 23.*

Piwnica Pod Baranami
Rynek Główny 27.
Stadtplan 1 C4 (6 D2).
☎ *012 421 25 00.*

Piwnica Pod Wyrwigroszem
Św. Jana 30.
Stadtplan 1 C4 (6 D2).

Kino

Apollo
Św. Tomasza 11a.
Stadtplan 1 C4 (6 D2).
☎ *012 421 89 50.*

Ars: Sztuka, Aneks Sztuki, Reduta Sztuki
Św. Jana 6.
Stadtplan 1 C4 (6 D2).
☎ *012 421 41 99.*

Atlantic
Stradomska 15.
Stadtplan 3 C1 (6 E5).
☎ *012 422 15 44.*

Kijów
Al. Krasińskiego 34.
Stadtplan 1 A5 (5 A3).
☎ *012 433 00 33.*

Mikro
Lea 5. **Stadtplan** 1 A3.
☎ *012 634 28 97.*

Paradox
Krowoderska 8.
Stadtplan 1 C3.
☎ *012 430 00 25.*

Pasaż
Rynek Główny 9.
Stadtplan 1 C4 (6 D2).
☎ *012 422 77 13.*

Pod Baranami
Rynek Główny 27.
Stadtplan 1 C4 (6 D2).
☎ *012 423 07 68.*

Sfinks
Os. Górali 5.
☎ *012 644 27 65.*

Świt
Os. Teatralne 10.
☎ *012 644 27 72.*

Tęcza
Praska 52.
☎ *012 266 90 80.*

Wrzos
Zamojskiego 50.
Stadtplan 4 D3.
☎ *012 656 10 50.*

Klassische Musik

Akademia Muzyczna
Św. Tomasza 43.
Stadtplan 2 D4 (6 E2).
☎ *012 423 20 78.*

Capella Cracoviensis
Zwierzyniecka 1.
Stadtplan 1 B5 (5 C3).
☎ *012 421 45 66.*

Centrum Kultury »Dworek Białoprądnicki«
Papiernicza 2.
☎ *012 415 02 00.*

Filharmonia
Zwierzyniecka 1.
Stadtplan 1 B5 (5 C3).
☎ *012 422 94 77.*

Radio Kraków SA
Szlak 71.
Stadtplan 2 D2.
☎ *012 630 60 00.*

Sinfonietta Cracovia
Papiernicza 2.
☎ *012 416 70 75.*

Willa Decjusza
28 lipca 17a.
☎ *012 425 36 44.*

Musikclubs

Harris Piano Jazz Bar
Rynek Główny 28.
Stadtplan 1 C4 (6 D2).
☎ *012 421 57 41.*

Jazz Club u Muniaka
Floriańska 3.
Stadtplan 1 C4 (6 D2).
012 423 12 05.

Jazz Klub Kornet
Al. Krasińskiego 19.
Stadtplan 1 A5 (5 A4).

Jazz Rock Café
Sławkowska 12.
Stadtplan 1 C4 (6 D2).
511 433 506.

Klinika 35
Św. Tomasza 35.
Stadtplan 2 D4 (6 E2).
012 429 11 02.

Mile Stone Jazz Club
Nadwiślańska 6.
Stadtplan 4 E2.
012 374 5100.

Piwnica Pod Baranami
Rynek Główny 27.
Stadtplan 1 C4 (6 D2).
012 421 25 00.

Piwnica Pod Wyrwigroszem
Św. Jana 30.
Stadtplan 1 C4 (6 D2).

Pod Jaszczurami
Rynek Główny 8.
Stadtplan 1 C4 (6 D3).
012 429 18 83.

U Louisa
Rynek Główny 13.
Stadtplan 1 C4 (6 D3).
012 617 02 22.

Nachtclubs und Discos

Afera Club
Sławkowska 13/15.
Stadtplan 1 C4 (6 D2).
012 421 17 71.

Bar Różowy Słoń
Szpitalna 38.
Stadtplan 2 D4 (6 E2).

Black Gallery
Mikołajska 24.
Stadtplan 2 D4 (6 E2).
012 423 00 30.

Carpe Diem
Floriańska 33.
Stadtplan 2 D4 (6 E2).
012 431 22 67.

Emergency Club
Łazarza 9a.
Stadtplan 2 E5.

Free Pub
Sławkowska 4.
Stadtplan 1 C4 (6 D2).
080 290 82.

Krzysztofory
Szczepańska 2.
Stadtplan 1 C4 (6 D2).
012 421 36 02.

Pasja
Szewska 5.
Stadtplan 1 C4 (5 C2).
012 423 04 83.

Pod Papugami
Św. Jana 18.
Stadtplan 1 C4 (6 D2).
012 422 82 99.

Roentgen
Pl. Szczepański 3.
Stadtplan 1 C4 (5 C2).
012 431 11 77.

Sportvereine

Korona
Kalwaryjska 9/15.
Stadtplan 4 D3.
012 656 02 50.

KS Cracovia
Kałuży 1.
Stadtplan 1 A5.
012 427 35 62.

Olsza
Siedleckiego 7.
012 421 10 69.

TS Wisła
Reymonta 22.
012 630 45 00.

Zwierzyniecki
Na Błoniach 1.
012 425 18 46.

Tennis

Centrum tenisowe
Na Błoniach 1.
012 425 29 98.

Gołaski Sport
Królowej Jadwigi 220.
012 425 39 00.

Hotel Piast
Radzikowskiego 109.
012 636 46 00.

Klub tenisowy Kozłówek
Spółdzielców 13.
012 655 55 54.

KS Wieczysta
Chałupnika 16.
012 442 42 70.

Nadwiślan
Koletek 20.
Stadtplan 3 C1.
012 422 21 22.

Olsza
Siedleckiego 7.
012 421 10 69.

Tenis servis
Al. Jana Pawła II 37.

Schwimmbäder

Borek Fałęcki
Jagodowa.
012 266 52 81.

Clepardia
Mackiewicza 14.
012 415 16 74.

Krakowianka
Bulwarowa 1.
012 644 14 21.

Polfa
Eisenberga 2.
012 411 40 88.

Wisła
Reymonta 22.
Stadtplan 1 A4.
012 630 45 00.

Billard und Snooker

Bila Café Club
Studencka 15.
Stadtplan 1 B4 (5 B2).

Café Bilard
Kazimierza Wielkiego 6.
Stadtplan 1 A2.

Reiten

Decjusz
Al. Kasztanowa 1.
012 425 24 21.

Ewelina Riding Club
Jeżynowa 9.
012 643 52 22 (ab 14 Uhr).

Krakowski Klub Jazdy Konnej
Kobierzyńska 175.
012 262 14 18.

Krakus
Kąpielowa 51.
012 654 72 10.

Pegaz
Dobczyce, Ogrodowa 12.
012 271 10 18.

Pegaz
Łowińskiego 1.
012 425 80 88.

Pod Żubrem
Niepołomice, Targowa 5.
012 281 19 96.

Stary Młyn
Wilczkowice 50.
012 411 10 91.

Wellness, Fitness und Sauna

Euro Fitness Club
Aleja Słowackiego 64.
012 634 20 00.

Metamorfoza
Stolarska 13.
Stadtplan 1 C5 (6 D3).
012 421 91 48.

Relax Body Club
Mogilska 70.
Stadtplan 2 F3.
012 411 03 60.

Studio Rekreacji
Miodowa 21.
Stadtplan 4 D1.
012 421 95 34.

GRUND-INFORMATIONEN

Praktische Hinweise

Krakau ist die meistbesuchte Stadt in Polen. In den letzten Jahren hat man den Service für Besucher stark verbessert. Der Flughafen Balice wurde modernisiert und ist jetzt der zweitgrößte in Polen nach Warschau Okęcie. Im Zentrum und am Stadtrand von Krakau gibt es etliche Hotels. Es sind jedoch noch nicht genug, um die Nachfrage zu decken. Hunderte Restaurants, Bars und Nachtclubs haben eröffnet. Das ganze Jahr über, vor allem im Sommer, zieht es Gäste in die Stadt. Wenn Sie Krakau besuchen, sollten Sie rechtzeitig ein Hotel buchen, nach der Ankunft könnten Sie sonst Schwierigkeiten haben, ein geeignetes Zimmer zu finden. Auch Theaterkarten sollten Sie am besten vorher buchen – gute Vorstellungen sind oft ausverkauft.

Logo des polnischen Fremdenverkehrsamts

Logo des Reisebüros Orbis

Information

Das zentrale Fremdenverkehrsamt befindet sich in den Tuchhallen am Marktplatz. Informationsmaterial wie Karten, Stadtpläne und Prospekte liegt in den Hotels aus. Displays, die über freie Hotelzimmer informieren, stehen am Hauptbahnhof und am Flughafen Balice. Der Buchladen des PTTK (Polnische Gesellschaft für Touristik) in der Jagiellońska-Straße hat sich auf Stadtpläne, Karten und Führer von Krakau und Polen spezialisiert.

Das polnische Reisebüro Orbis hat Niederlassungen in vielen größeren Städten auf der ganzen Welt. Über Orbis kann man Reise, Unterbringung und Mietwagen organisieren lassen und buchen.

Informationen über Veranstaltungen erhalten Sie im Centrum Informacji Kulturalnej (Kulturinformationszentrum) in Krakau. Sie können telefonisch sowie per Fax oder E-Mail Kontakt aufnehmen.

Eine komplette Liste aller Veranstaltungen erscheint im Monatsmagazin *Karnet*, das vom Centrum Informacji Kulturalnej auf Polnisch und Englisch herausgegeben wird. Auch im *Kraków Insider*, der viermal pro Jahr erscheint, kann man sich auf Englisch informieren. Hier findet man auch Restauranttipps und Kritiken. *Kraków – What, Where, When* und *Miesiąc w Krakowie* kommen alle zwei Monate heraus und liegen in Hotels und bei Informationsstellen aus. In den lokalen Tageszeitungen gibt es ebenfalls Veranstaltungskalender.

Centrum Informacji Kulturalnej

Kommunikation

Das Personal in Hotels und Restaurants spricht in der Regel Englisch oder Deutsch. Allerdings kann es passieren, dass Sie in der Stadt, auf der Post oder im Laden manchmal Schwierigkeiten haben, sich zu verständigen. Im Allgemeinen werden jedoch die Fremdsprachenkenntnisse, vor allem die der jüngeren Polen, immer besser.

Fremdsprachige Taxifahrer arbeiten meist für Funktaxis, Sie können beim Anruf ganz einfach jemanden bestellen, der Deutsch spricht. Alle Taxis, die am Flughafen stehen, akzeptieren Kreditkarten, sodass Sie nicht sofort nach Ihrer Ankunft am Flughafen Geld wechseln müssen.

Frühling und Sommer sind die beliebtesten Reisezeiten für einen Krakau-Besuch. Dann verwandelt sich die Stadt in ein einziges großes Straßencafé. Die Lokale um den Marktplatz haben dann bis in die Nacht geöffnet. Mit vielen anderen Menschen aus Polen und der ganzen Welt können Sie am größten Frührenaissance-Platz in Europa essen, trinken und feiern.

Öffnungszeiten

Die Öffnungszeiten der Museen sind in diesem Reiseführer auf den entsprechenden Seiten aufgeführt. Die meisten staatlichen Mu-

Straßencafés am Marktplatz

◁ Pferdekutsche vor den Tuchhallen *(siehe S. 102f)*

Pferdekutsche am Marktplatz

seen sind montags, private Sammlungen in der Regel sonntags geschlossen. Die Öffnungszeiten bleiben das ganze Jahr über gleich, variieren aber je nach Wochentag. Normalerweise bleiben donnerstags die Türen länger geöffnet.

Kirchen sind im Allgemeinen von der ersten bis zur letzten Messe durchgängig geöffnet. Während der Gottesdienste dürfen Sie nicht herumgehen, doch auch wenn Sie nicht katholisch sind, kann es reizvoll sein, sich während einer Messe still und unauffällig in eine Kirchenbank zu setzen und die Atmosphäre und Architektur auf sich wirken zu lassen.

Lebensmittelläden haben meist von 6 oder 7 Uhr morgens bis 19 Uhr geöffnet. Da es kein Ladenschlussgesetz gibt, variieren die Zeiten. Andere Geschäfte öffnen um 10 Uhr und schließen um 19 Uhr, viele haben auch sonntags geöffnet. Eine Telefonauskunft (012 632 34 12 oder 012 634 30 20, montags bis freitags zwischen 9 und 18 Uhr) liefert Informationen zu Läden und Apotheken.

Krakauer Informationsbroschüren

Banken öffnen an Wochentagen um 8 Uhr und schließen um 18 Uhr, am Samstag um 13 oder 14 Uhr. Über die Mittagszeit haben alle Banken, Läden und öffentlichen Einrichtungen geöffnet.

Eintritte und Führungen

Museen und Sammlungen verlangen normalerweise einen recht niedrigen Eintritt. Für Sonderausstellungen werden die Preise jedoch oft erheblich angehoben. Es gibt Ermäßigungen für Kinder, Senioren und Studenten, Sie sollten gegebenenfalls als Student einen gültigen Internationalen Studentenausweis mitführen.

Eine geführte Sightseeing-Tour in Krakau ist sehr zu empfehlen. Die beste Möglichkeit ist ein Führer, der Sie in einem der kleinen elektrisch betriebenen Fahrzeuge, sogenannten *meleks*, herumchauffiert. Die *meleks*-Stände befinden sich am Marktplatz bei der St.-Adalbert-Kirche, die Fahrer sprechen Deutsch, Englisch oder Französisch. Ihre beste Sprache ist auf einem Aufkleber am *melek* vermerkt.

Stände mit Raddroschken und Pferdekutschen sind ebenfalls am Marktplatz zu finden.

Über das Reisebüro Orbis kann man eine zweistündige Stadtführung buchen. Orbis bietet auch Ausflüge in die Umgebung an. Zu den gefragtesten Zielen zählen Zakopane, Wieliczka, Ojców, Pieskowa Skała und Oświęcim (Auschwitz). Ausflüge in die Umgebung werden ebenfalls von der polnischen Tourismusorganisation PTTK angeboten. Die wichtigsten Sehenswürdigkeiten wie das Wawel-Schloss und Wieliczka haben eigene Führungen im Angebot.

Zahlreiche Reisebüros in der Stadt bieten Besuchern Unterstützung und Hilfe in allen touristischen Belangen an. Das gilt sowohl für Reisegruppen als auch für Individualreisende.

Auf einen Blick

Information

Polnisches Fremdenverkehrsamt
Kurfürstendamm 71,
10709 Berlin.
(030) 21 00 92-0.
www.polen.travel/de
Lerchenfelder Straße 2,
1080 Wien.
(01) 524 71 91.
www.polen.travel/de-at

Centrum Informacji Kulturalnej
Św. Jana 2. **Stadtplan** 1 C4 (6 D2). *012 421 77 87.*
simjan@infokrakow.pl

Fregata Travel
Szpitalna 32. **Stadtplan** 2 D4 (6 E2). *012 422 41 44.*
www.fregatatravel.pl

Informacja Turystyczna
Pawia 8. **Stadtplan** 2 D4 (6 F1). *012 422 60 91.*
www.jordan.pl

Polska Agencja Promocji Turystycznej
Pl. Wszystkich Świętych 8. **Stadtplan** 1 C5 (6 D3).

PTTK (Polnische Gesellschaft für Touristik)
Westerplatte 5. **Stadtplan** 2 D4 (6 F2). *012 422 20 94.*
www.krakow.pttk.pl

Reisebüro Orbis
Kremerowska 5. **Stadtplan** 1 B3 (5 C1). *012 421 99 79.*
Rynek Główny 41. **Stadtplan** 1 C4 (6 D2). *012 619 24 40.*
info@orbis.krakow.pl

Wawel-Tour
Pawia 8. **Stadtplan** C D4 (6 F1).
012 422 19 21.

Stadtplan *siehe Seiten 228–237*

Empfehlungen und Tipps

Telekommunikationszentrum am Marktplatz (Rynek Główny)

Einreise und Zoll

Mit dem Beitritt des EU-Mitglieds Polen zum Schengener Abkommen sind 2007 die Grenzkontrollen entfallen. Für die Einreise nach Polen benötigen Deutsche und Österreicher einen gültigen Personalausweis, Schweizer einen gültigen Reisepass.

Waren für den persönlichen Gebrauch dürfen ein- und ausgeführt werden. Für die Ausreise aus Polen liegt die Freimenge für Zigaretten bei 800 Stück pro Person. Jedes nach Polen eingeführte Kfz wird mit einer Gebühr von 500 Złoty belegt. Die Gebühr wird nicht zurückerstattet.

Die Ausfuhr von Antiquitäten oder Kunstgegenständen erfordert eine behördliche Genehmigung: Urząd Miasta Krakowa, 3–4 Wszystkich Świętych, Tel. 012 616 12 00.

Jugendliche und Studenten

Der Internationale Studentenausweis (ISIC, www.isic.de) ermöglicht seinem Besitzer u. a. Ermäßigungen in Museen und Jugendherbergen sowie günstigere Fahrkarten für internationale Bahnstrecken. Tickets der öffentlichen Nahverkehrsmittel muss man aber auch als Student zu normalen Preisen lösen. Vergünstigungen in Jugendherbergen gibt es auch mit einem Ausweis des Internationalen Jugendherbergsverbandes (IYHF).

Einige Läden, Pensionen und Pizzastände sowie die Theater in Krakau gewähren Inhabern der Euro<26-Karte Nachlässe. Die Karte ist für Personen im Alter zwischen 14 und 26 Jahren erhältlich (www.euro26.de).

Internationaler Studentenausweis (ISIC) und Euro<26-Karte

Behinderte Reisende

Behindertengerechte Einrichtungen sind in Krakau noch immer recht selten, vor allem in öffentlichen Einrichtungen. An einigen Kreuzungen sind abgesenkte Bordsteine vorhanden, die Zahl der Fußgängerampeln mit Signaltönen für Blinde wächst. Der Hauptbahnhof bietet für Rollstühle geeignete Zugänge und Aufzüge. Einige Kinos und Museen, z. B. das Hauptgebäude des Nationalmuseums und das Manggha (Japanisches Zentrum für Kunst und Technologie), sind ebenfalls behindertengerecht ausgestattet. In den meisten Institutionen ist der Zugang für Behinderte eingeschränkt, nur im Hauptpostamt und im Telekommunikationszentrum am Marktplatz geht es problemlos. Es gibt Hotelzimmer mit behindertengerechter Einrichtung, auch einige Busse haben absenkbare Zugänge. Rollstuhlfahrer kämpfen in Krakau häufig mit dem Problem, dass Gehwege oft nicht eindeutig abgegrenzt sind und viele Autos in Fußgängerbereichen parken.

Es gibt einige Organisationen für Behinderte, aber nur ein Taxiunternehmen, das Personen im Rollstuhl transportieren kann. Andererseits sind die Menschen außergewöhnlich hilfsbereit.

Gottesdienste

Es gibt rund 100 römisch-katholische Kirchen in Krakau. Die Messen finden samstags, sonntags und feiertags, manchmal auch an den Wochentagen statt. Viele weitere Glaubensrichtungen besitzen ebenfalls Gotteshäuser in Krakau.

Öffentliche Toiletten

Bis vor Kurzem gab es in Krakau kaum öffentliche Toiletten. Die Situation hat sich deutlich gebessert. Sanitäre Einrichtungen befinden sich in den Tuchhallen, in den Planty-Anlagen bei der Sienna- und der Reformacka-Straße und am Busparkplatz am Wawel, aber auch in Restaurants und Cafés.

Fundbüros

Etwas Verlorenes wiederzubekommen ist fast unmöglich, trotzdem kann man es bei den beiden Krakauer Fundbüros versuchen. Eines ist im Gebäude der Gemeindeverwaltung (Urząd Miasta, Powstania-Warszawskiego-Straße 10) untergebracht, das andere im MPK-Transportbüro (Brozka 3, Tel. 012 254 11 50). Für Fundsachen aus Zügen ist das Büro Nr. 162 im Hauptbahnhof zuständig.

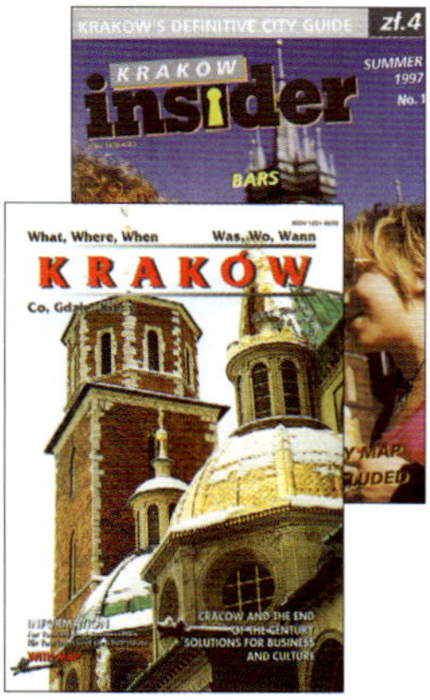

Magazine *Kraków Insider* und *Kraków – What, Where, When*

Zeitungen, TV und Radio

Internationale Presse ist in den Läden größerer Hotels, bei einigen Zeitungshändlern und in diversen Buchhandlungen erhältlich. Von den nationalen Tageszeitungen sind die überregionalen Blätter *Gazeta Wyborcza* und *Rzeczpospolita*, die lokalen Zeitungen *Dziennik Polski* und *Gazeta Krakowska* sowie das Boulevardblatt *Superexpress* in Krakau die beliebtesten. Die Veranstaltungsmagazine *Kraków Insider* und *Kraków – What, Where, When* sowie *Karnet* und *Miesiąc w Krakowie* erscheinen auch in englischer Sprache. Sie sind in Hotels, Kiosken und Buchläden erhältlich.

Das polnische Fernsehen bietet immer mehr Kabel- und Satellitenprogramme. Das staatliche Fernsehen Telewizja Polska sendet auf zwei Kanälen und betreibt außerdem ein Regionalprogramm für Krakau sowie den Satellitenkanal Polonia. Zu den privaten Sendern zählen Polsat, Polsat 2, TVN7 und TV4.

Die meistgehörten Radiosender sind RMF FM, Trójka, Radio Kraków und Radio Zet. Die folgenden Radiostationen sind auf den jeweiligen UKW-Frequenzen zu empfangen: Radio Alfa: 102,4 MHz; Radio Bis: 89,4 MHz; Radio Blue: 97,7 MHz; Radio TOK FM: 102,9 MHz; Jazz Radio: 101,0 MHz; Radio Maryja: 90,6 MHz; Radio Plus: 106,1 MHz; PR I: 104,8 MHz; PR II: 89,4 MHz; PR III (Trójka): 99,4 MHz; Radio Kraków: 101,6 MHz; Radio RAK: 100,5 MHz; Radio RMF FM: 96,0 MHz; Radio Wanda: 92,5 MHz; Radio WaWa: 107,0 MHz; Radio Zet: 104,1 MHz.

Strom

Polen wird mit 230 Volt, 50 Hz Wechselstrom versorgt. Gängige flache Euro-2-Pin-Stecker passen immer.

Zeit

In ganz Polen gilt – wie in Deutschland, Österreich und der Schweiz – die Mitteleuropäische Zeit (MEZ) und – ebenfalls wie bei uns – von Ende März bis Ende Oktober die Sommerzeit.

Auf einen Blick

Botschaften

Deutschland
Jazdow 12,
00-467 Warszawa.
☎ *(22) 584 17 00.*
FAX *(22) 584 17 39.*
www.warschau.diplo.de

Generalkonsulat Krakau
Stolarska 7,
31-043 Kraków.
Stadtplan 1 C5 (6 D3).
☎ *012 424 30 00.*
FAX *012 424 30 10.*
www.krakau.diplo.de

Österreich
Gagarina 34,
00-748 Warszawa.
☎ *(22) 841 00 81.*
FAX *(22) 841 00 85.*
www.ambasadaaustrii.pl

Generalkonsulat Krakau
Napoleona Cybulskiego 9,
31-123 Kraków.
Stadtplan 1 B4 (5 A2).
☎ *012 421 97 66.*
FAX *012 421 67 64.*
www.bmeia.gv.at/krakaugk

Schweiz
Aleje Ujazdowskie 27,
00-540 Warszawa.
☎ *(22) 628 04 81.*
FAX *(22) 621 05 48.*
www.eda.admin.ch/warsaw

Behinderte Reisende

Polnischer Behindertenverband
Dunajewskiego 5.
Stadtplan 1 C4 (5 C1).
☎ *012 422 28 11.*
www.fundacja-sm.malopolska.pl

Polnischer Blindenverband
Babińskiego 29, Block 23/3. **Stadtplan** 6 F5.
☎ *012 262 53 59.*

Polnischer Taubstummenverband
Św. Jana 18.
Stadtplan 1 C4 (6 D2).
☎ *012 422 39 94.*

Taxi für Behinderte
☎ *96 33 oder 96 88.*

Kirchen

Adventistenkirche
Lubelska 25.
Stadtplan 1 C2.
☎ *012 633 07 40.*

Baptistenkirche
Wyspiańskiego 4.
Stadtplan 1 A2.
☎ *012 633 23 05.*

Bethlehem Pfingstgemeinde
Lubomirskiego 7a.
Stadtplan 2 E3.
☎ *012 421 08 29.*

Evangelisch-augsburgische Kirche St. Martin
Grodzka 58.
Stadtplan 3 C1 (6 D4).
☎ *012 350 62 50.*

Evangelische Methodistenkirche
Długa 3.
Stadtplan 4 E1.
☎ *012 431 14 58.*
Przybyszewskiego 36.
☎ *012 637 70 62.*

Polnische altkatholische Kirche
Friedleina 8.
Stadtplan 1 B1.
☎ *012 633 82 82.*

Polnische autokephale Kirche
Szpitalna 24.
Stadtplan 1 D4 (6 E2).
☎ *012 422 72 77.*

Synagoge Remuh
Szeroka 40.
Stadtplan 4 D1.
☎ *012 421 29 87.*

Sicherheit und Notfälle

Abzeichen der städtischen Ordnungskräfte

Krakau ist eine der sichersten Städte in Polen. Obwohl die Zahl der Verbrechen zunimmt, ist die Stadt an der Weichsel noch so ruhig, dass sich Besucher überall sicher fühlen können. Verschmutzung war bis vor Kurzem ein großes Problem, doch die Situation hat sich gebessert. Die allgemeinen Sicherheitsregeln gelten hier wie überall: Passen Sie auf Taschendiebe auf, lassen Sie keine Wertgegenstände im Auto, und benutzen Sie bewachte Parkplätze. Bei kleineren Gesundheitsproblemen kann man Ihnen in der Apotheke helfen, einen Arzt oder Notarzt ruft die Hotelrezeption.

Polizeiwagen

Sicherheit

Nachts ist ein Spaziergang in den dunklen, kaum beleuchteten Planty-Grünanlagen nicht gerade empfehlenswert. Zwar patrouillieren hier häufig Polizeistreifen, trotzdem passiert immer wieder etwas. Das Polizeirevier gleich beim Palais zu den Widdern am Marktplatz hat rund um die Uhr geöffnet; wegen seiner großen Schaufenster heißt es hier auch »Polizeiladen«. Die Wohngebiete in Nowa Huta haben einen schlechten Ruf – dort gibt es viele Skinheads. Taschendiebe operieren häufig auf den Märkten. Hier werden arglose Besucher auch gern beim Karten- oder Würfelspiel gelinkt. Denken Sie daran, dass es unmöglich ist, einmal verlorenes Geld durch Weiterspielen zurückzugewinnen.

Auch in Straßenbahnen und Bussen treiben sich Taschendiebe herum. Achten Sie also auf Ihre Tasche. Pass, Ausweis, Brieftasche, Autoschlüssel und Wertgegenstände sollten Sie auf keinen Fall in der hinteren Hosentasche oder in Außentaschen Ihres Rucksacks aufbewahren. Taschendiebe arbeiten meist in Gruppen. Ein unerwarteter Stoß oder eine ähnliche Ablenkung ist selten reiner Zufall.

Lassen Sie Wertgegenstände niemals offen im Auto liegen. Wenn Sie Ihr Radio herausziehen und mitnehmen können, erspart Ihnen das mit hoher Wahrscheinlichkeit eine eingeschlagene Scheibe. Alarmanlagen stellen für professionelle Autoknacker überhaupt kein Hindernis dar, ein bewachter Parkplatz, von denen es in der Innenstadt einige gibt, ist die bessere Alternative. Folgende Automarken werden am häufigsten geknackt: VW Passat, VW Golf, Audi, Fiat und Škoda.

Polizeischild

Polizist

Polizistin

Ordnungskraft

Polizei und Ordnungskräfte

Die Polizeikräfte werden in Krakau von städtischen Ordnungskräften *(strażnik miejski)* und privaten Sicherheitsdiensten unterstützt. Verbrechen sollten einem uniformierten Polizisten oder auf dem Revier gemeldet werden. Polizeistationen sind im Stadtplan *(siehe S. 228–237)* verzeichnet.

Die nationale Polizei ist berechtigt, Waffen zu tragen und Verdächtige festzunehmen, während die städtischen Sicherheitskräfte unbewaffnet patrouillieren und niemand festnehmen dürfen. Sie sind vorweigend für den Straßenverkehr zuständig und stellen Strafzettel für falsch geparkte Fahrzeuge aus.

Geschwindigkeitsüberschreitungen werden mit hohen Geldstrafen belegt, schlimmer wird bestraft, wer betrunken fährt. Wer in Krakau und Umgebung unter Alkoholeinfluss am Steuer sitzt, bezahlt nicht nur eine Geldbuße, sondern wird festgenommen und muss

Krankenwagen

am folgenden Tag vor einem Gericht erscheinen, das über die Höhe der Geldstrafe und einen eventuellen Entzug des Führerscheins entscheidet. Die zulässige Obergrenze des Blutalkohols beträgt in Polen 0,2 Promille – Autofahrer sollten deshalb sichergehen und Alkohol ganz meiden.

Bei einem schweren Verkehrsunfall sind Sie verpflichtet, unverzüglich einen Krankenwagen, die Feuerwehr und die Polizei an den Unfallort zu rufen.

Die Mitarbeiter von privaten Sicherheitsagenturen sind vor allem in großen Kaufhäusern, öffentlichen Gebäuden und während öffentlicher Veranstaltungen im Einsatz. Die meisten dieser Sicherheitskräfte tragen auffällige schwarze Uniformen, in der Regel mit sichtbaren Ausweismarken.

Apothekenschild

Fenster einer Apotheke

Medizinische Hilfe

In Krakau gibt es ein staatliches und ein privates Gesundheitssystem. Mit der Europäischen Krankenversicherungskarte (EHIC) haben Reisende Anspruch auf medizinische Behandlung. Erste Hilfe ist kostenlos, andere Behandlungen sind meist im Voraus zu bezahlen. Eine Reisekrankenversicherung ist zu empfehlen. Krankenwagen mit Notärzten sind 24 Stunden am Tag im Einsatz und sollten im Notfall oder bei einem Unfall gerufen werden. Krankenhäuser mit Notaufnahmen sind im Stadtplan *(siehe S. 228–237)* verzeichnet. 24-Stunden-Apotheken beraten bei kleineren Beschwerden. Wenn Sie medizinische Hilfe in einem Krankenhaus benötigen, müssen Sie in der Lage sein, die Behandlung bar zu bezahlen. Kreditkarten werden nicht akzeptiert. Lassen Sie sich in jedem Fall eine Quittung geben, Sie können dann zu Hause mit Ihrer Krankenkasse oder Versicherung abrechnen und sich das Geld zurückerstatten lassen.

Luftverschmutzung

Bis in die späten 1980er Jahre hatte Krakau mit starker Luftverschmutzung zu kämpfen. Die Emissionen der Industrieanlagen, die nach dem Zweiten Weltkrieg gebaut wurden, z. B. auch die Sendzimir-Stahlwerke (früher Lenin-Stahlwerke), waren die Hauptverursacher. Dazu kam im Winter die Tatsache, dass viele Häuser in Krakau mit Kohleöfen geheizt wurden. Krakaus Lage in einem Tal verschlimmerte die Situation, sodass in den 1970er Jahren z. B. die vergoldete Kuppel der Zygmunt-Kapelle in der Kathedrale völlig zerstört war. Mit dem Zusammenbruch des Kommunismus setzte der Niedergang der Schwerindustrie ein. Zugleich wurden neue, umweltfreundlichere Technologien eingeführt, die Industrieschlote erhielten Filteranlagen. Die USA stellten Gelder zur Verfügung, mit denen die Luftverschmutzung durch Privathaushalte reduziert werden konnte. Kohleöfen wurden durch zentrale Heizsysteme oder durch elektrische Heizungen ersetzt.

Der tägliche Stand der Luftverschmutzung wird heute automatisch überwacht und ist an einer elektronischen Anzeigetafel über dem Eingang des Hauses am Marktplatz 22 abzulesen.

Auf einen Blick

Notrufnummern

Notarzt
999 oder 112.

Polizei
997 oder 112.

Feuerwehr
998 oder 112.

Notruf vom Handy
112.

Medizinische Hilfe

Medizinischer Informationsdienst
012 611 22 40.

24-Stunden-Apotheken
Galla 26.
012 636 73 65.

Kalwaryjska 94.
Stadtplan 4 D4.
012 656 18 50.

Nowa Huta
Os. Centrum A, Block 3.
012 425 75 40.

Nützliche Dienste

Pannendienst
96 37.

ADAC-Notruf in Polen
061 831 98 88.

Weckdienst
94 97.

Banken und Währung

Logo der PKO-Bank

Es ist in Krakau kein Problem, Geld zu wechseln. Überall in der Stadt gibt es Banken. Die privaten Wechselstuben im Zentrum bieten sogar günstigere Wechselkurse. Immer mehr größere Läden und Restaurants akzeptieren die Zahlung mit Kreditkarten. Logos am Eingang zeigen an, mit welchen Kreditkarten Sie bezahlen können.

Banken und Wechselstuben

Es gibt in Krakau viele Banken, trotzdem müssen Sie stets mit langen Schlangen rechnen. Die Geldinstitute öffnen um 8 Uhr und schließen um 18 Uhr. Viele Banken haben eigene Wechselschalter. Bessere Kurse bekommen Sie in den privaten Wechselstuben *(kantor)*, bei denen auch keine Gebühr erhoben wird. Auch in Hotels können Sie (manchmal sogar 24 Stunden am Tag) Geld wechseln. Hier sind die Kurse allerdings sehr ungünstig. Tauschen Sie Geld niemals bei einem der sogenannten Agenten auf der Straße um. Der Kurs mag verlockend klingen, aber die Chancen, dass man Ihnen Falschgeld andreht, sind ziemlich hoch. Wenn Sie mit gefälschten Scheinen bezahlen, handeln Sie sich mit Sicherheit viel Ärger ein.

Wechselstube

Eingang zur PKO-Bank am Marktplatz

Geldautomat

Kreditkarten

Kreditkarten werden in Polen mittlerweile an sehr vielen Orten akzeptiert, vor allem seit die polnischen Banken selbst Kreditkarten an ihre Kunden herausgeben. In Hotels, gehobenen Restaurants und Clubs, Mietwagenagenturen, Tankstellen und einigen Läden werden die gängigen Kreditkarten von Visa, American Express, Diners Club und MasterCard als Zahlungsmittel akzeptiert. Die Logos der entsprechenden Karten sind normalerweise am Eingang abgebildet. Dennoch sollte man sich vor dem Einkauf nach den Bedingungen für die Kartenzahlung erkundigen.

Privat geführte Läden räumen ihren Kunden bei Barzahlung häufig einen Rabatt ein, da die Inhaber bei Kartenzahlung Geld durch Kommissionen einbüßen würden. Wie in anderen Ländern auch können Reisende mit der Kreditkarte und der persönlichen Geheimzahl (PIN) sowie mit der Maestro-/EC-Karte am Geldautomaten *(bankomat)* Bargeld abheben.

Auf einen Blick

Banken

Narodowy Bank Polski
Basztowa 20. **Stadtplan** 2 D3 (6 E5). *012 618 58 00.*

Bank Polska Kasa Opieki SA
Rynek Główny 31. **Stadtplan** 1 C4 (6 D2). *012 422 60 22.*

Powszechna Kasa Oszczędności. Bank Państwowy
Wielopole 19. **Stadtplan** 2 D5 (6 F4). *012 683 55 55.*

Rynek Główny 21. **Stadtplan** 1 C4 (6 D2). *012 370 39 21.*

ING Bank Ślaski
Św. Tomasza 20. **Stadtplan** 1 C4 (6 E2). *032 357 00 69.*

Bank Przemysłowo-Handlowy
Grodzka 44. **Stadtplan** 1 C5 (6 D4). *012 421 43 40.*

Wechselstuben

Change Office
Sławkowska 14. **Stadtplan** 1 C4 (6 D2). *012 421 66 88.*

Dukat
Sienna 14. **Stadtplan** 1 C4 (6 D2). *012 421 41 59.*

Euro-Kantor
Szewska 21. **Stadtplan** 1 C4 (5 C2). *012 421 55 65.*

J.P.J.
Wielopole 3. **Stadtplan** 2 D5 (6 E3). *012 421 74 67.*

Pod Arkadami
Grodzka 40. **Stadtplan** 1 C5 (6 D5). *012 421 50 21.*

Kreditkartenverlust

Allgemeine Notrufnummer
0049 116 116.
www.116116.eu

American Express
0049 69 97 97 2000.

Diners Club
022 826 0766.

MasterCard
00800 111 1211.

Visa
00800 111 1569.

Maestro-/EC-Karte
0049 69 740 987.

WÄHRUNG

Die offizielle polnische Währung ist der Złoty (»Gold«, »Gulden«). Die internationale Abkürzung für den polnischen Złoty ist PLN. Ein Złoty entspricht 100 Groszy (»Groschen«).

Nach der Währungsreform 1997 und vor allem nach dem EU-Beitritt Polens 2004 wurde der Złoty stark aufgewertet. Polen strebt die Einführung des Euro an.

10 Złoty

20 Złoty

50 Złoty

100 Złoty

200 Złoty

Banknoten
Polnische Banknoten gibt es im Wert von 10, 20, 50, 100 und 200 Złoty. Alle tragen das Porträt polnischer Regenten und sind geprägt, damit Blinde sie unterscheiden können. Die 100- und 200-Złoty-Scheine sind zusätzlich mit Hologrammen versehen.

5 Złoty

2 Złoty

1 Złoty

50 Groszy

20 Groszy

10 Groszy

5 Groszy

2 Groszy

1 Groszy

Münzen
Es gibt 1-, 2-, 5-, 10-, 20-, 50-Groszy- sowie 1-, 2- und 5-Złoty-Münzen. Die Rückseite zeigt den polnischen Adler mit Krone. 1-, 2- und 5-Groszy-Münzen bestehen aus einer Kupferlegierung, die 10-, 20-, 50-Groszy-Münzen und das 1-Złoty-Stück aus einer Nickellegierung. 2- und 5-Złoty-Münzen sind gold- und silberfarbig.

Kommunikation

Die Telefondienste in Polen werden von der Telekomunikacja Polska angeboten. Im Zentrum von Krakau gibt es viele öffentliche Telefone, die ausschließlich mit Telefonkarten funktionieren. Für das Postwesen des Landes ist Poczta Polska zuständig. In Postämtern kommt es oft zu langen Warteschlangen. Briefmarken erhalten Sie auch an Zeitungsständen.

Telefonieren

In den letzten Jahren wurden viele neue Telefonzellen installiert. Dabei wurden alle Münztelefone durch Kartentelefone *(karty telefoniczne)* ersetzt.

Telefonkarten mit 15, 30 und 60 Einheiten erhält man in Postämtern und an Zeitungskiosken. Einige der neueren, silberfarbenen öffentlichen Telefone akzeptieren Kreditkarten und speziell markierte Chipkarten. Telefonate können gegen eine Gebühr für die ersten drei Minuten auch über einen Telefonisten im Postamt abgewickelt werden. Dauert das Gespräch länger, muss der Restbetrag nachgezahlt werden. Wenn keine Verbindung zustande kommt, erhält man das Geld zurück. Gebühren für Ferngespräche innerhalb Polens hängen von der Tageszeit ab. Wochentags von 8 bis 18 Uhr sind die Preise am höchsten. Samstags von 18 bis 22 Uhr sowie an Sonn- und Feiertagen ist es günstiger. Am billigsten ist es von 22 bis 8 Uhr. Gebühren für Ortsgespräche variieren auch – sie sind von 22 bis 6 Uhr besonders niedrig. Für Auslandsgespräche gelten Fixpreise.

Logo der Telekomunikacja Polska

Wenn man den Hörer abnimmt, ertönt das Freizeichen. Nach dem Wählen kann ein vibrierender Ton zu hören sein, während die Verbindung hergestellt wird. Dann ertönt das Ruf- (lange Intervalle) oder das Besetzzeichen (kurze Intervalle). Auch bei Ortsgesprächen müssen die 0 und die Ortsvorwahl mitgewählt werden.

Hauptpostamt

Kartentelefon

1 Nehmen Sie den Hörer ab, und warten Sie auf das Freizeichen.

2 Im Display erscheint die Aufforderung WLOZ KARTE/INSERT CARD. Stecken Sie die Telefonkarte in Pfeilrichtung ein.

3 Das Display zeigt die verfügbaren Einheiten (KREDYT/CREDIT) an.

4 Wählen Sie, und warten Sie auf die Verbindung.

5 Legen Sie den Hörer nach dem Gespräch auf, und entnehmen Sie die Karte.

Telefonkarte mit 30 Einheiten

Schild an Postämtern

Internet-Cafés

Krakau bietet seinen Besuchern viele Computer mit Internet-Zugang. In den öffentlichen Bibliotheken ist die Nutzung des Internets gratis. Allerdings sollten Sie sich vorab nach einem freien Platz erkundigen. Internet-Cafés *(Kafejki Internetowe)* rechnen nach Minuten ab, für Ausdrucke werden zusätzliche Gebühren fällig. Außerhalb der viel genutzten Zeiten ist die Online-Zeit preiswerter. Zu den Internet-Cafés im Zentrum von Krakau zählen das Centrum Internetowe (Rynek Główny 9), das Café Internet Cornet (Gołębia 4), Looz (Mikołajska 13) sowie das Internet-Café beim Akademischen Buchladen (Podwale 6).

Handys

Die vier Mobilfunknetze Polens decken fast das ganze Land ab. Alle in Europa gängigen GSM-Handys sollten in Krakau funktionieren. Denken Sie daran, bei Ortsgesprächen stets die Vorwahl von Krakau (012) zu wählen.

Seit 2007 begrenzt die EU die Roaming-Gebühren in den Mitgliedsstaaten. 2010 beträgt der Minutenpreis für ein abgehendes Telefonat 0,39 Euro (2011: 0,35 Euro), ein ankommendes Gespräch kostet 0,15 Euro pro Minute (2011: 0,11 Euro), eine SMS kostet 0,11 Euro, Datenübertragungen pro MB 0,80 Euro (2011: 0,50 Euro). Stichtag ist jeweils der 1. Juli (alle Preise zzgl. Mehrwertsteuer).

Post

Das Netz an Postämtern der Poczta Polska ist dicht, sowohl in Großstädten wie Krakau als auch in kleineren Städten und Dörfern.

Das Hauptpostamt an der Kreuzung Westerplatte und Wielopole-Straße hat länger geöffnet als andere Postämter. Es gibt sogar einige 24-Stunden-Schalter. Hier können Sie nicht nur Briefe, Pakete und Telegramme versenden, sondern auch Inlandsüberweisungen tätigen und postlagernde Sendungen abholen. Sie haben die Möglichkeit, Ihre Ferngespräche über einen Telefonisten vermitteln zu lassen sowie Faxe oder Fernschreiben aufzugeben. Sammlerbriefmarken erhalten Sie an einem speziellen Schalter.

Der Kundenverkehr wird durch ein elektronisches Nummernsystem geregelt: Ziehen Sie am Automaten im Eingangsbereich eine Nummer. Die Tafel in der Halle zeigt an, wann Sie an der Reihe sind. Gehen Sie dann zum angezeigten Schalter. Der Zugang zum Hauptpostamt ist für Rollstühle geeignet.

Briefkasten

Postamt in einem alten Palais am Hauptbahnhof

Briefe und Postkarten

Briefmarken bekommen Sie im Postamt und bei bestimmten Zeitungshändlern. Manche verkaufen nur bereits frankierte Umschläge oder Postkarten. Postsendungen innerhalb einer Ortschaft werden in die grünen Briefkästen gesteckt. Bei Adressen außerhalb der Stadt oder im Ausland werfen Sie Ihre Briefe und Karten in einen roten Briefkasten. Eine Postkarte oder ein Standardbrief ins europäische Ausland kostet 2,40 Złoty.

Inlandsbriefe benötigen zwei bis drei Tage, bei Post ins Ausland müssen Sie mit einer Woche rechnen. Eilige Sendungen sollten Sie per Express aufgeben. Am schnellsten geht es mit einem Kurier, den man im Hauptpostamt, im Hauptbahnhof sowie direkt bei DHL oder einem anderen Anbieter buchen kann.

Päckchen und dringende Sendungen können Sie auch mit der PKP (Polnische Eisenbahn) versenden. Geben Sie Ihr Päckchen oder die Eilpost direkt dem Zugschaffner. Er kassiert auch die Gebühr. Züge, die diesen Service anbieten, sind im Fahrplan mit dem Buchstaben »K« gekennzeichnet. Am Bestimmungsort muss der Empfänger die Sendung beim Schaffner am Gleis abholen.

Briefmarken für Inlandsbrief und Postkarte

Auf einen Blick

Post

Hauptpostamt
Westerplatte 20.
Stadtplan 2 D5 (6 E3).

DHL
Zawiła 61.
☎ *0801 345 345.*

Nützliche Telefonnummern

- Vorwahlnummer für Polen: 0048.
- Vorwahlnummer für Krakau: 012 (aus dem Ausland: 0048 + 12).
- Internationales Telefonat: 0 – Ton abwarten – 0 – Landesvorwahl (Deutschland: 49, Österreich: 43, Schweiz: 41) – Ortsvorwahl (ohne 0 am Anfang) – Rufnummer.
- Telefonauskunft für Anschlüsse in Krakau: 118 811.
- Nationale und internationale Telefonauskunft: 118 912.
- Deutschland Direkt: 00800 491 1149.

Stadtplan *siehe Seiten 228–237*

Anreise

Krakau hat gute Verkehrsverbindungen zu polnischen und europäischen Städten. Leider muss man immer und überall mit Staus und Straßenschäden rechnen. Das Autobahnnetz ist noch ziemlich weitmaschig und wird nur langsam ausgebaut. Eine Autofahrt kann also mühsam sein. Krakau ist 80 Kilometer von Chyżne, dem Grenzübergang zur Slowakischen Republik, entfernt. Bis nach Budapest sind es knapp 400 Kilometer, bis nach Wien etwa 450 Kilometer. Auf dem Flughafen Johannes Paul II. Kraków-Balice landen zahlreiche Direktflüge aus inner- und außereuropäischen Städten. Wer von Warschau nach Krakau reisen möchte, kann die Zugverbindung nutzen. Die durchschnittliche Fahrzeit beträgt zweieinhalb Stunden.

Flugzeug der LOT

Logo der Fluggesellschaft LOT

Anreise mit dem Flugzeug

Auf dem Flughafen Jana Pawla II Kraków-Balice landen heutzutage Flugzeuge aus der ganzen Welt. 2007 wurde ein separater Terminal für Inlandsflüge (T2) eröffnet. Kraków-Balice wird u.a. aus folgenden Städten direkt angeflogen: Frankfurt am Main, München, Wien, Zürich, Berlin, Paris, Rom, Mailand, London, New York, Chicago und Toronto. Die Zahl der direkten Flugverbindungen nimmt ständig zu. Die meisten internationalen Flüge gehen aber über Warschau. Der Airport Balice wird u.a. von der polnischen Fluggesellschaft LOT sowie von Lufthansa, Austrian Airlines und Swiss bedient. Im Sommer landen regelmäßig Charterflüge aus der Türkei, aus Tunesien, Marokko und anderen Ländern.

Die Strecke Krakau–Warschau wird täglich mehrmals geflogen. Weitere innerpolnische Verbindungen gibt es nach Danzig, Poznań und Bydgoszcz. Ein Flug ab Warschau dauert rund 50 Minuten, ein Flug ab Wien gut eine Stunde. Wer in Frankfurt am Main oder Zürich startet, benötigt ungefähr eineinhalb Stunden. Die Flugzeit ab Paris beträgt etwa zwei Stunden, ab London rund zweieinhalb Stunden.

Auch aus anderen Städten weltweit starten Flüge mit dem Ziel Krakau, viele davon mit einer Zwischenlandung in Warschau.

Flugtickets

Sehr günstig fliegt man mit Apex-Tickets (Flug-Spartarif-Tickets) mit festem Rückflugdatum. Sie müssen im Voraus gebucht und bezahlt werden. Gemäß internationalen Vereinbarungen bieten die meisten Fluggesellschaften Preisnachlässe für Kinder, Studenten, Senioren, Familien und Reisegruppen.

Flughafen Jana Pawla II Kraków-Balice

Flugbegleiterin der LOT

Flughafen Jana Pawla II Kraków-Balice

Der nach dem polnischen Papst Johannes Paul II. benannte Flughafen ist für eine internationale Destination relativ klein, bietet dafür jedoch alle gängigen modernen Einrichtungen. Der 1995 eröffnete Terminal wird seit seiner Fertigstellung kontinuierlich erweitert. Der Flughafen Jana Pawla II Kraków-Balice befindet sich westlich der Stadt, bis ins Zentrum von Krakau benötigt man nicht mehr als 20 Minuten.
Um auch großen Maschinen internationaler Fluglinien Start und Landung zu ermöglichen, wurde die Start- und Landebahn in den vergangenen Jahren systematisch ausgebaut. Seit 2004 wird Kraków-Balice auch von europäischen Billigfluglinien bedient.

Neben den Ticket- und Check-in-Schaltern finden Sie in Balice eine Wechselstube, ein Restaurant, ein Café, öffentliche Telefone, einen Zeitungsstand sowie Tabak- und Souvenirläden. Die Schalter der Mietwagenfirmen befinden sich in der Haupthalle des Flughafens. Auf einem elektronischen Display wird angezeigt, in welchen Hotels in Krakau und Umgebung derzeit freie Zimmer zur Verfügung stehen.

Transfer zum Stadtzentrum

Der Flughafen Balice liegt knapp 20 Kilometer westlich vom Zentrum Krakaus. Zwei Buslinien fahren in die Stadt: Linie 292 verkehrt vom Rondo Mogilskie zum Hauptbahnhof und weiter zum Hotel Cracovia. Die Linie 208 fährt stündlich durch die Straßen Warszawska, Słowacki, Mickiewicz, Czarnowiejska, Nowojki, Armii Krajowej und Balicka in Richtung Hauptbahnhof.

Busfahrkarten sind preiswert. Sie können sie am Zeitungsstand im Flughafen oder direkt beim Busfahrer erwerben. Halten Sie immer genügend Kleingeld bereit, in der Regel können Busfahrer keine großen Scheine wechseln. Für sperrige oder mehrere Gepäckstücke wird meist ein Aufschlag berechnet.

Busse benötigen für die Fahrt ins Stadtzentrum von Krakau im Normalfall weniger als eine halbe Stunde. Während der Hauptverkehrszeiten müssen Sie allerdings mehr Zeit einplanen.

Vor dem Haupteingang des Flughafens befindet sich ein Taxistand. Hier warten auch Funktaxis, die zum Teil die Zahlung mit Kreditkarte akzeptieren. Sie müssen also nicht unbedingt gleich bei Ihrer Ankunft Geld wechseln.

In der Regel dauert eine Taxifahrt in das Stadtzentrum nicht länger als 20 Minuten. Während der Stoßverkehrszeiten kann sie allerdings auch 30 Minuten und länger dauern.

Bus zwischen dem Flughafen und dem Stadtzentrum

Auf einen Blick

Flughafen Jana Pawla II Kraków-Balice
012 295 58 00.
www.krakowairport.pl

Krakau Hauptbahnhof
Pl. Kolejowy 1.
Stadtplan 2 D3 (6 F1).

Fluglinien

LOT
Basztowa 15, 31-143 Kraków.
Stadtplan 2 D3 (6 D1).
0801 703 703.
www.lot.com

Lufthansa
Stolarska 8/10,
31-043 Kraków.
Stadtplan 1 C5 (6 D3).
012 422 41 99.
FAX *012 422 41 88.*
@ *Krakow@lcc-mail.com*
www.lufthansa-city-center.pl

Austrian Airlines
0801 404 040.
022 520 34 20.
www.aua.com

Swiss
022 520 34 56.
@ *info.poland@swiss.com*
www.swiss.com

Direktflüge nach Krakau

In den Städten auf der Karte rechts starten Direktflüge nach Krakau. Die Flugzeit beträgt in allen Fällen weniger als drei Stunden.

Krakauer Hauptbahnhof (Kraków Główny)

Anreise mit der Bahn

Krakau verfügt über gute Eisenbahnverbindungen zu fast jeder polnischen Stadt und zu vielen europäischen Städten. Mit dem Zug kommt man meist schneller voran als mit dem Auto oder Bus. Die polnische Bahn wird von dem staatlichen Unternehmen PKP (Polskie Koleje Panstwowe) betrieben.

Die Fahrpreise sind niedriger als in Westeuropa. Tickets kann man am Bahnhof kaufen, aber auch im Voraus über das Reisebüro Orbis, Marktplatz 41, beziehen. Dabei wird eine kleine Gebühr fällig. Wenn Sie die Fahrkarte am Tag der Reise kaufen, sollten Sie mindestens ein halbe Stunde Wartezeit am Schalter einplanen. Die Warteschlangen können sehr lang sein.

Im InterCity und in Schnellzügen benötigen Sie eine Reservierung. Diese Züge sind im Fahrplan mit dem Buchstaben R gekennzeichnet. Nicht nur Schwarzfahrer, auch Reisende ohne Reservierung müssen hier ein Bußgeld zahlen. In anderen Zügen – seien es Nahverkehrs- *(osobowy)* oder Eilzüge *(pospieszny)* – ist eine Reservierung nicht möglich.

Auf allen Langstrecken im Inland sowie auf den internationalen Routen stehen Schlaf- oder Liegewagen zur Verfügung. Liegewagen (*kuszetka*, sechs Personen pro Abteil) und Schlafwagen (*sypialny*, zwei bis drei Personen pro Abteil) müssen Sie unbedingt im Voraus reservieren.

Sie können Ihre Fahrkarte auch beim Schaffner lösen, aber in diesem Fall müssen Sie sich bei ihm vor dem Antritt der Reise melden und zum Fahrpreis einen erheblichen Aufschlag zahlen. Seien Sie in den Zügen auf der Hut vor Dieben, besonders beim Ein- und Aussteigen. Lassen Sie Ihr Gepäck niemals unbeaufsichtigt im Abteil.

Schaffner

InterCity und Schnellzüge

Für Reisen über längere Distanzen bietet sich der InterCity an. Die Züge sind modern, schnell, sauber und bequem. Mehr Ziele sind mit Schnellzügen (Expresszügen) erreichbar. Für beide Züge muss man beim Kartenkauf auch zugleich reservieren. Gegen eine Gebühr können Sie diese Reservierung auch beim Schaffner tätigen, falls noch ein Platz frei ist.

InterCity und Schnellzüge sind mit einer Bar und einem Restaurant ausgestattet. Dort zu essen ist allerdings eher enttäuschend. Besser ist der Service, der in den Abteilen heiße und kalte Getränke sowie kleine Snacks anbietet. Im InterCity erhält man zur Begrüßung Kaffee, Tee oder Saft gratis.

Bahnhöfe

Krakaus Hauptbahnhof Dworzec Główny befindet sich im Stadtzentrum. Alle internationalen Züge sowie die meisten Inlandszüge halten hier. Sie haben in der Regel einige Minuten Aufenthalt. Viele Züge stehen schon einige Zeit vor der Abfahrt am Gleis, sodass man bequem einsteigen kann.

In der Haupthalle gibt es Fahrkartenschalter, für den Nahverkehr kann man sein Ticket auch am Automaten kaufen. Außerdem befinden sich hier ein Fundbüro und ein Informationsschalter. Der Bahnhofsbereich bietet außerdem zwei Restaurants, drei Bars, einen Friseur, eine Bank, eine Apotheke und einige kleinere Läden. Gleich nebenan finden Sie eine Wechselstube. Ein Postamt ist ebenfalls nicht weit entfernt.

In der Nacht wird die Bahnhofshalle eine Stunde lang für Reinigungsarbeiten geschlossen. Die Halle und auch die Bahnsteige werden von Kameras überwacht. Damit versucht man, die Kleinkriminalität, die sich unweigerlich in jeder Stadt um Bahnhöfe zentriert, in Grenzen zu halten.

Neben dem Hauptbahnhof gibt es einige kleinere Bahn-

InterCity im Krakauer Hauptbahnhof (Kraków Główny)

Bahnsteig am Krakauer Hauptbahnhof (Kraków Główny)

höfe. Der wichtigste davon ist Kraków Płaszów im Südosten der Stadt. Dieser Bahnhof ist vom Zentrum aus mit den Staßenbahnlinien 3, 6, 9 und 13 sowie mit der Buslinie 502 zu erreichen.

Anreise mit dem Bus

Von Krakau aus fahren regelmäßig Busse in erstaunlich viele europäische Städte. Der Busbahnhof Dworzec Autobusowy befindet sich im Zentrum gegenüber dem Hauptbahnhof. Von hier fahren Stadtbusse sowie überregionale und die meisten internationalen Busse ab.

Der Busbahnhof war bereits als er eröffnet wurde zu klein. Selbst Kleinstädte in Polen waren lange Zeit besser ausgestattet. Es mangelte an modernen sanitären Einrichtungen, Läden fehlten völlig, und die wenigen Fahrkartenschalter waren hoffnungslos überlastet. Seit Eröffnung des neuen Busbahnhofs gleich neben dem Hauptbahnhof im Jahr 2005 hat sich die Situation deutlich gebessert. Am besten ist es, sich im Voraus ein Ticket zu besorgen. Sie können natürlich auch sehr früh am Morgen anstehen oder darauf vertrauen, dass noch ein Platz frei bleibt, und dann beim Busfahrer (ohne Aufschlag) eine Fahrkarte lösen.

Private Busunternehmen, die internationale Strecken befahren, benutzen den Busstand in der Bosacka-Straße auf der anderen Seite des Hauptbahnhofs sowie andere Halte- und Abfahrtsplätze. Der internationale Busfahrplan hängt im Hauptbahnhof aus, am Informationsschalter in der Haupthalle kann man sich auch nach Busfahrten erkundigen. Fahrkarten für regionale Strecken kauft man ebenfalls in der Haupthalle des Bahnhofs. Fahrkarten für internationale Routen erhält man in Reisebüros, man kann sie aber auch direkt bei den Busunternehmen beziehen.

PKS (Polska Komunikacja Samochodowa) ist der Hauptbetreiber für innerpolnische Städteverbindungen. Leider sind die Busse auf vielen Strecken veraltet und nicht sehr sauber. Doch auch in diesem Bereich bessert sich die Situation. Nach und nach wird die Busflotte modernisiert. Die privaten Unternehmen, die die größeren Städte verbinden, legen größeren Wert auf Service.

Für Busreisen spricht der Preis: Sie sind im Allgemeinen günstiger als eine Bahnfahrt. Allerdings dauern sie wegen der vielen Zwischenstopps und gelegentlichen Umwege länger.

Bus von »Polski Express«

Anreise mit dem Auto

Führerscheine aus anderen Ländern sind in Polen gültig. Neben Führerschein und Fahrzeugpapieren benötigen Sie die Grüne Versicherungskarte. Auch bei einem Mietwagen ist eine Versicherungsbestätigung erforderlich. Auf jedem ausländischen Auto muss ein Landeskennzeichen sichtbar angebracht sein. Das Anlegen der Sicherheitsgurte ist Pflicht. Kinder unter zwölf Jahren dürfen im Auto nicht vorne sitzen. Tag und Nacht, unabhängig von Wetter und Lichtverhältnissen, muss das Abblendlicht eingeschaltet sein.

Ortsschild Krakau mit Wappen

Schilder an den polnischen Grenzen zeigen die Höchstgeschwindigkeiten für die verschiedenen Straßentypen an. Diese Beschränkungen sollten Sie auf jeden Fall streng einhalten. Bei einem Überschreiten der Höchstgeschwindigkeit riskiert man hohe Geldbußen bis zu 500 Złoty. Ausländische Fahrer müssen die Strafe an Ort und Stelle bezahlen.

Die zulässige Blutalkoholgrenze ist in Polen derart niedrig (0,2 Promille), dass man als Fahrer ganz auf Alkohol verzichten sollte. Die Polizei führt häufig Routinekontrollen durch.

Autodiebstähle nehmen in Polen zu. Lassen Sie nichts im Wagen liegen, und nehmen Sie möglichst das Autoradio heraus. Ein bewachter Parkplatz ist immer der sicherste Ort für Ihr Auto – selbst wenn Sie es nur für eine kurze Zeit abstellen wollen.

In Krakau unterwegs

Hausnummernschild

Die Innenstadt Krakaus ist klein, sodass Sie sich zu Fuß und mit öffentlichen Verkehrsmitteln am besten fortbewegen. Besonders Kinder lieben Stadtrundfahrten mit einer der blauen Straßenbahnen Krakaus. Das Kapitel *Die Stadtteile Krakaus* liefert zu jeder Sehenswürdigkeit Informationen zur Anfahrt. Eine Karte des Krakauer Nahverkehrsnetzes befindet sich auf der hinteren Umschlaginnenseite. Detailliertere Karten finden Sie im *Stadtplan* auf den Seiten 228–237. Kostenlose Linienpläne für den Nahverkehr erhalten Sie beim Fremdenverkehrsamt. Sightseeing-Touren mit der Pferdedroschke sind sehr beliebt, Sie können aber auch einen der kleinen elektrischen Wagen *(meleks)* mit Führer mieten. Die Fahrer sprechen mehrere Fremdsprachen. Droschken und *meleks* stehen am historischen Marktplatz bereit.

Geschäftiges Treiben auf dem Platz vor der Stadtverwaltung

Öffentliche Verkehrsmittel

Das Netz der öffentlichen Verkehrsmittel in Krakau ist relativ dicht. Straßenbahnen und Busse verkehren an Wochentagen häufiger als am Wochenende und an Feiertagen, viele Buslinien fahren bis weit in die Vorstädte hinaus. Stoßverkehr herrscht zwischen 7 und 8 Uhr sowie zwischen 14 und 17 Uhr. In der Nacht verkehren spezielle Nachtbusse. Eine Reihe von Privatunternehmen betreibt Minibusse, die im ganzen Stadtgebiet auf Verlangen anhalten. Genauere Informationen über Busse und Straßenbahnen in Krakau finden Sie auf der Seite 226f.

Autofahren

Grundsätzlich ist der historische Stadtkern eine Fußgängerzone, die in drei Bereiche unterteilt ist: Der Marktplatz und die umliegenden Straßen gelten als Zone A. Hier dürfen nur Notdienste und städtische Unternehmen fahren, zwischen 6 und 10 Uhr auch Lieferverkehr. Zone B erstreckt sich bis zum Grüngürtel Planty und lässt Anwohner und Autos mit Spezialgenehmigung zu. Zone C reicht bis zur sogenannten Avenue der drei Dichter (Krasińskiego, Mickiewicza, Słowackiego) und zu den Straßen Dietla und Westerplatte. Hier sind Autos erlaubt, man benötigt allerdings eine Parkgenehmigung. Eine solche Genehmigung erhält man auch als Besucher gegen Gebühr an den meisten Zeitungsständen.

Stoppschild

Verkehrsstaus sind eher die Regel als die Ausnahme, besonders am Freitagnachmittag und nach Feiertagen, wenn die Krakauer von Ausflügen zurückkehren.

Straßenbauarbeiten und die damit verbundenen Behinderungen, Sperrungen und Um-

Fahrkarten

Tickets gelten für Trambahnen und Busse gleichermaßen und können an Zeitungskiosken oder direkt bei den Schaltern des MPK gekauft werden. Es gibt Einzelfahrscheine, Zeittickets, Tageskarten, Wochenkarten, Monatskarten und Familientickets.

Jedes Ticket muss beim ersten Fahrtantritt entwertet werden. Zeittickets gelten eine Stunde ab der Entwertung. Innerhalb dieser Zeit darf man beliebig oft umsteigen. Tageskarten sind vom Zeitpunkt des Stempelns bis Mitternacht gültig. Für die Wochen- und Monatskarten müssen Sie einen Ausweis mit sich führen.

Tickets in Pfeilrichtung in den Entwerter einschieben

Familientickets sind nicht übertragbar und gelten das Wochenende über für zwei Erwachsene und zwei Kinder. Für Kinder unter vier Jahren und Senioren über 75 Jahre ist die Fahrt mit Bus und Tram gratis.

Die zwei Tage (50 Złoty) oder drei Tage (65 Złoty) gültige Krakówcard (www.krakowcard.com) berechtigt Tag und Nacht zu kostenlosen Fahrten mit den städtischen Bussen und Trambahnen und zu kostenlosem Eintritt in über 30 Krakauer Museen.

Fahrverbot in Zone B

Zu Fuss in Krakau

Die meisten historischen Sehenswürdigkeiten, viele Museen und andere Besucherziele sowie Restaurants und Cafés liegen im Herzen der Altstadt, also in einer Fußgängerzone. Dabei handelt es sich um ein relativ kleines Gebiet, das man leicht zu Fuß erkunden kann. Sehr hilfreich sind die vielen Schilder, die auf die wichtigen Sehenswürdigkeiten hinweisen. Informationstafeln zu historischen Gebäuden und anderen Besucherattraktionen sind in der Regel in mehreren Sprachen verfasst.

Fußgängerübergang

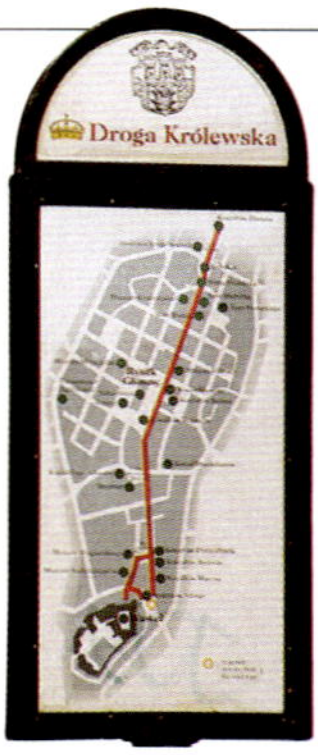

Karte der Altstadt mit dem rot eingetragenen Königsweg

leitungen gehören zum Alltag. Krakau hat noch keine Ringstraße. Obwohl die Bauarbeiten für eine Schnellstraße um die Stadt schon seit geraumer Zeit andauern, können derzeit erst einige kurze Abschnitte befahren werden.

Das Auto ist also in der Innenstadt eher eine Last, aber praktisch, um die vielen schönen Ziele am Rand von Krakau und in der Umgebung zu erreichen. Es gibt zahlreiche Autovermietungen, doch leider sind Mietwagen in Polen eine ziemlich teure Angelegenheit.

Halteverbot

Parkplätze vorhanden (»wolny« bedeutet »frei«)

Parken

Es ist generell nicht leicht, in der Innenstadt einen Parkplatz zu finden. Ein bewachter Parkplatz *(parking strzeżony)* ist eine gute und vor allem sichere Alternative. In Krakau ist das Parken auf dem Gehweg erlaubt, man muss jedoch mindestens einen Meter für Fußgänger frei lassen.

Der bewachte Parkplatz am Szczepański-Platz liegt dem Zentrum am nächsten – nur wenige Hundert Meter vom Marktplatz entfernt. Leider ist der Parkplatz oft besetzt und auch einer der teuersten. Ziemlich sicher findet man einen Platz für sein Auto in der großen Hochgarage auf dem Parkdeck über dem Hauptbahnhof. Weitere bewachte Parkplätze befinden sich in der Powiśle-Straße in der Nähe des Wawel sowie in den Straßen Rajska, Starowiślna und Straszewskiego. Nach westlichen Maßstäben ist es in Krakau noch immer ziemlich einfach, einen bewachten Parkplatz zu finden – und das sogar in Gehweite zum historischen Zentrum.

Parkkrallen

Illegal geparkte Autos können mit einer Parkkralle am Wegfahren gehindert werden. Um die Sperre zu lösen, müssen Sie die Nummer anrufen, die Sie auf dem in mehreren Sprachen verfassten Strafzettel an der Windschutzscheibe finden. Ein Ordnungshüter wird kommen und die Sperre entfernen – allerdings erst, nachdem Sie die Geldbuße für Falschparken entrichtet haben.

Nicht vorschriftsgemäß geparktes Auto mit Parkkralle

Auf einen Blick

Mietwagen

Avis Rent a Car
Lubicz 23.
Stadtplan 2 D4 (6 F1).
☎ *012 629 61 08 oder 012 629 61 09.*

Budget
Lotnisko w Balicach.
☎ *012 285 50 25.*

Europcar Inter Rent
Krowoderska 58.
Stadtplan 1 B2.

Express Rent a Car
Flughafen Kraków-Balice.
☎ *012 254 00 00.*

Hertz Rent a Car
Focha 1.
Stadtplan 1 A5 (5 A3).
☎ *012 429 62 62.*

National Car Rental
Flughafen Kraków-Balice.
☎ *012 639 32 86.*
Hotel Demel.
☎ *012 636 86 30.*

Mit der Straßenbahn unterwegs

Im Jahr 1895 wurden in Krakau von Pferden gezogene Wagen auf Schienen eingeführt. Sechs Jahre später ersetzte man sie durch elektrische Fahrzeuge. Heute haben die Straßenbahnen einen, zwei oder drei Wagen. Während der Hauptverkehrszeiten sind sie ziemlich voll, trotzdem erweisen sie sich in der Innenstadt als effektives und bequemes Verkehrsmittel. Dem Besucher bieten sie eine ausgezeichnete Möglichkeit, Krakau kennenzulernen, denn sie halten an allen wichtigen Sehenswürdigkeiten und den größeren Hotels.

Krakauer Straßenbahn

Haltestellenschild
An jeder Straßenbahnhaltestelle sehen Sie, welche Linien hier fahren und wann sie verkehren.

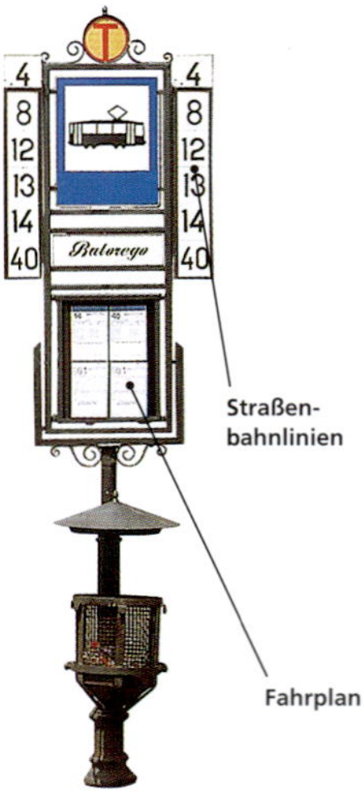

Fahrscheine

Für Straßenbahnen und Busse gelten dieselben Tickets *(siehe S. 224)*. Man erhält sie an Zeitungskiosken und MPK-Schaltern oder, falls man den Betrag passend hat, auch direkt beim Fahrer – dort ist der Fahrschein allerdings ein wenig teurer. Gleich nach dem Einsteigen muss der Fahrschein entwertet werden. Tickets sind nur mit Stempel gültig.

Ein Einzelfahrschein gilt nur für eine Fahrt (ohne Umsteigen), allerdings unabhängig von der Länge der gefahrenen Strecke. Ein Zeit- oder Tagesticket muss nur bei der ersten Fahrt gestempelt werden und gilt exakt eine Stunde (egal wie oft Sie umsteigen) bzw. an diesem Tag bis Mitternacht. Wochen- und Monatskarten müssen nicht gestempelt werden.

In den Wagen hängen Pläne mit Haltestellen und Umsteigemöglichkeiten entlang der Route.

Einen Fahrplan finden Sie an jeder Haltestelle. Die ersten Straßenbahnen fahren morgens um 5 Uhr, die letzten um 23 Uhr. Manche Linien verkehren alle paar Minuten, andere nur alle 20 Minuten. Nachts verkehren ausschließlich Busse.

Zum Aussteigen müssen Sie oft einen Knopf drücken.

Fahrscheinkontrollen

Sie müssen damit rechnen, dass während der Fahrt jemand Ihren gültigen, d. h. gestempelten Fahrausweis sehen will. Die Kontrolleure der Krakauer Transportgesellschaft MPK tragen keine speziellen Uniformen, weisen sich allerdings durch eine Karte mit Foto aus. Vorsicht: Nicht selten sind falsche Kontrolleure unterwegs!

Schwarzfahrer werden mit einer Geldbuße bedacht. Ausländische Besucher müssen diese Strafe sofort vor Ort begleichen. In diesem Fall sollten Sie eine Quittung verlangen.

Stempelautomat

Tipps zur Sicherheit

Taschendiebe »arbeiten« gern in Straßenbahnen und Bussen. Geld und Papiere sollten Sie nie in Außentaschen von Rucksäcken oder Jacken tragen. Auch die hintere Hosentasche ist kein sicherer Aufbewahrungsort. Passen Sie auf Ihre Kamera auf.

Auf einen Blick

Information

Bus und Straßenbahn
191 50.
www.mpk.krakow.pl

Zug
94 36 oder 012 393 15 80.
www.pkp.com.pl

Straßenbahnhaltestelle

Mit dem Bus unterwegs

Krakau hat ein gutes Busliniennetz, das alle Teile der Stadt und viele Vororte verbindet. Die Busse sind blau, rot oder bunt, es fahren Ikarus-, Jelcz- und Scania-Modelle, manche sind ganz modern, andere schon etwas in die Jahre gekommen. Trotz aller Vielfalt kann man sich auf die Busse verlassen, sie fahren relativ pünktlich – auch in der Nacht.

Fahrscheine

Bustickets sind identisch mit Straßenbahnfahrkarten. Ein Einzelfahrschein gilt nur für eine Fahrt ohne Umsteigen, mit einem Zeitticket können Sie eine Stunde ab dem Stempeln fahren und beliebig oft umsteigen. Für Besucher ist ein Tagesticket oft die günstigste Alternative.

Buslinien

Normale Buslinien sind durch dreistellige Nummern gekennzeichnet. Die Linien 501, 502 und 512 sind sogenannte Schnellbusse, die nicht an jeder Haltestelle stoppen. Die Fahrkarte für den Schnellbus kostet eineinhalbmal so viel wie für einen normalen Bus.

Unter der Woche fahren manche Busse alle paar Minuten, andere alle 20 Minuten. Am Wochenende und an Feiertagen verkehren Busse bedeutend seltener.

Nachtbusse haben Nummern über 600. Es gibt acht verschiedene Nachtbuslinien, die im Wesentlichen alle vom Zentrum aus fahren. Nachtbusse verkehren jede Stunde, der Fahrpreis ist doppelt so hoch wie am Tag.

Zusätzlich fahren private Minibusse auf vielen Linien zwischen Zentrum und Vororten. Sie kosten doppelt so viel wie die MPK-Busse, sind schnell und zuverlässig. Fahrscheine verkauft der Fahrer. Viele Minibusse fahren vom Hauptbahnhof ab, besonders praktisch ist dieser Service für Verbindungen nach außerhalb, z. B. nach Nowa Huta.

Krakauer Stadtbus

Mit dem Taxi unterwegs

In manchen Fällen ist ein Taxi die bequemste Art, ein Ziel zu erreichen. Um nicht betrogen zu werden, sollten Sie am besten eines der Funktaxis wählen. Sie sind am zuverlässigsten.

Funktaxi

Taxivarianten

Taxis können in Krakau verschiedene Farben haben. Auch die Logos der verschiedenen Gesellschaften variieren. Alle Taxis haben eine Nummer, die an der Seite deutlich zu lesen ist. Am Taxischild am Dach ist das Unternehmen zu erkennen. Die Unterschiede zwischen einzelnen Firmen sind nicht groß, auch die Tarife sind weitgehend identisch.

Taxitarife

Wenn man ein Taxi besteigt, zeigt das Taxameter eine Grundgebühr an. Für jeden gefahrenen Kilometer kommen Gebühren hinzu.

Normalerweise bezahlt man mit Bargeld. Kreditkarten akzeptieren im Allgemeinen nur Funktaxis, die vom und zum Flughafen Balice fahren. Es gibt zwei Tarife, einen für Wochentage zwischen 5 und 23 Uhr, ein anderer Tarif gilt nachts sowie an Sonn- und Feiertagen. Außerhalb der Stadtgrenzen erhöhen sich die Tarife.

Wenn Sie eine Quittung fordern, wird der Taxifahrer mit großer Wahrscheinlichkeit keinen überhöhten Fahrpreis verlangen.

Auf einen Blick

Funktaxis

City Taxi
96 21.

Express Taxi
96 29.

Krak Taxi
012 267 67 67.

Metro Taxi
96 67.

Radio Taxi
91 91.

Radio Taxi-Partner
96 33.

Stadtplan

Die bei den Sehenswürdigkeiten, Hotels *(siehe S. 178–181)* und Restaurants *(siehe S. 188–193)* angegebenen Kartenverweise beziehen sich auf die Karten der folgenden Seiten. Die erste Ziffer nennt jeweils die Karte, der Buchstabe und die zweite Ziffer geben das Planquadrat an. Die Übersichtskarte auf der rechten Seite zeigt die sechs Stadtteile von Krakau. Die wichtigsten Sehenswürdigkeiten sind in den Karten eingetragen, alle Symbole werden in der Legende unten erklärt. Ein Kartenregister finden Sie auf S. 230f. Beachten Sie, dass Polnisch eine flektierende Sprache ist, sodass sich Endungen in Straßennamen verändern: Der Name Jan Kowalski wird so zur Jana-Kowalskiego-Straße.

Besucher in Krakau

Legende

- Hauptattraktion
- Sehenswürdigkeit
- Bahnhof
- Busbahnhof
- Straßenbahn
- Bushaltestelle
- Parken
- Information
- Krankenhaus
- Polizei
- Bootsanlegestelle
- Kirche
- Synagoge
- Post
- Eisenbahn
- Fußgängerzone
- Stadtmauer

Massstab der Karten 1–4

0 Meter 200

1:14 000

Massstab der Karten 5–6

0 Meter 150

1:9000

0 Kilometer 1

Drehorgelspieler am Marktplatz

Treppenaufgang zur Villa Decius

St.-Adalbert-Kirche am Marktplatz

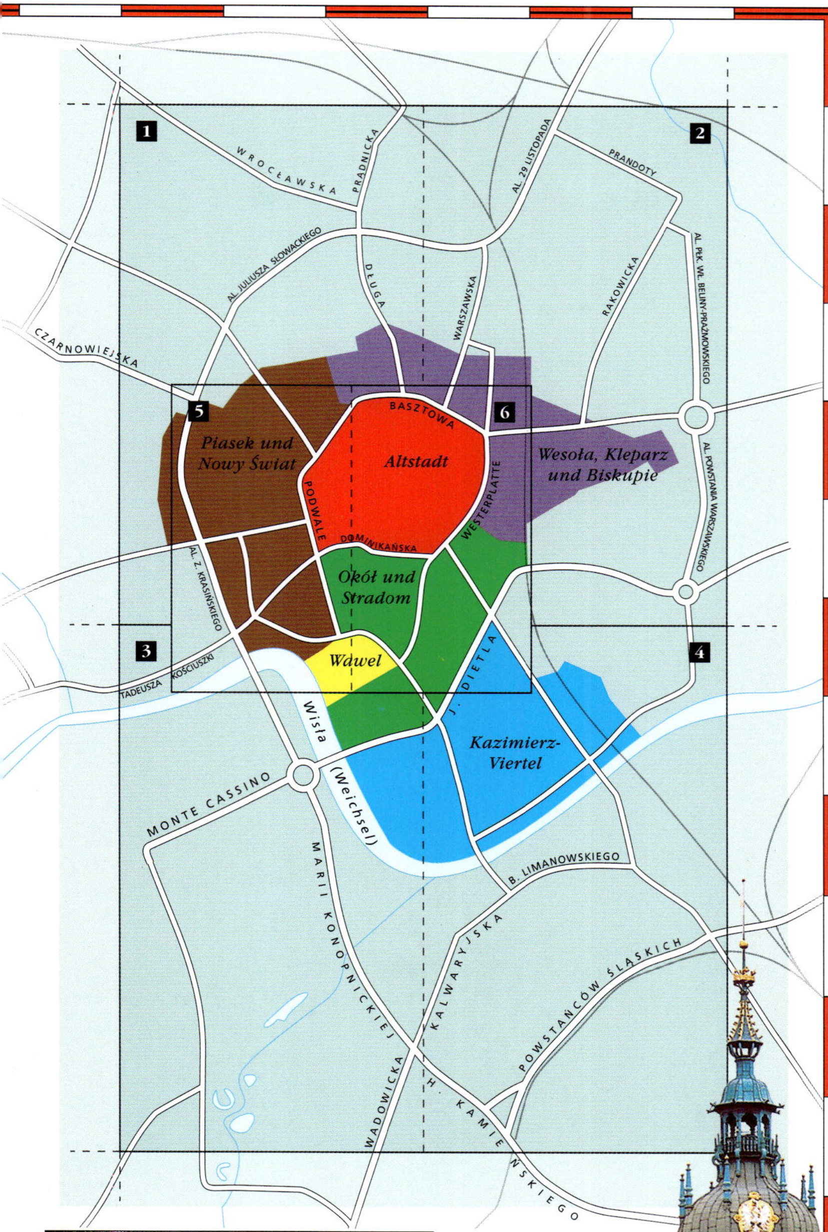

Friedhof Rakowicki

Zygmunt-Kuppel der Kathedrale

Kartenregister

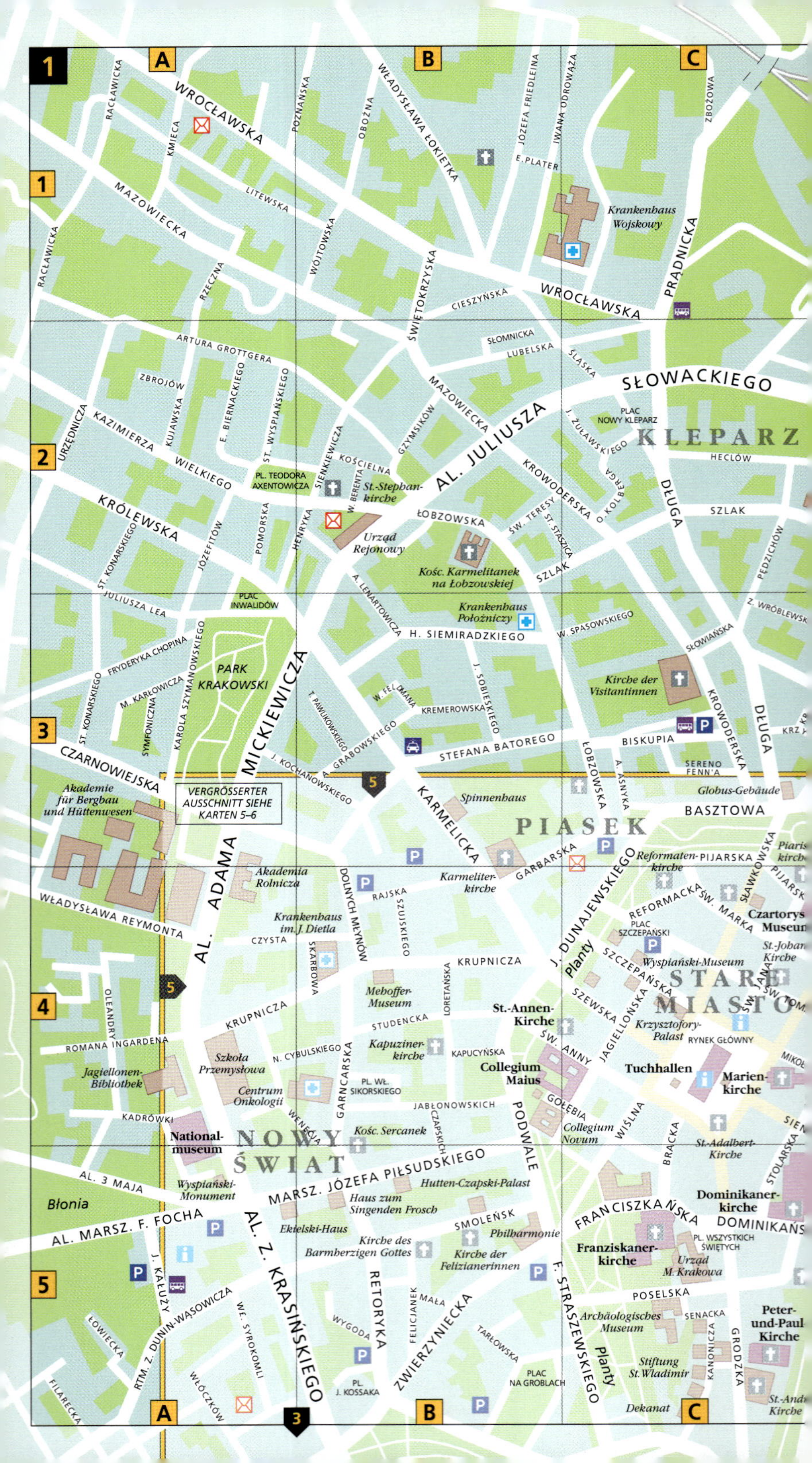
1
A
B
C
WROCŁAWSKA
MAZOWIECKA
LITEWSKA
WŁADYSŁAWA ŁOKIETKA
Krankenhaus Wojskowy
PRĄDNICKA
CIESZYŃSKA
ŚWIĘTOKRZYSKA
ARTURA GROTTGERA
SŁOWACKIEGO
KLEPARZ
PLAC NOWY KLEPARZ
AL. JULIUSZA
KAZIMIERZA WIELKIEGO
KRÓLEWSKA
St.-Stephan-kirche
Urząd Rejonowy
ŁOBZOWSKA
Kośc. Karmelitanek na Łobzowskiej
KROWODERSKA
DŁUGA
SZLAK
PLAC INWALIDÓW
Krankenhaus Położniczy
H. SIEMIRADZKIEGO
PARK KRAKOWSKI
MICKIEWICZA
Kirche der Visitantinnen
KREMEROWSKA
STEFANA BATOREGO
BISKUPIA
CZARNOWIEJSKA
Akademie für Bergbau und Hüttenwesen
VERGRÖSSERTER AUSSCHNITT SIEHE KARTEN 5–6
KARMELICKA
Spinnenhaus
PIASEK
Globus-Gebäude
BASZTOWA
AL. ADAMA
Akademia Rolnicza
Karmeliter-kirche
GARBARSKA
Reformaten-kirche
PIJARSKA
WŁADYSŁAWA REYMONTA
Krankenhaus im. J. Dietla
KRUPNICZA
Planty
Wyspiański-Museum
STARE MIASTO
Czartorys Museum
Mehoffer-Museum
St.-Annen-Kirche
Krzysztofory-Palast
RYNEK GŁÓWNY
ROMANA INGARDENA
Szkoła Przemysłowa
Kapuziner-kirche
Collegium Maius
Tuchhallen
Marien-kirche
Jagiellonen-Bibliothek
Centrum Onkologii
Kośc. Sercanek
Collegium Novum
National-museum
NOWY ŚWIAT
St.-Adalbert-Kirche
Błonia
AL. 3 MAJA
Wyspiański-Monument
MARSZ. JÓZEFA PIŁSUDSKIEGO
Hutten-Czapski-Palast
Dominikaner-kirche
Haus zum Singenden Frosch
FRANCISZKAŃSKA
DOMINIKAŃS
AL. MARSZ. F. FOCHA
Ekielski-Haus
Kirche des Barmherzigen Gottes
Philharmonie
Kirche der Felizianerinnen
Franziskaner-kirche
Urząd M. Krakowa
AL. Z. KRASIŃSKIEGO
RETORYKA
ZWIERZYNIECKA
F. STRASZEWSKIEGO
POSELSKA
Archäologisches Museum
Peter-und-Paul Kirche
Stiftung St. Wladimir
PLAC NA GROBLACH
Dekanat
5
3

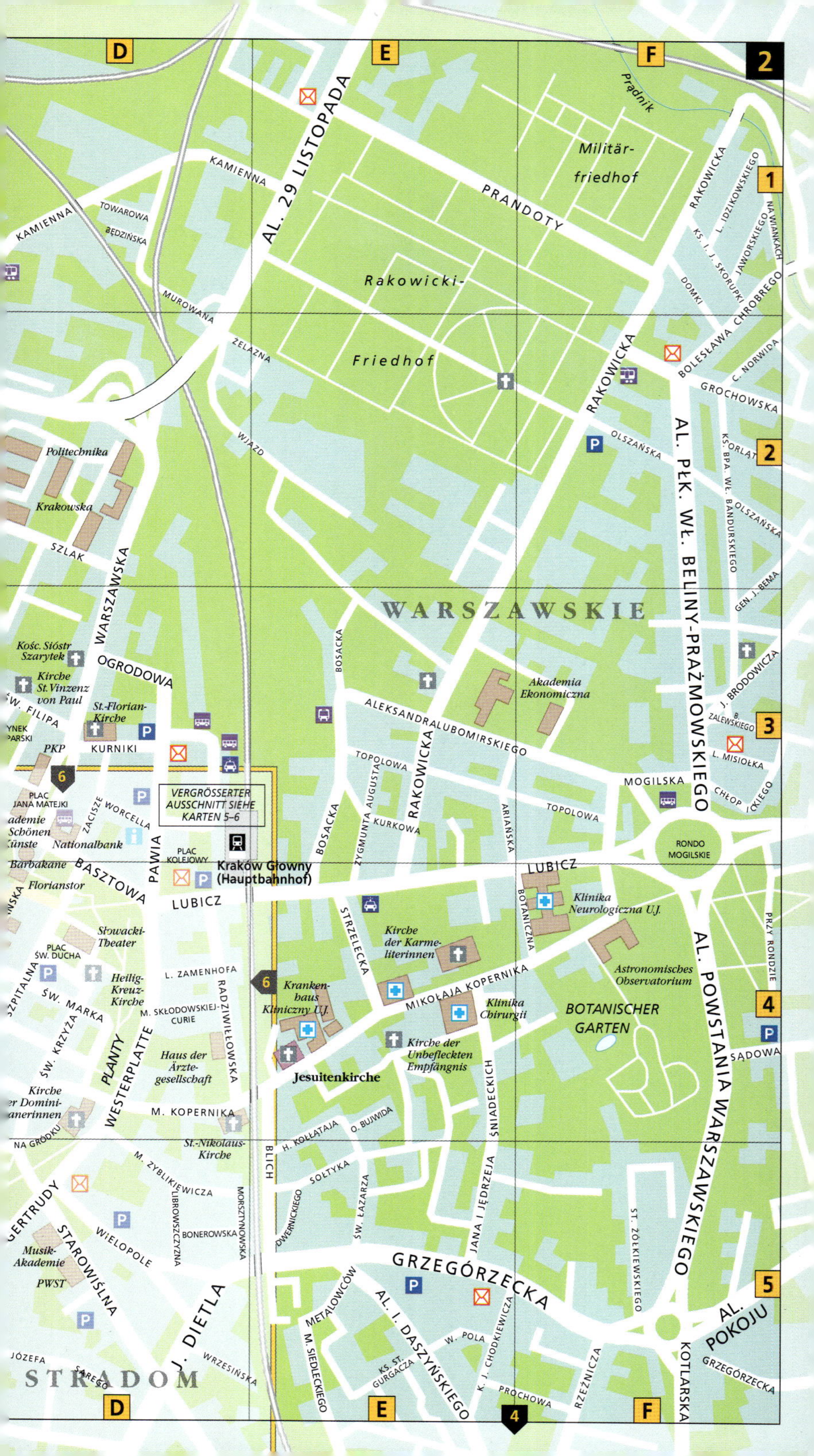

2
D
E
F
Prądnik
Militär-
friedhof
Rakowicki-
Friedhof
AL. 29 LISTOPADA
PRANDOTY
KAMIENNA
TOWAROWA
BĘDZIŃSKA
MUROWANA
ŻELAZNA
WJAZD
RAKOWICKA
BOLESŁAWA CHROBREGO
GROCHOWSKA
OLSZAŃSKA
AL. PŁK. WŁ. BELINY-PRAŻMOWSKIEGO
WARSZAWSKIE
Politechnika
Krakowska
SZLAK
WARSZAWSKA
OGRODOWA
Kośc. Sióstr Szarytek
Kirche St.Vinzenz von Paul
St.-Florian-Kirche
KURNIKI
PKP
BOSACKA
ALEKSANDRA LUBOMIRSKIEGO
Akademia Ekonomiczna
TOPOLOWA
MOGILSKA
RONDO MOGILSKIE
VERGRÖSSERTER AUSSCHNITT SIEHE KARTEN 5–6
PLAC KOLEJOWY
Kraków Główny (Hauptbahnhof)
PLAC JANA MATEJKI
Nationalbank
Barbakane
Florianstor
BASZTOWA
PAWIA
LUBICZ
Słowacki-Theater
PLAC ŚW. DUCHA
Heilig-Kreuz-Kirche
PLANTY
WESTERPLATTE
Haus der Ärzte-gesellschaft
M. KOPERNIKA
St.-Nikolaus-Kirche
Jesuitenkirche
Kranken-haus Kliniczny U.J.
MIKOŁAJA KOPERNIKA
Kirche der Karme-literinnen
Klinika Neurologiczna U.J.
Klinika Chirurgii
Kirche der Unbefleckten Empfängnis
Astronomisches Observatorium
BOTANISCHER GARTEN
AL. POWSTANIA WARSZAWSKIEGO
GRZEGÓRZECKA
AL. POKOJU
KOTLARSKA
AL. I. DASZYŃSKIEGO
Musik-Akademie
PWST
STARDWIŚLNA
WIELOPOLE
J. DIETLA
STRADOM
BLICH
ŚNIADECKICH
STRZELECKA
ZYGMUNTA AUGUSTA
KURKOWA
ARIAŃSKA
BOTANICZNA
SĄDOWA
1
2
3
4
5
6

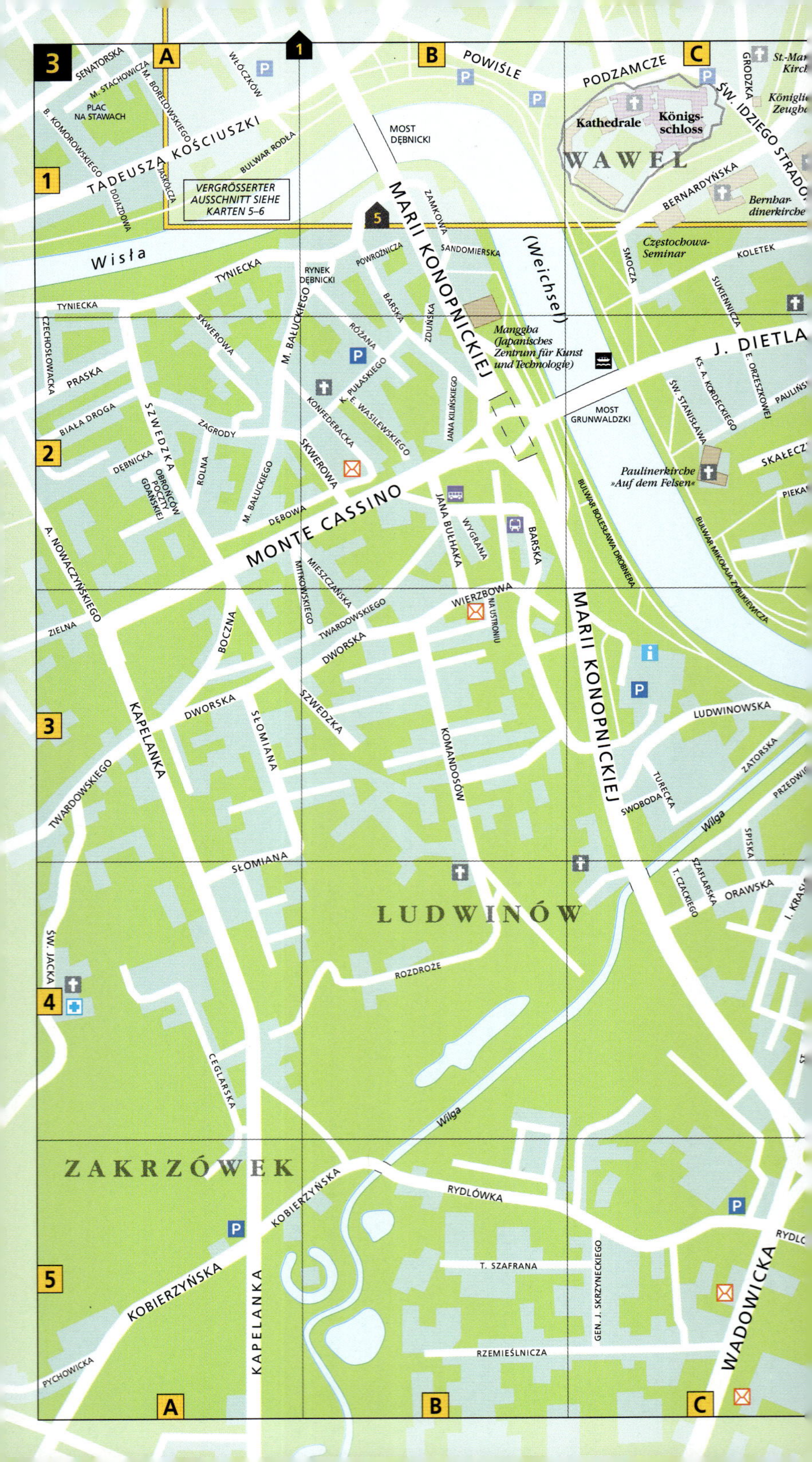

3
A
B
C
1
2
3
4
5
VERGRÖSSERTER AUSSCHNITT SIEHE KARTEN 5–6
WAWEL
Kathedrale
Königs-schloss
St.-Marien-Kirche
Königliches Zeughaus
Bernhardinerkirche
Częstochowa-Seminar
Manggha (Japanisches Zentrum für Kunst und Technologie)
Paulinerkirche »Auf dem Felsen«
Wisła
(Weichsel)
MOST DĘBNICKI
MOST GRUNWALDZKI
RYNEK DĘBNICKI
LUDWINÓW
ZAKRZÓWEK
PLAC NA STAWACH
SENATORSKA
M. STACHOWICZA
M. BORELOWSKIEGO
WŁÓCZKÓW
B. KOMOROWSKIEGO
TADEUSZA KOŚCIUSZKI
JASKÓŁCZA
DOJAZDOWA
BULWAR RODŁA
POWIŚLE
PODZAMCZE
GRODZKA
ŚW. IDZIEGO
STRADOM
BERNARDYŃSKA
MARII KONOPNICKIEJ
ZAMKOWA
SANDOMIERSKA
POWROŹNICZA
TYNIECKA
SMOCZA
KOLETEK
SUKIENNICZA
J. DIETLA
BARSKA
ZDUŃSKA
RÓŻANA
K. PUŁASKIEGO
K. E. WASILEWSKIEGO
JANA KILIŃSKIEGO
M. BAŁUCKIEGO
SKWEROWA
KONFEDERACKA
CZECHOSŁOWACKA
PRASKA
BIAŁA DROGA
SZWEDZKA
ZAGRODY
DĘBNICKA
OBROŃCÓW POCZTY GDAŃSKIEJ
ROLNA
DĘBOWA
MONTE CASSINO
JANA BUŁHAKA
WYGRANA
ŚW. STANISŁAWA
KS. A. KORDECKIEGO
E. ORZESZKOWEJ
PAULIŃSKA
SKAŁECZNA
PIEKARSKA
BULWAR BOLESŁAWA DROBNERA
BULWAR MIKOŁAJA ZYBLIKIEWICZA
A. NOWACZYŃSKIEGO
MIESZCZAŃSKA
MITKOWSKIEGO
TWARDOWSKIEGO
WIERZBOWA
NA USTRONIU
ZIELNA
BOCZNA
DWORSKA
KAPELANKA
SŁOMIANA
KOMANDOSÓW
LUDWINOWSKA
ZATORSKA
PRZEDWIOŚNIE
TURECKA
SWOBODA
Wilga
SPISKA
SZAFLARSKA
T. CZACKIEGO
ORAWSKA
I. KRASICKIEGO
ŚW. JACKA
ROZDROŻE
CEGLARSKA
KOBIERZYŃSKA
RYDLÓWKA
T. SZAFRANA
GEN. J. SKRZYNECKIEGO
RZEMIEŚLNICZA
WADOWICKA
PYCHOWICKA

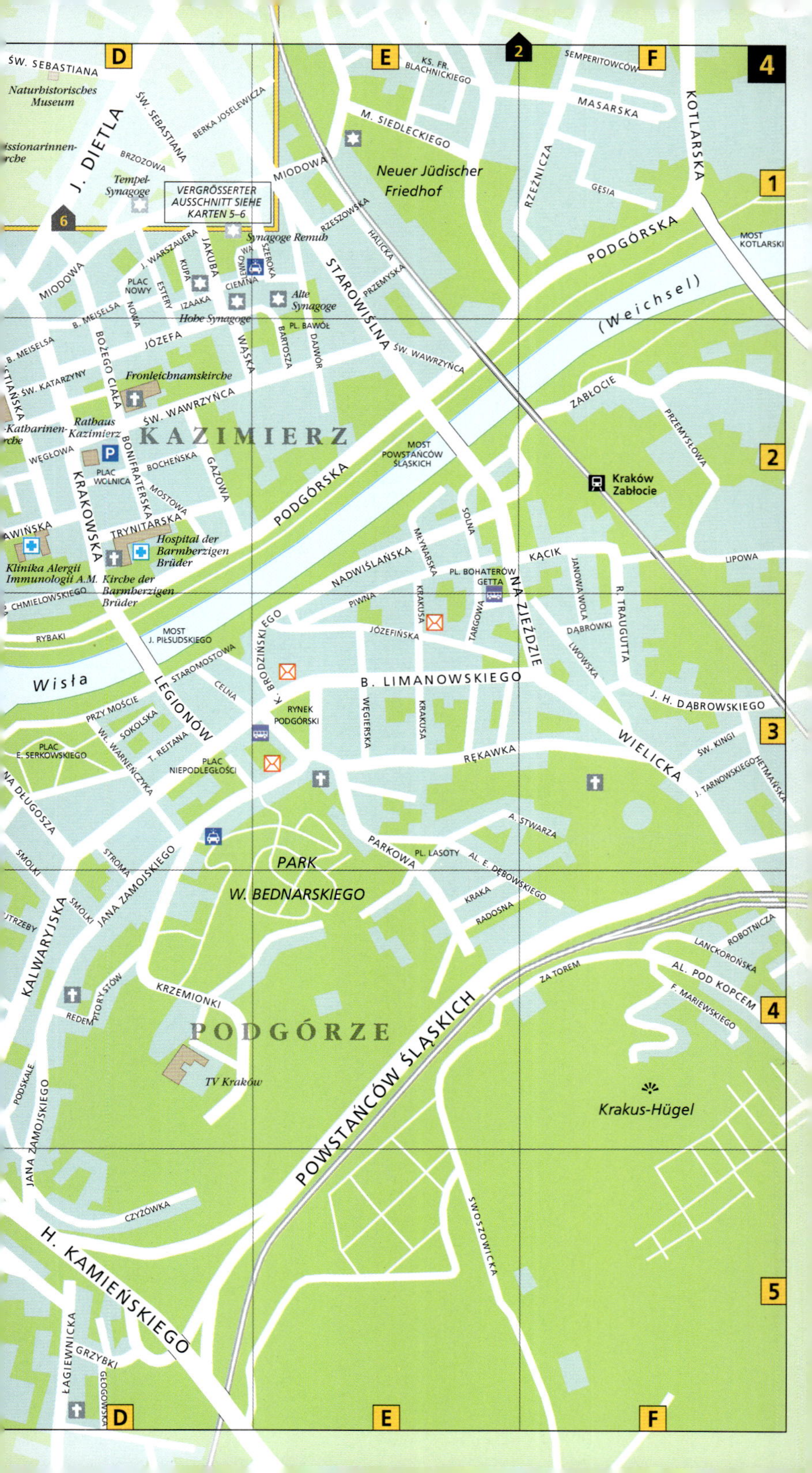

D
E
F
2
4
1
2
3
4
5
ŚW. SEBASTIANA
Naturhistorisches Museum
J. DIETLA
BRZOZOWA
Tempel-Synagoge
VERGRÖSSERTER AUSSCHNITT SIEHE KARTEN 5–6
6
BERKA JOSELEWICZA
MIODOWA
Synagoge Remuh
Alte Synagoge
Hohe Synagoge
KS. FR. BLACHNICKIEGO
M. SIEDLECKIEGO
Neuer Jüdischer Friedhof
SEMPERITOWCÓW
MASARSKA
RZEŹNICZA
GĘSIA
KOTLARSKA
MOST KOTLARSKI
PODGÓRSKA
(Weichsel)
RZESZOWSKA
HALICKA
PRZEMYSKA
STAROWIŚLNA
ŚW. WAWRZYŃCA
J. WARSZAUERA
JAKUBA
KUPA
ESTERY
IZAAKA
CIEMNA
PLAC NOWY
MIODOWA
B. MEISELSA
JÓZEFA
BOŻEGO CIAŁA
NOWA
WĄSKA
BARTOSZA
DAJWÓR
PL. BAWÓŁ
ŚW. KATARZYNY
Fronleichnamskirche
Rathaus Kazimierz
KAZIMIERZ
WĘGLOWA
PLAC WOLNICA
BONIFRATERSKA
BOCHEŃSKA
GAZOWA
MOSTOWA
KRAKOWSKA
TRYNITARSKA
Hospital der Barmherzigen Brüder
Klinika Alergii Immunologii A.M.
Kirche der Barmherzigen Brüder
CHMIELOWSKIEGO
RYBAKI
Wisła
MOST J. PIŁSUDSKIEGO
MOST POWSTAŃCÓW ŚLĄSKICH
ZABŁOCIE
PRZEMYSŁOWA
Kraków Zabłocie
SOLNA
MŁYNARSKA
NADWIŚLAŃSKA
PL. BOHATERÓW GETTA
KĄCIK
JANOWA WOLA
R. TRAUGUTTA
LIPOWA
NA ZJEŹDZIE
PIWNA
KRAKUSA
TARGOWA
JÓZEFIŃSKA
DĄBROWKI
LWOWSKA
K. BRODZIŃSKIEGO
B. LIMANOWSKIEGO
J. H. DĄBROWSKIEGO
STAROMOSTOWA
CELNA
LEGIONÓW
RYNEK PODGÓRSKI
WĘGIERSKA
WIELICKA
PRZY MOŚCIE
SOKOLSKA
WL. WARNEŃCZYKA
T. REJTANA
PLAC E. SERKOWSKIEGO
PLAC NIEPODLEGŁOŚCI
RĘKAWKA
ŚW. KINGI
J. TARNOWSKIEGO
HETMAŃSKA
NA DŁUGOSZA
A. STWARZA
PARKOWA
PL. LASOTY
AL. E. DĘBOWSKIEGO
PARK W. BEDNARSKIEGO
SMOLKI
STROMA
JANA ZAMOJSKIEGO
KALWARYJSKA
KRAKA
RADOSNA
ROBOTNICZA
LANCKOROŃSKA
AL. POD KOPCEM
F. MARIEWSKIEGO
ZA TOREM
KRZEMIONKI
PIOTRY STÓW
REDEM
PODGÓRZE
POWSTAŃCÓW ŚLĄSKICH
TV Kraków
PODSKALE
JANA ZAMOJSKIEGO
Krakus-Hügel
SWOSZOWICKA
CZYŻÓWKA
H. KAMIEŃSKIEGO
ŁAGIEWNICKA
GRZYBKI
GŁOGOWSKA

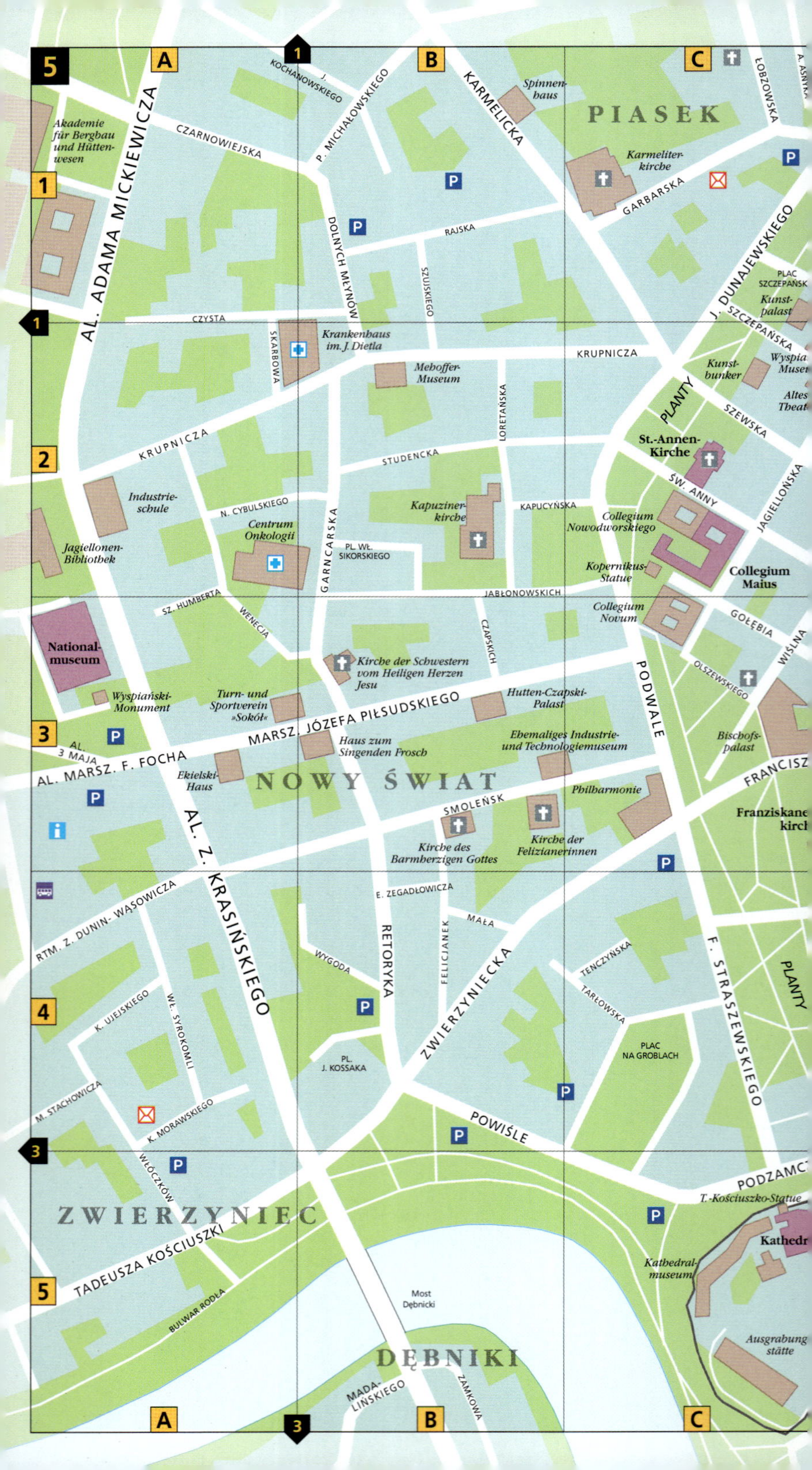
5
A
B
C
1
2
3
4
5
PIASEK
NOWY ŚWIAT
ZWIERZYNIEC
DĘBNIKI
Akademie für Bergbau und Hüttenwesen
Spinnenhaus
Karmeliterkirche
Krankenhaus im J. Dietla
Mehoffer-Museum
Kunstpalast
Kunstbunker
Wyspia Muse
Altes Theat
St.-Annen-Kirche
Industrieschule
Centrum Onkologii
Jagiellonen-Bibliothek
Kapuzinerkirche
Collegium Nowodworskiego
Kopernikus-Statue
Collegium Maius
Collegium Novum
Nationalmuseum
Wyspiański-Monument
Turn- und Sportverein »Sokół«
Kirche der Schwestern vom Heiligen Herzen Jesu
Hutten-Czapski-Palast
Bischofspalast
Haus zum Singenden Frosch
Ehemaliges Industrie- und Technologiemuseum
Ekielski-Haus
Philharmonie
Franziskane kirch
Kirche des Barmherzigen Gottes
Kirche der Felizianerinnen
T.-Kościuszko-Statue
Kathedr
Kathedralmuseum
Ausgrabungsstätte
Most Dębnicki
AL. ADAMA MICKIEWICZA
CZARNOWIEJSKA
J. KOCHANOWSKIEGO
P. MICHAŁOWSKIEGO
KARMELICKA
ŁOBZOWSKA
A. ASNYKA
GARBARSKA
RAJSKA
DOLNYCH MŁYNÓW
SZUJSKIEGO
J. DUNAJEWSKIEGO
PLAC SZCZEPAŃSK
SZCZEPAŃSKA
CZYSTA
SKARBOWA
KRUPNICZA
LORETAŃSKA
PLANTY
SZEWSKA
STUDENCKA
ŚW. ANNY
JAGIELLOŃSKA
N. CYBULSKIEGO
GARNCARSKA
PL. WŁ. SIKORSKIEGO
KAPUCYŃSKA
JABŁONOWSKICH
SZ. HUMBERTA
WENECJA
CZAPSKICH
PODWALE
GOŁĘBIA
WIŚLNA
OLSZEWSKIEGO
MARSZ. JÓZEFA PIŁSUDSKIEGO
AL. 3 MAJA
AL. MARSZ. F. FOCHA
AL. Z. KRASIŃSKIEGO
SMOLEŃSK
FRANCISZ
E. ZEGADŁOWICZA
RTM. Z. DUNIN- WĄSOWICZA
WYGODA
RETORYKA
FELICJANEK
MAŁA
ZWIERZYNIECKA
TENCZYŃSKA
TARŁOWSKA
F. STRASZEWSKIEGO
PLANTY
K. UJEJSKIEGO
WŁ. SYROKOMLI
PL. J. KOSSAKA
PLAC NA GROBLACH
M. STACHOWICZA
K. MORAWSKIEGO
POWIŚLE
PODZAMC
WŁÓCZKÓW
TADEUSZA KOŚCIUSZKI
BULWAR RODŁA
MADALIŃSKIEGO
ZAMKOWA

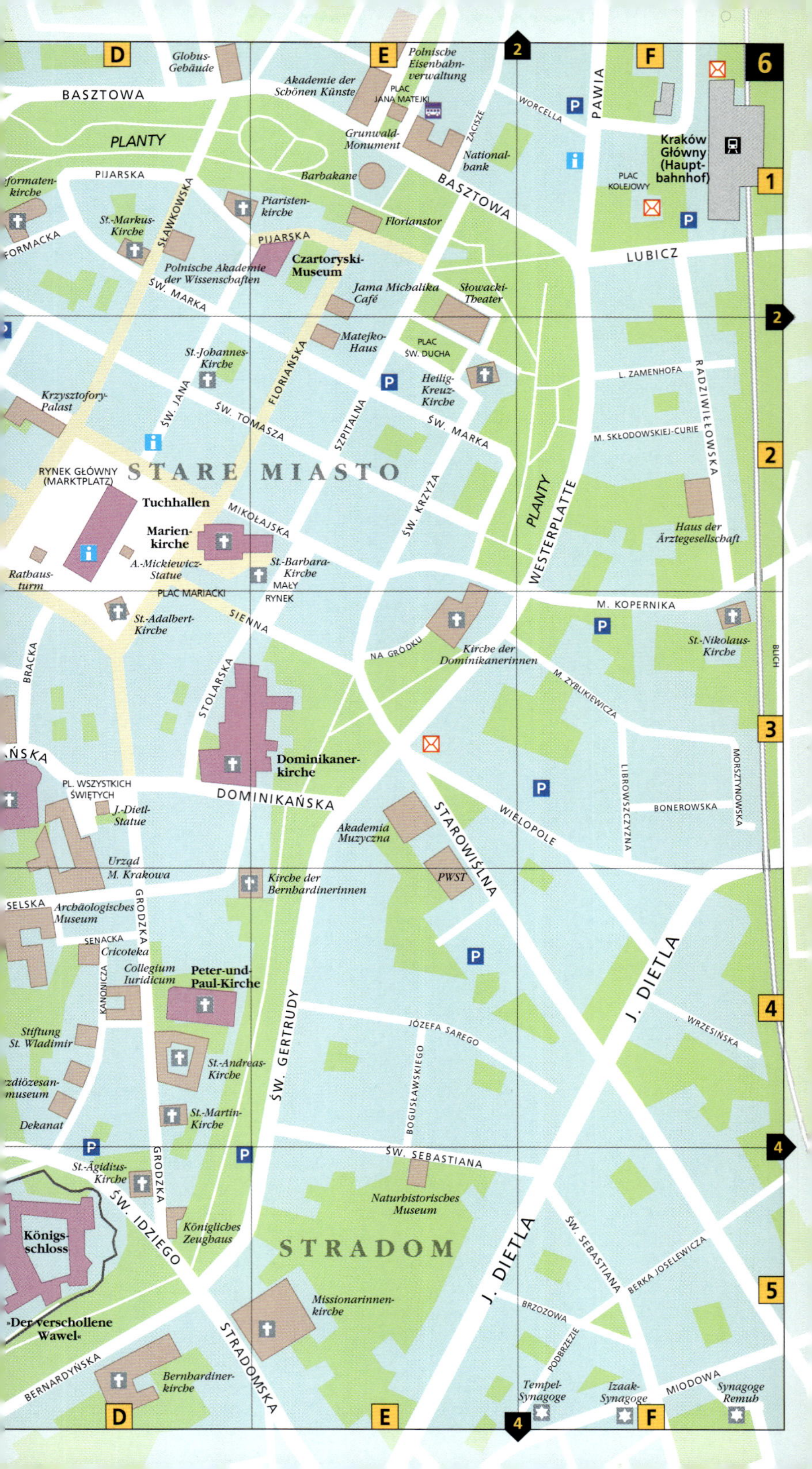

D
E
F
2
6
1
2
3
4
5
4
BASZTOWA
PLANTY
PIJARSKA
Reformaten-kirche
FORMACKA
Globus-Gebäude
Akademie der Schönen Künste
PLAC JANA MATEJKI
Polnische Eisenbahn-verwaltung
Grunwald-Monument
ZACISZE
National-bank
Barbakane
BASZTOWA
WORCELLA
PAWIA
Kraków Główny (Haupt-bahnhof)
PLAC KOLEJOWY
LUBICZ
Piaristen-kirche
St.-Markus-Kirche
SŁAWKOWSKA
Florianstor
PIJARSKA
Czartoryski-Museum
Polnische Akademie der Wissenschaften
ŚW. MARKA
Jama Michalika Café
Słowacki-Theater
Matejko-Haus
PLAC ŚW. DUCHA
Heilig-Kreuz-Kirche
St.-Johannes-Kirche
FLORIAŃSKA
Krzysztofory-Palast
ŚW. JANA
ŚW. TOMASZA
SZPITALNA
ŚW. MARKA
L. ZAMENHOFA
RADZIWIŁŁOWSKA
M. SKŁODOWSKIEJ-CURIE
RYNEK GŁÓWNY (MARKTPLATZ)
STARE MIASTO
Tuchhallen
MIKOŁAJSKA
ŚW. KRZYŻA
PLANTY
WESTERPLATTE
Haus der Ärztegesellschaft
Marien-kirche
A.-Mickiewicz-Statue
Rathaus-turm
St.-Barbara-Kirche
MAŁY RYNEK
PLAC MARIACKI
SIENNA
St.-Adalbert-Kirche
NA GRÓDKU
Kirche der Dominikanerinnen
M. KOPERNIKA
St.-Nikolaus-Kirche
BLICH
BRACKA
STOLARSKA
M. ZYBLIKIEWICZA
Dominikaner-kirche
ŃSKA
PL. WSZYSTKICH ŚWIĘTYCH
J.-Dietl-Statue
DOMINIKAŃSKA
Akademia Muzyczna
STAROWIŚLNA
WIELOPOLE
LIBROWSZCZYZNA
BONEROWSKA
MORSZTYNOWSKA
Urząd M. Krakowa
Kirche der Bernhardinerinnen
PWST
SELSKA
Archäologisches Museum
GRODZKA
SENACKA
Cricoteka
KANONICZA
Collegium Iuridicum
Peter-und-Paul-Kirche
J. DIETLA
WRZESIŃSKA
ŚW. GERTRUDY
JÓZEFA SAREGO
BOGUSŁAWSKIEGO
Stiftung St. Wladimir
St.-Andreas-Kirche
Erzdiözesan-museum
St.-Martin-Kirche
Dekanat
ŚW. SEBASTIANA
St.-Ägidius-Kirche
GRODZKA
Naturhistorisches Museum
ŚW. IDZIEGO
Königs-schloss
Königliches Zeughaus
STRADOM
J. DIETLA
ŚW. SEBASTIANA
BERKA JOSELEWICZA
Missionarinnen-kirche
»Der verschollene Wawel«
BRZOZOWA
STRADOMSKA
PODBRZEZIE
BERNARDYŃSKA
Bernhardiner-kirche
Tempel-Synagoge
Izaak-Synagoge
MIODOWA
Synagoge Remuh

Textregister

Seitenzahlen in **Fettdruck** verweisen auf Haupteinträge.

C

D

K

L

N

R

Danksagung und Bildnachweis

Dorling Kindersley bedankt sich bei den folgenden Personen, deren Beiträge und Mithilfe die Herstellung dieses Buches erst ermöglichten:

Publisher Douglas Amrine

Managing Editor Helen Townsend

Managing Art Editor Kate Poole

Senior Managing Editor Louise B. Lang

Art Director Gillian Allan

Ergänzende Fotografien Jakub Hałun, Piotr Kozłowski, Wojciech Kozłowski, Ian O'Leary, Kamil Szymaczek

Design und Redaktionsassistenz Claire Baranowski, Sonal Bhatt, Hilary Bird, Arwen Burnett, Eli Estaugh, Rhiannon Furbear, Lydia Halliday, Victoria Heyworth-Dunne, Elly King, Piotr Kozłowski, Ferdie McDonald, Gordon McLachlan, Catherine Palmi, Simon Ryder, Sadie Smith, Leah Tether, Conrad Van Dyk, Stewart J. Wild.

Dorling Kindersley bedankt sich bei den folgenden Personen, Bildarchiven und Institutionen für die freundliche Erlaubnis, Fotografien, Bilder und Objekte aus ihrem Bestand wiederzugeben:

Archäologisches Museum;
Archiwum Państwowemu: Magdalena Maros (Direktorin) und Krystyna Litewka;
Ärztegesellschaft;
Bernhardinerkirche;
Collegium Maius: Stanisław Waltoś (Direktor), Lucyna Bełtowska und Robert Springwald;
Dominikanerkirche: Pater Mirosław Pilśniak;
Erzdiözesanmuseum und Städtische Kurie: Pater Dr. Józef A. Nowobilski;
Flughafen Krakau-Balice;
Franziskanerkirche: Bruder Bogumił Stachowicz;
Heilig-Kreuz-Kirche;
Jagiellonen-Bibliothek: Krzysztof Zamorski;
Jama Michalika;
Jesuitenkirche in Wesoła: Pater Edward Stoch;
Kapuzinerkirche;
Kirche der Bernhardinerinnen;
Kirche der Felizianerinnen: Schwester Wanda Batko;
Krakauer Kathedrale und Kathedralmuseum: Prälat Janusz Bielański;
Marienkirche: Pater Dr. Bronisław Fidelus;
Matejko-Haus;
Museum der Stadt Krakau: Andrzej Szczygieł (Direktor);
Nationalmuseum: Anna Studnicka;
Naturhistorisches Museum;
PAP Polskiej Agencji Prasowej SA;
Paulinerkirche »Auf dem Felsen«: Pater Jan Mazur;
Peter-und-Paul-Kirche;
Polnisches Militärmuseum in Warschau: Zbigniew Święcicki (Direktor) und Mirosław Ciunowicz;
Prinzessin-Czartoryski-Stiftung: Katarzyna Bałus;
Schloss Pieskowa Skała;
St.-Annen-Kirche;
St.-Barbara-Kirche: Pater Henryk Dziadosz;
St.-Florian-Kirche;
St.-Katharinen-Kirche;
St.-Markus-Kirche;
St.-Vinzenz-Kirche;
Stiftung St. Władimir;
Wieliczka-Salzmine.

Dorling Kindersley bedankt sich bei den folgenden Personen für die freundliche Erlaubnis zum Abdruck ihrer Fotografien:

Jacek Bednarczyk, Olaf Beer, Maja Florczykowska, Michał Grychowski, Stanisława Jabłońska, Dorota i Mariusz Jarymowiczowie, Beata i Mariusz Kowalewscy, Grzegorz Kozakiewicz, Wojciech Mędrzak, Stanisław Michta, Hanna i Maciej Musiałowie, Tomasz Robaczyński, Maciej Sochor, Jan Zych.

Alle in diesem Reiseführer abgebildeten Gerichte wurden im Restaurant Pod Aniołami zubereitet. Wir danken dem Besitzer Jacek Łodziński. Des Weiteren danken wir Marcin Duszyński, Madropol, für seine freundliche Unterstützung.

Bildnachweis o=oben; ol=oben links; om=oben Mitte; or=oben rechts; mlo=Mitte links oben; mo=Mitte oben; mro=Mitte rechts oben; ml=Mitte links; m=Mitte; mr=Mitte rechts; mlu=Mitte links unten; u=unten; ul=unten links; um=unten Mitte; ur=unten rechts; mru=Mitte rechts unten.

AKG-IMAGES: 161mr; Ullstein Bild-KPA/HIP/Jewish Chronicle Ltd 125ur; ALAMY IMAGES: David Sanger Photography/David Sanger 185ol; Kevin Foy 124ol, 185m; Karolek 10or; lookGaleria 11ul, 125mu; Paul Springett 70mlu; Peter Svarc 10ul; Krystyna Szulecka 184ml; ARCHÄOLOGISCHES MUSEUM: 20mlu, 20u, 21mr, 21mu, 21u, 40u; ARCHIWUM PAŃSTWOWEMU: 24–25m, 24ul, 24o; THE ART ARCHIVE: Laurie Platt Winfrey 125mro; AUSCHWITZ-BIRKENAU GEDENKSTÄTTE & MUSEUM: 160or, 160ml, 160ul, 160ur, 161om, 162mlu, 163mr, 163ur; Ryszard Domasik 160ol, 161mru, 162mlo, 163ol, 163or; Jarek Mensfelt 162or. CARLSBERG POLSKA: Chris Biggs 187m; CITY TAXI: Paweł Szalowski 227mlu; COLLEGIUM MAIUS: 25mu, 31u, 106–107; CORBIS: Bettmann 125ol; Jon Hicks 72–73; Historical Picture Archive 124or; CZARTORYSKI-MUSEUM: 41o, 43u, 112–113. EDYTA GAWRON: 124ur; Encyclopaedia Judaica 124ml. JAGIELLONEN-BIBLIOTHEK: 20–21m, 24mlu, 26ol, 26mro, 26u, 30u, 30mru, 28ur, 32mu, 150u; DARIUSZ JEDRZEJEWSKI: 11or. KATHEDRALMUSEUM: 22–23m, 24mlo, 25mlo, 42ml, 60mo, 62m; WOJCIECH KOZŁOWSKI: 212um, 218mlu. MATEJKO-HAUS: 23or; MUSEUM DER STADT KRAKAU: 18, 19u, 27mo, 29mu, 34u, 35mo, 35mr, 40mr, 41mru, 42ol, 92or, 99ur; MUZEUM HISTORCZNE MIASTA KRAKOWA: Ignacy Krieger 124mlu, 124mu, 124mru. NATIONALMUSEUM: 8–9, 22um, 23om, 24u, 25mr, 29ur, 30ul, 30–31m, 31mr, 32om, 32–33m, 33o, 33or, 34ml, 34–35m, 37ul, 40or, 40ml, 41mro, 41m, 43o, 50mlo, 51ol, 51ur, 102or, 102m, 103, 110ml, 147ml, 148–149; NATURHISTORISCHES MUSEUM: 43m; NOVOTEL KRAKOW CENTRUM: 175or. ORBIS S.A.: 210ml. TEL AVIV MUSEUM OF ART: *Juden in der Synagoge an Jom Kippur* von Maurycy Gottlieb, Öl auf Leinwand, Schenkung von Sydney Lamon, New York 124–125; TELEKOMUNIKACJA POLSKA: 218m, 218um; TOPFOTO.CO.UK: Roger-Viollet 162ul.

Umschlag:
Vorderseite – CORBIS: Jon Hicks Hauptbild; DK IMAGES: *Krakaus großes Siegel aus dem 14. Jahrhundert*, mit freundlicher Genehmigung des Archiwum Państwowemu, Krakau mlu. Rückseite – DK IMAGES: Andrzej Chec mlo; Wojciech Czerniewicz mlu; Mariusz Kowalewsky ul; Jan Zych ol. Buchrücken – CORBIS: Jon Hicks o; DK IMAGES: Jan Zych u.

Sprachführer Polnisch

Aussprache

ą nasales *»o«* wie in *»Ballon«*
c *»z«*
ć *»zj«*, fast *»tch«*
ch *»ch«* wie im Deutschen *»ach«*
dz *»dsch«* wie in *»Jeans«*, wenn ein *i* oder *e* folgt, sonst *»ds«*
dź *»dsch«* wie in *»Jeans«*
dż stimmhaftes *»ds«*
ę nasales *»ä«* wie in *»Bassin«*, am Wortende kurzes *»e«*
h *»ch«* wie im Deutschen *»ach«*
i langes *»i«*
j *»j«*
ł weiches *»w«*, wie englisch *»windows«*
ń *»nj«*
ó kurzes *»u«*
rz stimmhaftes *»sch«*, *nach p, t* und *k stimmloses »sch«*
ś, **sz** stimmloses *»sch«*
w am Wortende *»f«*, sonst *»w«*
y zwischen kurzem *»i«* und *»ü«*
ź, **ż** stimmhaftes *»sch«*

Im Notfall

Hilfe!	**Pomocy!**
Rufen Sie einen Arzt!	**Zawołać doktora!**
Rufen Sie einen Notarzt!	**Zadzwonić po pogotowie!**
Polizei!	**Policja!**
Rufen Sie die Feuerwehr!	**Zadzwonić po straż pożarna!**
Wo ist das nächste Telefon?	**Gdzie jest najbliższa budka telefoniczna?**
Wo ist ein Krankenhaus?	**Gdzie jest szpital?**
Wo ist ein Polizeirevier?	**Gdzie jest posterunek policji?**

Nützliche Wörter und Sätze

Ja	**Tak**
Nein/nicht	**Nie**
Nein, danke	**Nie, dziękuję**
Bitte	**Prosze**
Ich verstehe nicht.	**Nie rozumiem.**
Sprechen Sie Deutsch? (zu einem Mann)	**Czy pan mówi po niemiecku?**
Sprechen Sie Deutsch? (zu einer Frau)	**Czy pani mówi po niemiecku?**
Sprechen Sie Englisch? (zu einem Mann)	**Czy pan mówi po angielsku?**
Bitte sprechen Sie langsamer.	**Proszę mówić wolniej.**
Bitte schreiben Sie es auf.	**Proszę mi to napisać.**
Ich heiße …	**Nazywam sie …**
Entschuldigung!	**Przepraszam!**
Vielen Dank!	**Dziękuję bardzo!**
Hallo! Tschüss! Servus! Ciao!	**Cześć!**
Wie heißt das auf Polnisch?	**Czy to znaczy polsky?**
Wo?	**Gdzie?**
Wann?	**Kiedy?**
Warum?	**Dlaczego?**
Wie viel?	**Ile?**
Hier	**Tu**
Dort	**Tam**

Nützliche Redewendungen

Schön, Sie zu treffen. (zu einem Mann)	**Bardzo mi miło pana poznać.**
Schön, Sie zu treffen. (zu einer Frau)	**Bardzo mi miło panią poznać.**
Guten Morgen	**Dzień dobry**
Guten Tag	**Dzień dobry**
Guten Abend	**Dobry wieczór**
Gute Nacht	**Dobranoc**
Auf Wiedersehen	**Do widzenia**
Wie spät ist es?	**Która godzina?**
Prost!	**Na zdrowie!**

Shopping

Haben Sie …? (zu einem Mann)	**Czy pan ma …?**
Haben Sie …? (zu einer Frau)	**Czy pani ma …?**
Wie viel kostet das?	**Ile to kosztuje?**
Wo ist die Abteilung für …?	**Gdzie jest dział z …?**
Nehmen Sie Kreditkarten? (zu einem Mann)	**Czy pan przyjmuje karty kredytowe?**
Nehmen Sie Kreditkarten? (zu einer Frau)	**Czy pani przyjmuje karty kredytowe?**
Wechselstube	**kantor walutowy**
Apotheke	**apteka**
Bäckerei	**piekarnia**
Buchhandlung	**księgarnia**
Kaufhaus	**dom towarowy**
Postamt	**poczta, urząd pocztowy**
Postkarte	**pocztówka**
Briefmarke	**znaczek**
Wie viel kostet eine Postkarte nach …?	**Ile kosztuje pocztówka do …?**
Luftpost	**poczta lotnicza**
Reisebüro	**biuro podróży**

Im Hotel

Haben Sie ein Zimmer frei? (zu einem Mann)	**Czy pan ma wolne pokoje?**
Haben Sie ein Zimmer frei? (zu einer Frau)	**Czy pani ma wolne pokoje?**
Was kostet es pro Nacht?	**Ile kosztuje za dobę?**
Ich möchte ein Einzelzimmer.	**Poproszę pokój jednoosobowy.**
Ich möchte ein Doppelzimmer.	**Poproszę pokój dwuosobowy.**
Ich möchte ein Zimmer mit zwei Betten.	**Poproszę pokój z dwoma łóżkami.**
Ich möchte ein Zimmer mit Bad.	**Poproszę pokój z łazienką.**
Abendessen	**kolacja**
Bad	**łazienka**
Bett	**łóżko**
Doppelzimmer	**pokój dwuosobowy**
Dusche	**prysznic**
Einzelzimmer	**pokój jednoosobowy**
Frühstück	**śniadanie utrzymanie**
Pension	**pensjonat**
Halbpension	**ze śniadaniem i kalacją**
Rechnung	**rachunek**
Restaurant	**restauracją**
Schlüssel	**klucz**
Toilette	**toaleta**
Vollpension	**całodzienne utrzymanie**

Im Restaurant

Einen Tisch für eine Person, bitte.	**Stolik dla jednej osoby proszę.**
Einen Tisch für zwei Personen, bitte.	**Stolik dla dwóch osób proszę.**
Bitte die Speisekarte.	**Poproszę jadłospis.**
Bitte die Weinkarte.	**Poproszę karte z winami.**
Bitte die Rechnung.	**Proszę rachunek.**
Wo ist bitte die Toilette?	**Przepraszam, gdzie jest toaleta?**
Frühstück	**śniadanie**
Mittagessen	**obiad**
Abendessen	**kolacja**
Guten Appetit!	**Smacznego!**

Speisekarte

baranina	Hammelfleisch
barszcz czerwony	Rote-Bete-Suppe
bażant	Fasan
befsztyk	Beefsteak
bigos	Eintopf
ciasto	Kuchen, Gebäck
cielęcina	Kalb
cukier	Zucker
dania mięsne	Fleischgerichte
dania rybne	Fischgerichte
dania z drobiu	Geflügelgerichte
deser	Dessert
dodatki	Extras, Beilagen
fasolka zielona	grüne Bohnen
frytki	Pommes frites
herbata	Tee

jarzyny	Gemüsebeilage
kaczka	Ente
kapusta	Kohl
kasza gryczana	Buchweizen
kaszanka	Grützwurst
kawa	Kaffee
kiełbasa	Wurst
klopsik	Fleischklößchen
kurczak	Hähnchen
lody	Eis
łosoś	Lachs
łosoś wedzony	geräucherter Lachs
makowiec	Mohnkuchen
mięso	Fleisch
naleśniki	Crêpes, Palatschinken
owocowe	Obst
pieprz	Pfeffer
piernik	Lebkuchen
pirogie	Piroggen (gefüllte Teigtaschen)
piwo	Bier
prawdziwki	Steinpilze
przystawki	Vorspeisen
pstrąg	Forelle
rolmopsy	Rollmops
ryba	Fisch
ryż	Reis
sałatka	Salat
sałatka owocowa	Fruchtsalat
sarnina	Rotwild
sok	Saft
sok jabłkowy	Apfelsaft
sok owocowy	Fruchtsaft
sok pomarańczowy	Orangensaft
sól	Salz
śledź	Hering
tort	Torte
węgarz	Aal
wieprzowina	Schweinefleisch
wino	Wein
woda	Wasser
woda mineralna	Mineralwasser
wódka	Wodka
wołowina	Rindfleisch
ziemniaki	Kartoffeln
zupa	Suppe

Gesundheit

Arzt	**lekarza**
Zahnarzt	**dentysta**
Ich fühle mich nicht wohl.	**Czuję się źle.**
Ich brauche etwas gegen …	**Potrzebuję coś na …**
Ich habe Hals-/Kopfschmerzen.	**Boli mnie głowa/gardło.**
Ich habe hier Schmerzen.	**Tu mam bóle.**
Erkältung	**przeziębienie**
Grippe	**grypa**
Halsschmerzen	**ból gardła**
Heuschnupfen	**katar sienny**
Husten	**kaszel**
Krankenhaus	**szpital**
Übelkeit	**mdłości**
Verletzung	**skaleczenie**

Reise

Wann geht der nächste Zug nach …?	**Kiedy jest następny pociąg do …?**
Wie viel kostet die Fahrt nach …?	**Ile kosztuje bilet do …?**
Bitte einen Einzelfahrschein nach …	**Proszę bilet w jedną stronę do …**
Bitte eine Hin- und Rückfahrkarte nach …	**Proszę bilet w obie strony do …**
Wo ist der Busbahnhof?	**Gdzie jest dworzec autobusowy?**
Wo ist eine Bushaltestelle?	**Gdzie jest przystanek autobusowy**
Wo ist eine Straßenbahnhaltestelle?	**Gdzie jest przystanek tramwajowy?**
Erste Klasse	**pierwsza klasa**
Zweite Klasse	**druga klasa**
Einzelfahrschein	**bilet w jedną stronę**
Rückfahrkarte	**bilet powrotny**
Bahnsteig	**peron**
Fahrplan	**rozkład jazdy**
Fahrkartenschalter	**kasa biletowa**
Station	**stacja**
Gepäckaufbewahrung	**przechowalnia bagażu**
Flughafen	**lotnisko**
Fluggesellschaft	**linia lotnicza**
Flugnummer	**numer lotu**
Ankunft (Flugzeug)	**przylot**
Gate	**przejście**
Bus	**autobus**
Abfahrt	**odjazd**
Ankunft (Bus, Zug)	**przyjazd**
Auto	**auto**
Benzin	**benzyna**
geradeaus	**prosto**
nach links	**na lewo**
nach rechts	**na prawo**
Parkplatz	**parking**
Reparatur	**naprawa**
Straße	**ulica**
Tankstelle	**stacja benzynowa**
Taxi	**taksówka**
Umleitung	**objadz**

Zahlen

0	**zero**
1	**jeden**
2	**dwa**
3	**trzy**
4	**cztery**
5	**pięć**
6	**sześć**
7	**siedem**
8	**osiem**
9	**dziewięć**
10	**dziesięć**
11	**jedenaście**
12	**dwanaście**
13	**trzynaście**
14	**czternaście**
15	**piętnaście**
16	**szesnaście**
17	**siedemnaście**
18	**osiemnaście**
19	**dziewietnaście**
20	**dwadzieścia**
21	**dwadzieścia jeden**
22	**dwadzieścia dwa**
30	**trzydzieści**
40	**czterdzieści**
50	**pięćdziesiąt**
100	**sto**
200	**dwieście**
500	**pięćset**
1000	**tysiąc**
1 000 000	**milion**

Zeit

heute	**dzisiaj**
heute Nacht	**dzisiejszej nocy**
gestern	**wczoraj**
morgen	**jutro**
bald	**wkróce**
jetzt	**teraz**
nachmittags	**popołudniowy**
vormittags	**przedpołudniowy**
eine Minute	**jedna minuta**
eine halbe Stunde	**pół godziny**
Stunde	**godzina**
Tag	**dzień**

Wochentage

Sonntag	**niedziela**
Montag	**poniedziałek**
Dienstag	**wtorek**
Mittwoch	**środa**
Donnerstag	**czwartek**
Freitag	**piątek**
Samstag	**sobota**

Ausflüge und Besichtigungen

Kann man heute … besichtigen?	**Czy można dzisiaj zwiedzać …?**
Ausstellung	**wystawa**
Burg, Schloss	**gród, zamek**
Eintritt	**wstęp**
Führung	**oprowadzanie**
geöffnet	**otwarty**
geschlossen	**zamkniety**
Kirche	**kościoł**

Nahverkehrsnetz Krakau
4,8,12,13
114, 119, 139, 208
3,5
103,139,144,159,173, 194,208,501
114,139,159,164,169, 179,192,208,501
601 KARMELICKA
4,8,12,13,14,24,601
BASZTOWA
2,4,13,14,15
124,152,304,502, 512,601,610
A. MICKIEWICZA
103,114,144,164,169,173, 179,192,194,292,610
PIASEK UND NOWY ŚWIAT
ALTSTADT
2,7,8,18
124
15,18
AL. 3 MAJA
J. PIŁSUDSKIEGO
15,18
124,152,512,608
103,502
1,3,6,8,18
134,152,192,292
109,134, 409,512
Z. KRASIŃSKIEGO
103,114,124,144,164, 169,173,179,194,219,279, 289,299,424,608,610
OKÓŁ UND STRADOM
STRASZEWSKIEGO
1,2,6
ŚW. GERTRUDY
WAWEL
Most Dębnicki
109,219,279,289,299,409
T. KOŚCIUSZKI
1,2,6
Wisła (Weichsel)
502
103,114,124,144,164,169,173,179, 194,219,279,289,299,424,608,610
Most Grunwaldzki
128,184,609
112,162
112,162
112,162,206
608,610
18,19,22,101,112,114,116, 124,128,162,194,424,609
MONTE CASSINO
114,116,128,609
0 Meter
400